U0165479

消費者債務清理條例要義

五南圖書出版公司 印行

陳廷献 編著

六版序

　　債務人於聲請更生、清算、調解或請求協商時，依消費者債務清理條例第64-2條規定，債務人及受其扶養者必要生活費用之數額，係以最近一年衛生福利部或直轄市政府所公告當地區每人每月最低生活費1.2倍定之，用以保留其基本生活之必需。為減輕債務人於聲請更生、清算、調解或請求協商時須檢附證明文件之勞費，並提升司法效率，故由吳玉琴等16位立法委員於民國110年3月19日提具消費者債務清理條例部分條文修正草案，明定債務人依同條例第43條第6項、第81條第4項或第151條第2項規定提出財產及收入狀況說明書，關於必要支出數額之表明，如與前揭必要生活費用之數額相符者，則毋庸記載其原因、種類及提出證明文件；但如果低於該數額，經債務人釋明無須負擔必要支出一部或全部者，亦宜相同處理，以節省債務人逐一記載必要支出原因、種類及提出證明文件之煩勞。

　　本次司法院又併一修正第148條及第149條關於監督人或管理人受賄罪及對之行賄罪之沒收、追徵之規定，配合刑法及刑法施行法之規定予以刪除，將有關沒收、追徵之規定回歸刑法之適用。

　　本書為配合前述修正，並因應讀者應試之需，故在改版同時，特增闢附錄八「破產法與消費者債務清理條例歷年考古題及擬答」，以分享有緣人。

著作者　陳廷獻　謹識

五版序

　　消費者債務清理條例自民國97年4月11日施行以來，確實幫卡債族清除了不少煩人的卡債問題。政府為了減輕卡債族的壓力，更有效的提高其清理比例，其間曾於98年5月13日、100年1月26日、101年1月4日、101年12月26日各為部分條文之修正，一再放寬卡債清理之條件，可說是用心良苦！

　　該條例自施行迄今，已歷十年有餘，據司法院統計顯示，截至民國108年8月之施行成效為：申請協商案件共185,541件，認可協商件數共185,193件，認可比率為99.81%；聲請開始更生案件共27,144件，裁定認可更生者為54.93%，更生序程之平均償還成數為21.98%；裁定開始清算案件共7,799件，裁准清算者為75.68%，清算程序之平均償還成數為2.31%，裁定清算免責者共3,186件，著實發揮了卡債清理之效果。

　　司法院為因應實務界之需求，又於民國107年12月26日修正該條例第29、33、42、46、54-1、63、64、73、75、134、140、141、142、151、153-1、156條條文，並增訂第64-1、64-2條條文，其修正之主要重點為：增列劣後債權、增定債務人視為盡力清償之情況及債務人與其扶養親屬必要生活費用之計算標準、修正債務人奢侈行為應受不免責裁定之債務總額、增訂更生方案履行期間屆滿後債務人對於不免責之債務得聲請法院裁定延長履行期限二年、修正降低債務人因更生方案履行有困難得聲請裁定免責之最低清償額度、修正擬制債權人參與分配之程序、增訂調解不成立時債務人得當場聲請更生或清算。

為因應該條例之變革，本書特配合修正補漏，以饗讀者之殷切期盼，尚祈各界碩學賢達多多指教。承蒙薛筱諭律師悉心校對，併此致謝！

四版序

　　消費者債務清理條例之訂定，係為迅速清理卡債族之債務，使卡債族得有重獲新生之機會。此條例自民國97年4月11日施行以來，倏歷八年，據司法院統計顯示，截至民國105年1月止，申請協商之件數共為142,379件、聲請更生者共37,434件、聲請清算者共6,756件，其中協商案件經認可件數為141,783件，裁定開始更生者為18,105件，認可更生者為13,123件，裁定開始清算者為4,815件，裁定清算免責者為1,424件，更生程序之償還成數為28.61%，清算程序之償還成數為7.44%，此與司法院所預期之數字，雖均相去甚遠，但確已為深陷債坑之10餘萬卡債族，解決了燃眉之急，不可謂係一及時之良法美制。

　　關於債務之清理法規，我國早有破產法可資運用，但因該法已過於陳舊，其程序嚴謹繁瑣，適用之對象，亦僅限於企業或個人事業者，不符合簡速、輕便及彈性等需求，且其修法遙不可期，司法院為急救幾十萬卡債族之困境，故先制定「消費者債務清理條例」以為適應。茲破產法（已更名為「債務清理法」）之修正程序，目前已完成修正草案，送請立法院審議中。未來該法修正後，將與消費者債務清理條例雙軌併行，而使消費者債務清理條例成為特別法。又未來之「債務清理法」，其中諸多修正思想，例如：簡化審理程序、非訟化之實體審理、私法債權異議之確定程序、和解方案之逕行認可、債權人僅有一人亦得聲請破產、自然人為債務人其破產財團之構成兼採固定主義、破產程序之免責與不免責事由等，都沿襲自消費者債務清理條例，若此，修習消費者債務清理條例者，豈非捷足先登？

　　本書自問世以來，因為內容充實實用，甚得讀者之喜愛，但因在三版付印時，匆促成書，其中仍不免有疏漏之處，筆者特在教學之餘，將之修

正補漏，並將原附錄八之「破產法（更名為債務清理法）修正草案總說明」換貼成最新版本，以便讀者先讀為快。只因本書內容浩繁，難免仍有不妥之處，尚祈各方賢達，繼續給予指教！

著作者 陳廷献 謹識

三版序

　　政府為挽救雙卡（現金卡及信用卡）之危機，前於96年7月11日公布消費者債務清理條例（以下簡稱「消債條例」），並明定於97年4月11日起正式施行，冀望陷於經濟困境之50、60萬卡債族得以合理清理債務，並採行前置協商及重建型之更生程序與清算型之清算程序，藉以妥適調整債務人與債權人及其他利害關係人間之權利義務關係，並謀求消費者經濟生活之重生機會。

　　該條例自施行以來，已歷五年有餘，據司法院截至102年5月統計，各地方法院消債聲請事件計：協商聲請核定件數為107,936件（占總件之76.16%），更生聲請件數為28,968件（占總件之20.44%），清算聲請件數為4,824件（占總件之3.40%），總聲請件數共為141,728件，與司法院原預期之數十萬件有天壤之別。又其中認可之協商件數為107,316件（占99.77%）；核准開始更生者為11,939件（占42.07%），更生清償平均成數為38.96%：核准開始算者為3,399件（占71.74%），清算清償平均成數為11.21%，清算聲請免責者件數為3,308件，裁准免責者為653件（占19.74%）。足見消債條例之施行，並未澈底解決卡債族之經濟危機，究其原因，乃在於「欠債還款」之固有觀念深植人心，不易獲得債權人之共鳴，加以消債條例原有法條過於僵化，未能促使向持保守心態之法院，大幅度地放寬更生與清算之門檻，致使消債條例雷聲大雨點小，此為有司始料所未及。職是，司法院乃於98年5月13日修正第53條關於債務人得向直轄市或縣（市）政府申請協助作成更生方案之規定，100年1月26日修正第11、33、66、67、158條，並增訂第5-1、151-1條關於再為抗告程序、申報債權程式、付與確定證明書、最大債權金融機構統一辦理收款及撥付款項作業、地方法院應設消費者債務清理專庭或專股及資產管理公司應依債

務人與債權金融機構成立之協商條件辦理等規定，101年1月4日修正第5、11、12、16、29、30、33、34、47、48、53、61、63、64、74、75、86、100、111、128、133、134、136、151、151-1、154、156、158條，並增訂第11-1、32-1、54-1、142-1、153-1條關於管轄法院、法院或司法事務官進行更生或清算程序之依據、劣後債權效力、債權人對普通保證人行使權利之方式、更生及清算程序中附期限債權及保證債權等之現在化、申報債權之程式及法律效果、時效不完成之事由、更生方案之清償期及自用住宅借款特別條款、更生方案之認可及履行期限之延長、清算程序終止後之追加分配、不免責事由、不免責或撤銷免責後債務人所為清償之抵充順序、前置協商程序之調解運作等規定，101年12月26日修正第98條將夫妻剩餘財產分配請求權排除在清算財團之外，用以活化消債條例，期盼切實提升消費者經濟生活之更生及社會經濟之健全發展。

消債條例經四次修法後，各地方法院法官之認事用法，似已有大幅度之轉變，對於聲請更生與清算之案件，多儘可能地裁定開始更生或清算，對於更生方案之認可及清算之免責，均不再局限於清償成數之多寡（在實務上，更生方案之認可，其清償成數已由97年間之57.49%，降低至102年5月間之22.86%；清算之免責裁定，其清償成數已由97年間之40.54%，降低至102年5月間之7.71%），而係以債務人是否已誠實盡力清償（如第64條新規定之法院職權認可更生方案）及是否合乎公平原則（如第135、141、142、156 II所規定之清算免責條件），作為認可更生方案及清算免責之認定標準，使得消債條例之效能逐漸發揮，是為值得稱許之做法！

本書自發行以來，深得各方之喜愛，無限感恩！茲因消債條例已歷經前述之四次修訂，為應讀者之需求，筆者乃配合法條之修正，將本書全面

加以翻修，並將逐次修正條文之修訂意旨及實務運作之重要裁定，循序臚
列於舊條文之後及附錄七，俾讀者一書在手，即得窺知消債條例先後演進
之全貌，並獲得理論與實務之融會貫通，庶幾不失本書修訂再版之真實意
義！

著作者 陳廷獻 謹識

自序

　　人生在世，大部分都汲汲營營地設法滿足自己之財、色、名、食、睡等五欲，其間均不免涉有貪念因素，尤其是對於財富之取得，更是往往無所不用其極，但欲取得財富之門徑多且易，能夠取之以義、善用其財者少又難。因前者重在膽量及手段，常在有反省之前，已面目全非；而後者須具備慈悲及智慧，在豐富生活之餘，亦深知施捨之樂。因此，若欲活得豐富又自在，唯有在得失之間，均能適得其分，庶幾無愧於天地良心。

　　在往昔之農業社會，人民日出而作，日落而息，惟求一家溫飽，但其樂融融、安居樂業；時至今日之工商繁忙時代，人們之生活型態銳變，需求大增，各行各業無不設法競逐於名利之間。因此，時興之消費管道，就緊緊抓住人們之胃口，使之欲罷不能，藉以豐盈業者之荷包，終至消費者寅吃卯糧，家計無以延續，甚至家庭破碎，走上人生之絕路！

　　臺灣地區自1991年起，因政府大量開放銀行錯誤政策之實施，使得銀行家數激增，造成同業間之惡性競爭，加以銀行資金過剩、推銷手法不當，在浮濫發卡，並激勵消費者大量刷卡、借貸之情況下，使得中下階層之卡債族，因不知節制而人人債臺高築，無法清償債務，終至銀行不得不委請討債公司違法逼債，時至2005年之下半年，終於演變成「雙卡」金融風暴！此可謂為政府錯誤政策、銀行貪求利潤、消費者恣意刷卡下之歷史共業！

　　政府為平息此種金融風暴，並為卡債族找出一條較為便捷可行清理債務之道，乃突破舊有破產法之窠臼，另行草擬「消費者債務清理條例草案」一種，從速送請立法院於民國96年6月8日三讀通過，明定於97年4月11日起正式施行，冀望在保障債權人之公平受償之餘，謀求消費者經濟生

活之更生及社會經濟之健全發展。

　　消費者債務清理條例係一因時制宜之新創法制，自從總統於96年7月11日公布以來，雖已引領九個月之日出條款，而於97年4月11日正式施行。但因該條例係在現實需求下急速催生，除參與草擬者知其要旨及脈絡外，在學者、銀行、消費者之間，均對之非常陌生，坊間之相關著作，更係寥寥無幾。本人在大學兼任破產法之講座，深感此條例之淵源，與破產法之關係甚為密切，牽涉層面甚廣，牽連人數眾多，必須有人加以引介，方可期待此一條例之落實，爰不揣譾陋，利用公餘之暇，完成此本「消費者債務清理條例要義」之拙作，盼能以最通俗化、實用化、系統化之章節，將其中之內涵介紹給需要它之讀者，以了個人推廣法治之心願。

　　本書之編撰，係以消費者債務清理條例之立法要旨為主，並以司法院所頒行之該條例施行細則及辦理消費者債務清理事件應行注意事項為輔，再參酌破產法之既有規定、學說、解釋、裁判，加以融會貫通後，依其章節、法條之順序，逐條予以解說，再將之與破產法之現有規定作一比較，最後附錄辦理消費者債務清理事件應行注意事項、中華民國銀行公會會員辦理消費金融案件無擔保債務協商機制、債務人向金融機構申請前置協商應備文件、債務人向法院聲請更生或清算常用例稿、消費者債務清理條例事件裁判選集，及破產法修正草案總說明等，盼將消費者債務清理條例最完整、清晰之架構及內容，呈現於讀者面前，俾讀者在閱覽本書之餘，獲得心領神會、舉一反三之妙用。

　　由於本人才疏學淺，加以匆促成書，其中疏漏之處，勢所難免，尚祈各界碩學宏達，不吝指教！

著作者 陳廷献 謹識

目　錄

第一編

緒論

第一章　導　言

　　民間有所謂「錯誤的政策，比貪污更可怕」之名言，因為貪污充其量僅會造成某個政府單位部分財務之有限損失，但一個錯誤之政策，可能會導致全民之困窘，造成嚴重之社會問題。臺灣卡債問題爆發之癥結，固然源自卡債族消費觀念之偏差，以及金融機構鼓勵消費之不當，但其最大之禍因，乃在於政府大量開放金融機構之決策，造成金融機構之惡性競爭，因無限制地發放新卡，使得不知節制之卡債族陷入「錢坑」而無法自拔，終至演成席捲臺灣中下層消費者之金融風暴！

　　依據行政院金融監督管理委員會對外宣稱，臺灣雙卡發放之情形為：信用卡至2004年突破4,000萬張，簽帳金額至2005年高達新臺幣（下同）1兆4,920億元；現金卡至2005年約381萬張，放款餘額為2,997億元，雙卡業務之成長，均甚為驚人。至2005年下半年起，卡債問題開始嚴重，迨2006年2月，信用卡循環信用餘額及現金卡放款餘額合計為7,649億元，逾期人數52萬人，每人平均債務金額為30萬元，逾30萬元者計16萬人，卡債族之逾期債務，因循環利息、違約金等之累計，亦隨之快速增加。

　　綜觀臺灣地區卡債問題形成之根本原因，約有下列六大主因：一、銀行家數過多：臺灣地區自1991年起大量開放新銀行之設立後，至2005年之金融機構包括分行在內，共有7,690家，平均每1萬人口之銀行分支機構家數為日本之2.7倍，銀行家數顯然過多；二、銀行資金過剩：當臺商大部移往中國大陸後，臺灣之銀行放款予公司之比例大幅降低，至2000年臺灣發生金融風暴，民間投資停滯，資金需求銳減，各銀行乃將業務重心，從企業放款轉到個人消費借貸；三、銀行浮濫發卡：銀行為競爭推銷信用卡及現金卡，在未經徵信之情況下，即在電視、網絡及平面媒體大量推出不當廣告，並在車站、捷運站、市集等人潮聚集之處，輕率、浮濫地發卡，甚至對於負債累累之卡債族，仍然一再授信；四、銀行利息過高：銀行所

發放之信用卡及現金卡，其利息將近20%，且爲循環利息，係銀行一般放款利息之3至5倍，對卡債族形成嚴重之負擔；五、銀行委請討債公司違法逼債：大部分銀行將信用卡及現金卡債務之催討業務委請討債公司擔任，任由討債公司隨時隨地以電話或各種方式騷擾、恐嚇、脅迫、侮辱等不當或不法之手段，向卡債族本人、家人、老闆及其朋友等進行催索，致卡債族無法安心工作，亦使其週遭之人造成壓力不安；六、缺乏正確的消費觀念及用卡知識：隨著時代之變遷，社會上產生許多現代化之新興消費工具──信用卡及現金卡，當此種新興消費工具出現後，政府卻未訂定完善之配套措施，致使消費大眾在盲目消費之餘，卻不知自己已背上大筆卡債；加以各銀行爲搶攻這塊不可多得之大餅，乃相繼打出諸如「借錢是高尚的行爲」、「先享受，後付款」等口號吸引民眾借錢消費、延後付款，使消費者忽略自身之消費能力，造成過度消費、入不敷出之現象，致使許多人被雙卡債務纏身，轉而向地下錢莊高利貸款，如此挖東牆補西牆之後果，使得社會衍生出許多嚴重之生計問題。

由於卡債族之債款越還越多，覺得人生毫無希望，又恐怕債留至親，故而演出攜同配偶、子女燒炭自殺，或攜帶子女遠離家鄉，流浪街頭，造成子女就學困難，或懷孕後仍不敢結婚，甚至鋌而走險，以詐欺，販毒等犯罪方式賺錢還債者，亦不乏其人，在在造成臺灣卡債族之嚴重社會問題。

在2005年下半年，當卡債問題爆發成嚴重社會問題，經媒體大量報導之後，金管會方以行政命令加以規範：一、禁止不當催收行爲；二、禁止不當廣告，並應加警語；三、發卡應審核經濟來源及還債能力等，並規定無擔保債務不宜超過月平均收入22倍；四、銀行應讓債務人知悉利率及各項費用，並禁止複利；五、進行債務協商機制。嗣銀行公會依金管會之指示，自2005年12月15日至2006年底設立雙卡及信用貸款等之債務協商機制，據金管會對外表示，總共有27萬債務人申請協商，有22萬2,000多人協商成功。但因銀行不准債務人由律師代理，雙方地位不平等，且當時並

無有效之更生及清算制度，銀行只願意降低利息，不同意本金打折；銀行之協商條件不考慮債務人之收入，只要求儘速收回，債務人勉強同意，事後難於履行；銀行自行提出條件，以債務人一定時間未反對，視為同意，浮報協商成立之數字；25萬人未申請協商，5萬人協商不成功，22萬人協商成功者，也有相當比例履行有困難。致使債務協商機制之成效不佳（前開統計數字及資訊，引用自「卡到債」乙書中林永頌先生所著「從卡債族之觀點論『消費者債務清理條例』之規定及其落實」乙文）。

卡債族之卡債風波，固可歸咎於卡債族之不知節制有以致之，但持平而論，健全之民主法治國家，應使債務纏身，但有誠意與能力還債之債務人，有更生再起之機會，並使債權人之債權獲得合理之保障。欲解決卡債族之債務問題，其最適當之法定方式，本可透過破產法之和解或破產程序加以清理，但由於我國破產法制定於1935年，已不符合當前金融與社會環境之所需，更難以應付近年來所爆發之卡債問題，為處理此種新型態之金融問題，制定消費者債務清理條例，乃成為政府最急切之政務。

司法院雖自93年重新研修破產法修正草案（已更名為「債務清理法」），就和解及破產程序為全面性、根本性之修正，但因其程序之適用對象，仍限於企業或個人事業者，並未針對消費者債務之清理設有特別規定，且此等嚴謹繁複之程序，未必符合消費者債務清理宜簡速、輕便及彈性等需求。況消費者積欠債務不能清償之情形，至2005年底已日趨嚴重，而引發所謂雙卡（現金卡、信用卡）風暴，衍生諸多社會問題，社會對於消費者債務清理制度，確有迫切之需求，且其清理程序，與破產法修正草案所列其他債務清理程序不盡相同，司法院為因應此社會經濟狀況之變遷及需求，以解決所謂之雙卡風暴，乃於民國95年2月間邀集學者專家組成「消費者債務清理條例研修小組」，經過密集研議之後，於同年5月間即迅速完成「消費者債務清理條例草案」，嗣於96年6月8日經立法院順利三讀通過，並於同年7月11日由總統令公布，定於97年4月11日正式施行。

消費者債務清理條例共分為總則、更生、清算及附則四章十三節，乃

　　爲清理消費者不能或有不能清償債務之虞者而制定之法典，冀望爲經濟上之弱勢者，因其財產較少，債權、債務關係較單純之消費者，以較破產法更爲簡單易行之程序清理其債務，俾使不幸陷於經濟上困境之消費者，有重建復甦之機會。

　　消費者債務清理條例對於債務人之債務處理，係採取重建型之更生程序及清算型之清算程序雙軌進行制。其異於破產法之處甚多，諸如：聲請及撤回之限制及要件、審級之簡化、強化裁定之效力、資訊公開化、債權人會議之可決、自用住宅特別條款、債務人生活限制、債權人縱爲一人及債務人之財產不敷清償清算程序之費用亦得適用債務清理程序、清算財團之構成改以固定主義兼採膨脹主義、免責之限制及撤銷、程序外協商之前置等，均係該條例爲求迅速、經濟清理消費者債務之新規範，此條例謀求「調整消費者與債權人及其他利害關係人之權利義務關係，並促成消費者經濟生活更生」之鑿痕甚深，惟此新制施行迄今已經多年，其成效有限，並未能全面找回卡債族之春天，實爲始料所未及。

　　本編之主要內容，係在介紹消費者債務清理條例之立法背景、立法宗旨、法規架構及其程序運作之軌則，俾讀者在進入法規內涵之前，能就該條例有一明晰、完整之輪廓，職是之故，爰將司法院所擬該條例草案總說明中之立法緣由、立法要點，逐一臚陳於後，並將更生程序流程圖、清算程序流程圖鋪陳於本編之末，使讀者得有一窺門徑之效。

第二章　立法緣由

　　現代社會消費金融發達，隨著消費者信用之發展擴大，消費者負擔多重債務而不能清償之問題即不免發生。此類事件雖可依現行破產法處理，惟現行破產法自民國24年7月17日公布，同年10月1日施行迄今，其間僅有三度局部修正，其立法時之社會背景與現今社會經濟結構迥異，已不足因應社會需求及國際潮流。消費者通常爲經濟上之弱勢者，其財產較少，債權、債務關係較單純，宜以較現行破產法簡單易行之程序處理其債務。司法院於82年7月開始研修破產法，至93年5月研修完成，當時消費者多重債務之事實尚未成爲嚴重之社會問題，故就此未設特別規定。該修正草案嗣未經立法院通過，司法院乃於94年10月重新研修，雖已將消費者債務清理專章納入，惟因該修正草案包含內容、範圍較廣，非短期內可研修完成；而社會上積欠債務不能清償之消費者爲數頗眾，所衍生之社會問題日趨嚴重，亟待加速立法時程，以謀解決。爲因應此社會經濟狀況之變遷及需求，顧全法律之完備周詳，即有制定消費者債務清理專法之必要，俾能使不幸陷於經濟上困境之消費者，有重建復甦之機會。司法院乃邀集學者專家組成研修小組，以研修中之破產法修正草案所定消費者債務清理相關規定爲基礎，參酌外國立法例，國內外學說及實務經驗，密集研議，完成「消費者債務清理條例」草案，期能迅速清理消費者之債務，保障其生存權，並兼顧債權人之利益，而達維持經濟秩序及安定社會之效。

第三章　立法要點

　　本條例共分四章、十三節。為兼顧債權人、債務人雙方之利益，使陷於經濟上困境之消費者得以清理債務，故採雙軌制，分重建型之更生及清算型之清算程序，利用此兩種程序妥適調整債務人與債權人及其他利害關係人間之權利義務關係，保障債權人獲得公平受償，並謀求消費者經濟生活之更生機會。而更生及清算程序，實質上即為破產法上和解及破產之特別程序。更生程序旨在促使債務人自力更生，藉由強化法院之職權調查，將債務人之財產狀況透明化，減輕其負擔，降低債權人會議可決更生方案之條件，及法院之適時介入，逕為裁定認可更生方案，使債務人得於盡其能力清償債務後免責，而獲重生之機會；清算程序則為鼓勵債務人努力重生，迅速處理分配應屬清算財團之財產予債權人，就應屬清算財團之財產以採固定主義為原則，兼採膨脹主義，並於法院裁定終止或終結清算程序後，迅予債務人免責及復權。惟為避免債務人濫用此制度，產生道德危機，併予嚴謹之限制。茲就本條例之立法要點，擇要說明如下。

一、本條例規定較破產法具特色部分

（一）聲請及撤回之限制及要件

　　依破產法第58條第1項之規定，得聲請債務人破產之聲請人，除債務人外，債權人亦得為之。本條例規定之更生程序，係以債務人有清理債務之誠意，而提出有履行可能之更生方案為前提；另為避免債權人藉聲請清算施加壓力於債務人，故更生及清算程序之發動權均僅限於債務人始有之。而債務清理程序適用對象，須為五年內未從事營業活動之自然人，或從事小規模營業之自然人。債務清理開始之原因，以不能清償債務或有不能清償之虞為限。於更生程序，債務人須將來有繼續性或反覆性收入之望，且其無擔保或無優先權債務總額未逾新臺幣1,200萬元，並於法院裁

定開始清算程序或宣告破產前，始得向法院聲請。於清算程序，債務人則應於法院裁定開始更生程序或許可和解或宣告破產前，向法院聲請。法院裁定開始更生或清算程序後，或於裁定前已為保全處分者，為免債務人惡意利用更生或清算之聲請及保全處分，阻礙債權人行使權利，明文限制債務人不得撤回其聲請。（§2、3、4、12、42、80）

（二）強化裁定效力、簡化程序

1.審級之簡化

為使更生或清算事件迅速進行，該等事件宜由獨任法官辦理，並以裁定為之，抗告則由管轄之地方法院以合議裁定之。對於抗告法院之裁定不得再抗告，並不得聲請再審，以簡化程序。其餘於本條例未規定者，則準用民事訴訟法，俾更生或清算程序之進行有所依循。（§11、15）

2.強化裁定之效力

債務清理事件涉及利害關係人實體上之權利，考量利害關係人如須另以訴訟爭執，不僅債務清理法院無法迅速進行程序，亦可能因債務清理法院與民事法院判斷歧異，造成程序進行困擾。故規定債務清理法院就利害關係人爭執應為實體審查，當事人不服裁定而提起抗告時，抗告法院於裁定前，應行言詞辯論，使各該當事人得充分就該事件之爭執為事實上及法律上之陳述，並得聲明證據、提出攻擊防禦方法，為適當完全之辯論。經此程序之裁定，當事人之程序權已獲充分保障，即賦予確定判決同一之效力。（§25、36、95、97）

3.資訊公開化

債務清理程序具有集團性清理債務之性質，為免文書送達增加勞費及延滯程序之進行，並使利害關係人得以迅速知悉債務人財產狀況及程序之資訊，爰規定以公告代送達之制度，明定法院應公告之事項，諸如裁定、監督人、管理人、債權表、債權人會議期日處所應議事項、債權申報期間

等項，及就公告之處所、方式及效力為統一規定，以為共同適用之準則。
（§14、19、33、37、38、47、51、62、70、85、86、105、121、123、127、129）

（三）債權人會議之可決

依破產法第27條規定，債權人會議為和解決議時，應有出席債權人過半數之同意，所代表之債權額並應占無擔保總債權額三分之二，和解實不易成立。故特於更生程序中，將債權人會議可決之條件，降低為由出席已申報無擔保及無優先權債權人過半數之同意，而其所代表之債權額，逾已申報無擔保及無優先權總債權額之二分之一即可。其次，使法院得採行書面決議方式可決更生方案，藉以促進程序。亦即除債權人於接獲法院通知並於所定期間內確答不同意者外，均視為同意更生方案。再者，於債務人有薪資、執行業務所得或其他固定收入之情形，如無一定之消極要件，法院並得不經債權人會議可決，逕依債務人之聲請或依職權以裁定認可更生方案；於清算程序中，法院認無召集債權人會議之必要時，亦得以裁定取代決議，使更生方案之成立及債權人會議可決之可能性相對提高。
（§59～64、121）

（四）自用住宅特別條款

為使經濟上陷於困境之債務人不必喪失其賴以居住之自用住宅而重建經濟生活，特設債務人得提出自用住宅借款特別條款之規定。自用住宅借款特別條款原則上由債務人與債權人協議定之，如無法達成協議時，債務人亦得於規定最低條件以上之範圍內自行擬定，由法院逕行認可。債務人如依該特別條款繼續履行，即可避免擔保權人行使權利。（§54）

（五）債務人生活限制

債務人及依法受其扶養者之必要生活費用，視為清算財團費用，為防止清算財團之財產不當減少，債務人之生活，本不宜逾越一般人通常之程

度。且清算制度賦與債務人重獲新生、重建個人經濟信用之機會，無非期以清算程序教育債務人，使之了解經濟瀕臨困境多肇因於過度奢侈、浪費之生活，故於債務人聲請清算後，即應學習簡樸生活，而不得逾越一般人通常之程度，如有奢侈、浪費情事，法院即得依利害關係人之聲請或依職權限制之，期能導正視聽，使債務人、債權人及社會大眾明瞭清算制度為不得已之手段，債務人一經利用清算程序清理債務，其生活、就業、居住遷徙自由、財產管理處分權等即應受到限制，而非揮霍無度、負債累累後一勞永逸之捷徑。而更生程序，乃債務人與債權人協議成立債務清償之更生方案，債權人自會考量債務人之生活程度，此乃當然之理，無待明文予以限制。（§62、89）

（六）債權人縱為一人及債務人之財產不敷清償清算程序之費用亦得利用債務清理程序

　　破產法重在將破產人之財產公平分配與債權人，實務上向來認為如債務人之財產不足清償破產財團費用及財團債務，或債權人僅有一人之情形，即無分配問題，自不能准許宣告破產。此項見解，與現代債務清理法制思潮重在給予債務人經濟生活重建之機會，尚有未符。故本條例規定債權人縱為一人，及債務人之財產不敷清償清算程序之費用時，法院仍應裁定開始清算程序，使債務人得有免責之機會。（§80、85）

（七）清算財團之構成改以固定主義兼採膨脹主義

　　依破產法第82條規定債務人於破產宣告後至程序終結期間，破產人所取得之財產亦屬破產財團，係採膨脹主義。然因債務人受破產宣告後，經濟活動受到相當限制，可新獲之財產至為有限，並易降低債務人獲取新財產之意願。另外，亦造成破產財團不易確定，影響破產財團財產之分配及程序之進行。如採固定主義，債務人於破產宣告後努力所得之財產歸屬債務人，可促其早日回復經濟活動，於社會較為有利。至債務人因繼承或贈與等無償取得之財產非因債務人努力獲致，為增加財團之財產，自宜將之

列入破產財產。是本條例就應屬清算財團之財產，以固定主義爲原則，兼採膨脹主義。明定除法院裁定開始清算程序時，屬於債務人之一切財產及將來行使之財產請求權外，於法院裁定開始清算程序後，程序終止或終結前，債務人因繼承或無償取得之財產，亦屬清算財團所有之財產。然爲維持債務人最低限度之生活，並基於人道或社會政策之考量，專屬於債務人本身之權利及禁止扣押之財產，自不宜列入破產財團之範圍。而債務人如爲有配偶之自然人，且與其配偶間爲法定財產者，其經法院裁定開始清算程序時，因其夫妻財產制當然改爲分別財產制，債務人依民法第1030條之1第1項規定對配偶有剩餘財產分配請求權，該項權利即應歸屬清算財團，免被利用爲脫產之途（該項規定，已於民國101年12月26日修正第98條第2項時，予以排除，詳見第98條說明）。另爲確保債務人重建經濟之機會，避免債務人無從維持生活，亦授權法院得審酌一切情事後，以裁定擴大自由財產之範圍。（§98、99）

（八）免責之限制及撤銷

依破產法所定之和解，債權人縱未申報債權參與和解，亦不生失權效果。而破產程序中，債權人依破產程序受清償，未受清償之債權額，僅其請求權視爲消滅（破產法§149）。爲賦予不幸陷於經濟困境者重建復甦之機會，本條例在更生及清算程序，均設有免責之機制。更生程序中，債務人只要依更生條件全部履行完畢，其已申報未受清償之部分及未申報之債權，原則上均視爲消滅。但債務人如有不誠實行爲，例如虛報債務等事實時，法院應撤銷更生。而在清算程序終止或終結後，法院應以裁定免除債務人債務。但爲避免債務人濫用免責制度，產生道德危機，對於不免責之事由併予嚴謹之限制，債務人如有規定之事由，如隱匿財產等不誠實之行爲，或浪費、賭博等不當行爲，法院即不予免責。（§73～77、132～143）

（九）程序外協商之前置

債務人受法院裁定開始更生或清算程序者，其生活、資格、權利等均將受限制，該等程序係債務清理之最後手段，於債務人無法與債權人協商時，始適用更生或清算程序清理其債務。基於債務人對於金融機構所積欠之債務法律關係較為單純，為使債務人得自主解決其債務，明定債務人對於金融機構因消費借貸、自用住宅借款、信用卡或現金卡契約（前開三種負債之限制，已於101年1月4日修正刪除）而負債務之情形，採協商前置主義，及聲請之對象、協商者應遵循之程序、協商成立之要式要件、及法院審核程序並賦予執行名義。（§151～154）

二、本條例其餘規定部分

（一）事件管轄

更生及清算事件，專屬債務人之住所地之法院管轄。如債務人無住所地，則由主要財產所在地之地方法院管轄。（§5）

（二）費用之徵收

參考民事訴訟法及非訟事件法費用徵收之標準，訂定費用金額。另審酌債務清理程序債務人之負擔，原則上不另徵收郵務送達費及法院人員差旅費，以免繁瑣。並規範法院得酌定更生或清算程序之必要費用，命債務人預納，及債務人聲請清算而無資力支出費用者，得由國庫墊付之規定。（§6～8）

（三）聲請之程式

向法院聲請更生或清算，除應具備能力、代理權無欠缺等一般形式要件外，並應符合規定之程式及特別要件。故應於聲請時提出一定之說明及證明文件，俾便法院得先以書面審查，藉以判斷債務人之聲請有無進行債務清理程序之可能，以避免無益程序之進行。債務人聲請更生或清算如不

合程式或欠缺要件，其聲請即非合法。其情形可以補正者，法院應定期間先命補正，逾期不補正，應以裁定駁回之；如不能補正者，法院得不命補正逕予駁回。為使債務人知悉聲請更生或清算應備之要件，自應予明文規範程序提起時應備之事項。（§2、3、6、8、42、43、46、80、81、151）

（四）法院調查、監督及關係人之義務

債務清理事件之裁定及處置，常涉及多數利害關係人，法院宜依職權調查必要之事實及證據，俾作成適當之裁判或處置。為此強化法院向利害關係人、債務人之法定代理人、其他機關、團體之調查權。並監督監督人、管理人，及命債務人或利害關係人報告或依職權訊問，以利事實之認定。（§9、10、17、44、82）

（五）監督人、管理人及司法事務官

債務清理事件常涉公益，或與多數人之利害關係攸關。且更生或清算程序涉及法律、會計之專業，為顧及實際所需，明定法院於必要時，得選任律師、會計師或其他適當之自然人或法人，於更生程序中擔任監督人，或於清算程序中擔任管理人，處理債務清理事件事務。監督人或管理人非必設機關，俾免債務人為程序之進行而另需支付監督人或管理人之報酬，不啻係另一負擔。又為協助法官處理此類事件，爰明定法院得命司法事務官進行債務清理程序，以兼顧實際。（§16、18、49、50、57、97、105、110、122、123）

（六）債務人財產之保全

法院為債務清理程序裁定前，為防杜債務人之財產減少，明定債務人無償行為之法律效果，及依債權人、債務人或其他利害關係人之聲請或依職權為一定保全處分。另為避免程序進行延滯，明定撤銷權之行使，得以意思表示為之，撤銷後之法律效果及效力擴張之對象等，及程序開始後，

通知應爲之登記及帳簿之記明，使債務人之財產得以明確化。（§19～
27、48、87、88、95～97、131）

（七）債權之行使及限制

　　爲保障所有債權人，明定對於債務人之債權以於法院裁定開始更生或
清算程序前成立者爲限，爲更生或清算債權，並限制債權人不得在程序外
行使權利，或於債務清理程序中，聲請宣告債務人破產。另爲使程序進行
順暢，就法院開始更生或清算程序裁定發生效力之時間、債權申報、異議
之程序、程序開始後其他法律程序行使之限制及對時效之影響予以明定。
至程序開始後，債務清償之順序、債權行使之限制及例外、債務人不依程
序履行債務之效果，均予明確規範，俾便利害關係人有所遵循，確保其權
益。（§13、28～37、45、48、52、55、67～74、83、116、117）

（八）債權人會議

　　債務清理程序雖係由法院督導程序之進行，然更生方案本質上屬債務
人與債權人團體締結之契約，清算程序直接受影響者爲債權人，應予表示
意見之機會。故本條例亦採各國立法例，設債權人會議，使其成爲債務清
理程序中之自治機關。基此規範債權人會議之召集程序、出席人員、應報
告之義務人及決議之方法，以爲程序進行之依據。（§38～41、57～59、
118～120）

（九）債務人之義務

　　債務人依更生或清算程序清理其債務，除有不誠實之行爲外，最終可
獲免責。於程序之進行，自應負協力義務，以促進監督人或管理人業務之
執行或法院調查事實。從而，債務人即有出席債權人會議、答覆法院及
利害關係人之詢問、報告財產變動狀況、提出財產及收入狀況說明書及
其債權人、債務人清冊、提出更生方案或清算財團財產之書面等義務。
（§41、43、44、49、53、81、82、101～103）

（十）更生程序之轉換

　　法院裁定開始更生程序後，債務人如有應盡之義務而未履行或配合，致法院或監督人無法進行程序時，足證債務人欠缺更生之誠意。爲避免債務人藉機拖延，自應有讓法院依職權將更生程序轉換成清算程序之機制，而不許債務人撤回更生之聲請，俾可迅速清理債務，保障債權人之權益。故於債務人未依限提出更生方案、無正當理由不出席債權人會議或不回答訊問、不遵守法院之裁定或命令致更生程序無法進行、更生方案未經債權人可決、法院裁定不認可更生方案、債務人未依認可之更生方案履行致債權人聲請強制執行、法院裁定撤銷更生等情況時，法院均得裁定開始清算程序。而程序轉換後，原於更生所進行之程序，而可爲清算程序援用者，自應作爲清算程序之一部。（§53、56、61、65、74、76、78、79、82）

（十一）拘提、管收

　　債務人聲請清算後，即應依法院之通知到場，或依法律之規定，履行其義務，配合清算程序之進行，如債務人受合法通知，無正當理由不到場，或有具體事實顯示債務人有逃匿或隱匿、毀棄、處分屬於清算財團財產之可能，或無正當理由離開其住居地，法院自得以拘提之強制手段防止。另爲保障債務人之自由權利，明定管收、釋放之要件，並準用強制執行法，以促程序順利進行。（§90～93）

（十二）清算財團

1.債務人對屬於清算財團之財產喪失管理及處分權

　　爲免損害債權人權益情事，法院裁定開始清算程序，應統一處理債務人之財產，並避免債務人恣意減少財產或增加債務，自應對於債務人管理、處分財產之行爲予以限制，並明定應交付財產及有關文件予管理人或法院指定之人。（§23、94、100～104）

2.別除權及財團債權、取回權、抵銷權

別除權係就清算財團所屬特定財產優先受償之債權；財團債權則係就應屬清算財團之財產全部受償，又區分為財團費用、財團債務。至管理人所支配之財產，其不屬於清算財團者，亦應許該特定財產之權利人請求排除管理人支配之權利，故取回權之行使要件亦應明定。另為衡平對債務人負有債務之債權人之權利，債權人抵銷權之行使亦有規範，俾適切保障利害關係人。（§106～109、111～117）

3.清算財團之分配

清算制度機能之一，在於以債務人之財產公平分配於債權人。分配權之行使，應由支配清算財團之管理人為之，並應於財產有變價必要時，予以變價分配。就財產之變價分配程序、附條件債權之債權人權利、對有異議債權之處理及追加分配等，均予以明定，以利程序之終結。（§122～128）

（十三）程序之終止或終結

債務清理程序終結與否，影響因程序進行而停止之訴訟及執行程序及債權人、債務人之權利等，宜有明文規定。本條例規定，就更生程序係於更生方案經法院裁定認可確定時終結；清算程序則於債務人之財產不敷清償清算程序之費用時，由法院裁定終止，或於最後分配完結後，由法院裁定終結程序。（§66、69、70、85、127、129、130）

（十四）復權

清算程序屬簡易之破產程序，於破產法或本條例對於債務人雖均未設任何資格、權利限制之規定。然債務人經法院宣告破產後，其他法令對於債務人之資格、權利常有諸多限制，自應在程序結束後，解除其他法令對於債務人所加公私權之限制。為使債務人之權利得以明確保障，本條例明定復權之要件，由法院裁定之。（§84、144、145）

（十五）刑責

更生程序係減免債務人部分責任後，促其履行債務，而重建其經濟。清算程序則使各債權人獲得平等之清償，避免債務人遭受多數債權人個別對其強制執行，而無法重建經濟，故債務人應本其至誠，履行債務或將應屬清算財團之財產交由管理人爲公平之管理及處分。債務人如以損害債權爲目的爲不誠實之行爲，圖自己或他人之不法利益情事，嚴重侵害債權人之權益，自應加以處罰。而監督人、管理人之地位相當於準公務員，且渠等於更生或清算程序中，責任重大，與債權人、債務人關係密切，自應公正執行其職務，亦宜以刑罰規範其不法圖利行爲。（§146～150）

（十六）本條例施行前經宣告破產之消費者得予以免責及復權

本條例施行前，消費者如有不能清償債務之事件，已由法院依破產法之規定開始處理者，應依何一程序進行，宜予明定。如其符合本條例所定免責或復權之規定時，自許其依條例之規定爲免責或復權之聲請，以保障其權益。（§155、156）

第四章　消債事件法院調解流程圖

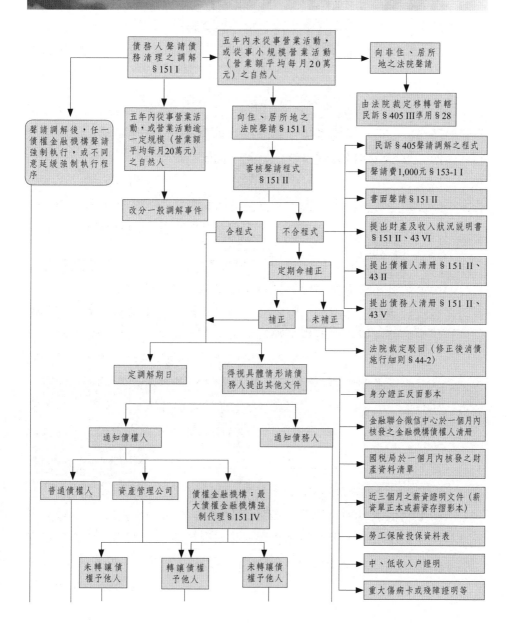

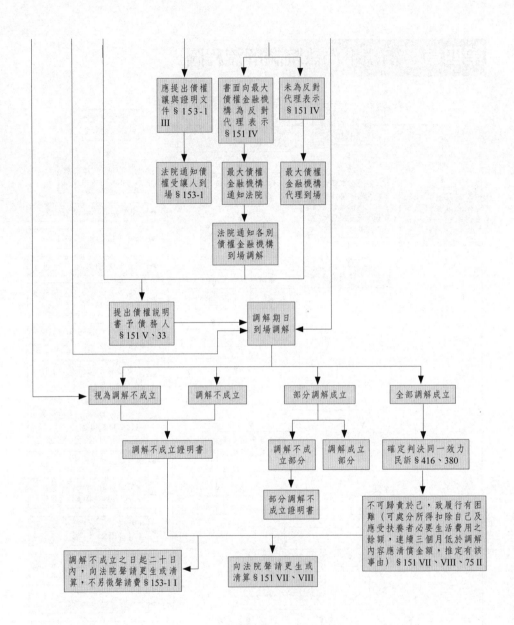

第五章 更生程序流程圖

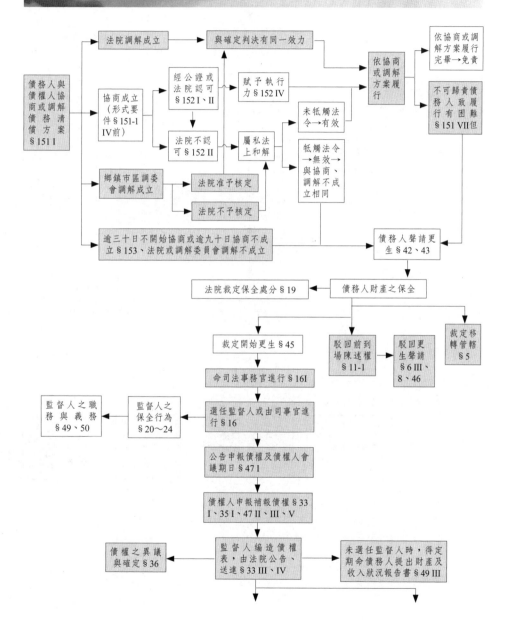

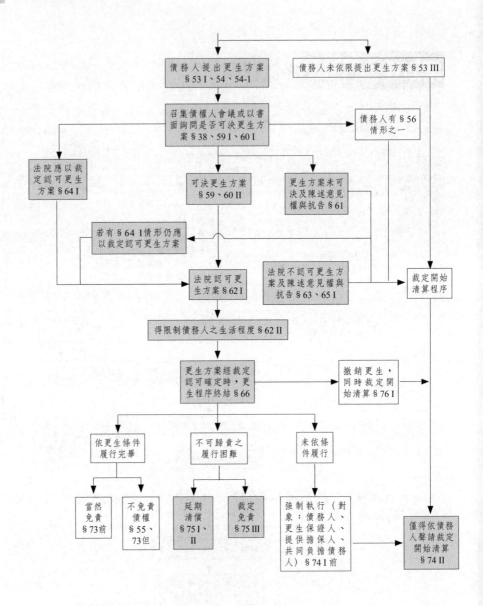

第六章 清算程序流程圖

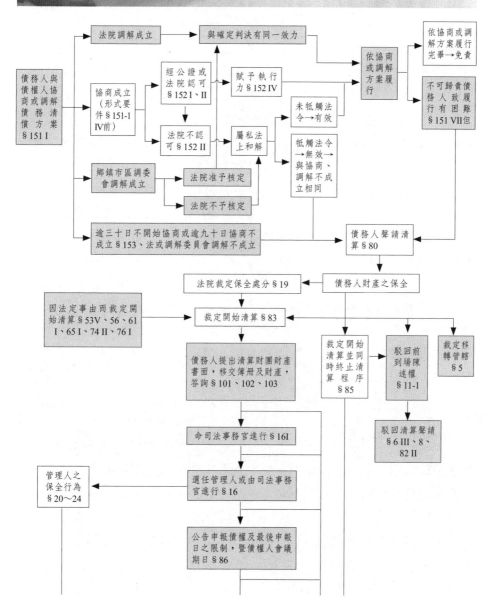

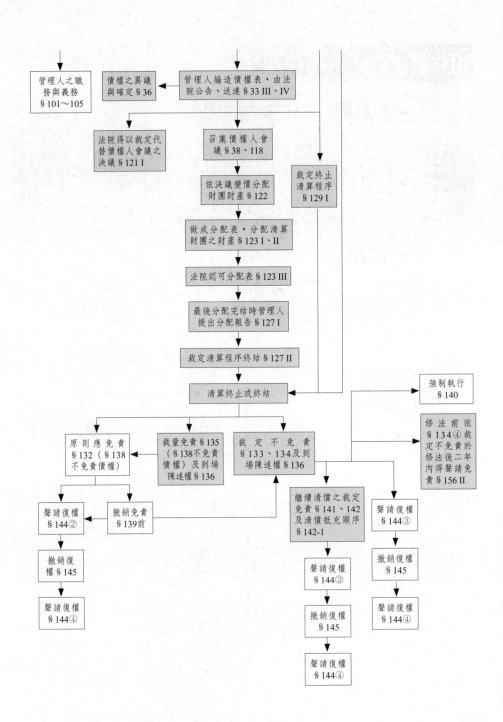

第二編

消費者債務清理條例釋義

第一章

總則

消費者債務清理條例之內涵，分爲重建型之更生程序及清算型之清算程序，相當於破產法之和解程序及破產程序，共分爲四章、十三節，係爲清理消費者之債務關係所創建之特別程序，爲破產法之特別法。本章爲該條例之總則部分，從第1條起至第41條止，分爲五小節，係就更生及清算程序之共通法則予以統一規定，其中包含通則、監督人及管理人、債務人財產之保全、債權之行使及確定、債權人會議等規定，茲逐條解釋如後。

第一節　通則

　　本節從第1條起至第15條止，係消費者債務清理條例中之主要宗旨及共同解釋法律與適用法律之原理原則，其內容含有：立法目的、適用對象、管轄法院、聲請費用、具備程式、職權調查、答覆義務、裁定方式、撤回聲請、聲請破產限制、公告揭示、準用規定等事項。

第1條（立法目的）

　　爲使負債務之消費者得依本條例所定程序清理其債務，以調整其與債權人及其他利害關係人之權利義務關係，保障債權人之公平受償，謀求消費者經濟生活之更生及社會經濟之健全發展，特制定本條例。

【立法要旨】

　　明定本條例之立法目的，在於使陷於經濟上困境之消費者，得分別情形依本條例所定重建型債務清理程序（更生）或清算型債務清理程序（清算）清理債務，藉以妥適調整其與債權人及其他利害關係人之權利義務關係，保障債權人獲得公平受償，並謀求消費者經濟生活之更生機會，從而健全社會經濟發展。

【說明】

　　本條例所規定之債務清理程序，係採行雙軌制，分為重建型之更生程序及清算型之清算程序。更生程序旨在強化法院之職權調查，將債務人之財產狀況儘量透明化，並降低債權人會議可決更生方案之條件，以促使債務人自力更生。又為減輕債務人之負擔，法院認為適當時，得逕為裁定認可更生方案，使債務人於儘力清償債務後，能獲得免責，而有重生之機會；清算程序則係為鼓勵債務人迅速處理分配應屬清算財團之財產予債權人，就應屬清算財團之財產，以採固定主義為主，兼採膨脹主義為輔，並於法院裁定終止或終結清算程序後，給予債務人免責及復權。至於債務人究欲適用更生程序或清算程序以清理其債務，本有程序上之選擇權，自得依其本人之意願加以選擇決定。

【與破產法之比較】

　　依破產法第1條規定「債務人不能清償債務者，依本法所規定和解或破產程序，清理其債務。」可見本條例所規定之債務清理程序，其所採行之重建型之更生程序及清算型之清算程序之雙軌制度，實際上與破產法上之和解程序及破產程序相當，即重建型之更生程序相當於破產法上之和解程序，清算型之清算程序相當於破產法之破產程序。惟在破產法之和解程序中，分為法院之和解及商會之和解二部分，將一般債務人之和解與商人之和解分開，此與本條例之更生程序僅適用於消費者之自然人者有所不同。

第2條（適用對象─消費者之定義）

Ⅰ、本條例所稱消費者，指五年內未從事營業活動或從事小規模營業活動之自然人。

Ⅱ、前項小規模營業，指營業額平均每月新臺幣二十萬元以下者。

Ⅲ、前項所定數額，司法院得因情勢需要，以命令增減之。

【立法要旨】

（一）為符合費用相當性原理及程序經濟原則，本條例適用對象為自然人，並限定其範圍為最近五年內未從事營業活動者，如：單純受領薪水、工資之公務員、公司職員、勞工；或從事小規模營業活動者，例如計程車司機、小商販等，不論渠等負債務之原因是否因消費行為而生，均得利用較和解、破產程序為簡速之更生及清算程序清理債務，助益其適時重建更生。又本條例所稱「消費者」，係對應於營業人而言，與消費者保護法第2條第1款定義之「消費者」不同，附此敘明。

（二）本條所指小規模營業，參照統一發票使用辦法第4條第1款，及財政部75年7月12日臺財稅第7526254號函訂定營業人使用統一發票銷售額標準為平均每月20萬元，故第2項規定其事業每月營業額平均在20萬元以下。

（三）第2項所定數額，其金額如何始屬適當，應視我國經濟、國民所得成長及物價波動情形而定，為免輕重失衡，宜授權司法院得因應整體經濟及社會需求等情勢，以命令增減之，爰設第3項。

【說明】

本條例之適用對象，以「消費者」為限。而第2條所稱之「消費者」，係指五年內未從事營業活動或從事小規模營業活動之自然人。又此所稱之「消費者」，係相對於「營業人」而言，與消費者保護法第2條第1款所定之「消費者」，並不相同，該條款所稱之「消費者」，係指「以消費為目的而為交易、使用商品或接受服務者」而言，係就消費者之消費行為之保護為規範，屬於實體法；而本條例所規定者，雖亦屬消費者保護之一環，但係著眼於債務人所積欠債務之清理程序，屬於程序法。自然人若不符上述資格者，即無本條例之適用，僅可依破產法（即未來修正後之「債務清理法」）所定程序，清理其債務。

消費者依本條例所清理之債務，不論負債務之原因是否因消費行為而

生，均得適用本條例，不以因消費行為所生者為限（細則§2）；又本條第1項所稱之「營業活動」，係指反覆從事銷售貨物、提供勞務或其他相類行為，以獲取代價之社會活動；債務人為公司或其他營利法人之負責人，無論是否受有薪資，均視為自己從事營業活動，其營業額依該公司或其他營利法人之營業額定之（細則§3）；本條第1項所定之「五年期間」，自聲請更生或清算前一日回溯五年計算之；第2項所定之營業額，以五年內之營業總額除以實際營業月數計算之（細則§4）；又所謂「小規模營業」，係指營業額平均每月新臺幣20萬元以下者為限。又為因應經濟成長及物價指數之變動，前項所定新臺幣20萬元以下之數額，司法院得因經濟成長及物價指數之變動等情勢之變遷，隨時以命令增減之，以符社會之實際生活之需要。為期更清楚認知本條文所稱「消費者」之意涵，爰再分析說明如下：

（一）本條第1項所稱「五年內未從事營業活動」，係指自聲請更生或清算前一日回溯五年內，皆未有反覆從事銷售貨物、提供勞務或其他相類行為，以獲取代價之社會活動而言（細則§4前段），例如：單純受領薪水或工資之公務員或公司職員、勞工等均屬之〔辦理消費者債務清理事件應行注意事項（以下簡稱注意事項一之（一）〕。

（二）本條第1項所稱「五年內從事小規模營業活動」，係指自聲請更生或清算前一日回溯五年內，有反覆從事銷售貨物、提供勞務或其他相類行為，以獲取代價之社會活動，依其五年內營業總額除以實際經營月數之計算結果，其平均營業額為每月新臺幣20萬元以下者而言（細則§4後段），例如：平均月營業額未逾新臺幣20萬元之計程車司機、小商販等即屬之〔注意事項一之（二）〕。

（三）公司或其他營利法人五年內之平均營業額，逾每月新臺幣20萬元者，其負責人即非本條第1項所稱之消費者，不得依本條例聲請更生或清算〔注意事項一之（三）〕。

（四）聲請更生或清算之債務人如非屬本條所稱之消費者，無論其所

負債務是否係基於營業活動而生，法院皆應駁回其更生或清算之聲請〔注意事項一之（四）〕。

　　（五）債務人如爲獨資商號之負責人者，若其五年內之平均每月營業額在新臺幣20萬元以下者，該債務人亦屬本條第1項所稱從事小規模營業活動之自然人。

　　（六）債務人如認爲其雖登記爲某公司或商號之負責人，惟僅係名義上之負責人，實際並未參與該公司或商號之營運，並就其其餘債務聲請依本條例清理者，法院似宜曉諭該債務人舉證證明確有上開事由存在，而予以實質審查後，據以判定其是否符合聲請消費者債務清理之資格。

【與破產法之比較】

　　依破產法第1條規定「債務人不能清償債務者，依本法所規定和解或破產程序，清理其債務。」可見得依破產法聲請和解或破產者，只要係一般債務人，而有不能清償債務之情事者，均有資格聲請之，而該法所稱之「債務人」，包含自然人、私法人（公法人，一般學者通說認爲無破產或和解能力）、非法人之團體而設有代表人者（如合夥）、遺產（破§59）均屬之。此與本條例所定得以聲請更生或清算者，以「消費者」之自然人爲限者，顯有很大之不同。

第3條（聲請更生或清算之要件）

　　債務人不能清償債務或有不能清償之虞者，得依本條例所定更生或清算程序，清理其債務。

【立法要旨】

　　明定消費者得依本條例所定更生或清算程序清理債務之原因爲不能清償債務或有不能清償之虞。

【說明】

本條所謂「不能清償債務」，係指債務人已處於不能清償之狀態。其情形有二：

（一）不能清償：指債務人已欠缺清償能力，對於已屆清償期，且已受清償請求之債務之全部或主要部分，有一般性及持續性的不能清償之財產狀態而言，此爲債務人財產之客觀狀態。其判斷之標準，在於清償期限是否已屆至，且已否受債權人之請求。惟債務人對於得撤銷、消滅時效完成、可主張抵銷或可主張同時履行抗辯之債務，即使有清償不能之情形，亦不構成更生或清算之原因。

（二）停止支付：指債務人對於債權人表示其已不能支付金錢債務意旨之主觀行爲。不以明示表示者爲限，即爲默示之表示者，諸如歇業、倒閉逃匿、票據被拒絕往來等情事，亦屬之。本條文雖未如破產法第1條第2項規定「債務人停止支付者，推定其爲不能清償。」但在解釋上，亦應包含在內。

又本條所謂「不能清償之虞」係指債務人有不能清償債務之虞慮，包括債務人財務困難，暫行停業，或其收入顯形減少，有停業之虞等情形。債務人以其有不能清償債務之虞而聲請更生者，於裁定開始更生程序前，法院應注意其有無本條例第64條第2項第3款所定無擔保及無優先權債權受償總額，顯低於法院裁定開始更生程序時依清算程序所得受償總額之情形，如有該情形者，宜曉諭聲請人改以清算程序進行債務清理或撤回其更生之聲請。

本條例之立法目的，在使陷於經濟上困境之債務人，得依本條例所定程序清理其債務，以謀經濟生活之更生，且本條例未設遺產之更生或清算程序，故法院裁定開始更生或清算程序後，債務人倘於程序終止或終結前死亡，即無繼續進行更生或清算程序，以謀其經濟生活更生之必要，其程序應予終結，無庸由債務人之繼承人承受（細則§9）。

【與破產法之比較】

破產法第1條、第6條第1項、第57條依序規定「債務人不能清償債務者，依本法所規定和解或破產程序，清理其債務；債務人停止支付者，推定其為不能清償。」、「債務人不能清償債務者，在有破產聲請前，得向法院聲請和解。」、「破產，對債務人不能清償債務者宣告之。」可見依破產法規定進行和解或破產程序者，僅限於債務人「不能清償債務」，而不包含「不能清償債務之虞」；又破產法第1條所規定之「債務人不能清償債務」，尚包含私法人、非法人之團體（如：合夥）、遺產等具有破產或和解能力者之「債務超過」情形在內。茲所謂「債務超過」，係指各該當事者之現有財產（不包含其信用或勞力）已不足清償一般債務而言。而本條例之適用對象，僅限於消費者之自然人，故本條文所稱「不能清償債務或有不能清償之虞」，自不包含債務超過在內；又有權依本條例聲請更生或清算者，僅以債務人為限，債權人不得對債務人聲請更生或清算：因更生程序之進行，係以債務人有清理債務之誠意，並提出更生方案為前提，否則，將無從進行更生程序或達成更生之目的，故不賦予債權人聲請權，此與破產法規定和解須由債務人聲請者相同；另為避免債權人藉清算程序，以對債務人施壓，故亦不賦予債權人有聲請權，此與破產法明定債權人或債務人均有權聲宣告債務人破產者（破§58），顯有不同。

第4條（法定代理人之適用）

債務人為無行為能力人或限制行為能力人者，本條例關於債務人應負義務及應受處罰之規定，於其法定代理人亦適用之。

【立法要旨】

債務人為無行為能力人者，應由法定代理人代為意思表示並代受意思表示；為限制行為能力人者，為意思表示及受意思表示，應得法定代理人之允許，前者，實際行為人為其法定代理人，後者，法定代理人亦有決定

權，本條例關於債務人應負義務及應受處罰之規定，如不擴張適用於法定代理人，無法達更生或清算程序清理債務之功能，爰設本條。

【說明】

債務人之法定代理人本應代理無行為能力人或限制行為能力人為更生或清算程序上之一切行為，為便利更生或清算程序之進行，並防止不公平之結果，故本條文乃有法定代理人應與債務人同負義務及同受處罰之規定，此即學者所稱之「準更生人或準清算人」。其中有關債務人應負義務者，諸如：本條例第9條第2項、第26條第2項、第41條、第43條第1項、第44條、第53條第1項、第56條、第58條第1項、第81條第1項、第82條、第89條、第90條、第91條、第101條、第102條、第151條第1項等是；另有關應受處罰者，例如：本條例第146條、第147條等是。

【與破產法之比較】

因破產法可得聲請和解之債務人或破產人，除自然人外，尚包括私法人、非法人之團體、遺產等在內，故破產法第3條規定「本法關於和解之債務人或破產人應負義務及應受處罰之規定，於左列各款之人亦適用之：一、無限公司或兩合公司執行業務之股東。二、股份有限公司之董事。三、其他法人之董事或與董事地位相等之人。四、債務人或破產人之法定代理人、經理人或清算人。五、遺產受破產宣告時之繼承人、遺產管理人或遺囑執行人。」可見破產法關於債務人或破產人應負義務及應受處罰之效力，擴及於債務人或破產人之法定代理人以外之前開執行業務股東、董事、經理人、清算人、繼承人、遺產管理人或遺囑執行人，顯較本條例之轉嫁範圍為廣，亦屬理所當然。

第5條（管轄法院）

（一）原條文：

Ⅰ、更生及清算事件專屬債務人住所地之地方法院管轄。

Ⅱ、不能依前項規定定管轄法院者，由債務人主要財產所在地之地方法院管轄。

【立法要旨】

（一）更生及清算事件，明定專屬債務人之住所地之法院管轄，爰設第1項。

（二）債務人在我國無住所者，則由主要財產所在地之地方法院管轄，以杜爭議，爰設第2項。

（二）101年1月4日修正條文：

Ⅰ、更生及清算事件專屬債務人住所地或居所地之地方法院管轄。

Ⅱ、不能依前項規定定管轄法院者，由債務人主要財產所在地之地方法院管轄。

【101年1月4日修正要旨】

（一）債務人之生活重心如未在其住所地，依原條文第1項規定，關於其更生或清算事件，係專屬其住所地之地方法院管轄，對債務人及其債權人均有所不便，宜增訂亦得由債務人居所地之地方法院管轄，以便利其等接近法院，爰修正第1項。

（二）原條文第2項未修正。

【說明】

更生及清算事件之管轄，明定爲專屬管轄，以利債務人更生或清算程序之進行，故本條例規定更生及清算事件，專屬於債務人住、居所地之地方法院管轄。如不能依此定管轄法院者，則由債務人主要財產所在地之地

方法院管轄。債務清理事件應向管轄法院聲請，如誤向無管轄權之法院為聲請，依本條例第15條準用民事訴訟法第28條第1項規定，法院應依債務人之聲請或依職權以裁定移送於其管轄法院〔注意事項二之（一）〕。法院裁定開始更生或清算程序後，不得再行裁定移送管轄法院〔注意事項二之（二）〕。

【與破產法之比較】

　　破產法有關和解及破產事件之管轄，雖然亦採專屬管轄之規定，但因依破產法可得聲請和解之債務人或破產人，除自然人外，尚包括私法人、非法人之團體等在內，故該法第2條另規定「債務人或破產人有營業所者，專屬其主營業所所在地之地方法院管轄，主營業所在外國者，專屬其在中國之主營業所所在地之地方法院管轄。」以應事實上之需要。

第5條之1【100年1月26日增訂條文】（專庭或專股之設置）
地方法院應設消費者債務清理專庭或專股辦理消費者債務清理事件。

【100年1月26日立法要旨】

　　本條明定消費者債務清理事件，應由各地方法院設立專庭或專股辦理，以利該類事件之迅速有效進行，俾債務人得以早日完成協商、更生或清算程序。

第6條（費用之徵收）
Ⅰ、聲請更生或清算，徵收聲請費新臺幣一千元。

Ⅱ、郵務送達費及法院人員之差旅費不另徵收。但所需費用超過應徵收之聲請費者，其超過部分，依實支數計算徵收。

Ⅲ、前項所需費用及進行更生或清算程序之必要費用，法院得酌定相當金額，定期命聲請人預納之，逾期未預納者，除別有規定外，法院得駁回更生或清算之聲請。

【立法要旨】

（一）本條第1項明定聲請更生或清算應徵收之費用。

（二）有關郵務送達費及法院人員之差旅費，在聲請費範圍內，為避免繁瑣不另徵收。惟如所需費用超過應徵收之聲請費者，其超過部分，仍應徵收，爰設第2項規定如何徵收。

（三）進行更生或清算程序所需第2項及其他必要費用，例如：監督人、管理人之報酬、郵務送達費等，法院於程序開始前，得預為估算，並定期間命債務人預納，如債務人未預納，除本條例別有規定外（例如：第7條），即應駁回更生或清算之聲請，爰設第3項。惟更生或清算之程序如經裁定開始後，為免法院及關係人已支付之勞力及費用歸於徒勞，即不得以債務人未預納必要費用而駁回之，應依第56條規定處理。

【說明】

為減輕及簡化聲請更生或清算費用之徵收，本條例第6條規定一律徵收聲請費新臺幣1,000元。另郵務送達費及法院人員之差旅費不另徵收。但所需費用超過應徵收之聲請費者，其超過部分，應依實支數計算徵收。前項所需費用（即超額之送達費、差旅費）及進行更生或清算程序之必要費用，法院得酌定相當金額，定期命聲請人預納之，逾期未預納者，除別有規定（如：第7條所定法院以裁定准予暫免繳納）外，法院應駁回更生或清算之聲請。又因債務人聲請更生或清算而未繳納聲請費者，係屬聲請不合程式，法院應先定期命補正，如逾期不補正，再以裁定駁回之。為使讀者更清楚認知聲請費用之徵、退手續，爰進一步說明如下：

（一）法院命債務人預納郵務送達費、法院人員差旅費及進行更生或清算程序之必要費用者，其金額應依個案情形，斟酌關係人之人數及事件之繁簡程度定之。又為免費用過高，成為債務人清理債務之障礙，故得依程序進行程度，分階段命債務人預納〔注意事項三之（一）〕。

（二）債務人預納之郵務送達費、法院人員差旅費及進行更生或清算

程序之必要費用，法院雖得命債務人預先繳納，但此項數額僅係預先估算之數額，如更生或清算程序進行後，始發現實支結果有餘額或溢繳情事，應將溢繳或餘額如數退還〔注意事項三之（二）〕。

　　（三）法院裁定開始更生程序後，經定期命債務人預納郵務送達費、法院人員差旅費及進行更生程序之必要費用，逾期未預納者，法院亦得依本條例第56條第2款規定裁定開始清算程序〔注意事項三之（三）〕。

　　（四）法院裁定開始清算程序後，經定期命債務人預納郵務送達費、法院人員差旅費及進行清算程序之必要費用，逾期未預納者，為使清算程序得以順利進行，該費用可由國庫墊付，並於清算程序中優先受分配〔注意事項三之（四）〕。

　　（五）法院裁定開始更生或清算程序前，認有選任監督人或管理人之必要者，得預估其報酬之數額，定期命債務人預納之，逾期未預納者，除有本條例第7條第1項所定情形外，法院得依本條例第6條第3項規定駁回更生或清算之聲請（細則§5 I）。

　　（六）法院裁定開始更生程序後，認有選任監督人之必要者，得預估其報酬之數額，定期命債務人預納之，逾期未預納致更生程序無法進行者，法院得依本條例第56條第2款規定裁定開始清算程序（細則§5 II）。

【與破產法之比較】

　　依據破產法聲請和解或宣告破產者，應依非訟事件法之規定徵收聲請費。又依非訟事件法第13條規定「因財產權關係為聲請者，按其標的之金額或價額，以新臺幣依下列標準徵收費用：一、未滿十萬元者，五百元。二、十萬元以上未滿一百萬元者，一千元。三、一百萬元以上未滿一千萬元者，二千元。四、一千萬元以上未滿五千萬元者，三千元。五、五千萬元以上未滿一億元者，四千元。六、一億元以上者，五千元。」

　　可見依據破產法聲請和解或宣告破產者，所應徵收之聲請費，係依累進費率計徵聲請費，此與依本條例聲請更生或清算，僅須固定徵收聲請費

新臺幣1,000元，用以減輕消費債務人之負擔者，顯然有所不同。

又依非訟事件法第20條規定「郵務送達費及法院人員之差旅費不另徵收。但所需費用超過應徵收費用者，其超過部分，依實支數計算徵收。」顯與本條例第6條第2項規定之意旨相同；另依非訟事件法第26條第1、2項規定「第13條規定之費用，關係人未預納者，法院應限期命其預納；逾期仍不預納者，應駁回其聲請或抗告。第20條及前項以外之費用，聲請人未預納者，法院得拒絕其聲請。」亦與本條例第6條第3項規定之意旨相同。

第7條（費用之暫免徵收）

Ⅰ、債務人聲請清算而無資力支出前條費用者，得聲請法院以裁定准予暫免繳納。

Ⅱ、無資力支出費用之事由，應釋明之。

Ⅲ、法院准予暫免繳納費用之裁定，不得抗告。

Ⅳ、第1項暫免繳納之費用，由國庫墊付。

【立法要旨】

（一）債務人聲請清算者，常無財產而無力預納聲請費及程序進行必要費用，為使清算程序順利進行，其程序費用應暫由國庫墊付，爰設第1項。

（二）為便於法院調查債務人是否無資力支出清算聲請費及程序進行必要費用，明定債務人應釋明無資力支付費用之事由，爰設第2項。

【說明】

債務人聲請更生，以有相當資力，且能提出更生方案者為必要，倘聲請更生之債務人竟無力繳納聲請程序費用及進行程序必要費用，實難期待其能夠提出可行之更生方案，自不宜許其未繳納更生程序相關必要費用即進行更生程序，故債務人聲請更生，無本條例第7條規定之適用〔注意事項四之（一）〕。

　　債務人聲請清算，如經法院裁定開始清算程序，為免法院及關係人浪費已支付之勞力及費用，法院不得再以債務人未預納必要程序費用而駁回其清算聲請，僅得於清算程序終止或終結後，以債務人有本條例第134條第8款所定事由而裁定不免責。此時，為使清算程序得以順利進行，該進行清算程序之相關必要費用，允宜先由國庫墊付〔注意事項四之（二）〕，並依本條例第106條第1項第1款、第108條第1款規定，隨時由清算財團之財產優先受償。

　　法院准予暫免繳納費用之裁定，因係對於債務人有利之裁定，故本條第3款規定不得抗告。

【與破產法之比較】

　　依據破產法聲請和解或宣告破產者，其依非訟事件法之規定所應徵收之聲請費，依同法第25條所定「應徵收之費用，由聲請人預納。但法院依職權所為之處分，由國庫墊付者，於核實計算後，向應負擔之關係人徵收之。」之意旨觀之，並無可得聲請法院以裁定准予暫免繳納之優惠規定，故本條例第7條之規定，顯較依破產法聲請和解或宣告破產者有利。

第8條（聲請要件之審查與補正）

　　聲請更生或清算不合程式或不備其他要件者，法院應以裁定駁回之。但其情形可以補正者，法院應定期間先命補正。

【立法要旨】

　　債務人聲請更生或清算，除應具備能力、代理權無欠缺等一般形式要件外，並應符合規定之程式，如第6條第1項、第43條、第81條；此外尚須具備其他要件，如第2條、第3條、第42條、第80條等是。如有欠缺，其聲請即非合法。其情形可以補正者，法院應定期間先命補正，逾期不補正，應以裁定駁回之；如不能補正者，法院得不命補正逕予駁回，則屬當然，爰設本條一般規定。

【說明】

法院駁回更生或清算聲請之裁定，攸關債務人之權益至鉅，債務人自得提起抗告請求救濟，故法院自應對債務人送達該裁定，以利債務人請求救濟（注意事項五）。

法院裁定開始更生或清算程序後，基於程序安定之原則，即不得再以債務人之聲請不合程式、不備其他要件、因其違反本條例所定之義務或有其他障礙之事由而駁回其聲請或撤銷裁定（細則§6）。

【與破產法之比較】

依非訟事件法規定，「第十三條、第十四條、第十五條及第十七條規定之費用，關係人未預納者，法院應限期命其預納；逾期仍不預納者，應駁回其聲請或抗告。」（非訟§26Ⅰ）「對於費用之裁定，不得獨立聲明不服。」（非訟§27）可見依據破產法聲請和解或宣告破產者，如未繳納所應徵收之聲請費用者，法院得以不符合規定之程式為理由，予以裁定駁回之，此與本條例本條規定之意旨相同。但破產法上之債務人對於費用之裁定，卻不得獨立聲明不服，此為本條所未規定者。惟債務人若對於更生或清算聲請之本案裁定抗告時，應可準用民事訴訟法第88條之規定，一併向抗告法院聲明不服。

第9條（法院之調查）

Ⅰ、法院應依職權調查必要之事實及證據，並得向稅捐或其他機關、團體為查詢。

Ⅱ、法院為調查事實，得命關係人或法定代理人本人到場或以書面陳述意見。

Ⅲ、法院之調查及訊問，得不公開。

【立法要旨】

（一）更生或清算事件之裁定及處置，常涉及多數利害關係人之權

益，除債務人依法提出之文件外，法院仍應依職權調查必要之事實及證據，並得向稅捐或其他機關、團體等可能存有債務人之財產、收入及業務狀況資料者爲查詢，以獲得相關資訊，俾作成適當之裁判或處置。

（二）法院爲此等調查，必要時，得命利害關係人或法定代理人等本人到場，並得以不公開之方式爲之，或命以書面陳述意見。惟如行言詞辯論實質審理，應公開之。

（三）又本條所指關係人，例如：債務人、債權人、取回權人、別除權人及其他利害關係人等是。

【說明】

依本條例之程序清理債務之債務人，須於已盡眞實義務、到場義務、說明義務、提出義務之前提下，始得經由債務清理程序解免其債務，倘違反上開義務者，自不宜使其得以解免債務，以免發生道德危險。故法院爲調查事實，得命債務人本人到場接受詢問，其無故不到場、到場無故不爲答覆或虛僞陳述者，於法院裁定開始更生程序前，得依本條例第46條第3款規定駁回更生之聲請；於法院裁定開始更生程序後，倘致更生程序無法進行，得依本條例第56條第2款規定裁定開始清算程序，並構成本條例第134條第8款規定之不免責事由（注意事項六）。

【與破產法之比較】

在破產法之和解或破產程序中，亦有與本條文相似之規定，以利和解或破產程序之進行。例如：法院認爲必要時，得隨時令和解聲請人提出關係文件或爲其他必要之調查（破§8）；法院在裁定宣告破產或駁回破產之聲請前，得依職權爲必要之調查，並傳訊債務人、債權人及其他關係人（破§63 II）。

第10條（關係人答覆之義務）

Ⅰ、債務人之親屬、爲債務人管理財產之人或其他關係人，於法院查詢債務人之財產、收入及業務狀況時，有答覆之義務。

Ⅱ、前項之人對於法院之查詢，無故不爲答覆或爲虛僞之陳述者，法院得以裁定處新臺幣三千元以上三萬元以下之罰鍰。

Ⅲ、第1項之人已受前項裁定，仍無故不爲答覆或爲虛僞之陳述者，法院得連續處罰之。

Ⅳ、法院爲前二項裁定前，應使被處罰人有陳述意見之機會。

Ⅴ、第二項、第三項裁定，抗告中應停止執行。

【立法要旨】

（一）債務人之財產、收入及業務狀況狀況，債務人之親屬、爲債務人管理財產之人或其他關係人知之最詳，爲確實掌握該部分資訊，明定渠等於法院查詢時，有答覆之義務，爰設第1項。

（二）爲促使債務人之親屬、爲債務人管理財產之人或其他關係人履行其答覆義務，渠等無故不爲答覆或爲虛僞之陳述時，法院得處以罰鍰並得連續處罰，爰設第2、3項。

（三）法院對債務人之親屬、爲債務人管理財產之人或其他關係人處以罰鍰時，宜使其有陳述意見之機會，以保護其程序權，爰設第4項。

（四）第2、3項之裁定，影響被處罰人之權益甚大，爰設第5項，明定其提起抗告後，法院應停止執行。

【說明】

法院依本條第2、3項規定，對債務人之親屬、爲債務人管理財產之人或其他關係人裁處罰鍰者，於法院裁定開始更生或清算程序前，該罰鍰之執行事件，由該裁處罰鍰之法院民事執行處爲之；於法院裁定開始更生或清算程序後，該罰鍰之執行事件，由消費者債務清理法院爲之。

【與破產法之比較】

　　破產法第3條已將關於債務人或破產人應負義務及應受處罰之效力，擴及於債務人或破產人之法定代理人以外之執行業務股東、董事、經理人、清算人、繼承人、遺產管理人或遺囑執行人；又依同法第74條規定「法院得依職權或因破產管理人或債權人之聲請，傳喚破產人之親屬或其他關係人，查詢破產人之財產及業務狀況。」因此，破產人之前開親屬或其他關係人違反答覆之義務者，依同法第153條規定，得處一年以下有期徒刑、拘役或500元以下之罰金，顯然已構成刑事責任，與本條例本條之違反義務者，僅得處以行政罰鍰者，顯有天壤之別。

第11條（裁定之方式）

　（一）原條文：

　I 、更生或清算事件之裁判，由獨任法官以裁定行之。

　II、抗告，由管轄之地方法院以合議裁定之。

　III、對於抗告法院之裁定，不得再為抗告。

　IV、依本條例所為之裁定，不得聲請再審。

【立法要旨】

　　（一）為使更生或清算事件迅速進行，明定該等事件由獨任法官辦理，其所為之處分，應以裁定為之。

　　（二）為使更生或清算事件得以迅速確定，參考民事訴訟法第436條之1、非訟事件法第44條之立法例，明定抗告由管轄之地方法院以合議裁定之，惟可提起抗告之人，以受不利益之裁定者為限。

　　（三）為使更生或清算程序迅速進行及終結，明定對於抗告法院之裁定不得再為抗告，且依本條例所為之裁定，亦不得聲請再審，爰設第3、4項。

（二）100年1月26日修正條文：

I 、更生或清算事件之裁判，由獨任法官以裁定行之。

II 、抗告，由管轄之地方法院以合議裁定之。

III、對於抗告法院之裁定，除有涉及法律見解具有原則上之重要性者外，不得再爲抗告。

IV、依本條例所爲之裁定，不得聲請再審。

【100年1月26日修正要旨】

　　本條第3項原規定「對於抗告法院之裁定，不得再爲抗告。」未免過於嚴苛，乃參照民事訴訟法第469條之1第2項規定，增訂對於地方法院合議庭就更生或清算事件裁定之結果，如「涉及法律見解具有原則上之重要性者」，債務人或債權人仍可提出再抗告到高等法院，以求法律見解之統一。

（三）101年1月4日修正條文：

I 、更生或清算事件之裁判，由獨任法官以裁定行之。

II 、抗告，由管轄之地方法院以合議裁定之。

III、抗告法院之裁定，以抗告不合法而駁回者，不得再爲抗告。但得向原法院提出異議。

IV、前項異議，準用民事訴訟法第四百八十四條第二項及第三項規定。

V 、除前二項情形外，對於抗告法院之裁定，僅得以其適用法規顯有錯誤爲理由，向直接上級法院再爲抗告。

VI、依本條例所爲之裁定，不得聲請再審。

【101年1月4日修正要旨】

　　（一）原條文第1項、第2項未修正。

　　（二）消費者債務清理事件屬廣義之非訟事件，有關再爲抗告及管轄

法院等事項，宜為一致之規定，爰參照非訟事件法第45條規定，增訂第3項、第4項，並將100年1月26日修正條文第3項移列第5項。

（三）原條文第4項未修正，配合移列第6項。

【說明】

本條已於100年1月26日及101年1月4日修正二次，如前載。

為使更生及清算程序得迅速進行及終結，故本條例原則上採行一級二審制，以簡化抗告程序，且規定對於抗告法院之裁定，除以其適用法規顯有錯誤為理由，得向直接上級法院提起再抗告外，對於抗告法院以抗告不合法而駁回者，不得提起再抗告，亦不得聲請再審，以達速審速結之目的。但對於不得再抗告之事件，得向原法院提出異議，對於原法院就該異議所為之裁定，不得聲明不服。又依本條例第15條規定，抗告程序除本條例別有規定（例如：本條101年1月4日修正條文第2、5、6項）外，可準用民事訴訟法第四編抗告程序之規定。

【與破產法之比較】

依據破產法第5條規定「關於和解或破產之程序，除本法有規定外，準用民事訴訟法之規定。」故在破產法上關於和解或破產事件之裁判，仍應依民事訴訟法第四編所定（即該法第482條至第495條之1）之一般抗告程序進行，並無本條例前開速審速結規定之適用。

第11條之1〔101年1月4日增訂條文〕（債務人之陳述意見）

法院就更生或清算之聲請為駁回裁定前，應使債務人有到場陳述意見之機會。

【101年1月4日立法要旨】

（一）本條新增。

（二）為保障更生或清算聲請程序債務人之聽審請求權，法院於裁定

駁回更生或清算之聲請前，應使債務人有到場陳述意見之機會，爰設本條。

> **第12條（更生或清算聲請之撤回）**
>
> （一）原條文：
>
> Ⅰ、法院裁定開始更生或清算程序後，非經已申報無擔保及無優先權債權人全體同意，債務人不得撤回更生或清算之聲請。法院於裁定前，已依第十九條規定為保全處分者，亦同。
>
> Ⅱ、更生或清算聲請之撤回，應以書狀為之。

【立法要旨】

　　為免債務人惡意利用更生或清算之聲請及保全處分，阻礙債權人行使權利，故對其撤回權應予限制，乃規定非經已申報無擔保及無優先權債權人全體同意，不得撤回；又為求慎重起見，並規定其撤回聲請，應以書狀為之。

> （二）101年1月4日修正條文：
>
> Ⅰ、法院裁定開始更生或清算程序後，非經已申報無擔保及無優先權債權人全體同意，債務人不得撤回更生或清算之聲請。法院於裁定前，已依第十九條規定為保全處分者，亦同。
>
> Ⅱ、更生或清算聲請之撤回，應以書狀為之。
>
> Ⅲ、第一項債權人自撤回書狀送達之日起，十日內未提出異議者，視為同意撤回。

【101年1月4日修正要旨】

　　（一）原條文未修正。

　　（二）實務上常見債務人撤回更生或清算之聲請時，債權人既不到場，亦不以書面表示意見，為便利債務人行使撤回權，並減輕債權人之負

擔，明定債權人消極同意方式，爰增訂第3項。

【說明】

債務人聲請更生或清算，在法院裁定開始更生或清算程序以前，原則上得任意撤回之，毋須得債權人之同意。但若債務人之聲請，已經法院裁定開始更生或清算程序以後，或在法院裁定開始更生或清算程序以前，而已為保全處分之裁定者，如再聲請撤回，即有阻礙債權人權利之行使，此時其撤回之聲請，除經已申報無擔保及無優先權債權人全體同意，而顯無阻礙債權人行使權利之情事外，即不得聲請撤回。

更生或清算程序終止或終結後，債務人不得撤回更生或清算之聲請（細則§6-1）。

又因債務清理程序係屬集團性之債務清理，且具有公益之性質，為求慎重起見，本條第2項規定，其撤回更生或清算之聲請，應以書狀為之，不得準用民事訴訟法第122條第1項規定，於法院書記官前以言詞為之。

【與破產法之比較】

破產法對於債務人聲請和解或破產事件，其經法院許可和解之聲請或經法院宣告破產後，得否聲請撤回，並無明文規定，惟依該法第5條所定「關於和解或破產之程序，除本法有規定外，準用民事訴訟法之規定。」之意旨，應可準用民事訴訟法第262條及第263條之規定。故在法院未為和解聲請許可與否之裁定前或為破產宣告以前，債務人固得請求撤回，並得於期日以言詞向法院為之，且無庸得債權人之同意。惟法院一旦許可和解之聲請或經法院宣告破產時，即為全體債權人之利益發生開始和解或破產之效力，債務人對此裁定亦不得抗告，此時即不許債務人再為和解或破產聲請之撤回，以防止債務人濫用此一撤回程序，而拖延和解或破產程序之進行。又和解或破產之聲請若經撤回者，視同未聲請，原聲請人仍得隨時再為同一之聲請（破產法第5條準用民事訴訟法第263條第1項）。可見破產法上對於和解或破產聲請之撤回，顯較本條例之規定為寬。

第13條（聲請破產之限制）

債務人依本條例聲請更生或清算者，債權人不得依破產法規定聲請宣告債務人破產。

【立法要旨】

本條例為破產法之特別規定，為使債務人得儘速清理債務以獲更生，爰明定債務人已依本條例聲請更生或清算者，債權人即不得再依破產法聲請宣告債務人破產。

【說明】

本條例為破產法之特別規定，故於債務人聲請更生或清算之前或其後，該債務人縱經聲請破產，若法院尚未裁定宣告其破產，該破產事件即應待法院就更生或清算事件為准駁之裁定後，再行處理，以使債務人得以儘速清理債務而獲更生，此時該聲請破產程序應予停止（細則§7I）。

更生、清算、和解及破產程序同為債務清理程序，為合理分配司法資源，法院倘已裁定開始更生、清算程序、許可和解或宣告破產，即應利用該程序清理債務人之債務。債務人倘嗣又聲請更生或清算，即無保護之必要，法院應駁回之（細則§7II）。

債務人聲請更生或清算前，經聲請破產，而法院尚未裁定為破產之宣告者，於法院裁定開始更生或清算程序後，基於更生、清算、和解及破產程序同為債務清理程序，為合理分配司法資源，即應利用該程序清理債務人之債務。此時，自應駁回該破產之聲請（注意事項七）。

【與破產法之比較】

依據破產法規定：已依第41條向商會請求和解，而和解不成立者，不得再向法院為和解之聲請（破§6II）；債權人或債務人聲請法院宣告破產，縱在和解程序中，亦得為之，但法院認為有和解之可能者，得駁回之（破§58II）等意旨，可見破產法雖禁止重複聲請和解，卻不禁止在和解

程序中聲請法院宣告破產，蓋因破產法並不採行和解前置主義故也。只是法院若認爲有和解之可能者，得駁回破產之聲請而已。此與本條例本條所定之更生或清算程序，爲破產法之特別規定，故不許債權人於債務人已依本條例聲請更生或清算後，再依破產法規定聲請宣告債務人破產，以免普通法凌駕於特別法之反常現象發生。

第14條（公告之方式）

Ⅰ、本條例所定之公告，應揭示於法院公告處、資訊網路及其他適當處所；法院認爲必要時，並得命登載於公報或新聞紙，或用其他方法公告之。

Ⅱ、前項公告，除本條例別有規定外，自最後揭示之翌日起，對所有利害關係人發生送達之效力。

【立法要旨】

（一）依本條例規定，法院應進行公告程序之文書種類甚多，例如：開始更生程序之裁定、認可更生與否之裁定、開始清算程序之裁定、清算程序終止或終結之裁定等；其公告之處所、方式應有統一之規定，以爲共同適用之準則，爰設第1項，俾資遵循。

（二）依本條例進行之程序，具有集團性清理債務之性質，爲避免文書逐一送達關係人增加勞費及拖延程序，宜予減省，且依第1項公告方法，已足使關係人周知，爰設第2項，明定其效力。

【說明】

依本條例規定應公告之文書，未併予規定應送達者，依本條例第14條第2項規定，該文書應自公告最後揭示之翌日起，對所有利害關係人發生送達之效力；倘特別規定該公告之文書併應送達者，例如本條例第33條第3項規定，則該文書即不得以公告代送達，其送達效力，自應依民事訴訟法之規定（細則§8）。

　　本條第1項前段所規定之公告方法，於法院公告處、資訊網路及其他適當處所之揭示，應併行之。同項後段所規定之公告方法，由法院斟酌行之〔注意事項八之（一）〕。

　　本條第2項所稱最後揭示，係指第1項揭示方法中最後揭示者，非指揭示期間之末日〔注意事項八之（二）〕。

　　法院揭示本條所定之公告時，應注意遵守個人資料保護法之相關規定。

　　法院依本條例第75條第3項、第132條至第135條、第139條、第141條、第142條及第156條規定所為免責、不免責或撤銷免責之裁定，除應送達債務人及已知住居所、事務所或營業所之債權人外，並應依本條例第14條第1項規定公告之，俾依同條第2項規定，對其他利害關係人發生送達效力（細則§39-1）。

【與破產法之比較】

　　依破產法規定，當法院許可和解後，應即將下列事項公告之：（一）許可和解聲請之要旨；（二）監督人之姓名、監督輔助人之姓名、住址及進行和解之地點；（三）申報債權之期間及債權人會議期日（破§12 I）。前開公告，應黏貼於法院牌示處，並登載於公報及新聞紙，如該法院管轄區域內無公報、新聞紙者，應併黏貼於商會或其他相當之處所（破§13）；法院為破產宣告時，應公告下列事項：（一）破產裁定之主文，及其宣告之年、月、日；（二）破產管理人之姓名、住址及處理破產事務之地址；（三）申報債權之期間及第一次債權人會議期日；（四）破產人之債務人及屬於破產財團之財產持有人，對於破產人不得為清償或交付其財產，並應即交還或通知破產管理人；（五）破產人之債權人，應於規定期限內向破產管理人申報其債權，其不依限申報者，不得就破產財團受清償。第1項公告，準用第13條之規定（破§65 I、III）。可見破產法有關許可和解或宣告破產事項之公告方法，除資訊網路之公告，因在破產法訂

定施行當時，尚無此一科技設施，故未加以規定外，其餘之公告方法與本條例前開規定大致相同，但在實務運用上，資訊網路之公告，應仍有其適用。至於公告發生效力之期間，破產法並未規定，又因公告之性質與公示送達不同，自亦無民事訴訟第152條公示送達規定之準用，在解釋上，應自揭示之日起生效，此與本條例規定自最後揭示之翌日起，對所有利害關係人發生送達之效力者，尚有些許差別。

第15條（民事訴訟法之準用）

關於更生或清算之程序，除本條例別有規定外，準用民事訴訟法之規定。

【立法要旨】

關於更生或清算之程序，除本條例別有規定外，準用民事訴訟法之規定，爰設本條，俾利程序之進行有所依循。

【說明】

抗告程序除本條例別有規定（例如：第11條第2、3、4項）外，準用民事訴訟法第四編抗告程序之規定。

債務人依本條例第15條準用民事訴訟法第68條規定委任非律師爲代理人時，法院應注意該代理人是否適任，對不適任者不應許可其代理〔注意事項九之（一）〕。

利害關係人得依本條準用民事訴訟法第242條規定，聲請閱覽或抄錄相關之文書〔注意事項九之（二）〕。

依本條例規定應公告並送達文書予利害關係人者，其送達效力，依民事訴訟法之規定（細則§9）。

【與破產法之比較】

依破產法第5條規定「關於和解或破產之程序，除本法有規定外，準

用民事訴訟法之規定。」破產法可準用民事訴訟法規定之範圍頗廣，例如：法院職員迴避、當事人能力、訴訟能力、訴訟代理及訴訟輔佐之規定、調查證據及辯論、裁定、送達、抗告等，於破產法中無特別規定者，均可準用民事訴訟法之相當規定。故本條例本條之規定與破產法第五條規定相同，關於更生或清算之程序，除本條例別有規定者外，均可準用民事訴訟法之規定。

第二節　監督人及管理人

　　本節從第16條起至第18條止，係就法院裁定更生或清算程序後，有關監督人及管理人之選任、指揮、監督與撤換，以及渠等執行職務應注意之義務等事項所為之規定。

第16條（監督人或管理人之選任）

（一）原條文：

Ⅰ、法院裁定開始更生或清算程序後，得命司法事務官進行更生或清算程序，必要時，得選任律師、會計師或其他適當之自然人或法人一人為監督人或管理人。

Ⅱ、法院認為必要時，得命監督人或管理人提供相當之擔保。

Ⅲ、監督人或管理人之報酬，由法院定之，有優先受清償之權。

Ⅳ、法院選任法人為監督人或管理人之辦法，由司法院定之。

【立法要旨】

　　（一）本條例於更生程序設監督人，清算程序設管理人。又更生或清算程序之進行，涉及法律、會計事務甚多，為顧及實際所需，爰列律師、會計師或其他適當之自然人或法人得為監督人或管理人。監督人或管理人非必設機關，且選任之時間，非限於法院裁定開始更生或清算程序時始得

為之，於更生或清算程序進行中，如法院認有必要者，亦得於程序進行中隨時選任。

（二）消費者債務清理，本即因債務人無資力而無法清償債務，如選任專業之監督人或管理人，債務人將因程序之進行而另需支付高額報酬，不啻係另一負擔。為兼顧債務人之權益，並利程序之進行，於未選任監督人或管理人之情形，宜使司法事務官協助法官進行之，爰設第1項，明定法院裁定開始更生或清算程序後，得命司法事務官進行更生或清算程序。惟更生或清算程序進行中，如有必要，例如：有第24條所定雙務契約應處理；或有第27條所定訴訟需進行；或有財產須處分；或須介入當事人間之法律關係時，即不宜由司法事務官進行，應選任律師、會計師或其他適當之人任監督人或管理人，以利程序進行。

（三）為免監督人或管理人恣意濫權，以及保障債權人、債務人於監督人或管理人違反義務致生損害時之求償權，爰設第2項，明定法院得命監督人或管理人提供擔保。

（四）監督人或管理人職權重大，故其所得之報酬應特予保障，爰設第3項，明定其報酬應由法院訂定，並有優先受償權。

（五）法院選任法人為監督人或管理人者，該法人及其指派之人員應具債務清理之專業知識及能力，為免繁瑣，有關選任法人為監督人或管理人相關事項，宜由司法院定之，爰設第4項。

（二）101年1月4日修正條文：

I 、法院裁定開始更生或清算程序後，得命司法事務官進行更生或清算程序；必要時，得選任律師、會計師或其他適當之自然人或法人一人為監督人或管理人。

II 、法院認為必要時，得命監督人或管理人提供相當之擔保。

III、監督人或管理人之報酬，由法院定之，有優先受清償之權。

IV、法院選任法人為監督人或管理人之辦法，由司法院定之。

V、法院命司法事務官進行更生或清算程序，未選任監督人或管理人者，除別有規定或法院另有限制外，有關法院及監督人、管理人所應進行之程序，由司法事務官為之。

VI、法院裁定開始更生或清算程序後，未選任監督人或管理人，亦未命司法事務官進行更生或清算程序者，除別有規定外，有關監督人或管理人之職務，由法院為之。

【101年1月4日修正要旨】

（一）原條文未修正。

（二）法院裁定開始更生或清算程序，未選任監督人或管理人者，有關法院及監督人、管理人所應進行之程序，由司法事務官為之；亦未命司法事務官進行更生或清算程序者，則由法院為之，法院辦理消費者債務清理事件應行注意事項第10點第3款及第5款已有規定，為使其有法律之依據，爰增訂第5項、第6項。

【說明】

　　法院裁定開始更生或清算程序後，命司法事務官進行更生或清算程序者，至該程序終止或終結時止，本條例規定由法院辦理之事務，及程序終止或終結後關於本條例第75條第1項、第128條第1項前段、第131條準用第87條所定事務，得由司法事務官為之。但下列事務不在此限：（一）有關拘提、管收之事項；（二）本條例第53條第5項、第56條、第61條第1項及第65條第1項所定裁定（細則§11）。

　　法院裁定開始更生或清算程序，有下列各款情形之一者，應選任監督人或管理人：（一）依本條例第20至24條規定有行使撤銷權、終止權、解除權、請求相對人、受益人或轉得人返還所受領之給付或受催告之必要；（二）依本條例第27條規定有承受訴訟之必要；（三）依本條例第94條或第95條規定有承認、受催告、聲請法院裁定命相對人返還所受領之給付物、塗銷其權利取得登記、為其他回復原狀行為或聲請強制執行之必要

（細則§12）。

　　債務人既因無力清償債務而聲請債務清理，如清理程序必予選任監督人或管理人，勢必因程序之進行而使債務人之財產益形減少，故應認監督人或管理人非必設機關。惟法院裁定開始更生或清算時，倘未選任監督人或管理人，於程序進行中如認有必要時，仍應得隨時選任之，以兼顧實際所需〔注意事項十之（一）〕。

　　除施行細則第12條應選任監督人或管理人之情形外，法院仍宜斟酌事件之性質，例如：有本條例第114條、第115條或第117條所定受取回請求、清償全價而請求交付標的物或債權人主張抵銷等情事，及事件之繁簡程度，以決定是否選任監督人或管理人〔注意事項十之（二）〕。

　　法院命司法事務官進行更生或清算程序，未經選任監督人或管理人者，除別有規定或法院另有限制外，本條例有關法院及監督人、管理人所應進行之程序，由司法事務官為之。

　　司法事務官進行更生或清算程序者，依本條例第15條規定，準用民事訴訟法第240條之2至第240條之4之規定〔注意事項十之（三）〕。

　　法院裁定開始更生或清算程序後，未選任監督人或管理人，亦未命司法事務官進行更生或清算程序者，除別有規定外，本條例有關監督人或管理人之職務，由法院為之。

　　為免損害債務人與債權人之權益，監督人或管理人倘遇有非法阻撓其執行職務之情事者，允宜報請法院處理〔注意事項十之（四）〕。

　　法院裁定命監督人或管理人供擔保者，其供擔保之金額，宜斟酌該事件之性質定之。

【與破產法之比較】

　　依破產法第11條規定「和解聲請經許可後，法院應指定推事一人為監督人，並選任會計師或當地商會所推舉之人員或其他適當之人一人或二人，為監督輔助人；法院認為必要時，得命監督輔助人提供相當之擔保；

監督輔助人之報酬，由法院定之，有優先受清償之權。」又依同法第64條「法院為破產宣告時，應選任破產管理人」、第83條規定「破產管理人，應就會計師或其他適於管理該破產財團之人中選任之；前項破產管理人，債權人會議得就債權人中另為選任；破產管理人受法院之監督，必要時，法院並得命其提供相當之擔保。」、第84條規定「破產管理人之報酬，由法院定之。」、第95條及第97條亦規定，破產管理人之報酬為財團費用，應先於破產債權，隨時由破產財團清償。可見在破產法中之和解程序所設之監督輔助人、破產程序所設之破產管理人，與本條例在更生程序所設之監督人、清算程序所設管理人，均係輔助破產程序或債務清理程序順利進行之重要機關，雖然名稱不同，但其規定要點相類似，其最大之差別，僅在本條例可由法院選任「法人」為監督人或管理人（其辦法如附錄一），此為破產法所未規定者。

第17條（監督人或管理人之指揮監督）

Ⅰ、監督人或管理人應受法院之指揮、監督。法院得隨時命其為清理事務之報告，及為其他監督上必要之調查。

Ⅱ、法院得因債權人會議決議或依職權撤換監督人或管理人。但於撤換前，應使其有陳述意見之機會。

【立法要旨】

（一）債務清理程序之機關，均應受法院之監督，且法院於必要時，得隨時指揮監督人或管理人為其執行職務之報告及其他之調查，爰設第1項。

（二）法院因債權人會議之決議或依職權撤換監督人或管理人時，應賦與陳述意見之機會，以保障其程序權，爰設第2項。

【說明】

　　監督人或管理人為估定債務人財產之價額，請求質權人或留置權人交出其權利標的物者，其交出權利標的物既係盡其協力義務所為，該質權人或留置權人之權利，自不因一時喪失管領力而消滅（細則§19）。

　　法院決定是否撤換監督人或管理人時，宜注意該項撤換是否將會妨礙更生或清算程序之進行。

【與破產法之比較】

　　依本條例規定，監督人及管理人之共同職責為：受法院之指揮、監督，隨時報告（§17 I）、撤銷債務人之詐害行為（§20）、聲請法院取交有擔保物權之債務人之財產（§35 II）、對有問題之債權提出異議（§36 I）、列席債權人會議（§39 II）；監督人之個別職務為：調查債務人之財產狀況、協助債務人作成更生方案確認債權人之利益（§49）、備置相關文書供利害關係人閱覽或抄錄（§50）、於債權人會議報告債權表及對更生方案之意見（§57）；管理人之個別職務為：持清算裁定向登記機關聲請清算登記（§87 I）、不承認債務人對屬於清算財團財產之行為時，聲請法院為回復原狀之裁定（§95 I）、聲請法院裁定對應負損害賠償責任之債務人之法定代理人之賠償（§97 I、110）、受移交與清算財產有關之財產及薄冊（§102 I）、對於屬清算財團權利之必要保全行為（§104）、編造資產表交法院公告（§105 I）、於債權人會議報告（§119）、作成分配表（§123）、提存有異議債權之金額（§126）、向法院提出分配報告（§127）處理追加分配事宜（§128）、清算財團不敷清償費用及程序債務時，聲請法院裁定終止程序（§129 I）。

　　在破產法中和解程序之監督輔助人，除輔助監督人（即法官一人）執行職務外，並受監督人之指揮負責執行下列之事務：（一）監督債務人繼續業務之進行；（二）列席債權人會議；（三）於債權人會議時，報告債務人之財產及業務狀況，並陳述對於和解方案之意見；（四）於法院就債

權人提出之異議為裁定前，受命到場陳述意見；（五）監督債務人業務之管理，並制止債務人有損債權人利益之行為；（六）保管債務人之流動資產及業務上之收入；（七）調查債務人之業務、財產及其價格；（八）就債務人提出之債權人債務人清冊及法院作成之債權表整理核對，以完成債權人清冊；又破產法中破產程序之破產管理人，除依同法第71條第2項得請求展期管收破產人、第74條得聲請傳喚破產人或其他關係人、第77條得終止租賃契約、第78條應撤銷詐害行為、第79條得撤銷債務人對債務提供擔保及對未到期債務之清償外，尚有同法第87至94、116、119、124、132、139、145條等重要職務之執行。又依同法第85條規定「法院因債權人會議之決議或監查人之聲請或依職權，得撤換破產管理人。」

從前開說明，可知除破產法中對於和解程序之監督輔助人，並無撤換之規定，而不得任意撤換外，其和解程序之監督輔助人及破產程序之破產管理人，其執行職務雖與本條例所設監督人或管理人執行職務之內容，有些不同，但其均應受法院之監督者，顯具有相同之旨意。

第18條（監督人或管理人之注意義務）

I、監督人或管理人應以善良管理人之注意，執行其職務；非經法院許可，不得辭任。

II、監督人或管理人違反前項義務致利害關係人受有損害時，應負損害賠償責任。

【立法要旨】

（一）監督人或管理人之職權重大，並受有報酬，其執行職務，自應負較高之注意義務，爰設第1項。

（二）監督人或管理人違反善良管理人之注意義務，致利害關係人，例如：債務人、債權人、取回權人、別除權人等受有損害時，應使其負損害賠償責任，爰設第2項。又關於損害賠償請求權之時效，本條例未設規定，應回歸民法之適用。

【說明】

監督人或管理人具公益性，且其職責重大並受有報酬，於法院許可辭任前，仍應負善良管理人之注意義務，繼續執行其職務，以保障債權人及債務人之權益（細則§13）。

【與破產法之比較】

破產法上之監督輔助人，既係有償之委任，依民法第535條之規定，自應以善良管理人之注意義務處理其事務，此乃當然之解釋。又依破產法第86條規定「破產管理人，應以善良管理人之注意，執行其職務。」監督輔助人及破產管理人，既均應以善良管理人之注意執行其職務，如彼等有違反注意義務致利害關係人受有損害時，自應負損害賠償責任。故破產法對監督輔助人之注意義務，及對監督輔助人、破產管理人違反注意義務之損害賠償責任，雖均未明文規定，但在解釋上，均應持肯定見解，此與本條例對監督人或管理人前開注意義務及違反義務之賠償責任之規定，並無不同之處。

第三節　債務人財產之保全

本節從第19條起至第27條止，係就法院對更生或清算之聲請為裁定前之保全處分、債務人有害債權人權利行為之撤銷、債務人聲請更生或清算後不生效力之行為及其雙務契約之終止或解除、他方當事人之異議權及其損害賠償請求權、保全權利訴訟之提起等事項所為之規定。

第19條（保全處分之裁定）

I 、法院就更生或清算之聲請為裁定前，得因利害關係人之聲請或依職權，以裁定為下列處分：

一、債務人財產之保全處分。

二、債務人履行債務及債權人對於債務人行使債權之限制。

三、對於債務人財產強制執行程序之停止。

四、受益人或轉得人財產之保全處分。

五、其他必要之保全處分。

II、前項處分，除法院裁定開始更生或清算程序外，其期間不得逾六十日；必要時，法院得依利害關係人聲請或依職權以裁定延長一次，延長期間不得逾六十日。

III、第1項保全處分，法院於駁回更生或清算之聲請或認為必要時，得依利害關係人聲請或依職權變更或撤銷之。

IV、第2項期間屆滿前，更生或清算之聲請經駁回確定者，第1項及第3項保全處分失其效力。

V、第1項及第3項保全處分之執行，由該管法院依職權準用強制執行法關於假扣押、假處分執行之規定執行之。

VI、第1項至第3項之裁定應公告之。

【立法要旨】

（一）法院就更生或清算之聲請為裁定前，為防杜債務人之財產減少，維持債權人間之公平受償及使債務人有重建之機會，有依債權人、債務人或其他利害關係人之聲請或依職權為一定保全處分之必要；其內容有：就債務人財產，包括債務人對其債務人之債權等，為必要之保全處分、限制債務人履行債務及債權人對於債務人行使債權之限制、對於債務人財產實施民事或行政執行程序之停止；又為確保將來詐害行為、偏頗行為經撤銷後，對受益人或轉得人請求回復原狀責任之強制執行，亦有對之施以保全處分之必要；另為求周延，明定概括事由，許法院為其他必要之保全處分。爰設第1項。

（二）為維護債權人之權益，避免債務人惡意利用保全處分，阻礙債權人行使權利，爰限制處分期間，且對處分期間之延長，除須經法院裁定

外，以一次爲限，並限制其延長期間亦不得逾六十日，爰設第2項。

（三）法院爲保全之處分後，爲避免債務人利用更生或清算之聲請作爲延期償付債務之手段，如更生或清算之聲請經駁回或法院認爲必要時，例如：保全處分之原因變更或消滅時，自得依利害關係人聲請或依職權變更或撤銷所爲之保全處分，爰設第3項。另關於保全處分變更後之期間，於此未設規定，其仍應受第2項所定期間之限制，乃屬當然。

（四）更生或清算之聲請經駁回確定，各種保全處分當然失其效力，法院自無庸裁定撤銷保全處分，爰設第4項。

（五）受理更生或清算聲請之法院，依第1項及第3項所爲之保全處分，其執行程序宜由受理更生或清算程序之法院準用強制執行法有關假扣押、假處分執行之規定，爰設第5項，俾資遵循，並杜疑義。

（六）法院依第1項至第3項規定所爲之裁定，影響債務人、債權人及其他利害關係人之權益，應公告周知，爰設第6項。

【說明】

依本條第1項規定，法院就更生或清算之聲請爲裁定前，得因利害關係人之聲請或依職權，以裁定爲各種保全處分，考其立法意旨，係爲防杜債務人財產減少及儘速確定債務人之財產數額。於法院裁定開始更生或清算程序後，倘有防杜債務人財產減少或確定債務人財產數額之必要者，自仍得由法院爲必要之保全處分，以免妨礙債務清理程序之進行〔注意事項十一之（一）〕。

法院爲保全處分裁定，除得依利害關係人之聲請而爲外，亦得依職權爲之，故債務人聲請更生或清算時，縱未併予聲請，法院仍應主動審酌個案情形有無保全處分之必要，以決定是否依職權爲之〔注意事項十一之（二）〕。

法院既得依職權而爲保全處分，則於利害關係人僅依本條第1項規定聲請部分保全處分時，就當事人未聲請之事項，法院亦應併予斟酌後依職

權而為適當之保全處分〔注意事項十一之（三）〕，例如：當法院裁定禁止任何債權人對債務人為強制執行行為之保全處分時，宜併予考量該案有無併予裁定保全債務人財產之必要，以使債務人之財產能夠同時予以保全，以平衡保障債權人與債務人之權益。

按法院裁定開始更生程序後，對於債務人不得開始或繼續訴訟及強制執行程序，但有擔保或有優先權之債權，不在此限；又有別除權之債權人得不依清算程序行使其權利，本條例第48條第2項、第112條第2項前段分別定有明文。故法院已為保全處分裁定後，有擔保或優先權之債權人倘欲依上開規定行使其權利者，自應先依本條第3項規定聲請變更或撤銷保全處分之範圍，以免扞挌〔注意事項十一之（四）〕。

更生或清算程序終止或終結時，消費者債務清理程序即告終結，於更生情形，債務人應依自定更生方案履行；於清算情形，法院則應斟酌債務人有無不免責事由，而為免責或不免責裁定，此時，債務人之財產即無續為保全處分之必要。

保全處分裁定、延長、變更或撤銷保全處分裁定，攸關債務人、受益人、轉得人或其他應受拘束之利害關係人之權益甚鉅，其等應得提起抗告請求救濟，故法院自應對其等送達該裁定；又為避免債務人、受益人、轉得人或其他應受拘束之利害關係人於法院執行保全處分裁定、延長、變更或撤銷保全處分裁定前，能夠預知該裁定之內容而有所因應，致使該裁定之執行落空，本條第1項至第3項之裁定，自應於執行同時或執行後，送達債務人、受益人、轉得人或其他應受拘束之利害關係人〔注意事項十一之（六）〕。

本條例所定得強制執行之事項，宜由當時負責辦理該消費者債務清理事件之法院為之，例如裁定開始更生或清算程序前之保全處分，由該為保全處分之法院執行之；又如本條例第95條第4項、第102條第2項所定事項，由執行該清算事務之法院為之，始足收事權統一之效。至更生或清算程序終結後因債務人不履行而生之強制執行事項，例如本條例第74條第1

項、第140條本文所定事項，本應依一般強制執行程序原則，由法院民事執行處為之（細則§10）。

　　本條所規定之保全處分，影響當事人之權益甚鉅，法院就更生或清算之聲請為裁定前所為保全處分之期間，應受本條第2項規定之限制。為貫徹上開立法旨趣，於法院就更生或清算之聲請為裁定前，該保全處分之內容縱經法院裁定變更，其變更後之期間與原保全處分期間合計，仍不得逾上開規定所定之期間（細則§14 I）。

　　法院裁定開始更生或清算程序後，至更生或清算程序終止或終結前，為防杜債務人之財產減少，維持債權人間之公平受償，以利更生或清算程序之進行，如有為一定保全處分或變更保全處分之必要，其期間不受本條第2項之限制（細則§14 II）。

　　法院已為保全處分裁定後，有擔保或優先權之債權人依本條例第48條第2項或第112條第2項前段規定行使權利者，應依本條第3項規定聲請變更或撤銷保全處分。

　　保全處分於更生或清算程序終止或終結時失其效力，法院應通知該管登記機關為塗銷之登記〔注意事項十一之（五）〕。

　　法院為保全處分之裁定，應限於裁定開始更生或清算程序之前，裁定開始更生或清算程序之後，僅得斟酌情形變更其已為保全處分之內容，不得再為保全處分裁定。

【與破產法之比較】

　　在破產法上之和解及破產程序，亦有對債務人之財產進行保全處分之規定，例如：和解聲請經許可後，對於債務人不得開始或繼續民事執行程序。但有擔保或有優先權之債權者，不在此限（破§17）；監督輔助人監督債務人業務之管理，並制止債務人有損債權人利益之行為、保管債務人之流動資產及其業務上之收入（破§18 I ①、②）；有破產聲請時，雖在破產宣告前，法院得因債權人之聲請或依職權拘提或管收債務人，或命為

必要之保全處分（破§72）；破產人之權利屬於破產財團者，破產管理人
應為必要之保全行為（破§90）。雖其規定不如本條前開說明之周密，但
其為防止債務人減少財產，維持債權人間之公平受償之意旨，則無不同。

第20條（監督人或管理人之撤銷權）

Ⅰ、債務人所為之下列行為，除本條例別有規定外，監督人或管理人
得撤銷之：

一、債務人於法院裁定開始更生或清算程序前，二年內所為之無
償行為，有害及債權人之權利者。

二、債務人於法院裁定開始更生或清算程序前，二年內所為之有
償行為，於行為時明知有害及債權人之權利，而受益人於受
益時亦知其情事者。

三、債務人於法院裁定開始更生或清算程序前，六個月內所為提
供擔保、清償債務或其他有害及債權人權利之行為，而受益
人於受益時，明知其有害及債權人之權利者。

四、債務人於法院裁定開始更生或清算程序前，六個月內所為提
供擔保、清償債務或其他有害及債權人權利之行為，而該行
為非其義務或其義務尚未屆清償期者。

Ⅱ、債務人與其配偶、直系親屬或家屬間成立之有償行為及債務人以
低於市價一半之價格而處分其財產之行為，視為無償行為。

Ⅲ、債務人與其配偶、直系親屬或家屬間成立第一項第三款之行為
者，推定受益人於受益時知其行為有害及債權人之權利。

Ⅳ、第一項第三款之提供擔保，係在法院裁定開始更生或清算程序之
日起六個月前承諾並經公證者，不得撤銷。

Ⅴ、第一項之撤銷權，自法院裁定開始更生或清算程序之翌日起，一
年間不行使而消滅。

Ⅵ、債務人因得撤銷之行為而負履行之義務者，其撤銷權雖因前項規

> 定而消滅，債務人或管理人仍得拒絕履行。
> VII、第二項及第三項之規定，於債務人與第四條所定之人及其配偶、直系親屬或家屬間所為之有償行為，準用之。

【立法要旨】

（一）為使更生或清算程序得以迅速進行，避免採取訴訟方式，浪費法院及關係人勞力、時間及費用，明定撤銷權之行使，由管理人或監督人以意思表示為之。故除本條例別有規定外（例如：第23條等），債務人於法院裁定開始更生或清算程序前，二年內所為無償或有償詐害行為之規定，使債務人之財產減少，並損害債權人之債權，均有害債權人之公平受償，其所為無償或有償詐害行為，應予撤銷，爰設第1、2款。又債務人對特定債權人原負有義務，而於法院裁定開始更生或清算程序前六個月內提供擔保、清償債務或為其他有害於債權人之權利，將使債務人財產減少，有害債權人之公平受償，如受益人於受益時，明知其有害於債權人之權利者，無受保護之必要，債務人所為偏頗行為亦得予以撤銷，爰設第3款。再者，債務人對特定債權人原無義務或其義務尚未屆清償期，而於法院裁定開始更生或清算程序前六個月內對之提供擔保、清償債務或為其他有害於債權人權利之行為，屬偏頗行為，有害債權人之公平受償，亦得予以撤銷，爰設第4款。

（二）債務人與其特定親屬或家屬間所成立之有償行為，基於行為當事人間之特定關係，應視為無償行為；又債務人以低於市價一半之價格而處分其財產之行為，因違反交易常規，債務人主觀上多有脫產之意思，為保障債權人，亦應視為無償行為，爰設第2項。

（三）債務人與其特定親屬或家屬間所成立第1項第3款行為，基於行為當事人間之特殊關係，應可推定受益人主觀上知情，爰設第3項。

（四）第1項規定之目的，在於防杜債務人為減少財產之行為，以維護債權人之公平受償。如該項第3款行為，係債務人在法院裁定開始更生

　　或清算程序之日六個月前承諾並經公證者,具有一定之公信力,為兼顧交易安全及第三人權益,不宜撤銷,爰設第4項。

　　(五)明定撤銷權之除斥期間,爰設第5項。

　　(六)債務人因得撤銷之行為而負履行義務,其撤銷權業因除斥期間經過而消滅者,如仍令債務人負履行義務,有失衡平,爰訂定第6項,明定債務人或管理人得拒絕履行。

　　(七)債務人與第4條所定之人及其特定親屬或家屬間所為之有償行為,宜準用第2項及第3項之規定,始得防杜詐害或偏頗行為之發生,保障債權人公平受償,爰訂定第7項。

【說明】

　　依本條例第23條第1項規定,債務人聲請更生或清算後,其無償行為,不生效力;有償行為逾越通常管理行為或通常營業範圍,相對人於行為時明知其事實者,對於債權人不生效力。故債務人聲請更生或清算後,倘有本條例第23條第1項所定情事,其所為法律行為既已不生效力,監督人或管理人自無庸再對之行使撤銷權〔注意事項十二之(一)〕。

【與破產法之比較】

　　本條規定之撤銷,均著眼在法院裁定開始更生或清算程序前債務人及其關係人之詐害行為或偏頗行為,此與破產法第78條所定「債務人在破產宣告前所為之無償或有償行為,有損害於債權人之權利,依民法之規定得撤銷者,破產管理人應聲請法院撤銷之。」及第79條所定「債務人在破產宣告(前)六個月內所為之下列行為,破產管理人得撤銷之:一、對於現有債務提供擔保。但債務人對於該項債務已於破產宣告六個月前承諾提供擔保者,不在此限;二、對於未到期之債務為清償。」等意旨相當。只是破產法對於在法院裁定許可和解之聲請前,並無此偏頗行為之撤銷規定。又在破產法第81條規定,第78條及第79條所定之撤銷權,自破產宣告之日起二年間不行使而消滅,此與本條例本條文為求程序之迅速終結而規定

「撤銷權，自法院裁定開始更生或清算程序之翌日起，一年間不行使而消滅」之較短除斥期間，亦有不同之處。

第21條（撤銷之效力）
　I 、前條第一項之行為經撤銷後，適用下列規定：
　　　一、受益人應負回復原狀之責任。但無償行為之善意受益人，僅就現存之利益負返還或償還價額之責任。
　　　二、受益人對債務人所為之給付，得請求返還之；其不能返還者，得請求償還其價額，並有優先受償權。
　II 、受益人受領他種給付以代原定之給付者，於返還所受給付或償還其價額時，其債權回復效力。

【立法要旨】
　　（一）債務人所為有害債權人之行為經撤銷後，受益人對債務人或清算財團自應負回復原狀之責任；惟債務人所為無償行為之受益人於受益時如為善意，為免對其過苛，宜僅以現存之利益為限，令負償還或返還價額之責任，爰設第1款。又受益人自債務人受領之給付，既應對債務人或清算財團負回復原狀之義務，其所為之對待給付，自亦得向債務人或清算財團請求返還，其不能返還者，亦應償還其價額，並有優先受償權，以維公平，爰設第2款。
　　（二）債務人代物清償行為經撤銷時，於受益人返還所受給付或償還其價額與債務人或清算管理人者，自宜使受益人原有之債權回復效力，以維公平，爰設第2項。又債務人之債權行為本身經撤銷者，乃撤銷後回復原狀之法律效果，非債權之回復，附此說明。

【說明】
　　債務人之詐害行為或偏頗行為，經監督人或管理人撤銷後，如債務人已為給付，受益人或轉得人應依本條第1項規定負回復原狀之責任，倘不

履行，應由監督人或管理人請求之，以保障債權人權益（細則§15）。

　　債務人代物清償行為經撤銷者，受益人返還其所受給付或償還其價額時，受益人原有之債權即回復其效力，受益人得以之為更生或清算債權行使權利，如因監督人或管理人行使撤銷權過遲，致其未能及時申報或補報債權，即屬不可歸責於受益人，於更生程序，債務人仍應依更生條件負履行之責（§73參照），於清算程序，就債務人對該債權清償額未達已申報債權受償比例部分，不受免責裁定之影響（§138⑤參照）。

【與破產法之比較】

　　本條對於受益人應負回復原狀或對債務人所為之給付得請求返還之規定，在破產法並無相類之規定，蓋因類此規定，應為撤銷後之當然法效，似無待再以明文規定之必要。

第22條（對轉得人之撤銷）
　　Ⅰ、第二十條之撤銷權，對於轉得人有下列情形之一者，亦得行使之：
　　　一、轉得人於轉得時知其前手有撤銷原因。
　　　二、轉得人係債務人或第4條所定之人之配偶、直系親屬或家屬或曾有此關係。但轉得人證明於轉得時不知其前手有撤銷原因者，不在此限。
　　　三、轉得人係無償取得。
　　Ⅱ、前條第一項第一款之規定，於前項情形準用之。

【立法要旨】

　　（一）第20條之撤銷權，於特定情形，亦得對於轉得人行使。倘轉得人於轉得時知其前手有撤銷之原因，即可認定其有惡意，此時對於轉得人即無保護之必要，爰設第1款。又轉得人係債務人或第4條所定之人現有或曾有一定親屬或家屬之關係者，通常多具有惡意情形，基於衡平，除轉得人證明其屬善意外，亦屬撤銷權行使之對象，爰設第2款。另轉得人係無

償取得者，宜不問其為善意、惡意，均得對之行使撤銷權。

（二）對於轉得人行使撤銷權後，轉得人即負回復原狀之義務。惟善意轉得人基於無償行為而受給付者，自應僅就現存之利益返還或償還價額，爰設第2項，以杜爭議。

【說明】

本條第1項第1、2款撤銷之事由，均因轉得人具有「惡意」，第3款係以無償取得為事由，故不問其為善意或惡意，監督人或管理人均得行使撤銷權。

監督人或管理人行使第1項之撤銷權後，轉得人應負回復原狀之責任，但於無償行為之善意轉得人，僅就現存之利益負返還或償還價額之責任。

債務人之詐害行為或偏頗行為，經監督人或管理人撤銷後，如債務人已為給付，受益人或轉得人應依本條第2項規定負回復原狀之責任，倘不履行，應由監督人或管理人請求之，以保障債權人權益（細則§15）。

【與破產法之比較】

在破產法第80條規定，前二條（即第78條之詐害行為及第79條之偏頗行為）之撤銷權，對於轉得人於轉得時知其有得撤銷之原因者，亦得行使之，與本條文第1項之規定相同，只是本條文第1項第2、3款對於惡意之親屬或家屬及不問其為善意、惡意無償取得之各轉得人，均得行使撤銷權之規定，係為破產法所未規定者。

第23條（債務人無償及有償行為之效力）

I、債務人聲請更生或清算後，其無償行為，不生效力；有償行為逾越通常管理行為或通常營業範圍，相對人於行為時明知其事實者，對於債權人不生效力。

II、前項所定不生效力之行為，監督人或管理人得請求相對人及轉得

> 人返還其所受領之給付。但轉得人係善意並有償取得者，不在此
> 限。

【立法要旨】

（一）債務人聲請更生或清算程序後，其無償行為有害及債權人之權利，為避免債務人之財產不當的減少，應屬無效；其有償行為逾越通常管理行為或通常營業之範圍，因屬有對價之行為，為保障交易安全，以相對人於行為時知悉「債務人聲請更生或清算」及「債務人有償行為逾越通常管理行為或通常營業範圍」為限，對債權人不生效力，以兼顧交易安全。

（二）債務人所為無償行為、逾越通常管理行為或通常營業範圍之有償行為，或不生效力，或對債權人不生效力，此際，債務人如已為給付，宜賦與監督人或管理人請求相對人及轉得人返還所受領給付之權利，以保障債權人權益。但轉得人係善意並有償取得者，為維護交易安全，不得請求返還。又本項規定之請求權為監督人或管理人之固有權，並非代位行使債務人之權利，附此敘明。

【說明】

依本條第1項規定，債務人聲請更生或清算後，其無償行為，不生效力；有償行為逾越通常管理行為或通常營業範圍，相對人於行為時明知其事實者，對於債權人不生效力。故債務人聲請更生或清算後，倘有本條第1項所定情事，其所為法律行為既已不生效力，監督人或管理人自無庸再對之行使撤銷權。

監督人或管理人依本條第2項規定向法律行為相對人或轉得人請求時，應以監督人或管理人之名義為之，更生程序並應請求向債務人為給付〔注意事項十二之（二）〕。

本條第1項所稱「通常管理行為或通常營業之範圍」，係指依債務人之財產及營業狀況所不能缺少之一般管理行為及必要之營業範圍而言，應依具體狀況及社會交易之一般通念決定之。例如：債務人聲請更生後，再

將其住宅出租或設定抵押權等行為，即係逾越通常管理行為；債務人本係經營早點攤販，卻於聲請清算後，擴大經營自助餐，而承租店面、增添設備與人力，即係逾越通常營業範圍。此項限制，自債務人向法院聲請更生或清算後即受拘束，至於法院是否已為裁定開始更生或清算程序，均非所問。又所謂其有償行為對於債權人不生效力，係指對於債權人相對不生效力而言，此與債務人所為無償行為絕對無效者不同，僅債權人得主張該項有償行為無效而已，但相對人得對債務人主張有效，惟不得以其有效對抗債權人，相對人如有損害，僅得請求債務人為損害賠償。惟此項損害賠償債權，並非更生或清算債權，不得於更生或清算程序行使其權利。

【與破產法之比較】

　　破產法第15條、第16條分別規定「債務人聲請和解後，其無償行為，不生效力；配偶間、直系親屬間或家屬間所成立之有償行為，及債務人以低於市價一半之價格而處分其財產之行為，均視為無償行為。」、「債務人聲請和解後，其有償行為逾越通常管理行為或通常營業之範圍者，對於債權人不生效力。」均與本條第1項之規定相類似。只是破產法對於債務人在聲請宣告破產後之無償行為、逾越通常管理行為或通常營業範圍之有償行為，並無類此另為無效之規定，亦無類似本條第2項請求返還之規定，係為兩法不同之處。

第24條（監督人或管理人之終止權或解除權）

　I、法院裁定開始更生或清算程序時，債務人所訂雙務契約，當事人之一方尚未完全履行，監督人或管理人得終止或解除契約。但依其情形顯失公平者，不在此限。

　II、前項情形，他方當事人得催告監督人或管理人於二十日內確答是否終止或解除契約，監督人逾期不為確答者，喪失終止或解除權；管理人逾期不為確答者，視為終止或解除契約。

【立法要旨】

（一）法院裁定開始更生或清算程序時，債務人所訂之雙務契約，如有一方未完全履行，為使更生或清算程序得以迅速終結，爰設第1項，明定監督人或管理人得衡量情形終止或解除契約。另為兼顧他方當事人之利益，如監督人或管理人終止或解除契約，對他方顯失公平時，則不宜為之，爰設但書，以為限制。

（二）為避免因監督人或管理人不為終止或解除契約，致雙務契約之法律關係懸而不決，爰設第2項，明定他方當事人得催告監督人或管理人於二十日內確答是否終止或解除契約，監督人逾期不為確答者，喪失終止或解除權；管理人逾期不為確答者，視為終止或解除契約。

【說明】

法院裁定開始更生或清算程序時，債務人所訂雙務契約，當事人之一方尚未完全履行，監督人逾他方當事人所定期限不為確答，致「喪失」終止或解除權；管理人逾他方當事人所定期限不為確答，「視為」終止或解除契約。兩者法條所以規定異其效果，係因在更生程序中，契約之法律關係以繼續維持為原則；反之，在清算程序中，契約之法律關係以早日終結為原則。但監督人或管理人應盡善良管理人之法律義務，選擇是否中止或解除契約，若應為終止或解除而不為，或不應為而為，因而造成債務人財產之損害者，應負損害賠償責任。

【與破產法之比較】

本條係為使更生或清算程序得以迅速終結之特別規定，此在破產法並無相類之規定。

第25條（契約終止或解除之異議）

I、依前條規定終止或解除契約時，他方當事人得於十日內提出異議。

> II、前項異議由法院裁定之。
> III、對於前項裁定提起抗告，抗告法院於裁定前，應行言詞辯論。
> IV、前二項裁定確定時，有確定判決同一之效力。

【立法要旨】

（一）監督人或管理人依第24條規定終止或解除契約，或因管理人逾期不為確答，視為終止或解除契約時，宜賦與他方當事人異議權，以保障他方當事人之權益，爰設第1項。

（二）他方當事人提出異議後，法院就契約之終止或解除有無理由應為實體審查，並以裁定確定之，爰設第2項。

（三）為免他方當事人就債務人所訂雙務契約是否業經合法終止或解除另行提起訴訟再為爭執，影響更生或清算程序之迅速進行，法院就契約之終止或解除有無理由所為之裁定，應為實體審查。基此，於他方當事人或監督人或管理人提起抗告後，抗告法院於裁定前應行言詞辯論，俾保障當事人之程序權，爰設第3項。

（四）他方當事人提出異議後，法院就契約之終止或解除有無理由所為之裁定，既應為實體審查，於他方當事人或監督人或管理人提起抗告後，抗告法院更應行言詞辯論，為免他方當事人另行提起訴訟再為爭執，影響更生或清算程序之進行，於渠等程序權已獲充分保障之情形下，應賦與法院所為之裁定有確定判決同一之效力，爰設第4項。

【說明】

獨任法官或司法事務官為本條第2項之裁定前，應為實體審查，必要時得行言詞辯論（注意事項十三）。

法院就本條第2項所定事件或其他程序異議事項所為之裁定，係由司法事務官所做成者，當事人如得對其聲明不服，應依本條例第15條準用民事訴訟法第240條之4規定對該處分提出異議，不得逕對司法事務官所做成之處分提起抗告。

抗告法院受理本條第3項所定事件，於裁定前，應行必要之言詞辯論程序，以使當事人有陳述意見之機會，並應就爭執之實體事項為實質審查後，以裁定確定之。

本條第3項所列必要之言詞辯論程序，準用民事訴訟法第二編第一章第二節、第三節之規定。

【與破產法之比較】

本條係依前條規定，當監督人或管理人得終止或解除雙務契約時，因他方當事人得對之提出異議，而須由法院為裁決之特別規定，因在破產法中並無本條例第24條之相類規定，故破產法亦無本條之相類規定。

第26條（契約終止或解除之效力）

I、依第二十四條規定終止或解除契約時，他方當事人就其所受損害，得為更生或清算債權而行使其權利。

II、依第二十四條規定終止或解除契約時，債務人應返還之給付、利息或孳息，他方當事人得請求返還之；其不能返還者，得請求償還其價額，並有優先受償權。

【立法要旨】

（一）雙務契約依第24條規定終止或解除時，因係監督人或管理人基於債務人之利益所為之選擇，如他方當事人因而受有損害，乃基於契約之終止或解除，並非基於既存之契約本身之事由所發生，與因法院裁定開始更生或清算程序後不履行債務所生損害賠償之劣後債權不同，為維護他方當事人之利益，爰設第1項，明定他方當事人就其所受損害，得列為更生或清算債權而行使其權利。

（二）雙務契約依第24條規定終止或解除時，或依不當得利法則，應返還其利益或償還其價額；或依民法第259條規定，雙方當事人應負回復原狀之義務，該條各款之規定，除第5款所定非屬原來給付而不宜適用

外，其餘各款皆係更生或清算程序中，當事人回復原狀所應遵循。又債務人應返還之給付、利息或孳息，如現尚存於債務人或清算財團者，得請求債務人（更生程序）或管理人（清算程序）返還之，其不能返還者，得請求償還其價額，並有優先受償之權。爰設第2項。

【說明】

　　他方當事人依本條第2項規定所得行使之返還給付、利息、孳息或償還價額請求權，於更生程序，得隨時向債務人為請求，並有優先受償權；於清算程序，得依本條例第108條第3款規定，先於清算債權，隨時由清算財團清償之（注意事項十四）。

【與破產法之比較】

　　本條係由第24條所定監督人或管理人終止或解除雙務契約，他方當事人就其所受損害或得請求債務人返還之給付、利息或孳息所得請求給付之權利，因在破產法並無第24條之相類規定，故破產法亦無本條之相類規定。

第27條（債權人提起訴訟之當然停止）

　　債權人於法院裁定開始更生或清算程序前，就應屬債務人之財產，提起代位訴訟、撤銷訴訟或其他保全權利之訴訟，於更生或清算程序開始時尚未終結者，訴訟程序在監督人或管理人承受訴訟或更生或清算程序終止或終結以前當然停止。

【立法要旨】

　　債權人於法院裁定開始更生或清算程序前，對於第三人就應屬債務人之財產提起代位、撤銷或其他保全權利之訴訟，於有更生或清算程序開始時，因債權人對於應屬債務人之財產，非依更生或清算程序，不得行使其權利（§28 II），為維護債務人之財產及保障全體債權人之利益，宜由監

督人或管理人承受訴訟；且因債務人並非訴訟當事人，尚不得依民事訴訟法第174條規定停止訴訟，爰明定此等訴訟在管理人或監督人承受訴訟或債務清理程序終止或終結以前當然停止，俾資遵循。

【說明】

債權人於法院裁定開始更生或清算程序前，對於第三人就應屬債務人之財產提起代位、撤銷或其他保全權利之訴訟，諸如：民法第242條所定「債務人怠於行使其權利時，債權人因保全債權，得以自己之名義，行使其權利。」之代位訴訟、第244條所定「債務人所為之無償行為，有害及債權者，債權人得聲請法院撤銷之；債務人所為之有償行為，於行為時明知有損害於債權人之權利者，以受益人於受益時亦知其情事者為限，債權人得聲請法院撤銷之。」之撤銷訴訟等是。

【與破產法之比較】

破產法並無如本條相類之規定，惟若破產人之債權人於法院裁定宣告破產前，已對於第三人就應屬債務人之財產提起代位、撤銷或其他保全權利之訴訟者，應可準用民事訴訟法第174條「當事人受破產之宣告者，關於破產財團之訴訟程序，在依破產法有承受訴訟人或破產程序終結以前當然停止。」之規定辦理。

第四節　債權之行使及確定

本節從第28條起至第37條止，係就更生或清算債權之成立、連帶債務請求權、連帶債務人間之請求權、因票款所生之債權、申報債權之程式、消滅時效之中斷、優先債權、對申報債權之異議、債權表之改編及公告等事項所為之規定。

第28條（更生或清算債權之定義及行使）

I 、對於債務人之債權，於法院裁定開始更生或清算程序前成立者，為更生或清算債權。

II 、前項債權，除本條例別有規定外，不論有無執行名義，非依更生或清算程序，不得行使其權利。

【立法要旨】

（一）債權於法院裁定開始更生或清算前成立者，屬本條例清理之債權，爰設第1項，明定其為更生或清算債權。

（二）更生及清算程序，均係集團性債務清理程序，原則上既不許債權人在程序外行使權利，亦不認未依程序申報債權者得受清償，據以達成債權人公平受償及賦與債務人免責、更生之程序目的，爰設第2項。

【說明】

本條第2項所謂「除本條例別有規定」，諸如別除權人、抵銷權人或取回權人，仍得於更生或清算程序外行使別除權（§112）、抵銷權（§117）或取回權（§114），不受更生或清算程序之拘束。

有擔保之債權人於行使擔保權後未能受償之債權，係屬普通債權，依本條第2項規定，非依更生程序，不得行使其權利（細則§16 I）；前項債權依更生程序行使權利，以行使擔保權後未能受償額，列入更生方案；其未確定者，由監督人估定之，並於確定時依更生條件受清償（細則§16 II）；債權人或債務人對前項估定金額有爭議者，準用本條例第36條第1項至第4項規定（細則§16 III）。普通保證債權人之債權受償額未確定者，於更生或清算程序應依監督人或管理人估定之金額，行使表決權（細則§16-1）。

債權人因執行法院核發移轉命令而執行債務人之薪資或其他繼續性給付之債權，於未受全部清償前，債務人經法院為開始更生或清算之裁定後，應停止強制執行，債權人就其未受清償部分，應依更生或清算程序行

使權利，不得認為有優先其他債權而受清償之權，或因執行法院核發移轉命令而認為該等債務人之薪資或其他繼續性給付之請求權已歸屬於債權人（細則§18）。

有擔保或有物的優先權之債權人，得以預估或實際行使其擔保或優先權後未能受清償之債權，申報為更生或清算債權而行使其權利（注意事項十五）。

【與破產法之比較】

破產法規定：對於破產人之債權，在破產宣告前成立者，為破產債權，但有別除權者，不在此限（破§98）；破產債權，非依破產程序，不得行使（破§99）；附期限之破產債權未到期者，於破產宣告時，視為已到期（破§100）；破產宣告後始到期之債權無利息者，其債權額應扣除自破產宣告時起至到期時止之法定利息（破§101）；附條件之債權，得以其全額為破產債權（破§102）。至於何種債權得為和解債權，除在同法第36條有「經認可之和解，除本法另有規定外，對於一切債權人其債權在和解聲請許可前成立者，均有效力。」之規定外，並無其他明文規定，但在學者間大多認為得為破產債權之債權，均得為和解債權。可見破產法對於和解債權或破產債權所規定之範圍，顯較本條例本條所規定之更生或清算債權之範圍寬廣、周延。

第29條（劣後債權之種類）

（一）原條文：

I、下列各款債權為劣後債權，僅得就其他債權受償餘額而受清償：

一、法院裁定開始更生或清算程序後所生之利息。

二、因法院裁定開始更生或清算程序後不履行債務所生之損害賠償及違約金。有擔保或優先權債權之損害賠償及違約金，亦同。

三、罰金、罰鍰、怠金及追徵金。

Ⅱ、前項第三款所定債權，於法律有特別規定者，依其規定。

Ⅲ、債權人參加更生或清算程序所支出之費用，不得請求債務人返還之。

【立法要旨】

（一）法院裁定開始清算或更生程序後，所生之利息、債務人因債務不履行所生之損害賠償及違約金，均屬法院裁定開始清算或更生程序後所生之債權。又有擔保或優先權之債權，其損害賠償及違約金如發生於法院裁定開始更生或清算程序之後，如使之仍有優先受償之權，對於債務人未免過苛，爲求公允，亦將之列爲劣後債權。另替補性賠償爲原約定給付之替代，其非屬上開所稱不履行債務所生之損害賠償之範圍，乃屬當然，不待明文規定。再者，國家對債務人之財產罰，如得與其他債權相同，就債務人之財產取償，對債務人雖無不利，惟將使其他債權人蒙受損害，實不宜與其他債權平等受償。爰於第1項明定上開債權列爲後順位之劣後債權，僅得就其他債權受清償餘額而受清償。

（二）國家對債務人之財產罰，如其他法律別有規定爲優先順位之債權者，應從該法之規定，爰訂定第2項，以杜爭議。

（三）債權人參加更生或清算程序所支出之費用，因屬實現個人財產權之手段而生者，本不宜請求債務人返還之，爰訂定第3項，以期明確。

（二）101年1月4日修正條文：

Ⅰ、下列各款債權爲劣後債權，僅得就其他債權受償餘額而受清償；於更生或清算程序終止或終結後，亦同：

一、法院裁定開始更生或清算程序後所生之利息。

二、因法院裁定開始更生或清算程序後不履行債務所生之損害賠償及違約金。有擔保或優先權債權之損害賠償及違約金，亦同。

> 三、罰金、罰鍰、怠金、滯納金、滯報金、滯報費、怠報金及追
> 　　徵金。
> II、前項第三款所定債權，於法律有特別規定者，依其規定。
> III、債權人參加更生或清算程序所支出之費用，不得請求債務人返還
> 　　之。

【101年1月4日修正要旨】

（一）原條文第1項規定之劣後債權，僅得就其他債權受償餘額而受清償，此項效力，不因更生或清算程序終止或終結而受影響，為免爭議，宜予明定，爰修正第1項序文。

（二）行政執行法施行細則第2條第1款規定之滯納金、滯報金，滯報費、怠報金等均屬國家或地方自治團體對債務人之公法上債權，本於原第1項第3款規定之立法旨趣，此等債權解釋上應認亦屬劣後債權，為免爭議，予以明定，爰修正第1項第3款。又於本條例修正施行前債務人已經法院裁定開始更生或清算程序者，其所欠之滯納金等債務當然有修正後第1項第3款之適用，不待明文。惟依第55條第1項第1款、第138條第1款規定，上開公法上債權，僅罰金、罰鍰、怠金及追徵金為不免責債權，其餘仍為免責債權，附此敘明。

（三）第2項、第3項未修正。

（三）107年12月26日修正條文：
> I 、下列各款債權為劣後債權，僅得就其他債權受償餘額而受清償；
> 　　於更生或清算程序終止或終結後，亦同：
> 　　一、法院裁定開始更生或清算程序前，因不履行金錢債務所生損
> 　　　　害賠償、違約金及其他費用，總額逾其本金週年比率百分之
> 　　　　二部分。有擔保或優先權債權之損害賠償、違約金及其他費
> 　　　　用，亦同。

　　二、法院裁定開始更生或清算程序後所生之利息。

　　三、因法院裁定開始更生或清算程序後不履行債務所生之損害賠償及違約金。有擔保或優先權債權之損害賠償及違約金，亦同。

　　四、罰金、罰鍰、怠金、滯納金、滯報金、滯報費、怠報金及追徵金。

II、前項第四款所定債權，於法律有特別規定者，依其規定。

III、債權人參加更生或清算程序所支出之費用，不得請求債務人返還之。

【107年12月26日修正要旨】

（一）因不履行金錢債務所生損害賠償及手續費、服務費、設定費、滯納金等其他費用與約定之違約金合併計算，總額過高者，法院得依民法第252條規定，酌減違約金至相當數額，惟須以裁判為之，程序繁複。為謀更生、清算程序簡速進行，爰參酌民法第252條立法意旨，規定各筆債務合併計算，總額逾本金週年比率2%部分為劣後債權，爰增訂第1項第1款。

（二）原條文第1項第1款至第3款未修正，遞移為同項第2款至第4款，第2項文字配合修正。

【說明】

法院裁定開始更生或清算程序後，有擔保或優先權債權所生之利息，如在擔保或優先權範圍內，應為該擔保或優先權效力所及，仍有優先受償權〔注意事項十六之（一）〕。

本條第1項規定，於債務人撤回更生或清算之聲請，或有第9條情形者，不適用之（細則§18-1 II）。

本條例107年12月28日修正公布施行前已確定之債權表，對債務人及全體債權人有確定判決同一之效力（本條例第36條第5項），更生或清算

債權行使權利之種類、數額或順位，因而確定，相關權利之行使及確定程序，已經終結，當事人不得依修正施行後本條例第29條第1項第1款劣後債權之規定再事爭議（細則§18-1 II）。

本條第1項第1款所定因不履行金錢債務所生損害賠償、違約金及其他費用總額，應按據以發生之本金債權分筆計算，以保護債務人利益，兼求公平之結果（細則§18-1 III）。

有擔保或優先權債權於法院裁定開始更生或清算程序後所生之損害賠償及違約金，依本條第1項第2款後段規定，係屬劣後債權，僅得就其他債權受償餘額而受清償，對於債務人之財產喪失其優先受償之權，原則上不得於程序外行使其權利而受清償。至該損害賠償及違約金債權如因不可歸責於債權人之事由致未申報，債權人得依本條例第73條但書、第138條第5款規定行使其權利（細則§17）。

罰金、罰鍰、怠金及追徵金債權，除法律有特別規定者外，如未申報，應於更生方案所定清償期間屆滿後，或清算程序終止或終結後，始得受償〔注意事項十六之（二）〕。

【與破產法之比較】

本條所稱之「劣後債權」，與破產法所規定之「除斥債權」相當，依破產法第103條規定「下列各款債權，不得為破產債權：一、破產宣告後之利息。二、參加破產程序所支出之費用。三、因破產宣告後之不履行所生之損害賠償及違約金。四、罰金、罰鍰及追徵金。」至於在和解債權，在破產法並無相同規定，惟在學理上，應可作相同之解釋。

破產法第103條第1款規定「破產宣告後之利息，不得為破產債權」，在司法實務上認為不包括同法第108條所定在破產宣告前對於債務人之財產有抵押權之別除權在內。該抵押權擔保之範圍，依民法第861條規定，除原債權外，尚包括利息及遲延利息在內，抵押債權人得主張之（最高法院69年臺上字第3361號判例參照）。本條例本條第1項第1款所稱之「利

息」，應為相同之解釋。惟同條項第2款仍將有擔保或優先權之債權於法院裁定開始更生或清算程序後所生之損害賠償及違約金列入劣後債權，則該損害賠償及違約金債權對於債務人之財產，已失其優先受清償之權，位次尚在普通債權之後，即非屬有擔保或優先權之債權。又同項第3款所定之「罰金、罰鍰、怠金及追徵金」債權，法律如別有規定有優先受償權者（例如：稅捐稽徵法第6、49條所定，稅捐及其怠報金等之徵收，優先於普通債權），即依其規定，亦不屬劣後債權。又破產法第103條所定之除斥債權，僅不得為破產債權，其權利並未消滅，於破產終結後仍得行使其權利。而本條例本條第1項各款所定之劣後債權，仍屬更生或清算債權，僅其受償順序較其他債權劣後，即僅得就其他債權受償餘額而受清償，除同條項第3款所定之罰金、罰鍰、怠金及追徵金係屬「不免責債權」，依本條例第55條第1項第1款、第2項規定，如未經債權人同意減免，於更生方案所定清償期間屆滿後，債務人仍應負清償責任；於清算程序，依本條例第138條第1款規定，該等債權並不受免責裁定之影響外，其他第1、2款所定之劣後債權，於更生程序，債務人如依更生條件全部履行完畢，原則上即視為消滅（§73參照）；於清算程序，原則上亦為免責裁定效力所及（§137 I）。凡此，均與破產法之規定有所不同。至於債權人參加更生或清算程序所支出之費用，因本條例本條第3項已明定其不得請求債務人返還，其債權既不存在，顯非屬劣後債權，此與破產法第103條第2款規定將參加破產程序所支出之費用列入除斥債權者，亦有不同。

第30條（債權人對共同債務人債權之行使）

（一）原條文：

　　數人就同一給付各負全部履行之責任者，其中一人或數人或其全體受法院開始更生或清算程序之裁定時，債權人得就其債權於裁定時之現存額，對各更生債務人或清算財團行使權利。

【立法要旨】

數人就同一給付各負全部履行之責任者，如其中一人或數人或其全體受法院開始更生或清算程序之裁定，債權人僅得就其債權於裁定時之現存額，對各更生債務人或清算財團行使權利，蓋債權人之債權既已受部分清償，於清償範圍內，其債權即已消滅，自不得於更生或清算程序再行回復而列為更生或清算債權，爰設本條，以杜爭議。

（二）101年1月4日修正條文：

Ｉ、數人就同一給付各負全部履行之責任者，其中一人或數人或其全體受法院開始更生或清算程序之裁定時，債權人得就其債權於裁定時之現存額，對各更生債務人或清算財團行使權利。

Ⅱ、保證人受法院開始更生或清算程序之裁定時，債權人得就其債權於裁定時之現存額行使權利。

【101年1月4日修正要旨】

（一）原條文未修正，移列第1項。

（二）保證人經法院裁定開始更生或清算程序時，債權人如須待主債務人不履行債務，或對其執行無效果時，始得對保證人行使權利，恐因逾申報或補報債權期限而無法於程序中行使權利，為兼顧保證人之權益及債權人受償之公平性，保證債務之補充性宜酌予限制，明定債權人得就其債權於裁定時之現存額申報債權，而不受民法第739條及第745條等規定之限制，惟其權利之實現，則依更生或清算程序之規定行之，爰增訂第2項。

【說明】

數人就同一給付各負全部履行之責任者，如民法第272條之連帶債務、第292條之不可分債務或第739條保證債務等是。因各共同債務人對其債權人各負全部履行責任，故如其中一人或數人或其全體受法院開始更生

或清算程序之裁定，各債權人自得就其債權之現存額，對各更生債務人或清算財團行使權利，以免錯失受償權會，藉以保障各債權人之權益。

【與破產法之比較】

破產法第104條規定「數人就同一給付各負全部履行之責任者，其全體或其中數人受破產宣告時，債權人得就其債權之總額，對各破產財團行使其權利。」係就共同債務人受破產宣告時，其連帶、不可分債務之債權人之債權，均得以破產宣告時之「債權總額」，對各破產財團行使其權利，用以保障各債權人之債權。而此所謂之「債權總額」，依學者通說，認為係指破產宣告時所存之債權總額，而非指原有債權之總額。蓋在破產宣告前不論依任意清償或破產分配而受償，在清償範圍內，其債權已消滅，自不能於破產宣告時再回復而加入破產債權。可見破產法第104條所定「受破產宣告時之債權總額」與本條例本條所定「於裁定時之現存額」，雖然用語不同，但在解釋上應無不同，為免在適用上發生無謂之爭議，本條例本條之規定，顯較明確易解。

第31條（其他債務人對共同債務人債權之行使）

　Ｉ、數人就同一給付各負全部履行之責任者，其中一人或數人受法院開始更生或清算程序之裁定時，其他共同債務人得以將來求償權總額為債權額而行使其權利。但債權人已以更生或清算程序開始時之現存債權額行使權利者，不在此限。

　Ⅱ、前項規定，於為債務人提供擔保之人及債務人之保證人準用之。

【立法要旨】

（一）依民法第280條規定，連帶債務人間仍有各自應負擔之義務，如連帶債務人中之一人清償致他連帶債務人免責，依民法第281條第1項亦有求償權。為保障共同債務人之求償權，爰設第1項，以債權人未行使權利時，准許共同債務人以將來得行使之求償權於更生或清算程序中行使權

利。

　　（二）法院裁定開始更生或清算程序後，為債務人提供擔保之人或其保證人，如因債權人行使權利而代為清償債務，對債務人有求償權；如渠等未能於更生或清算程序行使將來之求償權，於更生或清算程序終止或終結後，殆已無法受償，為保障渠等將來之求償權，爰設第2項。

【說明】

　　連帶債務人中之一人為清償、代物清償、提存、抵銷或混同後，致其他債務人同免責任者，對其他債務人有求償權，並得於求償範圍內，承受債權人之權利（民§281）。本條第1項前段為保障共同債務人之求償權，許其預以將來求償權總額對更生或清算債務人行使權利。但債權人若已以其現存債權額為更生或清算債權行使權利時，就其受償部分，其他共同債務人同免其責任（民§274），此時其他共同債務人若再以其將來求償權行使權利，即形成同一債權重複行使之現象，故以將來求償權為債權而行使權利者，僅得以法院裁定開始更生或清算程序時之現存額為準。

【與破產法之比較】

　　從破產法第105條所定「數人就同一給付各負全部履行責任者，其中一人或數人受破產宣告時，其他共同債務人，得以將來求償權之總額為破產債權而行使其權利。但債權人已以其債權總額為破產債權行使權利者，不在此限。」之法文觀之，雖無如本條例本條第2項所定「為債務人提供擔保之人及債務人之保證人準用」之相同文字，但依其意旨，應有相同之內涵。可見破產法第105條之規定與本條之規定意旨相同。

第32條 （因票據所生債權之行使）

I 、匯票發票人或背書人受法院開始更生或清算程序裁定，付款人或預備付款人不知其事實而為承兌或付款者，其因此所生之債權，得為更生或清算債權而行使其權利。

> II、前項規定，於支票及其他以給付金錢或其他物件爲標的之有價證券準用之。

【立法要旨】

（一）匯票發票人或背書人受法院開始更生或清算程序之裁定時，付款人或預備付款人未必知悉，倘其因善意而承兌或付款者，爲保障其求償權，應使該債權得爲更生或清算債權，爰設第1項。

（二）於支票及其他以給付金錢或其他物件爲標的之有價證券者，與第1項同有保護之必要，爰設第2項。

【說明】

匯票發票人或背書人受法院開始更生或清算程序裁定後，付款人或預備付款人不知其事實而爲承兌或付款者，其承兌或付款既在更生或清算程序裁定後所爲，按諸更生或清算債權，須在更生或清算程序程序裁定前發生之原則，此項債權原不屬更生或清算債權，惟如不認其爲更生或清算債權，則付款人或預備付款人於付款或承兌時，即難免有所顧慮，有礙於票據之流通與交易之安全，故本條特設此例外規定，許其得列爲更生或清算債權而行使其權利。

【與破產法之比較】

破產法第107條規定「匯票發票人或背書人受破產宣告，而付款人或預備付款人不知其事實爲承兌或付款者，其因此所生之債權，得爲破產債權而行使其權利；前項規定，於支票及其他以給付金錢或其他物件爲標的之有價證券準用之。」與本條之規定完全相同，可見本條係沿襲破產法第107條規定而來。

第32條之1【101年1月4日增訂條文】（視爲已到期之債權）

> I、附期限之債權未到期者，於法院裁定開始更生或清算程序時，視爲已到期。

II、法院裁定開始更生或清算程序後始到期之債權無利息者，其債權額應扣除自法院裁定開始更生或清算程序時起至到期時止之法定利息。

【101年1月4日立法要旨】

（一）本條條次新增，內容係修正現行條文第111條第2項、第3項移列。

（二）為保障債權人得透過集團性之債務清理程序公平受償，並達債務清理之目的，原條文第111條第2項、第3項關於附期限之債權視為已到期，及開始清算程序後始到期之債權無利息者，應扣除中間利息之規定，於更生程序中亦應適用，爰移列本條第1項、第2項，並酌作文字修正。

第33條（申報債權之程式）

（一）原條文：

I、債權人應於法院所定申報債權之期間內申報債權之種類、數額或其順位；其有證明文件者，並應提出之。

II、債權人因非可歸責於己之事由，致未於前項所定期間申報債權者，得於其事由消滅後十日內補報之。但不得逾法院所定補報債權之期限。

III、監督人或管理人收受債權申報，應於補報債權期限屆滿後，編造債權表，由法院公告之，並應送達於債務人及已知住居所、事務所或營業所之債權人。

IV、未選任監督人或管理人者，前項債權表，由法院編造之。

【立法要旨】

（一）債權人於更生或清算程序應如何行使其權利，宜予明定，爰設第1項。又法院裁定開始更生或清算程序後，債權人非依上開程序不得行使其債權；且未於申報債權期限內申報債權者，可能產生失權之效果，附

此敘明。

（二）債權人未依期限申報債權，係因不可歸責於己之事由，如仍不得依更生或清算程序受償，實非合理，此種情形，宜許其有補為申報之機會，明定其得於事由消滅後十日內補報之。又依第47條第1項第3款、第86條第1項第4款規定，法院裁定開始更生或清算程序後，旋應酌定申報、補報債權之期間，並公告之，法院所定補報債權期限屆滿後，如許債權人再為補報，即有礙程序之進行及安定，為利程序之迅速進行，明定債權人非可歸責於己之事由消滅時，如已逾法院所定補報債權期限，債權人即不得再為補報，爰設但書予以除外。至債權人因此未為申報，屬不可歸責於己之事由，其得依其債權為更生債權或清算債權，分別依第73條但書、第138條第5款規定主張權利，乃屬當然。

（三）明定監督人或管理人收受債權申報之處理方式。監督人或管理人所作成之債權表除應由法院公告，以昭公信外，並應送達於債務人及已知住居所、事務所或營業所之債權人，以保障渠等權益。

（四）法院未選任監督人或管理人時，宜由法院自行編造債權表。

（二）100年1月26日修正條文：

Ⅰ、債權人應於法院所定申報債權之期間內申報債權之種類、數額、順位之說明書；其有證明文件者，並應提出之。

Ⅱ、債權人為金融機構、資產管理公司時，應依前項規定提出債權說明書，並於說明書中表明下列事項：

一、尚未清償之債權本金及借款日。

二、利息及違約金之金額及其計算方式。

三、債務人已償還金額。

四、前款金額抵充費用、利息、本金之數額。

五、其他債務人請求之事項，經法院認為適當者。

Ⅲ、債權人申報債權或補報債權未依前項第一款至第三款規定提出債

　　　　權說明書者，法院應依債務人之聲請，以裁定定期命債權人補
　　　　正。逾期未補正者，法院依第三十六條爲裁定時，依全辯論意旨
　　　　斟酌之。
IV、債權人因非可歸責於己之事由，致未於第一項所定期間申報債權
　　　者，得於其事由消滅後十日內補報之。但不得逾法院所定補報債
　　　權之期限。
V 、監督人或管理人收受債權申報，應於補報債權期限屆滿後，編造
　　　債權表，由法院公告之，並應送達於債務人及已知住居所、事務
　　　所或營業所之債權人。
VI、未選任監督人或管理人者，前項債權表，由法院編造之。

【100年1月26日修正要旨】

　　本條第2、3項係新增，規定債權人應於法院所定申報債權之期間內，
就申報債權之種類、數額、順位提出說明書，並表明前列尚未清償之債權
本金、利息、違約金及債務人已償還金額等事項，以供法院審核。若債權
人未依第2項第1款至第3款規定提出債權說明書者，法院應依債務人之聲
請，以裁定定期命債權人補正，若債權人逾期仍未補正者，法院依第36條
規定就異議人所爲異議爲裁定時，得依全辯論意旨斟酌裁定之，以利程序
之進行。

（三）101年1月4日修正條文：
I 、債權人應於法院所定申報債權之期間內提出債權說明書，申報其
　　　債權之種類、數額及順位；其有證明文件者，並應提出之。
II 、債權人爲金融機構、資產管理公司者，前項債權說明書並應表明
　　　下列事項：
　　　一、尚未清償之債權本金及債權發生日。
　　　二、利息及違約金之金額及其計算方式。

　　三、債務人已償還金額。

　　四、前款金額抵充費用、利息、本金之數額。

　　五、其他債務人請求之事項，經法院認為適當者。

III、前項債權人未依前項規定提出債權說明書者，法院應依債務人之聲請，以裁定定期命債權人補正。逾期未補正者，法院依第三十六條為裁定時，依全辯論意旨斟酌之。

IV、債權人因非可歸責於己之事由，致未於第一項所定期間申報債權者，得於其事由消滅後十日內補報之。但不得逾法院所定補報債權之期限。

V 、債權人申報債權逾申報期限者，監督人或管理人應報由法院以裁定駁回之。但有前項情形者，不在此限。

VI、監督人或管理人收受債權申報，應於補報債權期限屆滿後，編造債權表，由法院公告之，並應送達於債務人及已知住居所、事務所或營業所之債權人。

VII、未選任監督人或管理人者，前項債權表，由法院編造之。

【101年1月4日修正要旨】

　　（一）原條文第1項文字易遭誤解為債權人申報債權時應申報債權順位之說明書；另第2項序文規定債權人為金融機構、資產管理公司時，依第1項規定提出債權說明書，並於說明書中表明之事項，其文字亦有重複情形，又金融機構及資產管理公司之債權非僅有借款債權，爰修正第1項、第2項序文及第1款。

　　（二）原條文第3項未規定債權人申報債權未表明第2項第4款、第5款事項之效果，及僅金融機構及資產管理公司申報債權始有第2項適用之意旨，宜予明定，爰修正第3項。

　　（三）第4項未修正。

　　（四）債權人申報債權逾申報期限之法律效果，宜予明定。又債權人補報債權不符第4項規定者，其申報債權亦屬逾申報期限，此際監督人或

管理人應報由法院以裁定駁回申報，如未選任監督人或管理人者，法院自
應逕以裁定駁回之，爰增訂第5項。

　　（五）原條文第5項、第6項未修正，配合移列第6項、第7項。

　　（四）107年12月26日修正條文：

Ⅰ、債權人應於法院所定申報債權之期間內提出債權說明書，申報其
　　債權之種類、數額及順位；其有證明文件者，並應提出之。

Ⅱ、債權人為金融機構、資產管理公司者，前項債權說明書並應表明
　　下列事項：

　　一、尚未清償之債權本金及債權發生日。

　　二、利息及違約金之金額及其計算方式。

　　三、債務人已償還金額。

　　四、前款金額抵充費用、利息、本金之順序及數額。

　　五、供還款之金融機構帳號、承辦人及聯絡方式。

　　六、其他債務人請求之事項，經法院認為適當者。

Ⅲ、前項債權人未依前項規定提出債權說明書者，法院應依債務人
　　之聲請，以裁定定期命債權人補正。逾期未補正者，法院依第
　　三十六條為裁定時，依全辯論意旨斟酌之。

Ⅳ、債權人因非可歸責於己之事由，致未於第一項所定期間申報債權
　　者，得於其事由消滅後十日內補報之。但不得逾法院所定補報債
　　權之期限。

Ⅴ、債權人申報債權逾申報期限者，監督人或管理人應報由法院以裁
　　定駁回之。但有前項情形者，不在此限。

Ⅵ、監督人或管理人收受債權申報，應於補報債權期限屆滿後，編造
　　債權表，由法院公告之，並應送達於債務人及已知住居所、事務
　　所或營業所之債權人。

Ⅶ、未選任監督人或管理人者，前項債權表，由法院編造之。

【107年12月26日修正要旨】

（一）債權人為金融機構、資產管理公司者，於法院所定申報債權期間內提出債權說明書，除應依第2項第4款規定，表明債務人已償還金額抵充費用、利息、本金之數額外，亦應一併表明抵充順序，以明其計算方法，爰於同款增訂之。

（二）債權人為金融機構、資產管理公司者，應於債權說明書中表明供還款之帳號、承辦人及聯絡方式，以便債務人聯絡及處理其他必要事務，爰增訂第2項第5款。

（三）原條文第2項第5款未修正，遞移為同項第6款。

【說明】

本條文已於100年1月26日及101年1月4日修正二次，如前載。

普通保證債權人申報債權時，債權受償額未確定者，宜預估其不足受償額，一併申報之〔注意事項十七之（一）〕。

監督人或管理人就普通保證債權不足受償額，應調查主債務人之財產、收入狀況及其他清償能力，予以估定，並將估定金額列入債權表〔注意事項十七之（二）〕。

為免監督人或管理人遲延編造債權表之期間，以致影響債權人之權益，故監督人或管理人遲延編造債權表之期限，應比照本條第2項之規定，於補報債權期限屆滿後十日內，編妥債權表，報由法院公告之〔注意事項十七之（三）〕。

【與破產法之比較】

關於債權人應於法院所定申報債權期間內申報債權之內容、補報期間、編造債權表，並由法院公告等事項，在本條中均有明確之規定，俾債權人有所遵循，以利更生及清算程序之順利進行，此等事項在破產法之和解及破產程序中並無相同之規定，是為破產法比較不周全之處。

第34條（消滅時效之中斷）

（一）原條文：

消滅時效，因申報債權而中斷。

【立法要旨】

依民法第129條第2項第3款規定，消滅時效，因申報和解債權或破產債權而中斷，債權人依本條例所定更生或清算程序申報債權者，其性質與上開申報和解債權或破產債權相同，其時效亦應因之中斷，爰設本條。

（二）101年1月4日修正條文：

I 、消滅時效，因申報債權而中斷。

II 、時效之期間終止時，因非可歸責於債權人之事由，致不能依前項規定中斷其時效者，自其妨礙事由消滅時起，一個月內，其時效不完成。

【101年1月4日修正要旨】

（一）原條文未修正，移列第1項。

（二）時效開始進行後，因本條例所生法律上障礙，致請求權不能行使，例如因不可歸責於債權人之事由，致逾補報債權之期間未申報債權，不得依更生、清算程序行使權利，亦不得於程序外行使權利。倘此法律上障礙延續至時效期間終止時尚未排除，參照民法第139條規定意旨，宜認自該障礙排除時起，一個月內，其時效不完成，爰增訂第2項。

【說明】

消滅時效，因申報債權而中斷，此乃民事消滅時效之基本觀念，縱然無此條之規定，乃是本然之法理，故本條規定，僅係重申時效之重要性，以促請債權人注意按時申報債權。

新增第2項規定時效不完成之事由，以利債權人行使其債權。

【與破產法之比較】

在破產法中並無類此規定，以其認為此乃必然法理，並無重申必要。

第35條（優先債權之申報）

I、債權人對於債務人之特定財產有優先權、質權、抵押權、留置權或其他擔保物權者，仍應依本條例規定申報債權。

II、監督人或管理人於必要時，得請求前項債權人交出其權利標的物或估定其價額。債權人無正當理由而不交出者，監督人或管理人得聲請法院將該標的物取交之。

【立法要旨】

（一）對於債務人之特定財產有物的優先權、質權、抵押權、留置權或其他擔保物權之債權人，其優先權或擔保物權之標的物既屬債務人之財產，於更生或清算程序仍應負協力義務，並應於債權申報期間申報債權，俾監督人或管理人知悉該有優先權或擔保物權債權之內容及該優先權或別除權標的物是否足以清償所擔保之債權，爰明定有優先權或擔保物權之債權人仍應依規定申報債權。至有物的優先權或擔保物權之債權人未依規定申報，雖不生失權效果，仍依本條例各該規定（例如：第68、112條）處理，惟其違反本條規定致其他債權人發生損害時，仍應負損害賠償責任，乃屬當然。

（二）監督人或管理人於必要時（例如監督人認有估定其價額之必要，或管理人認有估定其價額或變價之必要等），債權人如不予配合，勢將影響更生或清算程序之進行，為利程序之進行，明定監督人或管理人得請求估定其價額，或命對於債務人之特定財產有質權、留置權等之債權人交出其權利標的物；債權人無正當理由而不交出者，監督人或管理人得聲請法院將該標的物取交之。又債權人交出其權利標的物，於更生程序，係為估定價額，於清算程序，係為估定價額或拍賣、變賣，對該標的物有質權、留置權等之債權人，其權利不因喪失占有而消滅，如為估定價額，仍

得取回該標的物，如為拍賣或變賣，則可就賣得價金優先受償，乃屬當然。

【說明】

債權人對於債務人之特定財產有優先權、質權、抵押權、留置權或其他擔保物權者，就其財產有別除權（§112 I），其權利不受更生影響（§68），並得不依清算程序行使其權利（§112 II），但仍應依本條例規定申報債權（§35 I），俾監督人或管理人及其他債權人知悉有該權利及其內容。惟該債權人如未申報債權，並不生失權效果，有別除權之債權人，除未依清算程序申報債權者外，仍得以行使別除除後未能受清償之債權，為清算債權而行使其權利（§113）。是有別除權之債權人於上開情形，仍有申報債權之必要。

法院依本條第2項規定裁定准予取交權利標的物者，監督人或管理人得據以為執行名義，逕向執行法院聲請強制執行取交該權利標的物。

監督人或管理人為估定債務人財產之價額，請求質權人或留置權人交出其權利標的物者，質權人或留置權人之權利不受影響（細則§19）。

【與破產法之比較】

破產法第109條規定「有別除權之債權人，得以行使別除權後未能受清償之債權為破產債權而行使其權利。」依學者通說，亦認依該條規定行使權利者，應於申報債權期間內申報債權始得為之，顯與本條例本條之規定，同其意旨。至於本條第2項，係為避免債權人不配合交出其權利標的物或估定其價額，而影響更生或清算程序之進行，所為之特別規定，此為破產法所未顧及部分。

第36條（對申報債權之異議）

I 、對於債權人所申報之債權及其種類、數額或順位，債務人或其他債權人得自債權表送達之翌日起，監督人、管理人或其他利害關

係人得自債權表公告最後揭示之翌日起，於十日內提出異議。

II、前項異議，由法院裁定之，並應送達於異議人及受異議債權人。

III、對於前項裁定提起抗告，抗告法院於裁定前，應行言詞辯論。

IV、對於第二項裁定提起抗告，不影響債權人會議決議之效力，受異議之債權於裁定確定前，仍依該裁定之內容行使權利。但依更生或清算程序所得受償之金額，應予提存。

V、債權人所申報之債權，未經依第一項規定異議或異議經裁定確定者，視爲確定，對債務人及全體債權人有確定判決同一之效力。

【立法要旨】

（一）更生或清算程序中，債權人所申報之債權及其種類、數額或順位，影響其他債權人及債務人之權益，應許債務人、其他債權人、監督人、管理人、或其他利害關係人提出異議，爰設第1項，明定得提出異議之人及其異議之期間。

（二）債務人、其他債權人、監督人、管理人或其他利害關係人就債權人所申報之債權提出異議後，法院應就該受異議債權存否爲實體審查，並以裁定確定之，爲利異議人及受異議人判斷是否依本條第3項規定提起抗告，該等裁定有送達於渠等之必要，爰設第2項。

（三）爲免債權人所申報之債權遲未確定，影響更生或清算程序之迅速進行，法院就受異議之債權所爲裁定，宜賦與確定實體權利之效力。基此，法院就受異議債權之存否應爲實體審查，於異議人或受異議債權人提起抗告後，抗告法院於裁定前，應行言詞辯論，使各該當事人得充分就該受異議債權存否、數額、順位等爭議爲事實上及法律上之陳述，並得聲明證據、提出攻擊防禦方法，及爲適當完全之辯論，俾保障當事人之程序權，爰設第3項。

（四）第1項之異議可能於第一次債權人會議後始行提出，法院就異議所爲之裁定及利害關係人對該裁定提起抗告，亦將於第一次債權人會議

決議之後，為避免妨礙程序安定與迅速進行，明定對法院就異議所為之裁定提起抗告，不影響債權人會議決議之效力。又為免抗告程序影響更生或清算程序之進行，明定受異議之債權於裁定確定前，仍依該裁定之內容行使其權利（例如：表決權），以利更生或清算程序之進行。爰設第4項。惟法院就受異議債權所為之裁定確定前，該債權存否仍有爭議，為保障債務人及其他債權人之權益，並避免債權人受領清償後，將來有難以追償之虞，爰設但書明定債權人依更生或清算程序所得受償之金額應予提存。

五、債務人、其他債權人、監督人、管理人或其他利害關係人對於債權人所申報之債權及其種類、數額或順位既均未提出異議，即足徵渠等對於該等債權之存否無所爭執。而債務人、其他債權人、監督人、管理人或其他利害關係人就債權人所申報之債權提出異議後，法院就受異議債權之存否所為之裁定即應為實體審查，於渠等提起抗告後，抗告法院裁定前，更應行言詞辯論，為免異議人、受異議債權人或其他利害關係人另行提起訴訟再為爭執，影響更生或清算程序之進行，於渠等程序權已獲充分保障之情形下，應賦與法院就受異議債權所為之裁定有確定實體權利之效力，以促進更生或清算程序之迅速進行。爰於第5項明定債權人所申報之債權，如未經異議或異議經法院裁定確定，該等債權即應視為確定，並對於債務人及全體債權人均發生與確定判決同一之效力。

【說明】

債權人申報之債權，有本條第1項之異議者，於法院裁定前，該債權之存否、種類、數額或順位既未經法院調查審認，尚無從依本條第4項規定行使其權利，為保障該債權人之權利，此時，債權人會議自不得為決議。惟該受異議之債權如不影響債權人會議之決議，即無予限制之必要（細則§20）。

獨任法官或司法事務官為本條第2項之裁定，應為實體審查，必要時得行言詞辯論（注意事項十三）。

【與破產法之比較】

破產法第125條規定「對於破產債權之加入或其數額有異議者，應於第一次債權人會議終結前提出之，但其異議之原因知悉在後者，不在此限；前項爭議，由法院裁定之。」該條規定與本條例本條規定有下列之不同：

（一）異議權人不同

破產法雖未明定何人得提出異議，但在解釋上應包括破產債權人、破產管理人、監查人、破產人在內，因破產債權之加入、存否及其數額之多寡，與此等人之權益或職務均有關聯，故應准其提出異議；而本條例本條第1項已明定得提出異議之人為監督人、管理人、債務人或其他利害關係人。

（二）異議提出之時期不同

破產法規定應於第一次債權人會議終結前提出之，但因第一次債權人會議之期日通常在申報債權申報期間截止之前，故若其異議之原因知悉在第一次債權人會議之後者，亦得提出之；而本條例本條第1項已明定：債務人或其他債權人得自債權表送達之翌日起，監督人、管理人或其他利害關係人得自債權表公告最後揭示之翌日起，於十日內提出異議。

（三）法院對於爭議裁定程序之不同

破產法規定爭議事項，僅由法院依一般形式審查而為裁定之，其經抗告者，抗告法院亦僅能從形式上加以審查，故其從抗告程序中所能獲得救濟之機會不多；而本條例本條第2項之立法理由已明載「法院應就該受異議債權存否為實體審查，並以裁定確定之」，在進入抗告程序者，更在第3項明定「抗告法院於裁定前，應行言詞辯論」，使各該當事人得充分就該受異議債權存否、數額、順位等爭議為事實上及法律上之陳述，並得聲明證據、提出攻擊防禦方法，及為適當完全之辯論，俾保障當事人之程序

權，並利更生或清算程序之迅速進行。

（四）法院裁定效力之不同

依破產法之規定，法院對於異議事件之裁定，僅有決定破產債權能否參與破產程序受分配之結果，即對於該債權可否加入及其數額多寡，應依裁定爲準，但該裁定並無實體上之確定力。當法院爲裁定後，破產管理人即應以此項裁定爲準，改編債權表提出於債權人會議（破§126），惟對於法院之裁定，如利害關係人尚有不服，仍得爲抗告；至於本條例本條已就申報債權之異議，採實體審查及抗告程序行必要之言詞辯論，並賦予該裁定對於債務人及全體債權人具有與確定判決同一之效力，已迎合學者所提倡之「程序法理交錯適用肯定論及既判力正當根據論」之見解，均顯與破產法所採行之舊有「程序法理分離二元論」（即應嚴加區分審判機關與審判外機關之不同，而分別適用訴訟法理與非訟法理，認爲法院之裁定並無實質確定力，如仍有爭執，應另行循訴訟程序定之）有絕然之不同。又爲避免裁定抗告程序影響債權人會議決議之效力，故另規定受異議之債權於裁定確定前，仍得依該裁定之內容行使權利，但應就其依更生或清算程序所得受償之金額，予以提存。

第37條（債權表之改編及公告）

關於債權之加入及其種類、數額或順位之爭議，經法院裁定確定者，監督人、管理人或法院應改編債權表並公告之。

【立法要旨】

關於債權之加入及其種類、數額或順位之爭議，經法院依第36條裁定確定後，製作人應即改編並公告債權表，爰設本條，以資明確。

【說明】

本條所稱經法院裁定確定者，包括法院裁定命司法事務官進行更生或

清算程序後，由司法事務官就該債權爭議事項所爲之裁定在內。

【與破產法之比較】

破產法在和解程序中，須由法院備置債權表，以供利害關係人閱覽或抄錄，及作爲債權人會議時可決或否決和解之依據（破§21、27、28）。又依同法第126條規定，關於破產債權之加入及其數額之爭議，經法院裁定後，破產管理人應改編債權表，提出於債權人會議。提出此一債權表之目的，主要係供必須召開之債權人會議作爲決定破產財團之管理方法，及破產人營業之繼續或停止（破§120）；而本條由監督人、管理人或法院改編債權表之目的，主要係供法院用以公告，俾利各債權人及其他利害關係人周知，以維護渠等自身應有之權益。

第五節　債權人會議

本節從第38條起至第41條止，係就法院對債權人會議之召集、指揮、委任代理人出席、債務人出席之義務等事項所爲之規定。

第38條（債權人會議之召集）

I 、法院於必要時得依職權召集債權人會議。

II 、法院召集債權人會議時，應預定期日、處所及其應議事項，於期日五日前公告之。

【立法要旨】

（一）召集債權人會議，耗費人力、物力頗鉅，爲避免召集非必要之債權人會議，明定法院對召集債權人會議有裁量權，即便監督人、管理人、利害關係人爲聲請，亦於法院認爲必要時，始依職權召集之，爰設第1項。

　　（二）債權人會議之公告事項，除會議期日及應議事項外，召集會議之處所，亦應公告使債權人知悉。又為期債權人及早知悉，俾順利召集債權人會議，明定應於債權人會議期日五日前公告有關事項。爰設第2項。至法院斟酌債權人人數多寡、債權複雜情形、債權人到場難易程度等，認公告期間應較五日為長者，得增加其日數，自屬當然。

【說明】

　　依本條第1項規定，召集債權人會議與否，既係法院得依職權裁量之事項，則當事人或利害關係人縱提出召集債權人會議之聲請，法院認有必要者，始依職權召集之；認無召集之必要者，亦無庸裁定駁回〔注意事項十八之（一）〕。

　　法院裁定開始更生或清算程序後，未於公告同時召集債權人會議而另行召集者，因債權人會議之召開對於債權人、債務人及其他利害關係人之權益影響甚大，除應將所指定之會議期日、處所及應議事項，於會議期日五日前公告外，並宜通知債務人、已知住居所、事務所或營業所之債權人、監督人或管理人及其他利害關係人〔注意事項十八之（二）〕。

【與破產法之比較】

　　於破產法之和解及破產程序，債權人會議係必須設立之機關，債權人會議係必須召開之程序，和解之成否應由債權人會議可決或否決（破§27、28、29、44、47），破產之進行則應於宣告之日起一個月以內，召開第一次債權人會議，以選任監查人監督破產程序之進行、決定破產財團之管理方法、及破產人營業之繼續或停止（破§64、120）。另破產法規定，法院因破產管理人或監查人之聲請，或依職權，召集債權人會議（破§116），法院應預定債權人會議期日及其應議事項公告之（破§118）。

　　而本條例所定之更生程序，雖得由債權人會議可決或否決更生方案（§59），惟亦得不召開債權人會議，而由債權人以書面確答是否同意更生方案（§60），甚至更生方案未經債權人會議可決者，法院仍得逕以裁

定予以認可（§64 I）。於清算程序，雖關於清算財團之管理及其財產之處分方法、營業之停止或繼續及不易變價之財產返還債務人或拋棄等事項，得由債權人會議議決之（§118），惟法院係以不召開債權人會議為原則，並得逕以裁定代替其決議（§121 I）。故債權人會議之存否，於本條例所定更生及清算程序，顯不如破產法所定和解及破產程序之重要。蓋因本條例適用之對象為消費者，通常財產較少，債權債務關係較單純，自宜簡化其債務清理程序，以減省勞費。故法院僅於認為必要時，始依職權召集債權人會議（§38 I），此即學者所稱之「債權人會議裁量化」。債權人、債務人或其他關係人對於債權人會議之召集，並無聲請權，法院並不受各該關係人聲請之影響。惟法院若依職權召集債權人會議時，由法院指揮監督其程序之進行，此與破產法之和解債權人會議應由充任主席之監督人（即法官）召集，破產債權人會議應由法院召集者相當。

第39條（債權人會議之指揮）

Ⅰ、債權人會議由法院指揮。

Ⅱ、監督人或管理人應列席債權人會議。

【立法要旨】

（一）債權人會議攸關債權人、債務人之權益，應由法院指揮會議之開閉、進行並維持議場秩序，以求債務清理程序進行之公平合法，爰設第1項，明定債權人會議由法院指揮。

（二）監督人或管理人於債權人會議中，依第57、119條規定，有報告之義務，故應列席債權人會議，爰設第2項。

【說明】

法院裁定開始更生或清算程序後，經命司法事務官進行該程序者，其債權人會議由司法事務官指揮。

【與破產法之比較】

依破產法規定，和解債權人會議，以監督人（由法官充任）為主席。監督輔助人（由法院選任之會計師或其他適當之人擔任之，相當於本條例之監督人），應列席債權人會議（破§22）；破產債權人會議，應由法院指派推事（即法官）一人為主席（破§117）。可見破產法上之和解及破產債權人會議之進行，須由法院主導指揮，以利程序順利進行之規定，與本條例本條所定應由法院指揮之意旨相同。

第40條（委任代理人出席債權人會議之限制）

債權人會議，債權人得以書面委任代理人出席。但同一代理人所代理之人數逾申報債權人人數十分之一者，其超過部分，法院得禁止之。

【立法要旨】

債權人會議旨在議決債務人提出之更生或清算方案等重要事項，債權人本得親自出席，如委任代理人出席，應以書面為之，以昭慎重。又為防止操縱，宜限制代理人所代理債權人之人數，爰明定同一代理人所代理之人數逾申報債權人總人數十分之一者，其超過部分，法院得禁止之。

【說明】

依本條規定，債權人固得以書面委任代理人出席債權人會議，但同一代理人所代理之人數逾申報債權人人數十分之一者，其超過部分，法院得禁止之。考其立法意旨，係在防止債權人操縱債權人會議，是上開規定既賦予法院享有禁止與否之裁量權，則除該代理人有操縱債權人會議或有不當影響債權人會議進行等之明確情事外，法院即不宜任意禁止之（注意事項十九）。

【與破產法之比較】

破產法上和解及破產程序債權人會議之進行，債權人是否可委任代理

人出席，依同法第23條規定「（和解）債權人會議，債權人得委託代理人出席。」此在破產程序亦有相同規定（破§127）。可見本條例本條前開「債權人得委任代理人出席」之規定，係師法破產法而來，只是本條「代理之表決權比例限制」，為破產法所無，係為兩者相異之處。

第41條（債務人出席債權人會議之義務）

債務人應出席債權人會議，並答覆法院、監督人、管理人或債權人之詢問。

【立法要旨】

債務人對其財產狀況有說明之義務，自應親自出席債權人會議，並答覆法院、監督人、管理人或債權人有關債務清理事項之詢問，以利程序之進行。

【說明】

債務人縱有委任代理人，仍應親自出席債權人會議，有違反本條規定者，在更生程序，法院得依本條例第56條第1款規定裁定開始清算程序；在清算程序，必要時得依本條例第90條第1款規定拘提之，並構成本條例第134條第8款規定之不免責事由（注意事項二十）。

【與破產法之比較】

破產法規定「債務人應出席債權人會議，並答覆監督人，監督輔助人或債權人之詢問。」（破§24 I）若「債務人經通知後，無正當理由而不出席債權人會議時，主席應解散債權人會議，並向法院報告，由法院宣告債務人破產。」（破§24 II）又「破產人應出席債權人會議，並答復主席、破產管理人、監查人或債權人之詢問。」（破§122）否則即構成同法153條之違反答覆義務罪。此等規定無非要促使程序之順利進行，與本條例本條規定之意旨相同。

第二章

更生

本章從第42條起至第79條止，分為三小節，係為本條例對更生部分之程序規範，就更生之聲請及開始、更生之可決及認可、更生之履行及免責等事項所為之特別規定。

第一節　更生之聲請及開始

本節從第42條起至第52條止，係就得聲請更生之情形、聲請更生應備之文件、債務人據實報告義務、開始更生程序裁定之生效、不得聲請更生之事由、更生裁定應公告之事項、通知更生登記、監督人之職務、文書之閱覽或抄錄、債務人相關資訊之公告、抵銷等事項所為之規定。

第42條（聲請更生之要件）

（一）原條文：

I 、債務人無擔保或無優先權之債務總額未逾新臺幣一千二百萬元者，於法院裁定開始清算程序或宣告破產前，得向法院聲請更生。

II 、前項債務總額，司法院得因情勢需要，以命令增減之。

【立法要旨】

（一）更生程序係以債務人將來收入作為償債來源，故應要求債務人將來須有一定收入之望，例如：固定薪資或報酬之繼續性收入，或雖無固定性，惟仍有持續性收入之望者，始適合利用更生程序。

（二）債務人負債總額若過大，其因更生程序而被免責之負債額即相對提高，此對債權人造成之不利益過鉅。且負債總額超過一定之數額，益可見其債務關係繁雜，亦不適於利用此簡易程序清理債務，自有限制其負債總額之必要。爰明定債務人之無擔保或無優先權債務總額未逾新臺幣1,200萬元者，始得聲請更生。

　　（三）更生程序係以債務人有清理債務之誠意，而提出更生方案為前提。若債務人無償債意願，縱強其進行更生程序，亦無更生之可能，故更生程序限於債務人始得聲請，債權人尚不得為債務人聲請之。

　　（四）更生程序、清算程序、破產程序同為債務清理程序，為合理分配司法資源，避免程序浪費，明定債務人聲請更生，須於法院裁定開始清算程序或宣告破產前。

　　（五）第1項所定債務總額如何始屬適當，應視我國經濟、國民所得成長及物價波動情形而定，為免輕重失衡，宜授權司法院得因應整體經濟及社會需求等情勢，以命令增減之，爰設第2項。

　　（二）107年12月26日修正條文：
　Ⅰ、債務人無擔保或無優先權之本金及利息債務總額未逾新臺幣一千二百萬元者，於法院裁定開始清算程序或宣告破產前，得向法院聲請更生。
　Ⅱ、前項債務總額，司法院得因情勢需要，以命令增減之。

【107年12月26日修正要旨】
　　本條所設負債總額上限，係配合更生方案履行期間長短定之，以適度保障債權人受償權利。債權本金及利息以外之費用，數額通常微小細瑣，數額較大之違約金過高，法院得予酌減，計算本條債務總額時，不計入債權本金及利息以外費用，有利程序簡速進行及避免違約金約定過高影響債務人利用更生程序清理債務，爰修正第1項，明定債務總額上限計算，限於無擔保或無優先權之本金及利息。又本項無擔保或無優先權之本金及利息債務總額，應計算至法院裁定開始更生程序前一日止，併予敘明。

【說明】
　　債權人僅為一人，債務人是否得聲請更生，依本條例第80條所定「債權人縱為一人，債務人亦得聲請清算」之意旨，亦應為相同之解釋（細則

§24）。

　　本條限制更生債務人之本金及利息負債總額，旨在避免對債權人造成不利益過鉅，並避免複雜債務適用簡速債務清理程序，不符程序簡速經濟原則，其所定本金及利息債務總額，自應將屬於更生債權之本金及利息全數納入，計算至法院裁定開始更生程序前一日（細則§20-1）。

　　本條第1項所稱無擔保債務，係指債務人所負擔之債務，並未以自己財產爲擔保者而言【注意事項二十一之（一）】。

　　非對於金融機構負債之自然人，依第151條第1項之規定，本不得請求前置協商，此種債務人可否直接向法院聲請更生或清算？法無明文，不無疑義。但因請求協商，係聲請更生或清算之必要前置程序，而此種債務人既不得請求前置協商，故顯不得直接聲請更生或清算。若此，不無剝奪此種債務人聲請更生或清算之權利。爲此，目前實務上之做法，乃放寬第151條第1項後段規定，准其向管轄法院或鄉鎮市區調解委員會聲請調解，待調解不成立，再向法院聲請更生或清算。此種權宜做法，雖可解決實際困局，但不如修法來得直接了當。

【與破產法之比較】

　　破產法規定，債務人不能清償債務者，在有破產聲請前，得向法院聲請和解；已依第41條向商會請求和解，而和解不成立者，不得爲前項之聲請（破§6）。可見依現行破產法之和解程序及本條例之更生程序，均限於「債務人」始有資格聲請，其主要理由在於和解或更生之一方爲債務人，須由其出面與債權人團體訂約，且提出和解或更生方案，而此方案將來經可決及認可後，亦須由債務人履行，而債務人能否順利履行，唯有其個人心知肚明，法院難以知悉債務人財務之詳情及信用狀況，而代爲擬定之方案，亦須由債務人提出，債權人無從置喙，是爲兩者相同之處。惟其聲請之條件，本條例限於「無擔保或無優先權之債務總額未逾新臺幣1,200萬元」之債務，在破產法之和解程序則無此限制。又聲請之時期，

在破產法係以「在有破產聲請前，且未曾向商會請求和解」者爲限，顯然過於嚴苛，故本條例本條改以「於法院裁定開始清算程序或宣告破產前」，即得向法院聲請更生，以合理分配司法資源，避免程序浪費。

第43條（聲請更生應備之文件）

（一）原條文：

Ⅰ、債務人聲請更生時，應提出財產及收入狀況說明書及其債權人、債務人清冊。

Ⅱ、前項債權人清冊，應表明下列事項：

一、債權人之姓名或名稱及地址，各債權之數額、原因及種類。

二、有擔保權或優先權之財產及其權利行使後不能受滿足清償之債權數額。

三、自用住宅借款債權。

Ⅲ、有自用住宅借款債務之債務人聲請更生時，應同時表明其更生方案是否定自用住宅借款特別條款。

Ⅳ、第二項第三款之自用住宅指債務人所有，供自己及家屬居住使用之建築物。如有二以上住宅，應限於其中主要供居住使用者。自用住宅借款債權指債務人爲建造或購買住宅或爲其改良所必要之資金，包括取得住宅基地或其使用權利之資金，以住宅設定擔保向債權人借貸而約定分期償還之債權。

Ⅴ、第一項債務人清冊，應表明債務人之姓名或名稱及地址，各債務之數額、原因、種類及擔保。

Ⅵ、第一項財產及收入狀況說明書，應表明下列事項，並提出證明文件：

一、財產目錄，並其性質及所在地。

二、最近五年是否從事營業活動及平均每月營業額。

三、收入及必要支出之數額、原因及種類。

四、依法應受債務人扶養之人。

【立法要旨】

　　（一）債務人聲請更生時，應提出財產及收入狀況說明書，及其債權人、債務人清冊等文書，俾利法院判斷是否具備更生之原因，以決定是否裁定開始更生程序，爰設第1項。

　　（二）並於第2項、第5項、第6項明定債務人所提債權人清冊、債務人清冊、財產及收入狀況說明書應表明之事項，俾便債務人得以遵循。又債務人所提之債權人、債務人清冊，應記載債權人、債務人之地址，如有不明，亦應表明其住居所不明之意旨，以利法院送達或通知。又債務人聲請更生時，有擔保或優先權之債權人行使權利後未能受清償之債權數額或尚未確定，惟渠等既得以之為更生債權行使權利，該等債權數額即足以影響債務人之負債總額，為利法院判斷無擔保或無優先權之債權總額加計該等債權數額後，是否逾第42條所定新臺幣1,200萬元之最高負債限制，以決定是否裁定開始更生程序，債務人所提之債權人清冊，自應記載該不能受滿足清償債權之確定或估定數額，附此敘明。

　　（三）為免自用住宅借款債權人於更生程序進行期間行使抵押權，致更生方案窒礙難行，有自用住宅借款債務之債務人於聲請更生時，應一併表明其更生方案是否定自用住宅特別條款（關於自用住宅特別條款之更生方案，詳參第54條規定），以限制自用住宅借款債權人行使抵押權，併使法院藉以判斷債務人所提更生方案之可行性，爰明定債務人聲請更生，應同時表明其更生方案是否定自用住宅借款特別條款，並設於第3項。

　　（四）關於住宅及自用住宅借款債權之範圍，立法上應予明確界定，以利適用，並平衡保障關係人之權益，爰設第4項。

【說明】

　　債務人依本條第2項、第81條第2項規定所表明之債權人地址，有住居所不明者，應表明其最後住居所及不明之意旨；所表明之債權種類，應記載該債權之名稱、貨幣種類、有無擔保權或優先權、擔保權之順位及扣除

擔保債權或優先權後之餘額（細則§21 I）。

　　債務人依本條第5項、第81條第3項規定所表明之債務人地址，有住居所不明者，應表明其最後住居所及不明之意旨；所表明之債務種類，應記載該債務之名稱、貨幣種類、有無擔保權或優先權、擔保權之順位及扣除擔保債權或優先權後之餘額（細則§21 II）。

　　債務人依本條第6項第1款、第81條第4項第1款規定所表明之財產目錄，係指包括土地、建築物、動產、銀行存款、股票、人壽保單、事業投資或其他資產在內之所有財產。其於法院裁定開始更生或清算程序前二年內有財產變動狀況者，宜併予表明（細則§21 III）。

　　債務人依本條第6項第3款、第81條第4項第3款規定所表明之收入數額，係指包括基本薪資、工資、佣金、獎金、津貼、年金、保險給付、租金收入、退休金或退休計畫收支款、政府補助金、分居或離婚贍養費或其他收入款項在內之所有收入數額（細則§21 V）。

　　債務人依本條第6項第3款、第81條第4項第3款規定所表明之必要支出數額，係指包括膳食、衣服、教育、交通、醫療、稅賦開支、全民健保、勞保、農保、漁保、公保、學生平安保險或其他支出在內之所有必要支出數額（細則§21-1 I）。

　　債務人依本條第6項第4款、第81條第4項第4款規定所表明依法應受債務人扶養之人，除應記載該受扶養人外，尚應記載依法應分擔該扶養義務之人數及債務人實際支出之扶養金額（細則§21-1 II）。

　　債務人聲請更生或清算時所提財產及收入狀況說明書，其表明每明月必要支出之數額，與本條例第64條之2第1項、第2項規定之認定標準相符者，毋庸記載原因、種類及提出證明文件（細則§21-1 III）。

　　依本條第1項、第2項第2款之規定，債務人聲請更生或清算時，皆應提出債權人清冊，該債權人清冊中並應記載有擔保權之財產及擔保權行使後不能受滿足清償之數額。故債務人所提債權人清冊，若僅表明有擔保權或優先權之財產，未表明其權利行使後不能受滿足清償之債權數額者，法

院自應命其補正〔注意事項二十二之（一）〕。

　　本條第4項所稱自用住宅，固指債務人所有，供自己及家屬居住使用之建築物，惟不以屬於債務人單獨所有者為限〔注意事項二十二之（二）〕。

　　債務人聲請更生或清算時所提債權人清冊，僅表明有擔保權或優先權之財產，未提出該財產之估定價額，致未表明其權利行使後不能受滿足清償之債權數額者，法院宜命債務人負擔費用後，選任適當之鑑定人估定其價額。

（二）110年6月16日修正條文：

Ⅰ、債務人聲請更生時，應提出財產及收入狀況說明書及其債權人、債務人清冊。

Ⅱ、前項債權人清冊，應表明下列事項：

一、債權人之姓名或名稱及地址，各債權之數額、原因及種類。

二、有擔保權或優先權之財產及其權利行使後不能受滿足清償之債權數額。

三、自用住宅借款債權。

Ⅲ、有自用住宅借款債務之債務人聲請更生時，應同時表明其更生方案是否定自用住宅借款特別條款。

Ⅳ、第二項第三款之自用住宅指債務人所有，供自己及家屬居住使用之建築物。如有二以上住宅，應限於其中主要供居住使用者。自用住宅借款債權指債務人為建造或購買住宅或為其改良所必要之資金，包括取得住宅基地或其使用權利之資金，以住宅設定擔保向債權人借貸而約定分期償還之債權。

Ⅴ、第一項債務人清冊，應表明債務人之姓名或名稱及地址，各債務之數額、原因、種類及擔保。

Ⅵ、第一項財產及收入狀況說明書，應表明下列事項，並提出證明文件：

一、財產目錄，並其性質及所在地。

二、最近五年是否從事營業活動及平均每月營業額。

三、收入及必要支出之數額、原因及種類。

四、依法應受債務人扶養之人。

VII、債務人就前項第三款必要支出所表明之數額，與第六十四條之二第一項、第二項規定之必要生活費用數額相符者，毋庸記載其原因、種類及提出證明文件；未逾該必要生活費用數額，經債務人釋明無須負擔必要支出一部或全部者，亦同。

【110年6月16日修正要旨】

明定債務人依本條第6項規定提出財產及收入狀況說明書，關於必要支出數額之表明，如與本條例第64條之2所定之必要生活費用之數額相符者，則毋庸記載其原因、種類及提出證明文件；但如果低於該數額，經債務人釋明無須負擔必要支出一部或全部者，亦宜相同處理，以節省債務人逐一記載必要支出原因、種類及提出證明文件之煩勞，爰增列第7項。

【與破產法之比較】

破產法第7條規定「債務人聲請和解時，應提出財產狀況說明書及其債權人、債務人清冊，並附具所擬與債權人和解之方案，及提供履行其所擬清償辦法之擔保。」其規定雖較為簡單，但與本條例本條所規定之意涵，大致相同。又破產法之和解程序與本條例之更生程序，均限於債務人始得聲請，且須由其出面與債權人團體訂約，亦須由債務人履行，故和解或更生方案須由債務人提出，債權人及法院均難知悉債務人之財務情形及信用狀況，自無從越俎代庖，而代為擬定方案。

從前開規定，可知債務人聲請和解或更生時，其所應提出之書類，主要有下列之不同：

（一）和解方案有無不同

破產法之債務人聲請和解當時，即應提出與債權人和解之方案。而本

條例未有此相同之規定，而僅於該條例第53條第1項規定，債務人應於補報債權期間屆滿後十日內提出更生方案於法院。因消費者債務清理事件之債務人多為經濟上之弱者，未必於程序開始之初即有能力擬妥具體可行之更生方案，若強令其於聲請之初，即須提出更生方案，將會加重債務人之負擔，而往往使其未能於經濟陷入窘境之第一時間，儘早利用更生程序以清理其債務，況且，法院於開始裁定更生程序後，得選任監督人協助債務人作成更生方案（§49 I ②），自毋須於債務人聲請之初，即要求其提出更生方案。

（二）提供清償擔保有無之不同

破產法第7條所稱「履行其所擬清償辦法之擔保」，不問其為人保之保證或為物保之抵押權均屬之。惟當債務人不能清償債務或有其他債務清理程序開始之原因，如強令其必須提供所擬清償辦法之擔保，始得聲請和解或更生，恐將延誤時間，致債務人無法有效利用此等重建型債務清理程序，對債權人及債務人均屬不利，因此本條例並未要求債務人於聲請更生時，即應附具其所擬清償辦法之擔保。

（三）債權人清冊內容之不同

破產法之債務人聲請和解時，其所應提出之債權人清冊，除應表明債權人之姓名或名稱及地址、各債權之數額、原因及種類等之一般事項外，並未規定應提出有擔保權或優先權之財產及其權利行使後不能受滿足清償之債權數額及自用住宅借款特別條款。惟本條例債務人所應提出之債權人清冊，卻須有該等特別條款之記載。蓋因債務人聲請更生時，有擔保或優先權之債權人行使權利後，其未能受清償之債權數額，既得以之為更生債權行使權利，即足以影響債務人之負債總額，為利法院判斷無擔保或無優先權之債權總額加計該等債權數額後，是否逾本條例第42條所定新臺幣1,200萬元之最高負債限制，以決定是否裁定開始更生程序，故債務人所提之債權人清冊，自應記載該不能受滿足清償債權之確定或估定數額；又

為避免自用住宅借款債權人於更生程序進行期間行使抵押權，致更生方案窒礙難行，有自用住宅借款債務之債務人於聲請更生時，自應一併表明其更生方案是否定有自用住宅特別條款，以限制自用住宅借款債權人行使抵押權，併使法院藉以判斷債務人所提更生方案之可行性。

第44條（債務人據實報告義務）

法院認為必要時，得定期命債務人據實報告更生聲請前二年內財產變動之狀況，並對於前條所定事項補充陳述、提出關係文件或為其他必要之調查。

【立法要旨】

債務人於更生聲請前之財產變動狀況，足以影響其清償能力及更生方案之履行，法院受理更生聲請時，如認為必要，自得命債務人據實報告，供作法院是否裁定開始更生程序之參考。又債務人依前條規定所提事項如有不足，法院自亦得令其對於該等事項補充陳述，以明瞭債務人是否確有更生原因存在。至報告及陳述之方式究係通知債務人到場陳述，或令其以其他方法為之（如：提出書面陳述等），法院有彈性運用之權，附此敘明。

【說明】

本條命債務人據實報告其更生聲請前二年內財產變動狀況之期間，適與本條例第20條第1項第1款、第2款之債務人所為詐害行為之期間相符。故法院調查之結果，如發現債務人之無償行為或有償行為有詐害情事者，自可作為更生程序之監督人行使撤銷權之依據，以保障債權人之合法權益。

【與破產法之比較】

破產法第8條規定，法院認為必要時，得傳喚聲請人，令其對於前條所規定之事項（聲請和解應提出之書類）補充陳述，並得隨時令其提出關係文件或為其他必要之調查。此條規定之內容，類似本條例本條之規定，只是本條擴大債務人據實陳述財產狀況之範圍，增訂「報告更生聲請前二

年內財產變動之狀況」，考其意旨，乃用以供法院是否裁定開始更生程序之重要參考。

第45條（開始更生程序裁定之生效）

I 、法院開始更生程序之裁定，應載明其年、月、日、時，並即時發生效力。

II 、前項裁定不得抗告，並應公告之。

【立法要旨】

（一）法院裁定開始更生程序，其作成裁定之時點為何，對於利害關係人之權益影響重大，例如：更生程序開始後，對於債務人原則上不得開始或繼續訴訟及強制執行程序；更生債權指在裁定開始更生程序前成立之債權等，為杜爭議，裁定內自應載明法院作成裁定之時點，並即時發生效力之意旨，爰設第1項。

（二）為求程序迅速進行，爰於第2項明定對於法院開始更生程序之裁定不得抗告。又該等裁定攸關債權人、債務人及其他利害關係人之權益，故應予公告周知。

【說明】

法院開始更生程序之裁定，其作成裁定之時點為何，事關利害關係人之權益，故明定於裁定時起即時發生效力，為明權益之分界，自應載明其年、月、日、時，並即時公告之。

【與破產法之比較】

破產法第9條規定，法院對於和解聲請之許可或駁回，應自收到聲請之日起七日內，以裁定為之；前項裁定，不得抗告。此為一般裁定之訓示規定。蓋因破產法上之債務人，如有不能清償債務者，在有「破產聲請前」，均得向法院聲請和解，不若本條例本條規定之迫切故也。

第46條（駁回聲請更生之事由）

（一）原條文：

更生之聲請有下列情形之一者，應駁回之：

一、債務人曾依本條例或破產法之規定而受刑之宣告。

二、債務人曾經法院認可和解、更生或調協，因可歸責於己之事由，致未履行其條件。

三、債務人經法院通知，無正當理由而不到場，或到場而不為真實之陳述，或拒絕提出關係文件或為財產變動狀況之報告。

【立法要旨】

　　更生程序係為保護有更生誠意之債務人而設，債務人如曾依本條例或破產法之規定而受刑之宣告；或經法院認可和解、更生或調協，因可歸責於己之事由，致未履行其條件；或不配合法院而為協力行為等，即足認其欠缺清理債務之誠意，且無聲請更生之真意，自無加以保護之必要，爰設本條，明定更生開始之障礙事由。

（二）107年12月26日修正條文：

更生之聲請有下列情形之一者，應駁回之：

一、債務人曾依本條例或破產法之規定而受刑之宣告。

二、債務人曾經法院認可和解、更生或調協，因可歸責於己之事由，致未履 行其條件。

三、債務人經法院通知，無正當理由而不到場，或到場而故意不為真實之陳述，或無正當理由拒絕提出關係文件或為財產變動狀況之報告。

【107年12月26日修正要旨】

　　債務人到場而不為真實之陳述，以故意為限；拒絕提出關係文件或為財產變動狀況之報告，須無正當理由，始應駁回其更生之聲請，爰修正第

3款，予以明定，以資明確。

【說明】

債務人違反本條第3款所定之到場、陳述、提出文件、財產報告各義務者，是否即刻予以駁回更生之聲請，應視具體情狀定之。如其可以補正者，應令其補正而仍不補正時，再予駁回聲請，較爲適當。又當法院裁定開始更生程序後，債務人更生之聲請既經准許，爲免程序浪費，即不得駁回其聲請。

【與破產法之比較】

破產法對於和解開始障礙事由，在第10條規定「和解之聲請，遇有左列情形之一時，應駁回之：一、聲請不合第7條之規定，經限期令其補正而不補正者。二、聲請人曾因和解或破產，依本法之規定而受有期徒刑之宣告者。三、聲請人曾經法院認可和解或調協，而未能履行其條件者。四、聲請人經法院傳喚無正當理由而不到場，或到場而不爲眞實之陳述或拒絕提出關係文件者。」顯較本條例本條之規定多出第1款之違反「聲請和解應提出之書類」之情事。另在違反誠信之法定事由中，本條例本條更在第2款中增加主觀可歸責要件，即針對債務人曾經法院認可和解、更生或調協，而未履行其條件之情形，另增訂「因可歸責於己之事由」之要件，此與破產法第10條第3款規定相較，顯更充實其駁回更生聲請之正當性。

第47條（更生裁定應公告之事項）

（一）原條文：

I 、法院裁定開始更生程序後，應即將下列事項公告之：

一、開始更生程序裁定之主文及其年、月、日、時。

二、選任監督人者，其姓名、住址；監督人爲法人者，其名稱、法定代理人及事務所或營業所。

三、申報、補報債權之期間及債權人應於期間內向監督人申報債權；未選任監督人者，應向法院爲之；其有證明文件者，並應提出之。

四、不依前款規定申報、補報債權之失權效果。

五、對於已申報、補報債權向法院提出異議之期間。

六、召集債權人會議者，其期日、處所及應議事項。

II、前項第三款申報債權之期間，應自開始更生程序之翌日起，爲十日以上二十日以下；補報債權期間，應自申報債權期間屆滿之翌日起二十日以內。

III、第1項公告及債權人清冊應送達於已知住居所、事務所或營業所之債權人，該公告另應送達於債務人。

IV、債權人清冊已記載之債權人，視爲其已於申報債權期間之首日爲與清冊記載同一內容債權之申報。

【立法要旨】

（一）法院於裁定開始更生程序後，應將開始更生程序裁定之主文及其時點、監督人之姓名及地址、申報及補報債權期間、異議期間、失權效果、債權人會議期日及處所等事項公告，使債權人、債務人及其他利害關係人有所知悉，俾便申報債權、出席債權人會議，以利更生程序之進行，爰設第1項，明定法院應公告之事項。

（二）爲求更生程序迅速進行，法院應訂定申報債權、補報債權之期間，爰設第2項。

（三）第1項公告之事項及債務人所提之債權人清冊對於債權人、債務人之權益影響重大，該等公告及清冊自宜送達於已知住居所、事務所或營業所之債權人，公告另應送達於債務人，俾渠等有所知悉，爰設第3項。

（四）爲簡化債權申報程序，債務人提出之債權人清冊已載明債權人及其債權內容者，視爲債權人已於申報期間首日爲同一內容之申報，爰設

第4項。又已記載於債權人清冊之債權,既已視為申報,債權人未依限申報者,亦不生失權之效果,附此說明。

(二)101年1月4日修正條文:
I 、法院裁定開始更生程序後,應即將下列事項公告之:
　　一、開始更生程序裁定之主文及其年、月、日、時。
　　二、選任監督人者,其姓名、住址;監督人為法人者,其名稱、法定代理人及事務所或營業所。
　　三、申報、補報債權之期間及債權人應於期間內向監督人申報債權;未選任監督人者,應向法院為之;其有證明文件者,並應提出之。
　　四、不依前款規定申報、補報債權之失權效果。
　　五、對於已申報、補報債權向法院提出異議之期間。
　　六、召集債權人會議者,其期日、處所及應議事項。
II 、前項第三款申報債權之期間,應自開始更生程序之翌日起,為十日以上二十日以下;補報債權期間,應自申報債權期間屆滿之翌日起二十日以內。
III、債權人依第二十六條第一項規定行使權利者,前項申報債權之期間,應自契約終止或解除之翌日起算。但申報或補報債權不得逾債權人會議可決更生方案或法院裁定認可更生方案日之前一日。
IV、第一項公告及債權人清冊應送達於已知住居所、事務所或營業所之債權人,該公告另應送達於債務人。
V 、債權人清冊已記載之債權人,視為其已於申報債權期間之首日為與清冊記載同一內容債權之申報。

【101年1月4日修正要旨】
　(一)原條文第1項、第2項未修正。

　　（二）法院裁定開始更生程序時，債務人所定雙務契約，當事人一方
尚未完全履行，監督人終止、解除契約時，可能已逾本條第2項規定之債
權申報及補報期間，爲使債權人得依第26條第1項規定行使權利，增訂此
種情形之申報債權期間之起算日。又債務人所提更生方案如經債權人會議
可決，或未經債權人會議可決而由法院依第64條第1項逕以裁定認可，爲
維程序安定，自不宜許債權人再爲申報或補報債權，並爲免債權人之申報
與債權人會議之可決或法院之裁定認可，在時間上孰先孰後，滋生紛擾，
明定其申報或補報債權期限之末日，爰增訂第3項。
　　（三）原條文第3項、第4項未修正，配合移列第4項、第5項。

【說明】

　　依本條第5項規定視爲債權人已爲債權申報者，以與債權人清冊所載
同一內容之債權部分爲限，故債權人就逾該部分之債權，仍應遵期申報，
始得行使其權利（細則§22）。

【與破產法之比較】

　　本條有關補申報債權之規定，與破產法第12條和解許可之公告相較，
在法院裁定開始更生程序後之公告，應加載補報債權之期間（§47 I）主
要係與本條例第33條第4項之補報債權制度有關，因本條例第33條第4項之
補報債權期間與第47條第1項第3款法院所定補報債權期間並不相同，前者
應於非因可歸責於己之事由消滅後十日內，而後者則係法院公告內所定補
報債權之期間，應自申報債權期間屆滿之翌日起二十日以內，若債權人已
逾法院所定補報債權之期間，縱其尚未屆滿本條例第33條第4項之補報債
權期間，其亦不得再爲補報（§33 IV但書），以維持程序之安定。
　　又本條與破產法和解許可之公告相較，法院於裁定開始更生程序後之
公告，必須加載未申報債權或補報債權之失權效果（§47 I ④），以利債
權人預先知悉未申報債權或補報債權之法律效果，進而促使其儘速申報債
權。

另債務人提出之債權人清冊已記載之債權人，視為其已於申報債權期間之首日為與清冊記載同一內容債權之申報（§47 V），可見本條例著重於程序之簡化，藉以符合程序經濟與費用相當性原則。

第48條（通知更生登記）

（一）原條文：

I、法院裁定開始登記更生程序後，就債務人之財產依法應登記者，應通知該管登記機關為登記。

II、法院裁定開始更生程序後，對於債務人不得開始或繼續訴訟及強制執行程序。但有擔保或有優先權之債權，不在此限。

【立法要旨】

本條文既規定法院裁定開始更生程序後，對於債務人不得開始或繼續訴訟及強制執行程序，為保護交易安全，避免造成債權人或第三人遭受不利益，如債務人之財產依法應登記者，應由法院通知該管登記機關為登記。惟有擔保或有優先權之債權，其聲請強制執行之程序倘對更生程序無礙，經法院許可後，不應妨礙其實現權利，爰設但書予以除外。

（二）101年1月4日修正條文：

I、法院裁定開始更生程序後，就債務人之財產依法應登記者，應通知該管登記機關為登記。

II、法院裁定開始更生程序後，對於債務人不得開始或繼續訴訟及強制執行程序。但有擔保或有優先權之債權，不在此限。

【101年1月4日修正要旨】

（一）原條文第1項「法院裁定開始登記更生程序後」中「登記」二字為贅文，爰予刪除。

（二）原條文第2項未修正。

【說明】

　　本條第1項所稱之登記，包括辦理更生登記及塗銷更生登記，法院裁定開始更生程序後，應即通知債務人之財產登記機關爲更生登記（細則§25 I）；監督人係法院選任之機關，宜許其持開始更生程序之裁定，向該管登記機關爲登記（細則§25 II）；法院於必要時，例如債務人於更生程序中須處分其財產時，或更生程序終結時，即應通知該管登記機關塗銷其更生登記（細則§25 III）；法院裁定開始更生程序後，債務人對其財產並未喪失管理及處分權，更生登記僅係爲保護交易安全而設，並無禁止債務人移轉或處分其財產之效力（細則§25 IV）。

　　因裁定開始更生程序而停止之訴訟程序，於更生方案經法院裁定認可確定後，其屬該更生方案效力所及之債權，就超過更生方案以外之請求，應認已無權利保護之必要；其非屬該更生方案效力所及之債權，則應繼續進行訴訟。

【與破產法之比較】

　　本條第2項規定，與破產法第17條所定「和解聲請經許可後，對於債務人不得開始或繼續民事執行程序。但有擔保或有優先權之債權者，不在此限。」之意旨相同。惟破產法第17條前段所定「對於債務人不得開始或繼續民事執行程序」，係因和解聲請經許可後，便成爲「執行障礙」之當然事由，其主要理由，係在於使債權人間得依和解程序公平受償，並避免債務人希望藉由和解程序履行和解方案之目的落空，故其所爲之限制，係指不許普通債權人單獨另依強制執程序開始或繼續民事執行程序而言，並非謂債權人就其債權是否存在不可爭訟或取得執行名義（最高法院64年臺抗字第569號判例參照）。若從本條例本條第2項所定之文義觀之，當法院裁定開始更生程序後，不僅對於債務人不得開始或繼續強制執行程序，亦不得對之提起民事訴訟。惟自該條項但書所定「但有擔保或有優先權之債權，不在此限」乙節之前述立法理由所載「有擔保或有優先權之債權，其

聲請強制執行之程序倘對更生程序無礙，經法院許可後，不應妨礙其實現
權利」之意旨，可見法院裁定開始更生程序後，並非當然成為「開始或繼
續訴訟及強制執行程序」之障礙事由，而須視其開始或繼續訴訟及強制執
行程序，是否「對更生程序無礙並經法院許可」而定，如果對更生程序無
礙並經法院許可，則仍可開始或繼續訴訟及強制執行程序，否則，即不得
續行訴訟或執行程序。至於如何認定「有擔保或有優先權之債權其聲請強
制執行對於更生程序無礙」？應視債務人所提更生方案是否以清算債務人
之財產為目的，若是，則應認為無礙，否則，即對更生程序有礙。

第49條（監督人之職務）

Ⅰ、監督人之職務如下：

　　一、調查債務人之財產、收入及業務狀況，並向法院提出書面報
　　　　告。

　　二、協助債務人作成更生方案。

　　三、試算無擔保及無優先權債權，於法院裁定開始更生程序時，
　　　　依清算程序所得受償之總額。

　　四、其他依本條例規定或法院指定之事項。

Ⅱ、第十條之規定，於監督人調查債務人之財產、收入及業務狀況時
　　準用之。但受查詢人為個人而有正當理由者，不在此限。

Ⅲ、未選任監督人時，法院得定期命債務人提出財產及收入狀況報告
　　書。

【立法要旨】

（一）為利更生程序之進行，明定監督人之職務。又本項第3款所謂
「試算無擔保及無優先權債權，於法院裁定開始更生程序時，依清算程序
所得受償之總額」，係指監督人就無擔保及無優先權債權進行試算，確認
法院裁定開始更生程序時，債務人如依清算程序進行債務清理，該等債權
可能受償之金額而言，目的在於確認無擔保及無優先權之債權於更生程序

所得受償之總額是否顯低於依清算程序可能受償之總額，俾法院據以判斷有無第64條第2項第3款所定情形，附此敘明。

　　（二）債務人之親屬、為債務人管理財產之人或其他關係人（例如僱用人等），對於債務人之財產、收入及業務狀況知之最詳，為確實明瞭債務人之財產、收入及業務狀況，宜使上開人等負答覆之義務；又知悉債務人財產、收入及業務狀況之人，對於監督人之詢問，有答覆之義務，如無故不為答覆或為虛偽陳述者，亦宜處以罰鍰，使其有所警惕，明定於監督人調查債務人之財產、收入及業務狀況時，準用第10條關於答覆義務及處以罰鍰之規定。惟上開知悉者為個人時，倘有正當理由，不宜強其所難，爰設但書予以除外。

　　（三）法院未選任監督人時，債務人之財產及收入狀況如何調查及作成報告，宜予明定，爰設第3項。

【說明】

　　監督人或管理人依本條第2項準用第10條第1項規定查詢債務人財產、收入及業務狀況時，有第10條第2項或第3項所定情形者，應即陳報法院，俾法院斟酌情況決定是否處以罰鍰（細則§23）。

【與破產法之比較】

　　依破產法第18條規定，「監督輔助人之職務如左：一、監督債務人業務之管理，並制止債務人有損債權人利益之行為。二、保管債務人之流動資產及其業務上之收入。但管理業務及債務人維持家庭生活所必需之費用，不在此限。三、完成債權人清冊。四、調查債務人之業務、財產及其價格。監督輔助人行前項職務，應受監督人之指揮。」可見破產法上之「監督輔助人」與本條例本條所稱之「監督人」，雖然名稱不同，但其所司職務大體相近，主要係在監督債務人業務之管理，並協助債務人完成和解或更生方案。惟本條例本條第1項第3款所定「試算無擔保及無優先權債權依清算程序所得受償之總額。」部分，其主要目的在於確認無擔保及無

優先權之債權於更生程序所得受償之總額是否顯低於依清算程序可能受償之總額，以供法院審酌得否不經債權人會議可決，逕以裁定認可或不認可更生方案之參考（§64 II），係為本條例較具特殊之規定。

第50條（文書之閱覽或抄錄）

　　監督人應備置下列文書之原本、繕本或影本，供利害關係人閱覽或抄錄：

一、關於聲請更生之文書及更生方案。

二、債務人之財產及收入狀況報告書及其債權人、債務人清冊。

三、關於申報債權之文書及債權表。

【立法要旨】

　　監督人之職務包括調查債務人之財務及收入狀況、協助債務人作成更生方案、編造債權表等，持有更生程序相關文書，為便利利害關係人閱覽或抄錄，明定監督人應備置供利害關係人閱覽或抄錄之文書原本、繕本或影本。

【說明】

　　法院裁定開始更生程序而未經選任監督人者，利害關係人得依本條例第15條準用民事訴訟法第242條之規定，向法院書記官聲請閱覽或抄錄本條所列之文書。

【與破產法之比較】

　　本條規定與破產法第21條所定「法院應以左列文書之原本或繕本，備利害關係人閱覽或抄錄：一、關於聲請和解文件及和解方案。二、債務人之財產狀況說明書及其債權人、債務人清冊。三、關於申報債權人之文書及債權表。」之內涵及意旨相同，均係為使和解或更生方案透明化，以保障利害關係人之合法權益。

第51條（債務人相關資訊之公告）

法院應將債務人之財產及收入狀況報告書及更生方案公告之。

【立法要旨】

債務人之財產及收入狀況報告書及債務人所提出之更生方案，影響全體債權人之權益，爲便於利害關係人知悉債務人財產資訊，爰設本條，明定法院應公告債務人之財產及收入狀況報告書及更生方案。

【說明】

本條之公告，一方面係補前條將文書之原本、繕本或影本，供利害關係人閱覽或抄錄之不足，一方面使債務人之財產及收入狀況報告書及更生方案發生送達之效力，以節省法院須另爲送達之勞費。

【與破產法之比較】

在破產法上並無如本條相類之公告規定，蓋破產法上之和解是否成立，必經債權人會議可決，在可決前應由債權人與債務人自由磋商，而未有如本條例可由法院逕行裁定認可更生方案之情形，不致影響各債權人之合法權益，故不必有將和解方案公告之相同規定。

第52條（債權債務之抵銷）

I、債權人於法院裁定開始更生程序前對於債務人負有債務者，以於債權補報期間屆滿前得抵銷者爲限，得於該期間屆滿前向債務人爲抵銷，並通知監督人或向法院陳報。

II、有下列各款情形之一者，不得爲抵銷：

一、債權人已知有更生聲請後而對債務人負債務。但其負債務係基於法定原因或基於其知悉以前所生之原因者，不在此限。

二、債務人之債務人在法院裁定開始更生程序後，對於債務人取得債權或取得他人之更生債權。

三、債務人之債務人已知有更生聲請後而取得債權。但其取得係基於法定原因或基於其知悉以前所生之原因者，不在此限。

【立法要旨】

（一）債權人對於債務人負有債務者，爲避免其債權依更生程序僅得受部分清償，而其所負債務卻應爲全部清償之不公平現象，亦爲防止債權人於更生程序開始後競相對於債務人負債務，俾主張抵銷而獲十足清償，致更生方案履行困難，爰明定得爲抵銷者，以法院裁定開始更生程序前對於債務人所負之債務，且該債務於債權補報期間屆滿前得爲抵銷者爲限。另爲免債權人抵銷權之行使，左右更生方案之內容，影響更生程序之進行，爰明定抵銷權之行使，應於債權補報期間屆滿前向債務人爲之，始生抵銷之效力。又爲使監督人或法院知悉債權人是否行使抵銷權，以編造債權表，爰另明定債權人行使抵銷權時，應通知監督人或向法院陳報。

（二）債權人已知有更生聲請後而對債務人負債務；債務人之債務人在法院裁定開始更生程序後，對於債務人取得債權或取得他人之更生債權，或已知有更生聲請後而取得債權，如許其行使抵銷權，影響其他債權人公平受償，爰設第2項，明定不得抵銷之債權。惟債權人負債務及債務人之債務人取得債權係基於法定原因或基於其知悉以前所生之原因者，則無惡意，爰設但書予以除外。

【說明】

本條係關於債權人抵銷權之行使及限制之規定，於債務人不適用之。惟債務人於更生程序進行中，以其對債權人之債權，向債權人爲抵銷時，如有允許更生方案所未定之額外利益之情形，其允許不生效力（§72），如情節重大，法院應不認可更生方案（§63 I）。若自法院認可更生方案之翌日起一年內，發見債務人有對於債權人中之一人或數人允許額外利益之情事者，法院並得依債權人之聲請裁定撤銷更生，並同時裁定開始清算程序（§76 I）。

【與破產法之比較】

本條更生程序之抵銷規定，在破產法上並無相類之條文，蓋在破產法立法之初，已明白規定：在和解程序進行中，債務人繼續其業務。但應受監督人及監督輔助人之監督（破§14 I）；監督輔助人監督債務人業務之管理，並制止債務人有損債權人利益之行為（破§18 I）。似此，債務人繼續其業務之執行時，是否可同意債權人以其對於債務人之債務主張抵銷，可由監督人或監督輔助人加以監督，且和解程序有一定之流程，和解方案之公允與否，須經由債權會議加以可決，當不致發生太大之流弊，故無特別規定抵銷要件之必要。

第二節　更生之可決及認可

本節從第53條起至第72條止，係就更生方案之提出與應記載事項、自用住宅借款特別條款、不得減免之債務、法院裁定開始清算程序之情事、債務人資產表、相關人得於債權人會議陳述意見、債權人會議可決更生方案、債權人同意更生方案、更生方案未獲可決之效果、法院認可經可決之更生方案、法院不認可更生方案之情事、法院逕以裁定認可及不認可更生方案之情事、更生方案視為債務人已盡力清償之情形、債務人必要生活費用之計算基準、法院裁定不認可更生方案同時開始清算程序、更生程序之終止、更生方案不影響債權人之權利、更生程序終結之效果、債權人之強制執行、債權人對於債務人之相關債務人之權利不受影響、債務人允許更生方案所未定之額外利益不生效力等事項所為之規定。

第53條（更生方案之提出與應記載事項）

（一）原條文：

Ⅰ、債務人應於補報債權期間屆滿後十日內提出更生方案於法院。

Ⅱ、更生方案應記載下列事項：
一、清償之成數。
二、三個月給付一次以上之分期清償方法。
三、最終清償期，自認可更生方案裁定確定之翌日起不得逾六年。但有特別情事者，得延長為八年。
Ⅲ、債務人未依限提出更生方案者，法院得裁定開始清算程序。

【立法要旨】

（一）為便利更生方案之作成，債務人聲請更生時，固無須提出更生方案，惟為免程序延滯，仍宜明定其提出期間，以利更生程序之迅速進行，爰設第1項。

（二）更生方案之內容攸關債權人之權利變動及債務人之債務履行情形，為臻明確，更生方案應載明債權清償之成數、分期清償之方式及最終清償期等，以提高債務人之清償意願及保障債權人之利益。又為求更生程序之迅速進行，更生方案所定最終清償期宜予限制，惟為兼顧債務人之清償能力，避免更生方案訂定之最終清償期過短，致債務人每期應為給付之金額過高而無力履行，經考量我國國民平均所得額數及得依本條例適用更生程序之最高負債總額、最低清償成數等情，明定最終清償期，自認可更生方案裁定確定之翌日起不得逾六年，於有特別情事時，得延長為八年。爰設第2項。

（三）債務人未依限提出更生方案，足認其欠缺更生誠意，為免債務人藉機拖延，法院得斟酌債務人不能清償之情形，裁定開始清算程序，俾迅速清理債務，保障債權人權益，爰設第3項。

（二）98年5月13日修正條文：
Ⅰ、債務人應於補報債權期間屆滿後十日內提出更生方案於法院。
Ⅱ、更生方案應記載下列事項：

一、清償之金額。

二、三個月給付一次以上之分期清償方法。

三、最終清償期，自認可更生方案裁定確定之翌日起不得逾六年。但有特別情事者，得延長爲八年。

III、債務人未依限提出更生方案者，法院得裁定開始清算程序。

IV、債務人就第四十三條、第四十四條所定之事項，無法爲完全之陳述或表明者，法院裁定開始更生程序後，債務人於必要時，得向直轄市或縣（市）政府申請協助作成更生方案。

V 、前項申請之程序及相關辦法，由司法院會同行政院定之。

【98年5月13日修正要旨】

（一）債務人聲請更生時，應提出財產及收入狀況說明書，及其債權人、債務人清冊等文書，俾利法院判斷是否具備更生之原因，以決定是否裁定開始更生程序；又債務人於更生聲請前之財產變動狀況，足以影響其清償能力及更生方案之履行，法院受理更生聲請時，如認爲必要，自得命債務人據實報告，供作法院是否裁定開始更生程序之參考。若債務人所提事項如有不足，法院自亦得令其對於該等事項補充陳述，以明瞭債務人是否確有更生原因存在。

（二）但因債務人就本條例第43條、第44條所定應提出之書、冊等文件，往往事涉複雜，並非所有債務人皆可勝任，爲幫助債務人早日進入更生程序，乃在本條例第53條增訂第4、5項，明定債務人無法爲完全之陳述或表明者，經法院裁定開始更生程序後，於必要協助時，得向直轄市或縣（市）政府申請協助作成更生方案。其申請協助作成更生方案之辦法詳見附錄二。

（三）101年1月4日修正條文：

I 、債務人應於收受債權表後十日內提出更生方案於法院。

II、更生方案應記載下列事項：

一、清償之金額。

二、三個月給付一次以上之分期清償方法。

三、最終清償期，自認可更生方案裁定確定之翌日起不得逾六年。但更生方案定有自用住宅借款特別條款，或債務人與其他有擔保或有優先權之債權人成立清償協議，或為達第六十四條第二項第三款、第四款之最低清償總額者，得延長為八年。

III、普通保證債權受償額未確定者，以監督人估定之不足受償額，列入更生方案，並於債權人對主債務人求償無效果時，按實際不足受償額，依更生條件受清償。

IV、債權人或債務人對前項估定金額有爭議者，準用第三十六條第一項至第四項規定。

V、債務人未依限提出更生方案者，法院得裁定開始清算程序。

VI、債務人就第四十三條、第四十四條所定之事項，無法為完全之陳述或表明者，法院裁定開始更生程序後，債務人於必要時，得向直轄市或縣（市）政府申請協助作成更生方案。

VII、前項申請之程序及相關辦法，由司法院會同行政院定之。

【101年1月4日修正要旨】

（一）原條文第1項規定債務人應於補報債權期間屆滿後十日內提出更生方案，惟因債務人於補報債權期間屆滿時尚未收受債權表，致其提出之更生方案所載金額易有誤漏，而須再為更正，故明定債務人應於收受債權表後十日內提出更生方案，爰修正第1項。

（二）原條文第2項第3款但書所稱特別情事，係指債務人之更生方案定有自用住宅借款特別條款，或與其他有擔保或有優先權之債權人成立清償協議，通常將減少普通債權人之受清償額度，為免普通債權人之受償因

此受到不利影響；或為使債務人之清償額可達第64條第2項第3款、第4款之最低清償總額，即有延長更生方案最終清償期之必要。為避免此項規定遭誤用，該延長更生方案最終清償期之特別情事宜予明定，爰修正第2項第3款。

（三）債務人所負普通保證債務，應由監督人依主債務人之財產、收入狀況及清償能力，估定債權人之不足受償額，而以該估定金額列入更生方案，且於債權人不足受償額確定後，方可依更生方案所定清償比例受清償，為求明確，爰增訂第3項及第4項，明定普通保證債權列入更生方案受償之方式，及債權人或債務人對監督人估定不足受償額有爭議時，準用第36條第1項至第4項之規定解決。又債權人實際不足受償額少於或多於估定金額，均可按實際不足受償額依更生方案所定清償比例受清償，但對其他債權人之受償不生影響，如債務人因此受影響致履行困難時，則為債務人是否依第75條第1項規定聲請延長履行期限之問題，附此敘明。

（四）原條文第3項至第5項未修正，配合移列第5項至第7項。

【說明】

本條文已於98年5月13日及101年1月4日修正二次，如前載。

為期迅速明瞭債務人所提更生方案，對全體無擔保或無優先權債權人是否公允，故該更生方案依本條第2項第1款規定所記載清償之金額，應表明其計算方法（細則§26Ⅰ）。依本條例第67條第2項規定，債務人於法院裁定認可更生方案確定後既得以書面請求最大債權金融機構統一辦理收款及撥付款項之作業，自應許債務人於提出更生方案時，將其清償方法載明由最大債權金融機構統一辦理收款及撥付款項之作業，以利債權人會議可決及法院裁定認可（細則§26Ⅱ）。法院裁定認可之更生方案無前項記載，最大債權金融機構受債務人依本條例第67條第2項規定之請求者，應統一辦理收款及撥付款項（細則§26Ⅲ）。

債務人提出之更生方案，依本條第2項第3款規定，其最終清償期，原

則上不得逾六年，倘逾六年，即應表明符合本條例第53條第2項第3款但書所定無法於六年內清償之特別情事，俾利法院加以審酌延長爲八年（細則§27）。

法院開始清算程序之裁定，依本條例第83條規定，應屬不得抗告，故法院依本條第5項規定裁定開始清算程序者，自亦屬不得抗告。

債務人於更生程序中委任有代理人者，縱經法院依本條第5項規定裁定開始清算程序時，因僅屬債務清理程序之轉換，並非另啓新的債務清理程序，故除其代理權係受限制或經終止委任者外，該代理人於清算程序仍應有代理權。

債務人未依本條第1項所定期限提出更生方案者，法院非認債務人有故意延滯程序或其他類此事由，不宜遽依同條第5項規定裁定開始清算程序〔注意事項三十之（一）〕。

法院依本條第5項、第56條、第74條第2項、第75條第5項規定裁定開始清算程序者，均不得抗告【注意事項三十之（二）】。

債務人於更生程序中委任有代理人者，經法院依本條第5項、第56條、第61條、第65條第1項規定裁定開始清算程序時，除其代理權係受限制或經終止委任者外，該代理人於清算程序，仍有代理權〔注意事項三十之（四）〕。

【與破產法之比較】

依破產法規定，債務人聲請和解時，應提出財產狀況說明書及其債權人、債務人清冊，並附具所擬與債權人和解之方案，及提供履行其所擬清償辦法之擔保（破§7）；法院駁回和解之聲請或不認可和解時，應依職權宣告債務人破產（破§35）。此與本條例本條規定最大之不同在於：（一）破產法之債務人須於和解聲請之初，即應附具和解方案。而本條例爲便利並鼓勵債務人於經濟狀況陷於窘境之際，能儘速進入債務清理程序，利用更生程序來重建其經濟生活，因此本條例並未要求債務人於聲

請更生程序之初，即提出更生方案，只須於補報債權期間屆滿後十日內提出更生方案於法院即可。（二）破產法對於和解方案究應記載何種事項，並未有明文規定，而本條例本條第2項為提高債務人清償意願及保障債權人利益，並求更生程序之迅速進行，乃對於債務清償之成數、分期清償方法、最終清償期等為明確之規定，實為進步之立法。

第54條（自用住宅借款特別條款之協議）

債務人得與自用住宅借款債權人協議，於更生方案定自用住宅借款特別條款。但自用住宅另有其他擔保權且其權利人不同意更生方案者，不在此限。

【立法要旨】

為使負有自用住宅借款債務而瀕臨經濟困境之債務人，不必喪失其賴以居住之自用住宅而重建經濟生活，特設自用住宅借款特別條款制度，使債務人得於更生方案訂定以自用住宅借款延緩清償為內容之自用住宅借款特別條款，債務人如依該特別條款繼續清償，即可避免擔保權之行使。又債務人於提出該定有特別條款之更生方案前，如能與自用住宅借款債權人協議，必能作成適切之方案，有助於日後方案之履行，爰明定債務人得與自用住宅借款債權人協議，於更生方案就自用住宅借款債權定自用住宅借款特別條款。惟於自用住宅另有其他非擔保自用住宅借款之擔保權，且該權利人不同意更生方案時，即無法避免該債權人聲請拍賣自用住宅，於此情形，訂定該特別條款即無任何實益，爰設但書予以除外。

【說明】

按更生方案定有自用住宅特別條款者，倘該不動產之第二順位以後抵押權人或其他擔保物權人，並不同意該自用住宅特別條款，則債務人仍有喪失該自用住宅或其基地所有權或使用權之虞，該更生方案自無從獲得法院認可。故債務人自應證明該自用住宅借款特別條款業經其他擔保權人之

同意，否則，法院仍不得認可該更生方案。

更生方案無論依第54條或第54條之1規定定自用住宅借款特別條款，該自用住宅另有其他擔保權者，債務人應證明經其他擔保權人之同意〔注意事項二十三之（一）〕。

【與破產法之比較】

本條係為鼓勵賴以居住自用住宅之債務人，使其與自用住宅借款債權人達成充分之協議，以重建其經濟生活為目的之特別條款，故在破產法中並無類此之規定。

第54條之1【101年1月4日增訂條文】（債務人自擬自用住宅借款特別條款之標準）

（一）原條文：

I 、自用住宅借款特別條款不能依前條規定協議時，該借款契約雖有債務人因喪失期限利益而清償期屆至之約定，債務人仍得不受其拘束，逐依下列各款方式之一定之：

一、就原約定自用住宅借款債務未清償之本金、已到期之利息及法院裁定開始更生程序前已發生之違約金總額，於原約定最後清償期前，按月平均攤還，並於各期給付時，就未清償本金，依原約定利率計付利息。

二、於更生方案所定最終清償期屆至前，僅就原約定自用住宅借款債務未清償本金，依原約定利率按月計付利息；該期限屆至後，就該本金、前已到期之利息及法院裁定開始更生程序前已發生之違約金總額，於原約定最後清償期前，按月平均攤還，並於各期給付時，就未清償本金，依原約定利率計付利息。

II 、自用住宅借款債務原約定最後清償期之殘餘期間較更生方案所定最終清償期為短者，得延長至該最終清償期。

> III、債務人依前二項期限履行有困難者，得再延長其履行期限至六年。
>
> IV、依前項延長期限者，應就未清償本金，依原約定利率計付利息。

【101年1月4日立法要旨】

（一）本條新增。

（二）債務人如未能依本條例第54條規定與債權人就自用住宅借款特別條款之內容達成協議，為避免債務人喪失其賴以居住之自用住宅，爰明定自用住宅借款特別條款之最低標準，使債務人得於該標準以上之範圍內，自行擬定此特別條款。

（三）為協助負有自用住宅借款債務而瀕臨經濟困境之債務人重建經濟生活，並兼顧自用住宅借款債權人之權益，明定自用住宅借款特別條款法定內容，及於自用住宅借款特別條款，不能依第54條規定協議時，縱該借款契約有因喪失期限利益而清償期屆至之約定（例如：約定分期清償者，債務人一期遲延給付，視為全部到期之約定），債務人亦不受該約定之拘束，而得逕行訂定自用住宅借款特別條款。其內容之一係將原約定自用住宅借款債務未清償之本金、已到期之利息、法院裁定開始更生程序前已發生之違約金等債務加總後，於原約定最後清償期前，按月平均攤還，並於各期給付時，就未清償本金，依原約定利率計付利息；其內容之二係於更生方案所定最終清償期屆至前，僅就原約定自用住宅借款債務未清償本金，依原約定利率按月計付利息，最終清償期屆至後，再將該本金、前已到期之利息及法院裁定開始更生程序前已發生之違約金等債務加總後，於原約定最後清償期前，按月平均攤還，並於各期給付時，就未清償本金，依原約定利率計付利息，爰設第1項。又原約定最後清償期短於或等於更生方案所定最終清償期之情形，除符合第3項規定延長履行期限，而使該期間較更生方案所定最終清償期為長者外，僅能依第1項第1款規定定其自用住宅借款特別條款之內容，尚無適用第1項第2款規定之餘地，附此

敘明。

（四）自用住宅借款契約殘餘之清償期間較依第53條第2項第3款所定期間為短者，如依該殘餘期間計算債務人每月應攤還金額，債務人恐無力清償，為確保更生方案之履行，明定自用住宅借款之清償期限得延長至第53條第2項第3款所定之最終清償期，爰設第2項。

（五）債務人依第1項、第2項所定期限定自用住宅借款特別條款時，如其履行仍有困難，為免其喪失賴以居住之自用住宅而無法重建經濟生活，明定其於更生方案定自用住宅借款特別條款時，得將前二項規定之履行期限再延長。惟為兼顧自用住宅借款債權人之權益，其延長期限不宜過長，僅得再延長履行期限至六年，爰設第3項。

（六）債務人延長履行期限，已獲得期限利益，其於延長期限內，就未清償之本金，自應依原約定利率計付利息，以保障自用住宅借款債權人之權益，爰設第4項。

（二）107年12月26日修正條文：

I、自用住宅借款特別條款不能依前條規定協議時，該借款契約雖有債務人因喪失期限利益而清償期屆至之約定，債務人仍得不受其拘束，逐依下列各款方式之一定之：

一、就原約定自用住宅借款債務未清償之本金、已到期之利息及法院裁定開始更生程序前已發生未逾本金週年比率百分之二部分之違約金總額，於原約定最後清償期前，按月平均攤還，並於各期給付時，就未清償本金，依原約定利率計付利息。

二、於更生方案所定最終清償期屆至前，僅就原約定自用住宅借款債務未清償本金，依原約定利率按月計付利息；該期限屆至後，就該本金、前已到期之利息及法院裁定開始更生程序前已發生未逾本金週年比率百分之二部分之違約金總額，於

> 原約定最後清償期前，按月平均攤還，並於各期給付時，就未清償本金，依原約定利率計付利息。
>
> II、自用住宅借款債務原約定最後清償期之殘餘期間較更生方案所定最終清償期為短者，得延長至該最終清償期。
>
> III、債務人依前二項期限履行有困難者，得再延長其履行期限至六年。
>
> IV、依前項延長期限者，應就未清償本金，依原約定利率計付利息。

【107年12月26日修正要旨】

第1項第1款及第2款所定自用住宅借款攤還，不包括劣後債權，茲因第29條第1項第1款之增訂，擴大劣後債權範圍，爰配合修正第1項第1款及第2款。

【說明】

本條為101年1月4日新增條文，其主要目的，係為避免債務人在更生程序中，因未能依本條例第54條規定與債權人就自用住宅借款特別條款之內容達成協議而擬定自用住宅借款特別條款，致喪失其賴以居住之自用住宅，故增訂第54條之1，明定自用住宅借款特別條款之最低標準，使債務人得於該標準以上之範圍內，自行擬定自用住宅特別條款。

自用住宅借款特別條款不能依第54條規定協議時，該借款契約雖有債務人因喪失期限利益而清償期屆至之約定，債務人仍得不受其拘束，逕依第54條之1所定之標準，於更生方案中自行選擇最有利於自己之方式，擬定自用住宅特別條款。為便於明瞭起見，茲舉例說明如下：

（一）平均攤還本息制

本條第1項第1款規定：「就原約定自用住宅借款債務未清償之本金、已到期之利息及法院裁定開始更生程序前已發生之違約金總額，於原約定最後清償期前，按月平均攤還，並於各期給付時，就未清償本金，依原約

定利率計付利息。」此款規定稱為「平均攤還本息制」。例如：甲於民國95年5月間購買A自用住宅，向丑銀行貸款新臺幣（下同）480萬元，約定分二十年攤還，每月攤還2萬元，還款期限自95年6月1日起至115年5月31日為止，年利率4%，並自95年6月1日起，於每月1日攤還本息，若一期未付視為全部到期，並於逾期後按月給付違約金1萬元。嗣甲付款至102年1月份，即無力續付，於同年2月1日起違約，旋向丑銀行請求協商不成，乃於同年4月15日向法院聲請更生，經法院裁定自同年5月1日下午4時起開始更生程序，但因甲請求與丑銀行協商自用住宅借款特別條款，不能獲得協議，故自行依本條款自定自用住宅借款特別條款，作為更生方案之一部分內容，並於同年8月1日向法院提出更生方案，其最終清償期為108年7月31日，則甲自定之自用住宅借款特別條款如下：

1. 原約定自用住宅借款債務未清償之本金：本例甲自用住宅借款480萬元，自95年6月1日起至102年1月份止，已償還本金八十個月共160萬元，於102年2月1日起違約而喪失期限利益，故尚餘未清償之本金共320萬元。

2. 已到期之利息：本例甲於102年8月1日向法院提出更生方案，而其自102年2月1日起至8月1日止共計六個月未付利息，則其已到期之利息為$(3,200,000元 × 4\% ÷ 12) × 6 = 64,002元$。

3. 法院裁定開始更生程序前已發生之違約金：本例甲與丑銀行約定逾期後按月給付違約金1萬元，而甲經法院裁定自102年5月1日下午4時起開始更生程序，在此之前已違約逾期三個月，故在法院裁定開始更生程序前已發生之違約金共計3萬元。

4. 應平均攤還之總額：以上三項加總之結果為3,294,002元（3,200,000元＋64,002元＋30,000元），故甲應平均攤還之總金額為3,294,002元。

5. 甲應在原約定最後清償期前，按月平均攤還：甲與丑銀行原約定最後清償期為115年5月31日，而甲自102年2月1日起即違約而未再付款，其在原約定最後清償期前尚有一百六十個月，故甲按月應平均攤還之金額為20,588元（3,294,002元÷160）。

6. 甲於各期給付時，並應就未清償本金，依原約定利率另計付利息：因甲已逐月攤還本金，故其於各期給付時，所應另計付之利息，將因每月本金減少2萬元，而使併計之利息逐月降低。就本例而言，第一個月應另付之利息為10,667元（3,200,000元×4%÷12），第二個月應另付之利息10,600元（3,180,000元×4%÷12），其餘類推。

（二）先付利息制

1. 於更生方案所定最終清償期屆至前，僅就原約定自用住宅借款債務未清償本金，依原約定利率按月計付利息：依前例，甲僅須於其所定之更生方案最終清償期108年7月31日前，就原約定自用住宅借款債務未清償本金320萬元，依原約定利率按月計付利息10,667元（3,200,000元×4%÷12）。

2. 該期限屆至後，就該本金、前已到期之利息及法院裁定開始更生程序前已發生之違約金總額，於原約定最後清償期前，按月平均攤還，並於各期給付時，就未清償本金，依原約定利率計付利息：即自108年8月1日起至115年5月31日為止，再依照前開「平均攤還本息制」之方式，就未清償本金、前已到期之利息及法院裁定開始更生程序前已發生之違約金總額，計算按月平均攤還之數額，並於各期給付時，就未清償本金，依原約定利率計付利息。

自用住宅借款債務原約定最後清償期之殘餘期間較更生方案所定最終清償期為短者，得延長至更生方案之最終清償期。例如前例之自用住宅借款債務原約定最後清償期，如較本例中甲所自定之更生方案最終清償期108年7月31日為短者，則前述攤還本金、利息、違約金之終期，可延至更生方案所定之最終清償期即108年7月31日。

債務人自認依本條第1、2項履行仍有困難者，得從較長之原約定最後清償期或更生方案所定最終清償期，再延長其履行期限至六年。但依前述延長期限者，應就未清償本金，依原約定利率計付利息。

本條第1項前段所稱：「自用住宅借款特別條款不能依第54條規定協

議」，包括債務人與自用住宅借款債權人不能達成協議，而無法於更生方案定自用住宅借款特別條款，及自用住宅另有其他擔保權，而其權利人不同意更生方案者在內，債務人均得依第54條之1之規定，於更生方案內自定自用住宅借款特別條款。

更生方案未於本條例中華民國107年12月28日修正公布施行前經法院裁定認可確定，且依本條第1項定自用住宅借款特別條款者，依程序從新原則，應適用修正後之規定（細則§27-1）。

債務人依本條規定定自用住宅借款特別條款，應證明曾與自用住宅借款債權人協議而未成立。法院於債權人會議可決或逕行裁定認可更生方案前，應使該債權人有陳述意見之機會〔注意事項二十三之（二）〕。

債務人依本條第2項延長原約定最後清償期，或依第3項延長履行期限者，應訂明於更生方案。債權人會議可決或法院逕行裁定認可更生方案後，不得再為延長〔注意事項二十三之（三）〕。

第55條（不得減免之債務）

I 、下列債務，非經債權人之同意，不得減免之：
　一、罰金、罰鍰、怠金及追徵金。
　二、債務人因故意侵權行為所生損害賠償之債務。
　三、債務人履行法定扶養義務之費用。
II 、前項未經債權人同意減免之債務，於更生方案所定清償期間屆滿後，債務人仍應負清償責任。

【立法要旨】

（一）更生程序係保持債務人之財產，並減免其部分責任後，促其履行債務，惟涉及重大公益及私益之債務，不宜減免其責任，明定為非免責債務。又本項非免責債務之範圍，未將債務人因重大過失所生損害賠償之債務及稅捐債務列入，而與清算之規定（第138條）相間，實乃立法政策鼓勵債務人利用更生，而避免清算，債務人如利用更生程序清理債務，其

免責債務之範圍自應較清算為寬，而不必為一致之規定。故債務人雖因重大過失侵害他人權利，於更生程序，其債務仍得為免責債務，以促進更生。另稅捐債權係有優先權之債權，於清算程序中，依第116條之規定，僅先於他債權而受清償，且於清算程序終止或終結後，依第132條之規定，原則上應以裁定免責，予以保障，始須特別規定。然於更生程序中，稅捐債權依第68條前段規定，其權利不受更生之影響，無納入本條規定不免責債務範圍之必要，附此說明。

（二）非免責債務，僅止於期限之猶豫，更生方案所定清償期間屆滿後，債務人仍應負清償責任。又非免責債權，債權人仍應依限申報債權，如其未依限申報，即不得依更生方案受清償，須俟更生方案所定清償期間屆滿後，始得請求債務人清償，附此敘明。

【說明】

本條第2項規定，於債務人依本條例第73條第1項但書應履行之債務，準用之（細則§30-1）。

法院裁定開始更生或清算程序後，有擔保或優先權債權所生之利息，如在擔保或優先權範圍內，應為該擔保或優先權效力所及，仍得優先受償，自非本條例第29條第1項第1款所稱之劣後債權〔注意事項十六之（一）〕。

依本條例第29條第1項第3款規定，罰金、罰鍰、怠金及追徵金債權係屬劣後債權，其受償順序即應劣後於普通債權，故除法律另有特別規定者外，該等債權如未申報，自應於更生方案所定清償期間屆滿後，或清算程序終止或終結後，始得受償〔注意事項十六之（二）〕。

本條第1項第1款之罰金、罰鍰、怠金及追徵金，如法律別有規定優先於普通債權者（例如：稅捐稽徵法第49條前段準用第6條第1項之規定、加值型及非加值型營業稅法第57條規定，稅捐之滯納金、滯報金、怠報金之徵收，優先於普通債權），即屬有優先權之債權，除經債權人同意外，其

權利不受更生影響（§68），自不得予以減免或分期、延期清償。至於法律未特別規定得優先受償之罰金、罰鍰、怠金及追徵金，係屬劣後債權，僅得就其他債權受償餘額而受清償（§29 I）惟仍為不免責債務，非經債權人同意，不得減免之。另債務人因侵權行為所生損害賠償之債務，於更生程序，僅以因故意侵權行為所生者為限，始列為不免責債務，此與清算程序將因故意或重大過失侵權行為所生損害賠償之債務，均列為不免責債務（§138），其範圍不一。此係為鼓勵債務人利用更生程序，而擴大其免責範圍故也。

【與破產法之比較】

在破產法之和解程序中，並無類似本條非免責債務之規定。

第56條（法院裁定開始清算程序之事由）
債務人有下列情形之一者，法院得裁定開始清算程序：
一、無正當理由不出席債權人會議或不回答詢問。
二、不遵守法院之裁定或命令，致更生程序無法進行。

【立法理由】

為求更生程序迅速進行，爰設本條，明定債務人於特殊情事下，由法院依職權以裁定將更生程序轉為清算程序：

（一）債務人有出席債權人會議及答覆詢問之義務，為本條例第41條所明定，債務人無正當理由不出席債權人會議，或雖出席會議，而不回答詢問，均足認其欠缺更生誠意，為免債務人藉機拖延，法院得斟酌債務人不能清償債務之情形，裁定開始清算程序，俾迅速清理債務，保障債權人權益，爰設第1款。

（二）法院為更生程序迅速進行，以裁定或命令要求債務人為必要之作為，乃程序之所需，如債務人不遵守，易使更生程序拖延，浪費司法資源及損害債權人之權益，爰設第2款。

【說明】

法院開始清算程序之裁定，依本條例第83條規定，應屬不得抗告，故法院依本條規定裁定開始清算程序者，自亦屬不得抗告。

債務人於更生程序中委任有代理人者，縱經法院依本條規定裁定開始清算程序時，因僅屬債務清理程序之轉換，並非另啓新的債務清理程序，故除其代理權係受限制或經終止委任者外，該代理人於清算程序仍應有代理權。

債務人縱有委任代理人，仍應親自出席債權人會議，如有違反本條例第41條規定，而不出席債權人會議或不回答詢問時，在更生程序，法院得依本條第1款規定裁定開始清算程序；在清算程序，必要時得依本條例第90條第1款規定拘提之，並構成本條例第134條第8款規定之不免責事由（注意事項二十）。

【與破產法之比較】

在破產法之和解程序中，法院應宣告債務人破產之情事有三：（一）法院接到監督人對於債務人違反義務之報告後，應即傳訊債務人，如債務人無正當理由不到場或關於其行爲不能說明正當理由時，法院應即宣告債務人破產；（二）債務人應出席債權人會議，並答覆監督人、監督輔助人或債權人之詢問。債務人經通知後，無正當理由而不出席債權人會議時，主席應解散債權人會議，並向法院報告，由法院宣告債務人破產；（三）法院駁回和解之聲請或不認可和解時，應依職權宣告債務人破產。凡此，均與本條例本條規定之意旨相當。

第57條（監督人在債權人會議之職責）

I、債權人會議時，監督人應提出債權表，依據調查結果提出債務人資產表，報告債務人財產及收入之狀況，並陳述對債務人所提出更生方案之意見。

II、更生條件應由債權人與債務人自由磋商，法院應力謀雙方之妥協及更生條件之公允。

【立法要旨】

（一）為利於債權人會議就更生方案等重大事項之議決，監督人應提出債權表及債務人資產表，並負一定之說明義務，俾債權人瞭解債務人之財產現狀，爰設第1項。

（二）為期債權人會議可決之更生方案，迅速獲得法院認可，法院指揮債權人會議進行時，關於更生條件，除應力謀雙方之妥協外，並應力謀更生條件之公允，爰設第2項。

【說明】

監督人依據調查之結果，報告債務人財產及收入狀況，並依據其職務上之經驗陳述對債務人所提和解方案之意見，以供債權人參考。此後即應由債權人與債務人就更生條件自由磋商，債權人不妨提出修正更生條件，債務人亦不妨就原有更生條件酌量接受債權人之意見而為修正，監督人不得妄加干涉。惟為達成更生方案之協議，法院應本於公允原則力謀雙方之妥協。

【與破產法之比較】

本條規定內容與破產法第25條所定「債權人會議時，監督人或監督輔助人，應依據調查結果報告債務人財產、業務之狀況，並陳述對於債務人所提出和解方案之意見；關於和解條件，應由債權人與債務人自由磋商，主席應力謀雙方之妥協。」之內涵相當，其目的均在於促成債權人會議可決更生或和解方案，俾迅速獲得法院之認可，以終結和解或更生程序。

第58條（得列席債權人會議之共同負擔債務人）

Ⅰ、債務人提出之更生方案，如有保證人、提供擔保之人或其他共同
負擔債務之人，得列席債權人會議陳述意見。
Ⅱ、法院應將債權人會議期日及更生方案之內容通知前項之人。

【立法要旨】

（一）就債務人所提更生方案之履行，為債務人之保證人、提供擔保
之人或其他共同負擔債務之人，於更生程序具有利害關係，且為債權人會
議是否可決更生方案之關鍵，宜使渠等列席債權人會議，並陳述意見，以
兼顧渠等之權益及更生程序之順利進行，爰設第1項。

（二）為便利債務人之保證人等列席債權人會議，法院應將債權人會
議期日及更生方案之內容通知之，爰設第2項。

【說明】

債務人提出之更生方案，如有保證人、提供擔保之人或其他共同負
擔債務之人，較易獲得債權人之同意，故渠等自得列席債權人會議陳述
意見。更生方案經法院裁定認可確定後，債務人如未依更生條件履行，
則債權人即得以之為執行名義，聲請對債務人及更生方案之保證人、提供
擔保之人或其他共同負擔債務之人為強制執行（§74 I），此為執行力之
擴張。且嗣後縱經法院撤銷更生，該第三人因更生所為之擔保或負擔之債
務，並不因而受影響（§77）。

【與破產法之比較】

破產法之和解程序，並無類似本條例本條「共同擔保人得列席債權人
會議陳述意見」之規定，惟在破產法第7條規定「債務人聲請和解時，應
附具所擬與債權人和解之方案，及提供履行其所擬清償辦法之擔保。」此
之所謂「擔保」，本包括人保及物保在內，與本條例本條所規定得列席債
權人會議之「保證人、提供擔保之人或其他共同負擔債務之人」相當。惟

當和解方案經法院裁定認可確定後，如債務人未依和解條件履行，債權人是否即得以之爲執行名義，聲請對債務人及和解方案之擔保人爲強制執行？依同法第34條第2項所定「對於認可和解之裁定，雖經抗告，仍有執行力」之文義以觀，似應採肯定說。此在實務見解，亦採相同之見解（最高法院54年臺抗字第532號裁定及57年臺抗字第211號裁定意旨參照）。惟在學者間卻有相反之見解，認爲「其既認破產上和解與訴訟上和解有同一之效力，而依第5條準用民事訴訟法第380條第1項，又與確定判決有同一之效力，其準用結果，顯與本法第34條第1項所定，對於認可和解之裁定，得抗告之情形相衝突。吾人認爲本法第5條可準用者，僅其「和解之程序」，至和解之效力，不在準用之列」（請參見陳計男先生所著「破產法論」第80頁）。

第59條（債權人會議之可決更生方案）

I 、債權人會議可決更生方案時，應有出席已申報無擔保及無優先權債權人過半數之同意，而其所代表之債權額，並應逾已申報無擔保及無優先權總債權額之二分之一。

II 、計算前項債權，應扣除劣後債權。

III、更生方案定有自用住宅借款特別條款者，該借款債權人對於更生方案無表決權。

【立法要旨】

（一）債權人會議可決更生方案時，其計算可決基準之總債權額數，應併計無擔保債權人與無優先權債權人，且該總債權額數應以已申報者爲限。又爲使更生方案易爲可決，逾絕對半數之債權人同意，而其所表之債權額，逾已申報無擔保及無優先權總債權額之二分之一時，即可可決更生方案，爰設第1項。

（二）劣後債權僅得就其他債權受償餘額而受清償，爲促進更生方案之可決，不宜賦與該債權人就更生方案之可決有表決權，爰設第2項。

　　（三）法定自用住宅借款特別條款之內容，已足以保障自用住宅借款債權人之利益，就該特別條款自無徵求其同意之必要，為促成更生方案之可決，並保障其他債權人之權益，爰設第3項。

【說明】

　　債權人會議計算可決之債權人人數時，連帶債權、不可分債權或公同共有債權應共推一人行使表決權，其人數僅以一人計算；可分債權應按其債權人人數計算〔注意事項二十四之（一）〕。

　　債權人會議計算可決之債權額時，連帶債權、不可分債權或公同共有債權應以其債權額計算；可分債權應以債權人權利範圍之數額計算〔注意事項二十四之（二）〕。

　　債權人出席會議之人數，法無明文規定，故除全無債權人出席時，應變更會議期日或依本條例第15條準用民事訴訟法第420條規定，視為更生方案之否決外（司法院36年院解字第3687號解釋參照），不問出席人數及其所代表債權額若干，均應開議，至於更生方案是否可決，應依本條例第59條規定定之（司法院29年院解字第1993號解釋參照）

【與破產法之比較】

　　破產法第27條所定「債權人會議為和解之決議時，應有出席債權人過半數之同意，而其所代表之債權額並應占無擔保總債權額三分之二以上。」之和解可決成立要件，顯與本條例本條所定之可決門檻不同，其主要之差別有三：（一）前者之可決門檻，應有出席債權人過半數之同意，而其所代表之債權額並應占無擔保總債權額三分之二以上，其可決門檻甚高；後者之可決門檻，應有出席已申報無擔保及無優先權債權人過半數之同意，而其所代表之債權額，並應逾已申報無擔保及無優先權總債權額之二分之一，其可決門檻較低；（二）後者計算可決債權時，應扣除劣後債權；前者則無此扣除規定；（三）後者之更生方案定有自用住宅借款特別條款者，該借款債權人對於更生方案無表決權；前者亦無此規定。本條例

更生程序中債權人會議之可決門檻之所以較破產法之和解程序爲低，考其用意，無非在促使更生方案易於可決，以使債務人得以早日獲得更生。

第60條（債權人對更生方案之同意）

Ⅰ、法院得將更生方案之內容及債務人財產及收入狀況報告書通知債權人，命債權人於法院所定期間內以書面確答是否同意該方案，逾期不爲確答，視爲同意。

Ⅱ、同意及視爲同意更生方案之已申報無擔保及無優先權債權人過半數，且其所代表之債權額，逾已申報無擔保及無優先權總債權額之二分之一時，視爲債權人會議可決更生方案。

Ⅲ、前條第二項、第三項規定，於前項情形準用之。

【立法要旨】

（一）爲促進更生程序，宜使法院得採行書面決議方式可決更生方案，且其方式係以消極同意之方式爲之，亦即除債權人於法院所定期間內以書面確答不同意者外，均視爲同意更生方案，爰設第1項。

（二）法院採行書面決議方式可決更生方案，係將原由債權人開會決議之事項，改以書面方式決議之，其目的均在確認債權人是否可決債務人所提之更生方案，爰設第2項，明定書面決議結果，同意及視爲同意之已申報無擔保及無優先權債權人過半數，且其所代表之債權額，逾已申報無擔保及無優先權總債權額二分之一時，即生債權人會議可決更生方案之擬制效果。

（三）法院採行書面決議及債權人會議決議是否可決更生方案，其目的既均爲確認債權人是否可決債務人所提之更生方案，其決議條件及有表決權債權人人數、債權額數之計算基準允宜一致，爰設第3項，明定本條例第59條第2項、第3項規定，於法院採行書面決議方式可決更生方案之情形準用之。

【說明】

　　本條例爲求更生程序之簡速、經濟，乃突破傳統由債權人出席債權人會議進行表決方式，而引進以「消極同意」及「書面決議」之方式進行更生方案之可決。故本條第1項，採行消極同意之方式進行可決，即由法院將更生方案之內容及債務人財產及收入狀況報告書通知債權人，命債權人於法院所定期間內以書面確答是否同意該方案，逾期不爲確答，即視爲同意。並在第2項明定書面決議之效果，即同意及視爲同意更生方案之已申報無擔保及無優先權債權人過半數，且其所代表之債權額，逾已申報無擔保及無優先權總債權額之二分之一時，即發生債權人會議可決更生方案之擬制效果。此種消極同意及書面決意之制度，對於具有較爲單純之債權債務關係之集團性債務清理事件，授權由法院裁量是否採行書面決議方式可決更生方案，可謂係更生程序之債權人會議決議之一大特色，爲破產法之和解程序所不及，並提供和解程序未來修法時之一嶄新之思維。

【與破產法之比較】

　　在破產法之和解程序中，並無類似本條採行消極同意及書面決議之方式進行和解方案之可決制度。

第61條（更生方案未獲可決之效果）

　（一）原條文：

　　更生方案未依前二條規定可決時，除有第64條規定之情形外，法院應以裁定開始清算程序。

【立法要旨】

　　更生方案未經債權人會議或書面決議可決時，除有第64條所定法院得以裁定認可更生方案之情形外，更生程序已不能繼續，爲清理債務人之債務，宜由法院斟酌情形，以裁定開始清算程序，爰設本條。

（二）101年1月4日修正條文：
I、更生方案未依前二條規定可決時，除有第十二條、第六十四條規
定情形外，法院應以裁定開始清算程序。
II、法院為前項裁定前，應使債權人、債務人有陳述意見之機會。
III、第一項裁定得為抗告，並於裁定確定時，始得進行清算程序。

【101年1月4日修正要旨】

（一）依第1條、第12條規定，債務清理程序除為債務人利益外，應
兼顧債權人之權利保障。法院裁定開始更生程序後，如經已申報無擔保及
無優先權債權人全體同意債務人撤回更生之聲請，即不繼續進行債務清理
程序，爰修正第1項。

（二）又法院依第1項規定裁定開始清算程序前，應向債權人、債務
人曉諭更生程序轉換為清算程序之效果，使彼等有陳述意見之機會，俾保
障雙方選擇是否進行清算程序之權利，爰增訂第2項。

（三）債務人爭執其有第12條、第64條所定情形，而不應受法院開始
清算程序之裁定者，應使其有救濟途徑，爰增訂第3項。

【說明】

債務人如符合本條例第64條第1項之要件，且無該條第2項所定情形，
法院本得逕依債務人之聲請或依職權以裁定認可其所提更生方案，要不因
該更生方案是否曾經債權人會議否決而有不同。

更生方案未經債權人會議可決者，除有本條例第12條所定得撤回之情
事，致更生程序不須繼續進行，或有第64條第1項規定情形，法院得逕行
認可更生方案外，法院即應裁定開始清算程序。

法院開始清算程序之裁定，依本條例第83條規定，本屬不得抗告，但
若債務人之爭執，業經已申報無擔保及無優先權債權人全體同意撤回更
生方案（§12），或有法院應依職權逕行認可更生方案（§64I）之情事
者，應使債務人有救濟之機會，故法院依本條第1項規定裁定開始清算程

序者，例外規定債務人得爲抗告。

　　更生方案未經債權人會議可決（§61 I）、法院裁定不認可更生方案（§65 I）或法院裁定撤銷更生之裁定（§76 I）者，爲利於債務人債務之迅速清理，法院均應裁定開始清算程序。

　　債務人於更生程序中委任有代理人者，縱經法院依本條規定裁定開始清算程序時，因僅屬債務清理程序之轉換，並非另啓新的債務清理程序，故除其代理權係受限制或經終止委任者外，該代理人於清算程序仍應有代理權。

【與破產法之比較】

　　破產法第28條規定「和解經債權人會議否決時，主席應即宣告和解程序終結，並報告法院。」至於和解經債權人會議否決時，法院應否依職權宣告債務人破產，在學者間有不同之見解：採肯定說者，認爲可適用同法第60條之規定，依職權宣告債務人破產；採否定說者，認爲此種和解之不成立，係基於債權人之事由，而非由於債務人之過咎，如無人聲請法院宣告債務人破產時，則和解程序既已終結，即應將卷宗歸檔，法院不必依職權宣告債務人破產（司法院26年院字第1673號解釋）。惟依本條例本條之規定，更生方案未依前二條規定可決時，除有第64條第1項規定可由法院逕依職權以裁定認可更生方案外，法院即應以裁定開始清算程序，是爲兩法截然不同之處。

第62條（法院認可經可決之更生方案）
　I、更生方案經可決者，法院應爲認可與否之裁定。
　II、法院爲認可之裁定時，因更生方案履行之必要，對於債務人在未依更生條件全部履行完畢前之生活程度，得爲相當之限制。
　III、第一項裁定應公告之，認可之裁定應送達於不同意更生方案之債權人；不認可之裁定應送達於債務人。

IV、對於第一項認可之裁定提起抗告者，以不同意更生方案之債權人
　　為限。

【立法要旨】

（一）為免多數債權人恣意操控更生方案之內容，影響債務人及其他
債權人之權益，更生方案經債權人會議可決後，仍應由法院就更生方案之
內容是否公允、有無違反本條例第63條規定情事等加以審查，而為認可與
否之裁定，以保障債務人及全體債權人之權益，爰設第1項。

（二）為促使債務人履行更生方案，並教育其合理消費觀念，法院為
認可更生方案之裁定時，因更生方案履行之必要，對於債務人在未依更生
條件全部履行完畢前之生活程度得為相當之限制。又債務人之生活程度一
經限制，債務人即應遵守，如有違反致更生方案履行困難，即屬可歸責於
己之事由，而不得依第75條規定聲請延長履行期限或免責；如嗣後經法院
裁定開始清算程序，亦有可能經法院為不免責之裁定（§134 ⑧參照），
而無法享免責之利益，附此敘明。

（三）法院所為更生方案認可與否之裁定應公告之，以使所有利害關
係人有所知悉。又不同意更生方案之債權人對於認可之裁定，及債務人對
於不認可之裁定，分別得提起抗告，利害關係重大，為利渠等判斷，自有
將裁定送達之必要。

（四）法院認可更生方案之裁定，影響債務人及債權人之權益至鉅，
債權人不同意更生方案時，應使之有救濟途徑，明定不同意更生方案之債
權人得對法院認可之裁定提起抗告。

【說明】

法院認可更生方案之裁定，應送達債務人、全體債權人、監督人及其
他利害關係人〔注意事項二十六之（一）〕。

為使債務人確實履行更生方案，並教育其合理之消費觀念，對於債務
人在未依更生條件全部履行完畢前之生活程度，當法院認可更生方案者，

得依本條第2項規定，限制債務人之生活程度。

　　法院依本條第2項規定裁定限制債務人之生活程度時，宜考量債務人之身分、地位、職業、生活狀況、負債程度、可預見之收入、可預期之必要支出及其他一切情狀，在更生方案履行之必要範圍內，為適當之限制〔注意事項二十六之（三）〕。

　　債務人違反法院限制之生活程度者，不得依本條例第75條第1項規定聲請法院裁定延長更生方案之履行期限。其嗣經法院裁定開始清算程序者，並構成本條例第134條第8款規定之不免責事由〔注意事項二十六之（四）〕。

【與破產法之比較】

　　破產法規定：「和解經債權人會議可決時，主席應即呈報法院，由法院為認可與否之裁定；前項裁定，應公告之，無須送達。」（破§29）「法院如認為債權人會議可決之和解條件公允，提供之擔保相當者，應以裁定認可和解。」（破§32）「對於認可和解之裁定，得為抗告。但以曾向法院提出異議或被拒絕參加和解之債權人為限；前項裁定，雖經抗告，仍有執行效力；對於不認可和解之裁定，不得抗告；對於抗告法院之裁定，不得再抗告。」（破§34）可見本條例本條之規定，與破產法前開規定相當，僅係其第2項所定「債務人生活程度之相當限制」，旨在促使債務人確實履行更生方案，並教育其合理之消費觀念，為破產法所無，而深具更生之意義外，兩法均規定於和解或更生方案經債權人會議可決後，為免多數債權人恣意操控和解或更生方案之內容，影響債務人及其他債權人之權益，仍應由法院就和解或更生方案之內容是否公允、有無對部分債權人不利或方案有無不合法之情事等加以審查，作為法院認可與否之裁定之依據，以保障債務人及全體債權人之權益。惟法院於審查和解方案時，現行破產法僅規定「債權人會議可決之和解條件公允，提供之擔保相當」之抽象概念，作為法院即應以裁定認可和解之準據，並未另定不予認可

和解方案之法定事由，反觀本條例不僅明列九款不認可更生方案之事由
（§63），且設有得不待債權人會議可決，即得逕依債務人之聲請或依職
權認可更生方案之特別規定（§64），更突顯本條例鼓勵債務人利用更生
程序，而避免清算之立法旨趣。

第63條（法院不認可更生方案之事由）

　（一）原條文：

　I 、有下列情形之一者，法院應不認可更生方案：

　　　一、債權人會議可決之更生方案對不同意或未出席之債權人不公
　　　　　允。

　　　二、更生程序違背法律規定而不能補正。

　　　三、更生方案違反法律強制或禁止規定，或有背於公共秩序、善
　　　　　良風俗。

　　　四、以不正當方法使更生方案可決。

　　　五、已申報無擔保及無優先權之債權總額逾新臺幣一千二百萬
　　　　　元。

　　　六、更生方案定有自用住宅借款特別條款，而債務人仍有喪失住
　　　　　宅或其基地之所有權或使用權之虞。

　　　七、更生方案所定自用住宅借款特別條款非依第五十四條協議成
　　　　　立。

　　　八、更生方案無履行可能。

　　　九、債務人有虛報債務、隱匿財產，或對於債權人中之一人或數
　　　　　人允許額外利益，情節重大。

　II、前項第五款所定債權總額，司法院得因情勢需要，以命令增減
　　　之。

【立法要旨】

　（一）更生方案經債權人會議可決，法院原則上應予認可，為免更生

方案對部分債權人不利或更生方案、更生程序有不合法情事，明定法院應不認可更生方案之情形如下：

1. 為維護少數債權人之權益，債權人會議可決之更生條件對不同意或未出席會議之債權人不公允者，法院應不予認可，爰設第1款。

2. 更生程序違背法律規定，例如：非債權人出席債權人會議並參加表決、決議程序違背法律規定等情形，如屬不能補正，法院應不認可更生方案，爰設第2款。

3. 更生方案之內容違反法律強制或禁止規定或有背於公序良俗者，均屬無效，法院應不予認可，爰設第3款。

4. 債務人或債權人以不正當方法，例如詐欺、脅迫等，使更生方案可決者，法院亦不應認可，以避免債務人或債權人遂行其不法，影響他人權益，爰設第4款。

5. 債務人負債總額若過大，其因更生程序而被免責之負債額即相對提高，此對債權人造成之不利益過鉅，為保障債權人之權益，法院應不認可更生方案，爰設第5款。

6. 債務人以其自用住宅為擔保設定數順位抵押權，而其所擔保之債權，除自用住宅借款債權外，另包括其他債權之情形（例如：為他人提供擔保或為擔保其他借款債權而設定抵押權等），更生方案縱定有自用住宅借款特別條款，亦無法避免其他抵押權之行使，債務人仍有喪失住宅或其基地之所有權或使用權之可能，於此情形，更生方案恐無履行之可能，法院自不應逕行裁定認可更生方案，爰設第6款。

7. 更生方案所定自用住宅借款特別條款，倘非依第54條規定，由債務人與自用住宅借款債權人協議成立，或未經其他非擔保自用住宅借款之擔保權利人之同意成立者，更生方案亦無履行之可能，法院自不應逕行裁定認可更生方案，爰設第7款。

8. 更生程序係債務人依其所提方案履行，減免部分責任後，促其更生之程序，更生方案如無履行之可能，法院自無認可其更生方案之必要，爰

設第8款。

9. 債務人有虛報債務、隱匿財產，或對於債權人中之一人或數人允許額外利益，且情節重大情事，債權人因未能查悉而可決更生方案時，為避免更生制度遭濫用，並防止事後再行撤銷更生，造成程序浪費，法院應不認可更生方案，爰設第9款。

（二）第1項第5款所定債權總額，其金額如何始屬適當，應視我國經濟、國民所得成長及物價波動情形而定，為免輕重失衡，宜授權司法院得因應整體經濟及社會需求等情勢，以命令增減之，爰設第2項。

（二）101年1月4日修正條文：

I、有下列情形之一者，除有第十二條規定情形外，法院應以裁定不認可更生方案：

一、債權人會議可決之更生方案對不同意或未出席之債權人不公允。

二、更生程序違背法律規定而不能補正。

三、更生方案違反法律強制或禁止規定，或有背於公共秩序、善良風俗。

四、以不正當方法使更生方案可決。

五、已申報無擔保及無優先權之債權總額逾新臺幣一千二百萬元。

六、更生方案定有自用住宅借款特別條款，而債務人仍有喪失住宅或其基地之所有權或使用權之虞。

七、更生方案所定自用住宅借款特別條款非依第五十四條或第五十四條之一規定成立。

八、更生方案無履行可能。

九、債務人有虛報債務、隱匿財產，或對於債權人中之一人或數人允許額外利益，情節重大。

II、前項第五款所定債權總額，司法院得因情勢需要，以命令增減之。

III、第六十一條第二項規定，於第一項情形準用之。

【101年1月4日修正要旨】

（一）法院依原條文第1項規定不認可更生方案時，爲達爲債務人清理債務目的，避免程序浪費，並兼顧債權人權利，應依第65條第1項規定裁定開始清算程序，惟依第12條規定，債務人經無擔保及無優先權債權人全體同意，仍得撤回更生之聲請，爰修正第1項序文。

（二）配合第54條之1增訂自用住宅借款特別條款之規定，爰修正第1項第7款。

（三）原條文第2項未修正。

（四）法院爲第1項裁定前，應準用第61條第2項規定，使債權人、債務人有陳述意見之機會，俾保障雙方選擇是否進行清算程序之權利，爰增訂第3項。

（三）107年12月26日修正條文：

I、有下列情形之一者，除有第十二條規定情形外，法院應以裁定不認可更生方案：

一、債權人會議可決之更生方案對不同意或未出席之債權人不公允。

二、更生程序違背法律規定而不能補正。

三、更生方案違反法律強制或禁止規定，或有背於公共秩序、善良風俗。

四、以不正當方法使更生方案可決。

五、已申報無擔保及無優先權之本金及利息債權總額逾新臺幣一千二百萬元。

六、更生方案定有自用住宅借款特別條款，而債務人仍有喪失住
　　宅或其基地之所有權或使用權之虞。

七、更生方案所定自用住宅借款特別條款非依第五十四條或第
　　五十四條之一規定成立。

八、更生方案無履行可能。

九、債務人有虛報債務、隱匿財產，或對於債權人中之一人或數
　　人允許額外利益，情節重大。

II、前項第五款所定債權總額，司法院得因情勢需要，以命令增減
　　之。

III、第六十一條第二項規定，於第一項情形準用之。

【107年12月26日修正要旨】

配合第42條第1項之修正，爰修正第1項第5款，明定其債務總額計算，限於無擔保及無優先權之本金及利息。

【說明】

更生方案定有自用住宅特別條款者，倘該不動產之第二順位以後抵押權人或其他擔保物權人，並不同意該自用住宅特別條款，則債務人仍有喪失該自用住宅或其基地所有權或使用權之虞。故債務人自應證明該自用住宅借款特別條款業經其他擔保權人之同意，否則，法院仍不得認可該更生方案。

本條第1項第5款所定已申報無擔保及無優先權之本金及利息債權總額，不包括劣後債權（細則§28）。

本條第1項第5款所稱已申報無擔保或無優先權之本金及利息債權總額未逾新臺幣1,200萬元，其利息計算至法院裁定開始更生程序前一日【注意事項二十一之（二）】。

【與破產法之比較】

　　破產法不認可和解方案之情形，可從第32條規定之反面解釋，推知：「法院如認為債權人會議可決之和解條件不公允，提供之擔保不相當者」，及由其第33條所定「法院因債權人之異議，認為應增加債務人之負擔時，經債務人之同意，應將所增負擔列入於認可和解裁定書內，如債務人不同意時」等情事，法院即應不認可和解。此與本條例本條第1項明白列舉法院應不認可更生方案之具體事由，以促使債權人會議本於公平、合法原則可決更生方案及債務人本於誠信原則履行更生方案，以避免進入清算之繁雜程序相較，顯呈簡陋。

第64條（法院逕以裁定認可及不認可更生方案之事由）

（一）原條文：

Ⅰ、債務人有薪資、執行業務所得或其他固定收入，法院認更生方案之條件公允者，得不經債權人會議可決，逕依債務人之聲請或依職權以裁定認可更生方案。

Ⅱ、有下列情形之一者，法院不得為前項之認可：

一、債務人於七年內曾依破產法或本條例規定受免責。

二、有前條第一項各款情形之一。

三、無擔保及無優先權債權受償總額，顯低於法院裁定開始更生程序時，依清算程序所得受償之總額。

四、無擔保及無優先權債權受償總額，低於債務人聲請更生前二年間，可處分所得扣除自己及依法應受其扶養者所必要生活費用之數額。

Ⅲ、法院為第一項認可裁定前，應將更生方案之內容及債務人之財產及收入狀況報告書通知債權人，並使債權人有陳述意見之機會。

【立法要旨】

（一）債務人如有薪資、執行業務所得（例如：計程車司機之執行業務所得）等固定收入，並將其可處分所得之一定部分充爲清償，於債權人之權益已有保障，其更生程序應更爲簡易、迅速。故債務人提出之更生方案，倘法院認爲其條件公允，得不待債權人會議可決，逕依債務人之聲請或依職權以裁定認可之，爰設第1項。

（二）爲確保債權人之權益，明定不得逕行認可更生方案之事由：

1. 債務人七年內曾依破產法或本條例所定程序減免責任，現經濟復瀕臨破產而擬進行更生程序，顯見其經濟狀況、理財能力等非無斟酌餘地，則有關債務人清償能力如何、能否依更生方案履行、該更生方案應否可決等事項，宜由債權人自行決定，不應由法院逕行裁定認可，爰設第1款。

2. 有第63條第1項各款情形之一者，法院本即不應認可更生方案，舉重以明輕，法院自無逕行裁定認可更方案之餘地，爰設第2款。

3. 更生程序係以債務人將來有繼續性及反覆性收入之望爲前提，立法鼓勵債務人利用更生程序，避免清算程序，無非在於更生程序對於債權人較爲有利，可使債權人獲得較高之清償額數，而債務人復得以藉更生程序獲得重建，倘無擔保及無優先權債權於更生程序所得受償之總額，顯低於法院裁定開始更生程序時，依清算程序可能受償之總額，即與上開立法本旨相違，爲保障債權人之權益，法院自不應逕行認可更生方案，爰設第3款（此稱爲「清算價值保障原則」）。

4. 無擔保及無優先權債權受償總額低於債務人聲請更生前二年間，可處分所得扣除自己及依法應受其扶養者所必要生活費用之數額者，債權人受償額數過低，對於債權人造成之不利益過鉅，法院自不應逕行認可更生方案，爰設第4款。又所謂依法應受其扶養者所必要生活費用之數額，乃指債務人對於依民法負有法定扶養義務之親屬或家屬，實際上已支付必要生活費用者而言，附此說明。

（三）更生方案之內容攸關債權人之權利變動及債務人之債務履行情

形，對債權人之權益影響甚鉅，為保障債權人之程序權及實體權，並使法院正確判斷有無逕行裁定認可更生方案之必要，應賦與債權人獲得一定資訊及陳述意見之機會，爰於第3項明定法院逕行裁定認可更生方案前，應將更生方案之內容及監督人或債務人依本條例第49條規定所提債務人之財產及收入狀況報告書通知債權人，並使債權人有陳述意見之機會。惟債權人所為之陳述，僅供法院判斷是否逕行裁定認可更生方案之參考，並無拘束法院之效力，附此敘明。

（二）101年1月4日修正條文：
Ⅰ、債務人有薪資、執行業務所得或其他固定收入，依其收入及財產狀況，可認更生方案之條件已盡力清償者，法院應以裁定認可更生方案。債務人無固定收入，更生方案有保證人、提供擔保之人或其他共同負擔債務之人，法院認其條件公允者，亦同。
Ⅱ、有下列情形之一者，法院不得為前項之認可：
一、債務人於七年內曾依破產法或本條例規定受免責。
二、有前條第一項各款情形之一。
三、無擔保及無優先權債權受償總額，顯低於法院裁定開始更生程序時，依清算程序所得受償之總額。
四、無擔保及無優先權債權受償總額，低於債務人聲請更生前二年間，可處分所得扣除自己及依法應受其扶養者所必要生活費用之數額。
Ⅲ、法院為第一項認可裁定前，應將更生方案之內容及債務人之財產及收入狀況報告書通知債權人，並使債權人有陳述意見之機會。

【101年1月4日修正要旨】
（一）原條文第1項規定更生方案是否公允，除須考量債務人已否盡力清償外，並及其負債之原因、過往之消費有無不當之情形，實務上法院

常因債務人有不當負債或消費之情形，而無從依該項規定逕行認可更生方案。為使此等債務人仍有更生復甦之機會，明定如債務人所提更生方案之條件依其收入及財產狀況，已盡力清償者，例如債務人之財產有清算價值者，加計其可處分所得總額；無清算價值者，以其可處分所得總額，扣除其自己及依法應受其扶養者所必要生活費用後之餘額，均已用於清償情形，法院即應以裁定認可更生方案。又債務人無固定收入，更生方案有保證人、提供擔保之人或其他共同負擔債務之人，法院斟酌債務人之財產狀況、清償數額及擔保是否確實，而認更生方案之條件公允者，亦宜逕行認可之，爰修正第1項。

　　（二）原條文第2項、第3項未修正。

（三）107年12月26日修正條文：
　I 、債務人有薪資、執行業務所得或其他固定收入，依其收入及財產狀況，可認更生方案之條件已盡力清償者，法院應以裁定認可更生方案。債務人無固定收入，更生方案有保證人、提供擔保之人或其他共同負擔債務之人，法院認其條件公允者，亦同。
　II 、有下列情形之一者，法院不得為前項之認可：
　　一、債務人於七年內曾依破產法或本條例規定受免責。
　　二、有前條第一項各款情形之一。
　　三、無擔保及無優先權債權受償總額，顯低於法院裁定開始更生程序時，依清算程序所得受償之總額。
　　四、無擔保及無優先權債權受償總額，低於債務人聲請更生前二年間，可處分所得扣除自己及依法應受其扶養者所必要生活費用之數額。
　III、計算前項第三款清算程序所得受償之總額時，應扣除不易變價之財產，及得依第九十九條以裁定擴張不屬於清算財團範圍之財產。

IV、法院為第一項認可裁定前，應將更生方案之內容及債務人之財產及收入狀況報告書通知債權人，並使債權人有陳述意見之機會。

【107年12月26日修正要旨】

（一）計算本條第2項第3款清算價值時，第99條所定之自由財產及第118條第3款所定不易變價之財產，均不應計入，爰增訂第3項。

（二）原條文第3項未修正，遞移為第4項。

【說明】

本條第1項已於101年1月4日修正增設債務人是否已盡力清償債務及無固定收入者是否有擔保人，為更生方案是否公允之認定標準，以作為法院逕行認可更生方案之條件，以擴展認可更生方案之範圍。

更生條件是否公允，法院似應考慮以下事項：應以債務人每期之收入扣除其每期之必要支出後之差額，作為其每期償債之上限；債務人應償還之金額，應依債務金額大小而異，債務越大者比例越低，債務越小者比例越高；債務人已清償之利息數額很大，其更生條件之清償金額應相對較低。

更生方案定有自用住宅借款特別條款時，債務人以其收入或財產按月清償自用住宅借款債權人，其數額逾債務人及依法應受其扶養者如承租房屋應支付合理租金之額度，致減少前款普通債權得受償總額者，不宜認已盡力清償〔注意事項二十七之（二）〕。

法院審查本條第1項後段所稱更生方案條件公允時，宜注意下列事項：

（一）債務人之財產狀況及清償數額。

（二）保證人、共同負擔債務之人之履行能力；所提供擔保是否相當。

（三）債務人有無本條例第134條第2款至第7款不免責事由而情節重大情形〔注意事項二十七之（三）〕。

債務人如符合本條第1項之要件，且無該條第2項所定情形，法院本得逕依債務人之聲請或依職權以裁定認可其所提更生方案，要不因該更生方案是否曾經債權人會議否決而有不同。

法院認可更生方案之裁定，應送達債務人、全體債權人、監督人及其他利害關係人。

本條條第2項第4款、第75條第2項、第133條所稱依法應受債務人扶養者所必要生活費用之數額，應依本條例第64條之2第2項、第3項規定認定之【注意事項二十七之（四）】。

法院依本條第1項規定逕以裁定認可更生方案前，依該條第3項規定，固應使債權人有陳述意見之機會，惟債權人依上開規定所為之陳述，僅係供法院判斷是否逕行裁定認可更生方案之參考，並無拘束法院之效力〔注意事項二十七之（五）〕。

更生方案之償還成數是否為法院判斷更生方案是否公允之唯一標準？此在民間本有仿照日本實務做法，認為債務人所提出更生方案之清償成數須達二成以上者，方屬公允之看法。惟在既有之實務運作上，卻有「倘其計算基礎，在審認債務人聲請更生前二年內之收入及支出，並酌留更生方案履行期間之必要生活費用後所得之數額，則償還金額及成數僅是藉由理性計算之中性結論，並非是具有價值色彩之判斷。」之見解，故只要債務人有履行更生方案之能力與誠意，縱使所清償之成數偏低，其所提出之更生方案，亦有獲得法院認可之機會。此可從臺灣臺北地方法院97年度執消債更字第1號民事裁定，獲取一中道並中肯之訊息，該號裁判要旨認為：「消費者債務清理條例之立法意旨，乃承認債務人以更生或清算程序進行債務清理，享有更生、清算程序之選擇權，嗣由法院按其選擇以進行程序。債權人雖得藉由參與債權人會議，或提出種種資料，以影響程序之進行，然按該條例第64條授權由法院逕為認可更生方案，無庸經債權人會議表決之程序設計以觀，除認法院得在平衡債權人、債務人間之利益，及社會經濟秩序之公益後，依職權決定何謂適切、公允之債務清理方案及程序

外，苟法院之職權行使非有逾越權限或濫用之處，當事人或利害關係人應予尊重，此乃基於消費者債務清理事件之公益性、集團性、迅捷性解釋而來。再則，本院認為償還成數亦非判斷更生方案是否公允之唯一標準，倘其計算基礎，在審認債務人聲請前二年內之收入及支出，並酌留更生方案履行期間之必要生活費用後所得之數額，則償還金額及成數僅是藉由理性計算之中性結論，並非是具有價值色彩之判斷。至坊間多謂只要償還二成，其餘免還問題之說法，甚囂塵上，實則誤解本條例第142條聲請免責之立法意旨，本院認有導正視聽之必要。消費者債務清理條例之立法目的，除在於使債務人以誠實負責之態度，面對自己在金錢管理之缺失所帶來之責任，如心存僥倖甘冒道德風險，恐將面對債務不免責及相關刑責問題外，債權人於借貸之同時，亦應對債務人之信用、還款能力等相關條件，為妥適之徵信，倘在審查過程毫無限制或僅形式審查或放任所屬業務員為求業績、代客申辦，之後再一味放貸予無償還能力之債務人，事後卻執定型化契約而繩予債務人，未能斟酌債務人之收入、家庭現況、還款能力，只圖賺取利息、違約金或手續費用，置應負之社會責任於不顧，所謂『獵者負獸，獸何負於獵？釣者負魚，魚何負於釣？』在金融業者推動消費借貸業務而引起之雙卡風暴後，思索消費者、企業經營者之間，孰為獵者、為釣者？孰為獸、魚者？頗值深思。金融業者今後應思索建立消費者正確的金融消費態度，才是正辦，倘利字當頭，只求企業之私利，卻置社會公益於罔聞，恐倒果為因，兩相其害，實非國家社會之福！另債權人主張債務人所提之償還成數、金額過低，恐影響金融秩序，或謂本案不適以更生程序清理債務，宜改清算程序進行云云，本院認為誤解本法第64條之立法意旨，且未具體證明債務人之償還成數及金額計算，有何不合理之處，故不採納……末查，本件無同條例第63條所定不應認可之消積事由存在，故不經債權人會議可決，逕予認可更生方案。」（按本件債務人黃先生所提出更生方案之清償成數僅占債務總額15.8%，尚未達二成，亦獲得法院之認可）此一裁定，在文理之舖陳上，鏗鏘有力，發人深省；在法理

之解析上，見解精闢，鞭辟入裡，實屬難能可貴之裁判。

【與破產法之比較】

　　本條規定與破產法和解方案之認可相較，顯現本條例具有促使債務人更生其經濟生活之立法目的，並非一概均須經債權人會議可決始得認可其更生方案。又配合本條例對於債權人會議採裁量化設計（§38 I），法院得斟酌個案情形，在不召集債權人會議之情況下，逕行裁定認可其更生方案，且於債務人具有固定收入可供清償債務之情形，縱其更生方案未能經債權人會議可決，亦可由法院逕行裁定認可（§64 I），而不須由法院以裁定開始清算程序，誠有助於增加更生方案成立之機會，對於債務人之更生及重建經濟，甚為有利，是為破產法所不及者，亦將係破產法未來修法時可資借鑑之處。

第64條之1（視為債務人盡力清償之情形）

【107年12月26日增訂修文】

下列情形，視為債務人已盡力清償：

一、債務人之財產有清算價值者，加計其於更生方案履行期間可處分所得總額，扣除自己及依法應受其扶養者所必要生活費用後之餘額，逾十分之九已用於清償。

二、債務人之財產無清算價值者，以其於更生方案履行期間可處分所得總額，扣除自己及依法應受其扶養者所必要生活費用後之餘額，逾五分之四已用於清償。

【107年12月26日立法要旨】

　　（一）本條新增。

　　（二）第64條第1項前段所稱盡力清償，非必令債務人傾其所有，僅須其將財產及所得之大部分用於清償，即足當之，俾免債務人於更生方案履行期間，因不時之需而陷於困境，致無力履行，反而對債權人不利。故

宜依債務人之財產有無清算價值，分別定其清償如已達相當成數，即視爲
盡力清償，以利更生方案之成立，爰增設本條。又債務人之盡力清償，不
以本條所定情形爲限，更生方案縱與本條規定不符，法院仍應依第64條第
1項規定斟酌情事認定之，併予敘明。

【說明】

更生方案不符本條規定者，法院仍應依64條第1項規定斟酌個案情
事，認定已否盡力清償【注意事項二十七之（一）】。

第64條之2（債務人必要生活費用之計算基準）

【107年12月26日增訂修文】

Ⅰ、債務人必要生活費用，以最近一年衛生福利部或直轄市政府所公
告當地區每人每月最低生活費一點二倍定之。

Ⅱ、受扶養者之必要生活費用，準用第一項規定計算基準數額，並依
債務人依法 應負擔扶養義務之比例認定之。

Ⅲ、前二項情形，債務人釋明更生期間無須負擔必要生活費用一部或
全部者，於該範圍內，不受最低數額限制；債務人證明確有必要
支出者，不受最高數額及應負擔比例之限制。

【107年12月26日立法要旨】

（一）本條新增。

（二）本條例第64條所謂已盡力清償，非傾債務人所有用於清償，仍
應保留其基本生活之必需，以維護人性尊嚴。債務人必要生活費用係判斷
盡力清償與否之重要基礎，參照衛生福利部或直轄市政府依社會救助法第
4條第2項所定最低生活費，所得未逾之者，給予扶助或補助，逾之未滿
1.5倍者，亦視個案情況給予補助，爰增設第1項，明定必要生活費用之認
定標準，以最近一年當地區每人每月最低生活費1.2倍定之。

（三）依法受債務人扶養者必要生活費用，其數額認定基準，與債務

人原本應無二致。惟扶養義務人有數人時，債務人通常僅須支出應負擔比例之數額，受扶養人之生活即受基本之保護，爰增設第2項，定其計算方法。

（四）債務人受第三人穩定資助或有其他特殊情事，於更生期間無須負擔自己或受其扶養者之必要生活費用一部或全部，如寄居親友家中，並無房租、水電或衣食支出，欲將節餘用於清償債務，自無不可，宜解除本條第1項、第2項關於必要生活費用最低數額之限制，以免債務人受限於可處分所得扣除自己及應受扶養者之必要生活費用後已無餘額，致不能進行更生。但爲避免其資助之來源不穩定，致自己及受其扶養者之基本生活需求不保，或影響其更生方案履行之可能性，宜經債務人釋明，始得允之，爰增設第3項前段規定。

（五）債務人及受其扶養者，因健康、職業及其他特別情事（如罹患重病、職業特殊須高額支出始得維持豐厚收入、扶養義務人雖有數人而長年皆由債務人一人負擔等），經證明屬實，宜解除本條第1項、第2項所定最高限額或應負擔比例限制，爰增設第3項後段規定。

第65條（法院裁定不認可更生方案同時裁定開始清算程序）

Ⅰ、法院裁定不認可更生方案時，應同時裁定開始清算程序。

Ⅱ、對於不認可更生方案之裁定提起抗告者，前項開始清算程序之裁定，並受抗告法院之裁判。

Ⅲ、第一項裁定確定時，始得進行清算程序。

【立法要旨】

（一）更生方案不爲法院認可時，即不能依更生程序清理其債務，應由法院裁定開始清算程序。爲使裁判一致，法院不認可更生方案及開始清算程序之裁定，允宜同時爲之。爰設第1項。

（二）開始清算程序之裁定，係以法院不認可更生方案爲前提，法院不認可更生方案之裁定是否獲抗告法院維持，影響債務人清算程序之存

否，故對於不認可更生方案之裁定提起抗告者，該開始清算程序之裁定應並受抗告法院之裁判，以免裁判分歧，爰設第2項。

（三）法院爲不認可更生方案之裁定時，應同時裁定開始清算程序，如旋即進行清算程序，於該不認可更生方案之裁定經抗告法院廢棄時，已進行之清算程序應如何處置，易滋疑義，爰設第3項，明定不認可更生方案之裁定確定時，始得進行清算程序。

【說明】

依本條第2項規定，法院依本條第1項規定裁定開始清算程序者，倘利害關係人對於不認可更生方案、撤銷更生之裁定提起抗告者，上述開始清算之裁定，並受抗告法院之裁判，此係爲防止裁判結果歧異所爲之特別規定。故應限於利害關係人已就不認可更生方案、撤銷更生之裁定提起抗告者，上述開始清算裁定始受抗告法院之裁判，否則，依本條例第83條規定，法院開始清算程序之裁定，仍應屬不得抗告〔注意事項三十之（三）〕。

債務人於更生程序中委任有代理人者，縱經法院依本條第1項規定裁定開始清算程序時，因僅屬債務清理程序之轉換，並非另啓新的債務清理程序，故除其代理權係受限制或經終止委任者外，該代理人於清算程序仍應有代理權〔注意事項三十之（四）〕。

【與破產法之比較】

依破產法規定，法院駁回和解之聲請或不認可和解時，應依職權宣告債務人破產（破§35），此與本條例本條第1項之規定同其意旨。惟破產法另規定，對於法院認可和解之裁定，得爲抗告，但以曾向法院提出異議或被拒絕參加和解之債權人爲限（破§34 I）；對於不認可和解之裁定，不得抗告（破§34 III）。此與本條例本條第2項之規定正好相反。蓋因法院不認可更生方案後，勢必進入清算程序，對於本條例爲求簡速、經濟之更生程序之進行，有相當大之妨礙，第一審法院所爲不認可更生方案及同

時開始清算程序之裁定是否允當，理應由第二審再爲審愼之斟酌，故而規定對此種裁定得爲抗告。

第66條（更生程序之終結）

（一）原條文：

更生程序於更生方案認可裁定確定時終結。

【立法要旨】

爲促進程序，更生程序不置監督履行制度，其程序於更生方案認可裁定確定時終結，爰設本條。又更生程序既已終結，原依本條例第48條規定停止之強制執行程序，停止原因消滅，自應依本條例第69、70條規定辦理，乃屬當然。

（二）100年1月26日修正條文：

Ⅰ、更生程序於更生方案認可裁定確定時終結。

Ⅱ、法院於認可裁定確定後，應依職權付與兩造確定證明書。

【100年1月26日修正要旨】

本條新增第2項，規定法院於認可更生方案之裁定確定後，應依職權付與兩造確定證明書，不必再由當事人聲請，以利程序之進行。

【說明】

因本條例不採行破產法所設之監督履行制度（破§48），故更生方案經法院裁定認可確定時，即告終結，關於更生條件之履行，由債務人自行任之。如債務人未依更生條件履行，債權人得以更生方案及法院認可裁定爲執行名義，聲請強制執行（§74Ⅰ），法院並得斟酌情形，依債務人之聲請或依職權裁定開始清算程序（§74Ⅱ）。

【與破產法之比較】

在破產法中有關法院之和解，並無類似本條例本條之規定，惟在商會之和解，卻在破產法第48條規定「債權人會議，得推舉代表一人至三人，監督和解條件之執行。」即所謂「監督履行制度」，用以監督債務人對於和解方案之履行。若債務人仍不履行和解條件時，可經債權人過半數而其所代表之債權額占無擔保總債權額三分二以上之聲請，由法院撤銷和解（破§52 I），並以職權宣告債務人破產（破§54）。

第67條（法院認可更生方案之效力）

（一）原條文：

更生方案經法院裁定認可確定後，除本條例別有規定外，對於全體債權人均有效力；其定有自用住宅借款特別條款者，該借款債權人並受拘束；對於債務人有求償權之共同債務人、保證人或為其提供擔保之第三人，亦同。

【立法要旨】

為促使債權人利用更生程序統一清理債務人之債務，以利債務人重建，爰明定更生方案一經法院裁定認可確定，除本條例別有規定外（例如：有擔保或優先權之債權），不論債權人是否參加債權人會議、是否同意更生方案，均應受更生方案之拘束。又更生方案定有自用住宅借款特別條款者，為鼓勵債務人依更生方案履行債務，限制自用住宅借款債權人行使其擔保權，以確保債務人自用住宅不致喪失之目的，如該方案之效力不及於自用住宅借款債權人，即無以貫徹，故自用住宅特別條款係債務人依第54條規定與債權人協議，該自用住宅借款債權人均應受其拘束。再者，債務人之共同債務人、保證人或為其提供擔保之第三人清償債務人之債務後，承受債權人之權利，該債權之擔保及其他從屬權利亦隨同移轉於該共同債務人等，如該等債務人不受更生方案之拘束，復行使其擔保權，債

務人之自用住宅仍有遭拍賣之虞，更生方案即無履行可能，爰明定對於債務人有求償權之共同債務人、保證人或爲其提供擔保之第三人，亦受其拘束。

（二）100年1月26日修正條文：
Ⅰ、更生方案經法院裁定認可確定後，除本條例別有規定外，對於全體債權人均有效力；其定有自用住宅借款特別條款者，該借款債權人並受拘束；對於債務人有求償權之共同債務人、保證人或爲其提供擔保之第三人，亦同。
Ⅱ、債權人爲金融機構者，債務人得以書面請求最大債權金融機構統一辦理收款及撥付款項之作業。

【100年1月26日修正要旨】
本條新增第2項，規定債務人若同時在多家金融機構有欠款，且已獲得法院更生認可確定，可以書面請求欠款最多之最大債權金融機構，統一辦理收款及撥付款項之作業，以方便還款。

【說明】
本條前段所稱全體債權人，係指已申報及未申報之無擔保及無優先權債權人。

非免責債權，未經債權人同意者，雖不得減免之（§55Ⅰ），惟仍受更生方案所定清償方法之拘束，僅於更生方案所定清償期間屆滿後，就未受清償部分，債務人仍應負清償責任（§55Ⅱ）。例如：更生方案之內容係以五成分期清償，期間六年，則非免責債權之非劣後或優先債權人，於該六年期間內，得與其他普通債權人同就其債權之五成，按期受償，當期間屆滿後，未受清償之五成部分，債務人仍應負清償責任。

100年1月26日修正增訂第2項，係爲便於債務人向最大債權金融機構統一撥付債務，而免於向各金融機構一一撥付之煩。

【與破產法之比較】

破產法第36條規定「經認可之和解，除本法另有規定外，對於一切債權人其債權在和解聲請許可前成立者，均有效力。」此之所謂「一切債權人」與本條例本條所稱之「全體債權人」同其意義，即不論債權人是否有申報債權、有無參加債權人會議、是否同意和解方案，均應受解方案之拘束。至於「定有自用住宅借款特別條款者，該借款債權人並受拘束」，係本條例針對定有自用住宅借款特別條款之債權人所為之特別規範，破產法並無類此規定。

第68條（更生不影響優先債權人之權利）

更生不影響有擔保或有優先權之債權人之權利。但本條例別有規定或經該債權人同意者，不在此限。

【立法要旨】

有抵押權、質權、留置權等擔保物權，或依法優先受償之債權，其權利之行使，本居於優越之地位，得就擔保物或優先權所附之權利取償而滿足其債權，自不因更生程序而蒙受不利益。惟該債權人如同意更生方案之內容，或本條例別有規定之情形，仍應受更生方案之拘束，例如：依本條例第48條規定，法院裁定開始更生程序後，對於債務人不得開始或繼續訴訟及強制執行程序，有擔保或有優先權之債權，須其執行於更生程序無礙，且經法院許可者，始得為之；又依第67條規定，定住宅借款債權特別條款更生方案之認可裁定確定時，其效力及於擔保權人等情形均是，爰設但書予以除外。

【說明】

有擔保或優先權債權於法院裁定開始更生程序後所生之損害賠償及違約金，為劣後債權，僅得就其他債權受償餘額而受清償，已失其優先受清償之權，即非屬有擔保或優先權之債權。而該有擔保或優先權債權之利息

及遲延利息，如屬擔保或優先權之範圍，仍不受更生影響。法院裁定開始更生程序前，得因利害關係人之聲請或依職權，以裁定為必要之保全處分，限制債權人對於債務人行使債權，停止對於債務人財產之強制執行程序（§19Ⅰ）。有擔保或有優先權之債權人雖仍應依本條例規定申報債權（§35Ⅰ），惟其申報係供監督人或其他債權人知悉有該權利及其內容，如未申報，不因而生失權效果。其債權之存否及其種類、數額或順位，既不受更生影響，即不得依本條例第36條所定異議程序予以確定，債務人或他債權人若仍有爭執，應循訴訟途徑解決之。

【與破產法之比較】

本條例本條「更生對優先債權之效力」規定，與破產法第37條所定「和解不影響有擔保或有優先權之債權人之權利。但經該債權人同意者，不在此限。」之意旨相同，應係師法破產法該條規定而來。

第69條（更生程序終結之效果）

更生程序終結時，除本條例別有規定外，依第19條所為之保全處分失其效力；依第48條不得繼續之強制執行程序，視為終結。

【立法要旨】

（一）更生程序終結時，原依本條例第19條所為之保全處分及第48條不得繼續之強制執行程序，應為如何之處理，宜予明定，爰設本條。

1. 法院依本條例第19條規定所為之保全處分，其目的在於防杜債務人之財產於法院就更生之聲請為准駁之裁定前不當減少，影響債權人公平受償，不利於更生方案之可決，致債務人未能獲得重建之機會，更生程序既已終結，其保全之目的已達，自無繼續存在之必要，爰明定依本條例第19條規定所為之保全處分失其效力。

2. 更生方案經法院裁定認可確定後，除本條例別有規定外，例如：第70條所定非更生方案效力所及之有擔保或有優先權債權人；第56、65、76

條所定法院應裁定開始清算程序之情形等，對於全體債權人均有效力，此際，債權人僅得依更生條件受清償，而不得對債務人強制執行。且更生程序終結後，已進行之強制執行程序，如不予終結，並撤銷已爲之強制執行程序，將致債務人無法利用遭強制執行之財產，而不能依更生條件履行，自有先予終結，撤銷強制執行程序之必要。強制執行程序終結後，債務人如未依更生條件履行，債權人自得再聲請強制執行。爰明定依第48條規定不得繼續之強制執行程序，視爲終結。又債權人依本條例第74條第1項規定聲請強制執行時，因其先後請求實現之債權同一，自無庸再行繳納執行費，乃屬當然。

（二）債權人所申報之債權，未經依本條例第36條第1項規定異議或異議經裁定確定者，視爲確定，對於債務人及全體債權人有確定判決同一之效力，本條例第36條第5項定有明文。而經認可之更生方案，除本條例別有規定外，對於全體債權人均有效力，復爲本條例第67條所明定。是以，更生程序終結後，除本條例別有規定外，例如：第70條所定非更生方案效力所及之有擔保或有優先權債權人；第73條但書所定因不可歸責於債權人之事由致未申報債權；第56、65、76條所定法院應裁定開始清算程序之情形等，債權人之債權如未申報，即生失權之效果，如已申報，即視爲確定，對債務人及全體債權人有確定判決同一之效力，以該債權爲訴訟標的之訴訟，或生失權之效果，或爲既判力效力所及，法院均應予駁回。至本條例有特別規定之非更生方案效力所及之有擔保或有優先權債權、因不可歸責於債權人之事由致未申報之債權，因該等債權未於更生程序申報債權，無從依異議程序加以確定，如有爭議，即有開始或繼續訴訟之必要，以該債權爲訴訟標的之訴訟，法院自應爲實體裁判，附此敘明。

【說明】

法院裁定開始更生程序後，對於債務人不得繼續之強制執行程序，於更生程序終結時，依本條例第69條後段規定，該已開始之強制執行程序應

視為終結,此時,應撤銷已為之執行處分,並撤銷已為之假扣押、假處分執行處分,否則,將導致債務人無法利用該遭強制執行之財產,而不能依更生條件履行。至於執行處分之撤銷,應由原為執行之法院為之,自不待言(細則§29 I)。

更生方案效力所及之有擔保或有優先權債權人,於更生程序終結後,僅得依更生條件受清償,自不得對債務人強制執行,其已開始之強制執行程序亦應予終結,並準用前項規定撤銷已為之執行處分。至於更生程序因債務人死亡而終結者,因該更生方案尚未經法院裁定認可,有擔保或有優先權債權人不受該更生方案之拘束,即無本項規定適用之餘地(細則§29 II)。

【與破產法之比較】

本條規定之主要目的,係為避免債務人無法利用遭保全處分及受強制執行之財產,而不能依更生條件履行,以致不能獲得重建之機會所為之設計,此在破產法並無此相對應之規定。

第70條(優先債權人之強制執行)

I 、更生方案效力所不及之有擔保或有優先權債權人,於更生程序終結後,得開始或繼續強制執行程序。

II 、對於債務人之財產有優先權或擔保權之債權人聲請強制執行時,債務人得於拍賣公告前向執行法院聲明,願按拍定或債權人承受之價額,提出現款消滅該標的物上之優先權及擔保權。

III、前項情形,債務人未於受執行法院通知後七日內繳足現款者,仍由拍定人買受或債權人承受。

IV、第二項拍賣標的物為土地者,其價額應扣除土地增值稅。

V 、前三項規定,於依其他法律所為之拍賣,準用之。

【立法要旨】

(一)為利更生程序之進行,法院裁定開始更生程序後,有擔保或有

物之優先權之債權，其執行如有礙於更生程序，本條例第48條明定其不得對於債務人開始或繼續強制執行程序。更生程序既已終結，該有擔保或有物之優先權債權人復為更生方案效力所不及，自無繼續限制其實現權利之理，爰設第1項。至定自用住宅借款特別條款之更生方案，其效力及於擔保權人，為本條例第67條所明定，該擔保權人於更生程序終結後仍應受其限制，不得開始或繼續強制執行，乃屬當然。

（二）更生方案效力所不及之有擔保或有物之優先權債權人，對該優先權或擔保權之標的物聲請強制執行時，債務人如願清償債務以避免強制執行，對該債權人並無不利，宜許其優先為之，爰設第2項，明定債務人得於標的物拍賣公告前向執行法院聲明按照拍定或債權人承受之價額，提出現款以消滅該標的物上之優先權及擔保權。又債務人優先按拍定或債權人承受之價額提出現款清償以避免強制執行之權利，影響拍定人或債權人之權益甚鉅，該等事項宜於拍賣公告一併公告之，俾投標人或債權人事先知悉以評估是否參與投標或聲明承受，為利執行法院進行公告，明定債務人於標的物拍賣公告前即須向執行法院聲明，附此敘明。

（三）債務人聲明願依第2項規定提出現款消滅優先權及擔保權者，為避免債務人事後反悔，致法律關係懸而不決，爰設第3項，明定債務人於受執行法院通知後七日內，未繳足現款者，即由原強制執行程序之拍定人買受，或交由債權人承受。

（四）第2項拍賣標的物為土地者，有擔保及優先權之債權人得優先受償之金額，為拍定或承受之價額扣除土地增值稅應繳稅額之餘額，爰設第4項，明定債務人提出之現款金額，應扣除土地增值稅。

（五）為利更生方案之履行，第2項至第4項之規定，於依其他法律規定所為之拍賣（例如：依動產擔保交易法第19條、金融機構合併法第15條第1項第3款規定所為之拍賣），亦宜準用之，爰設第5項，以杜爭議。

【說明】

　　為避免就債務人特定財產有擔保物權或優先權之債權人，在更生方案履行當中，行使其權利而拍賣標的物，致債務人喪失繼續營業或重建經濟生活所需之財產（如：店鋪、機器、設備、工具、牲畜、車輛等是），將影響更生程序之完成，故在不影響擔保物權或優先權之債權人就其權利標的物之變價金額優先受償之原則下，若債務人得提出扣除土地增值稅、地價稅或房屋稅後之拍定金額，即得消滅物上擔保之負擔，而能繼續保有其標的物，是為債務人所樂見。此際，若有其他債權人或債務人之親友願意協助提供資金，使債務人繼續保有營業、工作或生活所繫之生財器具等擔保物，當有助於更生方案之履行，且可據以增加債務人與前述債權人談判之籌碼，而有利於促成其同意更生方案，故本條第2項至第5項，乃引進「擔保權消滅聲明制度」，以增加更生方案之成功機會，係甚為周密之設計。

　　法院裁定開始更生程序後，至更生方案履行期限屆至前，對債務人之特定財產有優先權或擔保權之債權人，就其標的物聲請強制執行或予拍賣者，債務人均得依本條第2項或第5項規定，提出現款聲明消滅拍賣標的物上之優先權及擔保權（細則§30I）。

　　前項拍賣標的物為不動產者，其土地增值稅、地價稅及房屋稅之徵收，依稅捐稽徵法第6條第2項規定，優先於一切債權及抵押權，債權人原不得就該稅額部分價款受清償，故債務人提出現款之數額，除應依本條第4項規定扣除土地增值稅外，尚應扣除依法核課之地價稅及房屋稅額（細則§30II）。

【與破產法之比較】

　　本條為本條例為聲請更生之債務人所設計可以消滅擔保物權或優先權而仍保有其標的物，並促進更生方案履行機會之制度，為破產法所無之法制。

第71條（更生不影響債權人對於債務人之共同債務人之權利）

債權人對於債務人之共同債務人、保證人或為其提供擔保之第三人所有之權利，不因更生而受影響。

【立法要旨】

更生方案如減免債務人一部分債務，債權人勢必遭受損失，此際，共同債務人、保證人或為其提供擔保之第三人適得以發揮其填補債務人不能清償之責任，如使共同債務人、保證人或為其提供擔保之第三人同減免其責任，債權人勢必阻撓更生方案之可決，以保障自身權益，此與鼓勵債務人利用更生程序，避免清算之立法目的相違，故債權人對於債務人之共同債務人、保證人或為其提供擔保之第三人所有之權利，不因更生而受影響，爰設本條。

【說明】

本條既規定「債權人對於債務人之共同債務人所有之權利，不因更生而受影響」，則更生方案雖約定減免債務人一部分之債務，債權人仍得對於債務人之共同債務人、保證人或為其提供擔保之第三人，請求為全部債務之給付。

【與破產法之比較】

本條與破產法第38條所定「債權人對於債務人之保證人及其他共同債務人所有之權利，不因和解而受影響。」之內涵相同，顯係沿襲破產法該條規定而來。

第72條（債務人允許更生方案額外利益之效力）

債務人對債權人允許更生方案所未定之額外利益者，其允許不生效力。

【立法要旨】

更生方案一經法院裁定認可確定，債務人及全體債權人即應受其內容拘束，債務人如對部分債權人允許更生方案所未定之額外利益，對於其他債權人之權益有所損害，違反公平受償原則，爰設本條明定債務人此種不公平允許行為絕對無效。

【說明】

更生方案經法院裁定認可確定後，對於全體債權人均有效力（§67），故更生條件對於全體債權人必須公允（§57 II），如債務人對債權人允許更生方案所未定之額外利益，不論係在更生程序進行中或更生履行期間內所為，均絕對不生效力。如自法院認可更生方案之翌日起一年內，發見債務人有此情事者，法院並得依債權人之聲請裁定撤銷更生，並應同時裁定開始清算程序（§76 I）。

【與破產法之比較】

本條與破產法第39條所定「債務人對債權人允許和解方案所未規定之額外利益者，其允許不生效力。」之內容完全相同，顯係沿襲破產法該條規定而來。

第三節　更生之履行及免責

本節從第73條起至第79條止，係就已履行更生條件之效力、得以更生條件為執行名義、履行更生方案期限之延長、更生方案之撤銷與清算程序之開始、撤銷更生方案對第三人之影響、清算程序之開始與聲請、加入清算程序之債權與其分配額等事項所為之規定。

第73條（履行更生條件之效力）

（一）原條文：

　　債務人依更生條件全部履行完畢者，除本條例別有規定外，已申報之債權未受清償部分及未申報之債權，均視爲消滅。但其未申報係因不可歸責於債權人之事由者，債務人仍應依更生條件負履行之責。

【立法要旨】

　　更生方案經法院裁定認可確定後，對於全體債權人均有效力，爲本條例第67條所明定，則於債務人依更生條件全部履行完畢後，除本條例別有規定外，例如：第55條之非免責債權等，同意及不同意更生條件之債權人均不得再就已申報之債權未受清償部分，另向債務人請求，爰明定債權人已申報之債權未受清償部分，視爲消滅，以符合更生之本質及鼓勵債務人利用更生程序清理債務，達重建復甦之旨。又爲促使債權人於更生程序申報債權，俾於更生程序統一清理債務，以利債務人重建，債權人未於更生程序申報債權者，於債務人依更生條件全部履行完畢後，該未申報之債權，亦應視爲消滅。惟債權人因不可歸責於己之事由，致未於更生程序申報或補報債權，如亦令其債權視爲消滅，未免不公，爰設但書予以除外，明定債務人仍應依更生條件負履行之責，以兼顧該債權人之權益。

（二）107年12月26日修正條文：

Ⅰ、債務人依更生條件全部履行完畢者，除本條例別有規定外，已申報之債權未受清償部分及未申報之債權，均視爲消滅。但其未申報係因不可歸責於債權人之事由者，債務人仍應依更生條件負履行之責。

Ⅱ、債務人就前項但書債權，因不可歸責於己之事由，致履行有困難者，得聲請法院裁定延長其履行期限。但延長之期限不得逾二年。

【107年12月26日修正要旨】

（一）原條文未修正，移列第1項。

（二）依原條文但書規定，債務人就不可歸責於債權人事由未申報之債權，仍應依更生條件負履行之責。此屬債務人之不免責債務，準用第55條第2項規定，於更生方案所定清償期間屆滿後，債務人即應予清償（細則§30-1）。惟若債務人因不可歸責於己之事由，宜許其得聲請法院裁定延長履行期限，但延長之期限不得逾二年，以兼顧債權人之利益，爰增訂第2項。

【說明】

本條前段所指「視為消滅之債權」，係指已申報及未申報之無擔保及無優先權債權。至於更生效力所不及之有擔保或有優先權之債權人之權利，其權利既不受更生之影響，則不論已申報或未申報，均不得視為消滅。又本條之免責，係採當然免責制，不待法院另為免責之裁定始生免責效力。

法院裁定開始更生或清算程序後，命司法事務官進行更生或清算程序者，至該程序終止或終結時止，本條例規定由法院辦理之事務，及程序終止或終結後關於本條例第73條第2項、第75條第1項、第128條第1項前段、第131條準用第87條所定事務，得由司法事務官為之。但下列事務不在此限：（一）有關拘提、管收之事項；（二）本條例第53條第5項、第56條、第61條第1項及第65條第1項所定裁定（細則§11）。

本條例第55條第2項規定，於債務人依本條第一項但書應履行之債務，準用之（細則§30-1）。

債務人依本條第2項規定聲請延長履行期限者，如符合規定，法院應予准許【注意事項二十七之（一）】。

法院依本條第2項規定所為之裁定，應送達於債務人及同條第1項但書所定不可歸責之債權人【注意事項二十七（二）】。

【與破產法之比較】

　　本條明定債務人履行更生條件完畢之效力，係爲鼓勵債務人利用更生程序清理其債務，以重建復甦，俾符合更生之本質，爲本條例特有之設計，是爲破產法和解程序所未規定之項目。

第74條（未履行更生條件之效力）

　　（一）原條文：

　I　、更生方案經法院裁定認可確定後，債務人未依更生條件履行者，債權人得以之爲執行名義，聲請對債務人及更生之保證人、提供擔保之人或其他共同負擔債務之人爲強制執行。但債權人之債權有第三十六條之異議，而未裁定確定者，不在此限。

　II　、債權人聲請對債務人爲強制執行時，法院得依債務人之聲請或依職權裁定開始清算程序。

【立法要旨】

　　（一）更生方案經法院裁定認可確定後，爲達督促債務人履行更生條件之目的，應賦與債權人得以該更生方案及法院認可裁定爲執行名義，聲請對債務人強制執行之權。又爲求迅速清理債務，執行名義之效力應使擴張及於更生之保證人、提供擔保之人或其他共同負擔債務之人，爰設本條。惟債權人所申報之債權及其種類、數額或順位，業經監督人、債務人或其他利害關係人依本條例第36條規定提出異議，而未經裁定確定者，其債權之存否、受償順位等即仍有爭執，自難准其逕爲強制執行之聲請，爰設但書予以除外。

　　（二）債權人以債務人未依更生條件履行爲由，依第1項規定聲請強制執行時，如債務人已無清償能力，且其債權人尚有多數，宜由法院依債務人之聲請或依職權，斟酌債務人之財產狀況及不能清償債務情形，裁定開始清算程序，以統一清理其債務，爰設第2項。又法院斟酌情形，發現

債權人人數僅一、二人，或債務人尚未清償之數額所剩無幾，為免開始清算程序後，債權人之債權及其依更生條件所受之清償，復須重行計算、重行分配，造成程序浪費，並影響其他債權人之權益，自有權裁量不予開始清算程序，附此敘明。

（二）101年1月4日修正條文：

Ⅰ、更生方案經法院裁定認可確定後，債務人未依更生條件履行者，債權人得以之為執行名義，聲請對債務人及更生之保證人、提供擔保之人或其他共同負擔債務之人為強制執行。但債權人之債權有第三十六條之異議，而未裁定確定者，不在此限。

Ⅱ、債權人聲請對債務人為強制執行時，法院得依債務人之聲請裁定開始清算程序。

【101年1月4日修正要旨】

（一）原條文第1項未修正。

（二）債權人聲請對債務人為強制執行時，更生程序業已終結，此際，債務人是否欲以清算程序清理其債務，宜尊重其選擇，法院不必依職權介入，爰修正第2項。

【說明】

法院開始清算程序之裁定，依本條例第83條規定，應屬不得抗告，故法院依本條第2項規定裁定開始清算程序者，自亦屬不得抗告。

依本條第2項規定，債務人若未依更生條件履行，經債權人以更生方案為執行名義聲請對債務人強制執行時，法院固得依債務人之聲請或依職權裁定開始清算程序，惟此係更生程序終結後另啟新的債務清理程序，允宜另徵收聲請費（注意事項二十八）。

依本條例第48條第2項規定不得繼續之強制執行程序，於更生方案經法院裁定認可確定後，依本條例第69條規定視為終結者，倘嗣因債務人未

依更生條件履行，經債權人依本條第1項規定聲請對債務人強制執行時，無庸再繳納執行費用。

債權人依本條第1項規定聲請對債務人強制執行時，法院宜斟酌情形決定是否裁定開始清算程序，如未受清償之債權人僅有少數，未受清償之額度亦不多，為免程序浪費，法院得不裁定開始清算程序。

【與破產法之比較】

本條所定債權人得以更生方案及法院認可裁定為執行名義，係為督促債務人履行更生條件為目的之便宜新制，在破產法中並未有相對應之條文。

第75條（履行更生方案期限之延長）

（一）原條文：

I 、更生方案經法院裁定認可確定後，債務人因不可歸責於己之事由，致履行顯有困難者，得聲請法院裁定延長其履行期限。但延長之期限不得逾二年。

II 、前項延長期限顯有重大困難，債務人對各債權人之清償額已達原定數額四分之三，且無擔保及無優先權債權受償總額已逾依清算程序所得受償之總額時，法院得依債務人之聲請，為免責之裁定。但於裁定前，應使債權人有陳述意見之機會。

III、前二項規定，於定自用住宅借款特別條款之債權不適用之。

【立法要旨】

（一）更生方案經法院裁定認可確定後，債務人因病住院、失業或其他未能預料之情事發生，致更生方案履行顯有困難時，應賦與債務人救濟之道，始能貫徹更生之意旨，爰明定債務人因不可歸責於己之事由，致更生方案履行顯有困難時，得聲請法院裁定延長其履行期限。又為求更生程序之迅速進行，避免延長履行期限影響債權人之權益及債務人之重建，延

長之期限宜予限制，爰明定延長之履行期限不得逾二年。

（二）更生方案履行顯有困難，即便法院延長其期限，亦無履行之可能時，更生程序已屬不能繼續，原宜由法院斟酌情形，以裁定開始清算程序。惟更生方案履行困難如不可歸責於債務人，且其對各債權人之清償額復已達原定數額四分之三，無擔保及無優先權債權受償總額亦已逾依清算程序所得受償之總額，此際，債權人之權益實已獲得保障，如強令債務人開始清算程序，剝奪其更生之機會，未免過苛，爰明定法院得依債務人之聲請，以裁定免除該未依更生方案履行之債務。惟上開免除債務之裁定對債權人之權益影響甚鉅，為保障債權人之程序權及實體權，應賦與其陳述意見之機會，爰明定法院於裁定前，應使債權人有陳述意見之機會。

（三）本條第1、2項所定困難免責之情形，僅適用於無擔保及無優先權之債權，有關自用住宅借款債權之履行方式，例如：履行期限是否延長等，應由債務人於定自用住宅借款特別條款時，依第54條與債權人協議定之，尚無本條第1、2項之適用，為臻明確，爰設第3項。

（二）101年1月4日修正條文：

I 、更生方案經法院裁定認可確定後，債務人因不可歸責於己之事由，致履行有困難者，得聲請法院裁定延長其履行期限。但延長之期限不得逾二年。

II 、債務人可處分所得扣除自己及依法應受其扶養者所必要生活費用之餘額，連續三個月低於更生方案應清償之金額者，推定有前項事由。

III、第一項延長期限顯有重大困難，債務人對各債權人之清償額已達原定數額四分之三，且無擔保及無優先權債權受償總額已逾依清算程序所得受償之總額時，法院得依債務人之聲請，為免責之裁定。但於裁定前，應使債權人有陳述意見之機會。

IV、前三項規定，於定自用住宅借款特別條款之債權不適用之。

【101年1月4日修正要旨】

（一）債務人因不可歸責於己之事由，聲請法院裁定延長履行期限，應以其履行有困難已足，爰修正第1項。

（二）債務人可處分所得扣除自己及依法應受其扶養者所必要生活費用之餘額，連續三個月低於更生方案應清償之金額者，宜減輕其舉證責任，推定係因不可歸責於己之事由，致履行有困難。如債權人主張其係可歸責於債務人之事由所致者，應由債權人另行舉證。爰增訂第2項。

（三）原條文第2項、第3項配合第2項之增訂作文字修正，並移列第3項、第4項。

（三）107年12月26日修正條文：

I、更生方案經法院裁定認可確定後，債務人因不可歸責於己之事由，致履行有困難者，得聲請法院裁定延長其履行期限。但延長之期限不得逾二年。

II、債務人可處分所得扣除自己及依法應受其扶養者所必要生活費用之餘額，連續三個月低於更生方案應清償之金額者，推定有前項事由。

III、第一項延長期限顯有重大困難，債務人對各債權人之清償額已達原定數額三分之二，且無擔保及無優先權債權受償總額已逾依清算程序所得受償之總額時，法院得依債務人之聲請，為免責之裁定。但於裁定前，應使債權人有陳述意見之機會。

IV、前三項規定，於定自用住宅借款特別條款之債權不適用之。

V、債務人有第一項履行困難情形者，法院得依其聲請裁定開始清算程序。

【107年12月26日修正要旨】

（一）債務人因不可歸責於己之事由，致履行有困難，且依第1項延

長期限顯有重大困難者，其經濟生活重建計畫受挫，縱不予免責，債權人亦難如期受償。

為鼓勵債務人努力履行更生方案，參考實務上更生及清算事件債權人平均受償成數情形，降低債務人依原條文第三項聲請裁定困難免責之最低清償比例至三分之二，爰修正第3項。惟降低後，債權人之受償額仍受清算價值之保障，附此敘明。

（二）更生方案經法院裁定認可確定後，債務人因不可歸責於己之事由，致履行有困難，應由法院依債務人之聲請，斟酌其財產狀況及不能清償債務情形，裁定開始清算程序，以統一清理其債務，爰增訂第5項。又法院斟酌情形，發現債權人人數僅一、二人，或債務人尚未清償之數額所剩無幾，為免開始清算程序後，債權人之債權及其依更生條件所受之清償，復須重行計算、重行分配，造成程序浪費，並影響其他償權人之權益，自有權裁量不予開始清算程序，附此敘明。

【說明】

法院判斷有無本條第1項不可歸責於債務人之事由，致履行有困難（原條文規定為「顯有困難」，過於嚴苛）時，宜斟酌該導致履行更生方案有困難之事由，是否係因不可歸責於債務人之事由所致，例如：有非可歸責於債務人之事由，致使債務人發生失業、需顯著增加生活支出等情事。

本條新增第2項，規定推定有不可歸責於己，致履行有困難之認定標準，以增加延期履行之機會。

法院判斷有無本條第3項延長期限顯有重大困難時，宜斟酌該不可歸責於債務人之事由，導致債務人發生失業、需顯著增加生活支出等情事，是否已使該更生方案縱令延長其履行期限，亦屬顯不可能履行等情事具體定之。

更生方案經法院裁定認可確定後，債務人因不可歸責於己之事由，致履行顯有困難，而聲請延長履行期限；或上開情形延長期限顯有重大困

難，債務人對各債權人之清償額已達原定數額四分之三，且無擔保及無優先權債權受償總額亦已逾依清算程序所得受償之總額，而聲請免責者，如符合各該規定之要件，應認此時債權人之權益已獲得保障，法院即無裁量餘地，應准許其延長履行期限或為免責之裁定。

　　法院依本條第1、2項規定所為是否延長更生履行期限或債務人是否免責之裁定，影響債權人及債務人之權益至鉅，為確保其等程序上之聽審權，該裁定應送達債務人及債權人，俾利對該裁定不服之當事人得以提起抗告。

　　債務人違反法院限制之生活程度者，不得依本條第1項規定聲請法院裁定延長更生方案之履行期限。其嗣後經法院裁定開始清算程序者，並構成本條例第134條第8款規定之不免責事由。

　　法院依本條第1項規定所為之裁定，應送達於債務人及債權人〔注意事項二十九之（二）〕。

【與破產法之比較】

　　本條係為求更生程序之迅速進行，並兼顧債權人權益之保障及債務人之重建機會，而針對債務人因不可歸責於己之事由，致履行有困難時，得聲請法院裁定延長其履行期限及為免責裁定之特別規定，此在破產法中並未有相類之規定。

第76條（更生方案之撤銷）

　Ⅰ、自法院認可更生方案之翌日起一年內，發見債務人有虛報債務、隱匿財產，或對於債權人中之一人或數人允許額外利益之情事者，法院得依債權人之聲請裁定撤銷更生，並應同時裁定開始清算程序。

　Ⅱ、對於撤銷更生之裁定提起抗告者，前項開始清算程序之裁定，並受抗告法院之裁判。

　Ⅲ、第1項裁定確定時，始得進行清算程序。

【立法要旨】

（一）債務人於更生方案認可前，有虛報債務、隱匿財產，或對於債權人中之一人或數人允許額外利益等詐欺更生情事，惟債權人於法院認可更生方案後始查悉者，自應許債權人有權聲請法院撤銷更生，由法院斟酌其情事，為是否撤銷更生之裁定，以避免更生制度遭濫用，並兼顧全體債權人之權益。又更生既經撤銷，為利債務之清理，法院應同時裁定開始清算程序，爰設第1項。

（二）法院撤銷更生，影響債權人、債務人之權益甚鉅，為保障渠等之權益，宜使渠等有提起抗告救濟之機會。又開始清算程序之裁定，係以法院撤銷更生為前提，法院撤銷更生之裁定是否獲抗告法院維持，影響清算程序之存否，故對於撤銷更生之裁定提起抗告者，該開始清算程序之裁定應並受抗告法院之裁判，以免裁判分歧，爰設第2項。

（三）法院裁定撤銷更生時，應同時裁定開始清算程序，如旋即進行清算程序，於該撤銷更生之裁定經抗告法院廢棄時，已進行之清算程序應如何處置，易滋疑義，明定撤銷更生之裁定確定時，始得進行清算程序，爰設第3項。

【說明】

依本條第2項規定，法院依本條第1項規定裁定開始清算程序者，倘利害關係人對於不認可更生方案、撤銷更生之裁定提起抗告者，前述開始清算之裁定，並受抗告法院之裁判，此係為防止裁判結果歧異所為之特別規定。故應限於利害關係人已就不認可更生方案、撤銷更生之裁定提起抗告者，前述開始清算裁定始受抗告法院之裁判，否則，依本條例第83條規定，法院開始清算程序之裁定，仍應屬不得抗告。

非有債權人之聲請，法院不得依本條規定裁定撤銷更生程序。

【與破產法之比較】

破產法與本條例本條相對應之規定為：自法院認可和解或商會主席簽署和解契約之日起一年內，如債權人證明債務人有虛報債務、隱匿財產，或對於債權人中一人或數人允許額外利益之情事者，法院因債權人之聲請，得撤銷和解（破§51）；法院撤銷和解或駁回和解撤銷之聲請，以裁定為之。對於撤銷和解之裁定，不得抗告。對於駁回和解撤銷聲請之裁定，得為抗告（破§53）；法院撤銷和解時，應以職權宣告債務人破產（破§54）。其間兩法最大之不同有四：（一）對於撤銷更生之裁定得提起抗告，惟對於撤銷和解之裁定，不得抗告；（二）撤銷更生之裁定同時開始清算程序之裁定，並受抗告法院之裁判，惟對於撤銷和解之裁定，因不得抗告，故無以宣告債務人破產之裁定，並受抗告法院裁判之情事；（三）為避免撤銷更生之裁定經抗告法院廢棄，致使已進行之清算程序徒勞無功，故本條例本條第3項規定須俟撤銷更生之裁定確定時，始得進行清算程序，而在破產法因對於撤銷和解之裁定，不得抗告，故亦無此困擾之顧慮；（四）破產法上有關和解撤銷之原因，除前開第51條與本條例本條相對應詐欺和解之撤銷外，尚有第50條和解條件偏頗、第52條不履行和解條件之撤銷及第56條和解讓步之撤銷，此均為本條例所未規定之事項。

第77條（撤銷更生方案對第三人之影響）

第三人因更生所為之擔保或負擔之債務，不因法院撤銷更生而受影響。

【立法要旨】

更生方案如無第三人提供擔保或為債務之負擔，恐不易經債權人同意而可決，債務人因有虛報債務等詐欺更生情事，經法院撤銷更生時，該等不利益不宜由債權人承擔，第三人仍應就其所為之擔保或負擔之債務負責，以確保債權人之權益，爰設本條。

【說明】

更生方案經法院裁定認可確定後，債務人未依更生條件履行者，債權人得以之為執行名義（§74 I 前段）。又為求迅速清理債務，執行名義之效力擴張及於更生之保證人、提供擔保之人或其他共同負擔債務之人（§74 I 後段）。為貫徹更生方案之履行，並確保債權人之權益，故第三人因更生所為之擔保或負擔之債務，亦不因法院撤銷更生而受影響。

【與破產法之比較】

在破產法上和解程序之債權人，因和解所得之權利，如有人保或物保者，是否因和解被撤銷而受影響？破產法雖未有明文規定，惟在解釋上亦應有如本條例本條之立法意旨，同具不受影響之效力，始符和解之本質。

第78條（更生程序與清算程序之接軌）

I 、法院裁定開始更生程序後，債務人免責前，法院裁定開始清算程序，其已進行之更生程序，適於清算程序者，作為清算程序之一部；其更生聲請視為清算聲請。

II 、前項情形，於更生程序已申報之債權，視為於清算程序已申報債權；更生程序所生之費用或履行更生方案所負之債務，視為財團費用或債務。

【立法要旨】

（一）法院裁定開始更生程序後，債務人免責前，法院斟酌債務人不能清償債務之情形裁定開始清算程序時（例如：第56、61、65、74、76條等），於更生程序已進行之程序，如適於清算程序，應可繼續沿用，以符程序經濟之要求。又更生程序經轉換為清算程序，其已進行之程序復作為清算程序之一部，為使其後進行之程序具備清算程序開始之要件，明定其更生之聲請視為清算之聲請，俾確定撤銷詐害行為之時點。爰設第1項。

（二）更生程序經轉換為清算程序時，為免重複申報債權之煩，明定

於更生程序已申報之債權，視為於清算程序已申報債權。又更生程序進行中，其所生之費用及履行更生方案所生之債務，於更生程序經轉換為清算程序時，亦宜依其性質分別視為財團費用或財團債務。爰設第2項。

【說明】

本條為「程序轉換」之規定，即由和解程序轉換為清算程序，其要件係以「開始更生程序後，債務人免責前，法院裁定開始清算程序，其已進行之更生程序，適於清算程序」者為限。其主要之著眼，係為兼顧程序利益之保護及程序安定之要求。

【與破產法之比較】

破產法第55條規定「法院撤銷經其認可之和解而宣告債務人務破產時，以前之和解程序，得作為破產程序之一部。」蓋和解與破產在程序上頗多相似之處，例如：債務人提出財產狀況說明書及債權人債務人清冊，以及債權人之申報債權等，皆可作為破產程序之一部，以免徒費手續。本條例本條第1項之規定，亦同其旨趣。至於第2項之規定，係為貫徹程序轉換，而將更生程序之申報債權及財團債權一併轉換為清算程序債權，此一明確化規定，為破產法所未顧及者。

第79條（更生前原債權之加入與分配）

I、更生方案經法院裁定認可確定後，債務人尚未完全履行，而經法院裁定開始清算程序時，債權人依更生條件已受清償者，其在更生前之原有債權，仍加入清算程序，並將已受清償部分加算於清算財團，以定其應受分配額。

II、前項債權人，應俟其他債權人所受之分配與自己已受清償之程度達同一比例後，始得再受分配。

【立法要旨】

（一）更生方案經法院裁定認可確定後，債務人尚未完全履行更生條件而經法院裁定開始清算程序時（例如：第74、76條），如有債權人已依更生條件受部分或全部清償，為求全體債權人於清算程序中公平受償，宜將該債權人原有債權加入清算程序，並將其已受清償部分加算於清算財團，以之計算各債權人之應受分配額，以符公平，爰設第1項。

（二）債務之清理自更生程序轉為清算程序後，已進行之更生程序，作為清算程序之一部，債權人如已依更生條件受部分清償，視同於清算程序受部分清償，自應俟其他債權人所受之分配與其已受清償之程度達同一比例後，始得再受分配，以求公允，並保障其他債權人之權益，爰設第2項。

【說明】

按法院認可更生方案後，債務人尚未完全履行更生條件而經法院裁定開始清算程序時，其清算債權，有在更生裁定認可前成立之舊債權，亦有在更生裁定認可後成立之新債權。而在舊債權人中，又有已依更生方案受全部或一部之清償者，亦有完全未受清償者，此種舊債權因為「程序轉換」，由原先之重建型程序（更生程序），轉換成清算型程序（清算程序）後，其在清算程序中應如何處理受償，各國法例不同，約可分為下欄所述之三類。本條例本條規定「債權人依更生條件已受清償者，其在更生前之原有債權，仍加入清算程序，並將已受清償部分加算於清算財團，以定其應受分配額。」係以更生前之原有債權（即原債權全額）加入清算程序，此與破產法第40條所定係以原有債權「未清償部分」加入破產債權相較，顯更有助於全體債權人於清算程序公平受償。

【與破產法之比較】

按法院認可和解後，債務人尚未完全履行和解條件而受破產宣告時，其破產債權，有在和解聲請許可前成立之舊債權，亦有在和解聲請許可後

成立之新債權。而舊債權人中，又有已依和解條件受全部或一部之清償者，亦有完全未受清償者，此種舊債權在破產程序中應如何處理受償，各國法例約有如下三類之不同：

（一）德國法例

依德國法制，在債務人尚未完全履行和解條件而受破產之宣告時，和解因之失效，原債權（和解前之債權）減免等部分又告復活，該復活部分併入計算，參加破產程序之分配。

（二）法國法例

依法國法制，對於已依和解條件全部受償者，完全不許加入分配。其未完全依和解條件受償者，許以原債權全額加入分配，其已依和解一部受償者，則以原債權中，就未依和解受償部分之「比例額」（例如債權額1萬元，依和解條件減免4,000元，應清償6,000元，已受償3,000元，則應以1萬元之六分之三即5,000元）加入分配。

（三）舊奧國、日本法例

依舊奧國及日本法例，不問舊債權已否依和解條件受全部或一部之清償，均得以其原債權全額加入分配，惟已依和解所受一部或全部之清償額，雖不實際返還於破產財團，但在計算上則應加於破產財團，以定其分配率，如該舊債權應受分配額超過其依和解所受清償之數額，則可再受差額之分配。反之，如其依和解所受清償之數額，已超過其應受分配額，則不得再受分配，但其在和解受償之超過額，並不返還於破產財團。

我國破產法第40條規定：「在法院認可和解後，債務人尚未完全履行和解條件而受法院宣告破產時，債權人依和解條件已受清償者，關於其在和解前原有債權之未清償部分仍應加入破產程序，但於破產財團，應加算其已受償部分，以定其應受分配額；前項債權人，應俟其他債權人所受分配額與自己已受清償之程度成同一比例後，始得再受分配。」可見本條規

定，實兼採德、奧法例而予規定，亦即：債權人未依和解條件受有清償者，原有債權之未清償部分，即未依和解條件受償部分及復活之和解減免部分之總額，仍加入破產程序，此點類似德國法例；但其已依和解受清償之部分，應加算於破產財團，以定其分配額，且須俟其他債權人所受之分配額與自己已受清償之程度成同一比例時，始得再受分配，此點係採奧、日法例。

關於原債權額之計算，我國係採德國法例，對於在破產宣告前已受清償之部分，不得再列入破產債權，但於破產財團則應加算已受清償部分，並須俟其他債權人所受之分配與自己已受清償之程度成同一比例時再受分配，此對債權人較為不利。例如：如原債權額為1萬元，和解條件減免二成，即減免2,000元，而應受償8,000元，若已受償4,000元，則尚有4,000元未受償，而受法院宣告破產時，仍應將和解前原有債權額（1萬元）之未受償部分6,000元，加入破產程序，並於破產財團加算其已受清償之4,000元，然後就此破產財團計算該債權人未受清償之6,000元應受之分配額。假設分配比率為七成，該債權即可分得4,200元，除在和解程序已受償之4,000元外，尚可分配200元是。惟該債權在和解時既已受償4,000元，為求公平，應俟其他債權人所受分配額與自己已受清償之程度成同一比例（即4,000÷8,000）後，始得再受分配。若其於和解時受償之數額已超過或相等於其應受分配額時，其超過部分無須返還，亦不得再受分配。

從我國破產法第40條規定觀之，既然一方面使原本因和解減免之債權額回復，但他方面卻又僅得以未受償部分加入破產程序，導致在計算其已受償比例時，往往較其他破產債權人處於不利之地位，可見現行規定確有不公平之處。本條例第79規定，對於債務人尚未履行更生條件，而經法院裁定開始清算程序時，倘債權人已依更生條件受償者，其係以更生前之原有債權（即原債權全額）加入清算程序，此與破產法第40條係以原有債權未清償部分加入破產程序相較，更有助於全體債權人於清算程序公平受償。足見破產法第40條規定確有檢討修正之必要。

第三章

清算

本章從第80條起至第145條止，分為五小節，係為本條例對清算部分之
程序規範，就清算之聲請及開始、清算財團之構成及管理、清算債
權及債權人會議、清算財團之分配及清算程序之終了、免責及復權等事項
所為之特別規定。

第一節　清算之聲請及開始

本節從第80條起至第97條止，係就聲請清算之時點與主體、債務人應
提出之資料、債務人與相關人之報告義務、裁定開始清算程序之效力、債
務人準用破產人之規定、清算程序之同時終止、清算程序應公告之事項、
清算登記、書記官作成節略記明帳簿、債務人清算生活之限制、債務人之
拘提、債務人之管收、債務人喪失對財產之管理及處分權、法院裁定相對
人回復原狀、債務人之債務人對債權人之對抗、法定代理人之損害賠償責
任等事項所為之規定。

第80條（聲請清算之要件）
　　債務人於法院裁定開始更生程序或許可和解或宣告破產前，得向法院
聲請清算；債權人縱為一人，債務人亦得為聲請。

【立法要旨】
　　為使債務人得早期利用清算程序，適時重新出發，明定債務人於法院
裁定開始更生程序或許可和解或宣告破產前，得向法院聲請清算。惟於此
情形，僅債務人始有聲請權，以避免債權人藉聲請清算施加壓力於債務
人。又為使債務人有免責重生之機會，聲請清算之門檻不宜過高，明定債
權人縱然僅有一人，債務人亦得聲請清算。爰設本條。

【說明】

　　債務人之無擔保或無優先權債務總額縱已逾新臺幣1,200萬元，或僅負有擔保債務，其仍應得利用清算程序清理其債務，以謀經濟生活之更生，故法院不得以債務人之無擔保或無優先權債務總額逾新臺幣1,200萬元，或其僅負有擔保債務爲由，駁回其清算之聲請。前述無擔保及無優先權之債務，包括其本金及利息之債務總額（注意事項三十一）。

【與破產法之比較】

　　破產法第58條規定「破產，除另有規定外，得因債權人或債務人之聲請宣告之；前項聲請，縱在和解程序中，亦得爲之，但法院認爲有和解之可能者，得駁回之。」此條規定與本條例本條之規定有下列三點不同：（一）聲請人不同：前者，債權人或債務人均得聲請破產；後者，僅得由債務人聲請清算，債權人無聲請權，以避免債權人藉聲請清算施加壓力於債務人。（二）債權人數多寡不同：前者，破產之聲請，應以多數債權人之存在爲前提，如債權人僅有一人，既與第三人無涉，自無聲請破產之必要（最高法院65年臺抗字第325號判例）；後者，債權人縱爲一人，債務人亦得爲聲請清算。（三）聲請時期不同：破產之聲請，縱在和解程序中，亦得爲之，僅得由法院斟酌和解成立之可能性，而據以裁定准駁破產宣告之聲請；後者，清算之聲請須於法院裁定開始更生程序或許可和解或宣告破產之前爲之。

第81條（聲請清算應提出之文件）

（一）原條文：

Ⅰ、債務人聲請清算時，應提出財產及收入狀況說明書及其債權人、債務人清冊。

Ⅱ、前項債權人清冊，應表明下列事項：

一、債權人之姓名或名稱及地址，各債權之數額、原因及種類。

二、有擔保權或優先權之財產及其權利行使後不能受滿足清償之

> 債權數額。
> III、第一項債務人清冊，應表明債務人之姓名或名稱及地址，各債務之數額、原因、種類及擔保。
> IV、第一項財產狀況及收入說明書，應表明下列事項，並提出證明文件：
> 一、財產目錄，並其性質及所在地。
> 二、最近五年是否從事營業活動及平均每月營業額。
> 三、收入及必要支出之數額、原因及種類。
> 四、依法應受債務人扶養之人。

【立法要旨】

　　債務人聲請清算時，應提出財產及收入狀況說明書，及其債權人、債務人清冊等文書，俾利法院判斷是否具備清算之原因，以決定是否裁定開始清算程序，爰設第1項。並於第2、3、4項明定債務人所提債權人清冊、債務人清冊、財產及收入狀況說明書應表明之事項，俾便債務人得以遵循。又債務人所提之債權人、債務人清冊，應記載債權人、債務人之地址，如有不明，亦應表明其住居所不明之意旨，以利法院送達或通知，附此敘明。

【說明】

　　依本條第1項、第2項第2款之規定，債務人聲請清算時，應提出債權人清冊，該債權人清冊中並應記載有擔保權之財產及擔保權行使後不能受滿足清償之數額。故債務人所提出債權人清冊，若僅表明有擔保權或優先權之財產，未表明其權利行使後不能受滿足清償之債權數額者，法院自應命其補正。

（二）110年6月16日修正條文：

Ⅰ、債務人聲請清算時，應提出財產及收入狀況說明書及其債權人、債務人清冊。

Ⅱ、前項債權人清冊，應表明下列事項：

一、債權人之姓名或名稱及地址，各債權之數額、原因及種類。

二、有擔保權或優先權之財產及其權利行使後不能受滿足清償之債權數額。

Ⅲ、第一項債務人清冊，應表明債務人之姓名或名稱及地址，各債務之數額、原因、種類及擔保。

Ⅳ、第一項財產狀況及收入說明書，應表明下列事項，並提出證明文件：

一、財產目錄，並其性質及所在地。

二、最近五年是否從事營業活動及平均每月營業額。

三、收入及必要支出之數額、原因及種類。

四、依法應受債務人扶養之人。

Ⅴ、第四十三條第七項規定，於前項第三款情形準用之。

【110年6月16日修正要旨】

同本次第43條修正要旨，爰增列第5項。

【與破產法之比較】

破產法規定，債權人聲請宣告破產時，應於聲請書敘明其債權之性質、數額及債務人不能清償其債務之事實（破§61）；債務人聲請宣告破產時，應附具財產狀況說明書及其債權人、債務人清冊（破§62）。可見破產之聲請程序與本條例本條所規定清算之聲請程式大致相同。僅係本條例本條對於債權人清冊、債務人清冊、財產狀況及收入說明書等所應表明之事項，規定甚為詳明，較有利於清算程序之順利進行。

第82條（清算程序開始前之職權訊問）

Ⅰ、法院裁定開始清算程序前，得依職權訊問債務人、債權人及其他關係人，並得定期命債務人據實報告清算聲請前二年內財產變動之狀況。

Ⅱ、債務人違反前項報告義務者，法院得駁回清算之聲請。

【立法要旨】

（一）法院裁定開始清算程序前，爲判斷是否開始清算程序，自得訊問債務人、債權人及其他關係人，並命債務人報告其財產變動之狀況，以爲裁定之參酌，爰設第1項。

（二）清算程序係爲保護有清理債務誠意之債務人而設，債務人違反前項報告義務，足認其欠缺進行清算之誠意，且無聲請清算之眞意，自無加以保護之必要，爰設第2項，明定法院得駁回清算之聲請。

【說明】

債務人在法院裁定開始清算程序前，二年內所爲之無償行爲、有償行爲，或在六個月內所爲提供擔保、清償債務或其他有害及債權人權利之行爲，倘係爲詐害或偏頗之行爲，管理人得撤銷之（§20Ⅰ）；又債務人有薪資、執行業務所得或其他固定收入，而普通債權人之分配總額低於債務人聲請清算前二年間，可處分所得扣除自己及依法應受其扶養者所必要生活費用之數額者，法院應爲不免責之裁定（§133前段）。法院爲瞭解上開事項及債務人之債權、債務及財產狀況，自得於開始清算程序前，依職權訊問債務人、債權人及其他關係人，並得定期命債務人據實報告清算聲請前二年內財產變動之狀況。債務人若違反前項報告義務，即不具聲請清算之誠意，法院得駁回清算之聲請。

【與破產法之比較】

從破產法第63條所定「法院對於破產之聲請，應自收到聲請之日起七

日內，以裁定宣告破產或駁回破產之聲請。在裁定前，法院得依職權爲必要之調查，並傳訊債務人、債權人及其他關係人。第一項期間屆滿，調查不能完竣時，得爲七日以內之展期。」之內容以觀，可見法院於准駁破產聲請之前，得依職權對債務人、債權人及其他關係人爲必要之調查，與本條例本條之規定相當。僅係本條例本條規定法院得定期命債務人據實報告清算聲請前二年內財產變動之狀況，並對違反報告義務者，得駁回其清算之聲請，此在破產法卻無明文，似爲破產法立法未臻周密之處。

第83條（裁定開始清算程序之效力）

Ⅰ、法院開始清算程序之裁定，應載明其年、月、日、時，並即時發生效力。

Ⅱ、前項裁定，不得抗告。

【立法要旨】

（一）法院裁定開始清算程序，其作成裁定之時點爲何、生效之時點爲何，對於利害關係人之權益影響重大，爲杜爭議，裁定內自應載明法院作成裁定之時點，並即時發生效力之意旨，爰設第1項。

（二）爲求程序迅速進行，明定對於法院開始清算程序之裁定，不得抗告，爰設第2項。

【說明】

法院開始清算程序之裁定，與開始更生之裁定相同，均攸關債權人、債務人及其他利害關係人之權益，應予公告周知（細則§31）。

法院依本條例第53條第5項、第56條、第74條第2項、第75條第5項規定裁定開始清算程序者，均不得抗告【注意事項三十之（二）】。

法院依本條例第65條第1項、第76條第1項規定裁定開始清算程序者，除利害關係人對於不認可更生方案或撤銷更生之裁定提起抗告，該開始清算程序之裁定並受抗告法院之裁判外，對於開始清算程序之裁定，不得抗

告【注意事項三十之（三）】。

【與破產法之比較】

依本條例規定，對於債務人之債權，於法院裁定開始清算程序前成立者，始得為清算債權（§28 I）；債務人因法院裁定開始清算程序，對於應屬清算財團之財產，喪失其管理及處分權（§94 I）。故法院裁定開始清算程序之時點及生效之時點，對於利害關係人之權益影響重大，因此本條明定該裁定應載明其年、月、日、時，並使之即時發生效力。此為本例為求清算程序之明確、安定及迅速進行，所為之特別規定，在破產法中並無相對應之條文。

第84條（破產人資格及權利限制之準用）

其他法令關於破產人資格、權利限制之規定，於受法院裁定開始清算程序之債務人準用之。

【立法要旨】

清算程序係屬簡易之破產程序，其他法令所定對於破產人資格、權利限制之規定（例如：不動產估價師法、律師法、會計師法、公職人員選舉罷免法等），自適用於經法院裁定開始清算程序之債務人，爰設本條。

【說明】

依不動產估價師法、律師法、會計師法、公職人員選舉罷免法規定，凡受破產宣告者，均不得擔任不動產估價師、律師、會計師、公職人員候選人。此於經法院裁定開始清算程序之債務人，亦準用之。

【與破產法之比較】

依司法院25年院字第1505號解釋（二）所為「破產固係對於債務人不能清償債務者宣告之，但法院就破產之聲請，以職權為必要之調查，確係毫無財產，則破產財團即不能構成，無從依破產程序清理其債務，參照破

產法第148條之趣旨，自應依同法第63條，以裁定駁回其聲請。」解釋意旨之反面解釋，顯見實務見解係認為「債務人須有財產足夠清償破產程序費用，始得聲請破產」，此一見解，將造成債務人若無財產可構成破產財團，或其財產不敷清償破產財團費用及財團債務時，即因而不能受破產之宣告，以致可不受會計師法、律師法、公職人員選舉罷免法等有關不得為會計師、律師、公職人員候選人規定之限制，但若債務人之財產足以清償破產程序費用，不能清償債務者，應受破產之宣告，並因而應受上開身分上之限制，兩相比較之結果，顯然造成不公平之現象。本條例本條即係避免發生此種不合理現象之有效規範，是為破產法未來修法時之重要借鏡。

第85條（裁定開始清算程序並同時終止清算程序）
　Ⅰ、債務人之財產不敷清償清算程序之費用時，法院應裁定開始清算程序，並同時終止清算程序。
　Ⅱ、前項同時終止清算程序之裁定得為抗告。
　Ⅲ、第1項裁定應公告之，並送達於已知之債權人。

【立法要旨】
　（一）債務人之財產不敷清償清算程序費用時，仍應開始清算程序，使其有依本條例取得免責而重建經濟生活之機會。惟因債務人之財產已不敷清償清算程序之費用，為免程序浪費，明定法院應同時以裁定終止清算程序，爰設第1項。
　（二）法院裁定開始清算程序，並同時終止清算程序後，債務人即有取得免責之機會，此影響債權人之權益甚鉅，為保障渠等之權益，自應賦與債權人對同時終止清算程序之裁定得提起告救濟，爰設第2項。又法院終止清算程序後，債務人之債務並非當然免除，仍應由法院斟酌本條例有關免責之規定，例如：第133條至第135條等，依職權認定之，故法院終止清算程序後，債務人雖有取得免責之機會，惟其財產不敷清償清算程序之費用，如係因本條例所定不可免責之事由所致（如：浪費、賭博等），法

院即非當然爲免責之裁定，債務人就其所負債務仍應負清償之責，附此敍明。

（三）法院開始並同時終止清算程序之裁定，對於債權人、債務人之權益影響甚鉅，自應公告之，以使渠有所知悉。又債權人對同時終止清算程序之裁定既得提起抗告，爲利其判斷，該等裁定並應送達於已知之債權人，爰設第3項。

【說明】

本條規定債務人之財產不敷清償清算程序費用時，仍應開始清算程序，在學者間稱爲「零分配之清算」，其目的乃在於迅速清理債務人之債務，以避免程序之浪費，並使債務人取得免責而有重建復甦之機會。

法院依本條第3項規定，送達開始清算同時終止清算程序之裁定於已知之債權人者，以債務人聲請清算時所列債權人清冊所載之債權人爲準。

【與破產法之比較】

依前條所載司法院25年院字第1505號解釋（二）所採見解，認爲「債務人若係毫無財產，則破產財團即不能構成，無從依破產程序清理其債務，應以裁定駁回其破產之聲請。」另在學界通說，亦認債務人之財產不敷清償破產程序之費用時，無宣告破產之必要。此等見解，偏重於破產程序應將破產財團之財產公平分配與全體債權人，卻忽略破產制度之另一重要功能，係在於促使債務人可在經濟上獲得復甦之機會，是爲本條例所不採。爲使債務人得有免責之機會，故債務人縱全無財產，或其財產不敷清償清算程序之費用，債權人無從得受分配，法院仍應裁定開始清算程序。又因此種開始之清算程序，並無進行清算程序之實益，故法院應同時裁定終止清算程序。本條規定爲本條例爲使財力薄弱之債務人取得免責而重建經濟生活機會所特設之機制，是爲破產法所無之制度。

第86條（清算程序應公告之事項）

（一）原條文：

I 、法院裁定開始清算程序後，應公告下列事項：

一、開始清算程序裁定之主文及其年、月、日、時。

二、選任管理人者，其姓名、住址及處理清算事務之地址。管理人為法人者，其名稱、法定代理人及事務所或營業所。

三、債務人之債務人及屬於清算財團之財產持有人，對於債務人不得為清償或交付其財產，並應即交還或通知管理人或法院指定之人。如於申報債權之期間，無故不交還或通知者，對於清算財團因此所受之損害，應負賠償責任。

四、申報、補報債權之期間及債權人應於申報、補報期間內向管理人申報其債權；未選任管理人者，應向法院為之。其有證明文件者，並應提出之。

五、不依前款規定申報、補報債權之失權效果。

六、對於已申報、補報債權向法院提出異議之期間。

七、召集債權人會議者，其期日、處所及應議事項。

II 、第四十七條第二項至第四項之規定，於前項情形準用之。

【立法要旨】

（一）法院裁定開始清算程序後，應將開始清算程序裁定之主文及其時點、管理人之姓名及地址、債務人之債務人及屬於清算財團之財產持有人負交還財產及通知管理人、法院指定之人之義務、違反交還及通知義務之法律效果、申報及補報債權期間、異議期間、失權效果、債權人會議期日、處所及應議事項等事項公告，使債權人、債務人及其他利害關係人有所知悉，俾便申報債權、出席債權人會議，以利清算程序之進行，爰設第1項。

（二）第1項公告有關法院酌定申報債權、補報債權及提出異議之期

間、第1項公告及債權人清冊之送達、債權人清冊已記載之債權人及其債權內容之效力等，宜予明定，爰設第2項，明定第1項情形準用本條例第47條第2項至第4項之規定。

（二）101年1月4日修正條文：
Ⅰ、法院裁定開始清算程序後，應公告下列事項：
一、開始清算程序裁定之主文及其年、月、日、時。
二、選任管理人者，其姓名、住址及處理清算事務之地址。管理人為法人者，其名稱、法定代理人及事務所或營業所。
三、債務人之債務人及屬於清算財團之財產持有人，對於債務人不得為清償或交付其財產，並應即交還或通知管理人或法院指定之人。如於申報債權之期間，無故不交還或通知者，對於清算財團因此所受之損害，應負賠償責任。
四、申報、補報債權之期間及債權人應於申報、補報期間內向管理人申報其債權；未選任管理人者，應向法院為之；其有證明文件者，並應提出之。
五、不依前款規定申報、補報債權之失權效果。
六、對於已申報、補報債權向法院提出異議之期間。
七、召集債權人會議者，其期日、處所及應議事項。
Ⅱ、第四十七條第二項至第五項之規定，於前項情形準用之。但債權人依第二十六條第一項規定行使權利者，不得逾最後分配表公告日之前一日。

【101年1月4日修正要旨】
（一）原條文第1項未修正。
（二）法院裁定開始清算程序時，債務人所定雙務契約，當事人一方尚未完全履行，該契約經依第24條規定終止或解除時，可能已逾第2項準

用第47條第2項規定之債權申報及補報期間，爲使債權人得依第26條第1項
規定行使權利，明定此種情形申報債權期間之起算日。又清算財團之財產
經管理人作成最後分配表並經公告，爲維程序安定，自不宜許債權人再爲
申報或補報債權，並爲免債權人之申報與最後分配表之公告，在時間上孰
先孰後，滋生紛擾，明定其申報或補報債權期限之末日，爰修正第2項。

【說明】

依本條例第47條第4項、本條第2項規定視爲債權人已爲債權申報者，
以與債權人清冊所載同一內容之債權部分爲限，故債權人就逾該部分之債
權，仍應遵期申報，始得行使其權利（細則§21）。

【與破產法之比較】

依破產法第65條規定「法院爲破產宣告時，應公告下列事項：一、破
產裁定之主文，及其宣告之年、月、日。二、破產管理人之姓名、住址及
處理破產事務之地址。三、前條規定之期間及期日。四、破產人之債務人
及屬於破產財團之財產持有人，對於破產人不得爲清償或交付其財產，並
應即交還或通知破產管理人。五、破產人之債權人，應於規定期限內向破
產管理人申報其債權，其不依限申報者，不得就破產財團受清償。對於已
知之債權人、債務人及財產持有人，仍應將前項所列各事項，以通知書送
達之。第一項公告，準用第十三條之規定。」之內容以觀，可見破產宣告
之公告事項，與本條例開始清算程序之公告事項大同小異。其不同處，乃
在於本條例本條另規定：債務人之債務人及屬於清算財團之財產持有人，
應將其財產交付並通知管理人或法院指定之人，如無故不交還或通知者，
對於清算財團因此所受之損害，應負賠償責任（§86Ⅰ③）對於已申報
補報債權向法院提出異議之期間（§86Ⅰ⑥）及簡化債權申報程序（§47
Ⅳ）。

第87條（清算之登記）

I 、法院裁定開始清算程序時，就債務人或清算財團有關之登記，應即通知該管登記機關爲清算之登記。

II 、管理人亦得持開始清算程序之裁定，向前項登記機關聲請爲清算之登記。

III、債務人因繼承、強制執行、徵收或法院之判決，於登記前已取得不動產物權者，法院得因管理人之聲請，通知登記機關登記爲債務人所有。

IV、已爲清算登記之清算財團財產，經管理人爲返還或讓與者，法院得依其聲請，囑託該管登記機關塗銷其清算登記後登記之。

【立法要旨】

（一）法院裁定開始清算程序時，就債務人或清算財團有關之登記，應通知登記機關爲清算之登記，以免債務人在喪失處分權後仍任意處分，造成債權人及第三人之損害，爰設第1項。

（二）管理人對於應屬清算財團之財產有管理及處分權，如其發現清算財團有關之財產須爲登記而未登記者，亦應得持開始清算程序之裁定，向登記機關聲請登記，以爭取登記時效，防杜債務人脫產，爰設第2項。

（三）債務人因繼承、強制執行、徵收或法院之判決，於登記前已取得不動產物權者，爲便於處分，宜使法院得因管理人之聲請，通知登記機關登記爲債務人所有，以利清算程序之進行，爰設第3項。

（四）清算財團之財產，經依第1項規定爲清算之登記者，如該項財產，由管理人依法返還或讓與應得之人或受讓人時，即係依清算程序處理完畢，該財產因聲請清算所加之限制自應予以解除，爰設第4項，明定法院得依管理人之聲請，囑託登記機關塗銷其清算登記後登記之。

【說明】

債務人因法院裁定開始清算程序，對於應屬清算財團之財產，喪失其管理及處分權，就該財產所為之法律行為，非經管理人承認，不生效力（§94 I、II），該法律行為之相對人並不受善意受讓或信賴登記之保護。債務人若將應屬清算財團之財產移轉或設定負擔與他人，管理人如不予承認，即不生效力，管理人得聲請法院裁定命相對人返還所受領之給付物、塗銷其權利取得之登記或為其他回復原狀之行為（§95 I）。為保護第三人，並避免債務人任意處分應屬清算財團之財產，故法院裁定開始清算程序時，應即通知該管登記機關為清算之登記。經辦理清算登記後，未為塗銷前，登記機關應停止與其權利有關之新登記（土地登記規則§129 I 前段）。管理人為法院選任之機關，對於應屬清算財團之財產有管理及處分權，如發見尚未登記之財產，亦得持開始清算程序之裁定，向登記機關聲請為清算之登記，以收時效。債務人因繼承、強制執行、徵收、法院之判決，或其他非因法律行為，於登記前已取得不動產物權者〔例如：因法律規定由於除斥期間屆滿而取得典物所有權（民法§923 II）；或因法律事實而取得自己出資興建之建築物所有權〕，非經登記，不得處分其物權（民§759）。債務人既因法院裁定開始清算程序，喪失對應屬清算財團財產之管理及處分權，即無從由其申請登記，此時，法院得因管理人之聲請，通知登記機關登記為債務人所有，並為清算之登記。已為清算登記之清算財團財產，經管理人為返還或讓與者，法院得依其聲請，囑託該管登記機關塗銷其清算登記後登記之：在返還之情況，係指塗銷清算登記及債務人之權利登記；於讓與之情況，係指塗銷清算登記後登記為受讓人所有。另對於有別除權之財產，管理人於必要時，得請求債權人交出該財產（§35 II），並予以拍賣或變賣，而就其賣得價金扣除費用後清償之，且得聲請法院囑託該管登記機關塗銷其權利之登記（§112 II），其清算登記亦應一併予以塗銷，並登記為受讓人所有。

【與破產法之比較】

依破產法第66條規定「法院爲破產宣告時，就破產人或破產財團有關之登記，應即通知該登記所，囑託爲破產之登記。」此條所謂之「破產人有關之登記」，與本條例本條第1、2項規定之「清算登記」相當；至於所謂「破產財團有關之登記」，亦與本條例本條第3、4項規定之「不動產物權登記及塗銷清算登記」相當。只是本條例本條將之明確化，以杜不必要之爭議。

第88條（書記官作成節略記明帳簿）

法院裁定開始清算程序後，書記官應即於債務人關於營業上財產之帳簿記明截止帳目，簽名蓋章，並作成節略記明帳簿之狀況。

【立法要旨】

小規模營業人聲請清算時，爲完全瞭解其財產狀況，於法院裁定開始清算程序後，書記官應即於債務人關於營業上財產之帳簿記明截止帳目，簽名蓋章，並作成節略記明帳簿之狀況，以求明確，爰設本條。

【說明】

法院裁定開始清算程序後，書記官於債務人關於營業上財產之帳簿作成節略記明帳簿狀況，乃爲明確區分在開始清算程序前、後之收支帳目，以便查明債務人之財產、收入及業務狀況，並可避免竄改帳簿、隱匿或移轉財產，用以保全清算財團之財產。

【與破產法之比較】

本條規定之內容，與破產法第68條所定「法院書記官於破產宣告後，應即於破產人關於財產之帳簿記明截止帳目，簽名蓋章，並作成節略記明帳簿之狀況。」之文字完全相同，應係沿襲破產法第68條而來，並無特殊之處。

第89條（清算期間債務人生活之限制）

Ⅰ、債務人聲請清算後，其生活不得逾越一般人通常之程度，法院並得依利害關係人之聲請或依職權限制之。

Ⅱ、債務人非經法院之許可，不得離開其住居地；法院並得通知入出境管理機關，限制其出境。

【立法要旨】

（一）債務人及其家屬之必要生活費用，屬清算財團費用，為本條例第106條所明定，為防止清算財團之財產不當減少，債務人之生活，本不宜逾越一般人通常之程度。且清算制度賦與債務人重獲新生、重建個人經濟信用之機會，無非期以清算程序教育債務人，使之了解經濟瀕臨困境多肇因於過度奢侈、浪費之生活，故於債務人聲請清算後，即應學習簡樸生活，而不得逾越一般人通常之程度，如有奢侈、浪費情事，法院即得依利害關係人之聲請或依職權限制之，期能導正視聽，使債務人、債權人及社會大眾明瞭清算制度為不得已之手段，債務人一經利用清算程序清理債務，其生活、就業、居住遷徙自由、財產管理處分權等即應受到限制，而非揮霍無度、負債累累後一勞永逸之捷徑，爰設第1項。

（二）債務人聲請清算後，就法院、管理人關於財產狀況之訊問、詢問，有報告、答覆之義務，且為防止債務人隱匿或毀損財產，自宜就其居住遷徙予以限制，以利於清算程序之進行，爰明定債務人須經法院許可後，始得離開其住居地。又法院認有限制債務人出境之必要時，並得通知入出境管理機關，以達限制債務人住居之目的，爰設第2項。

【說明】

債務人依本條規定所受生活之限制，其目的係為防止清算財團財產之不當減少，並對債務人施予某程度之更生教育，故法院為終止或終結清算程序之裁定確定後，即無繼續對債務人之生活為限制之正當理由，為免影

響債務人清算後之生活,故債務人依本條規定所受生活之限制,其期限至清算程序終止或終結時止,當然解除。如法院所定之期間,較前開期限為短者,自應依該裁定所定期間為準(細則§32)。

法院依本條第1項規定裁定限制債務人之生活程度時,宜考量債務人之身分、地位、職業、生活狀況、負債程度、可預見之收入、可預期之必要支出及其他一切情狀,在維持債務人合理基本生活所需之範圍內,為適當之限制(注意事項三十二)。

法院裁定限制債務人之生活程度者,除應通知債務人外,並應斟酌情形,分別通知當地戶政機關、警察機關、入出境管理機關。

法院依本條例第85條第1項規定裁定開始清算同時終止清算程序者,亦得依本條第1項規定裁定限制債務人之生活程度。

【與破產法之比較】

依破產法規定,法院於破產宣告後,認為必要時,得囑託郵局或電報局將寄與破產人之郵件、電報送交破產管理人(破§67);破產人非經法院之許可,不得離開其住居地(破§69)。故在破產法中,債務人之秘密通訊及住居自由,亦受相當之限制。但卻無如本條例本條寓有教育意義之「禁止奢侈、浪費條款」之規定,係為美中不足之處。

第90條(拘提債務人之事由)

債務人有下列情形之一者,法院得拘提之。但以有強制其到場之必要者為限。

一、受合法通知,無正當理由而不到場。

二、顯有逃匿之虞。

三、顯有隱匿、毀棄或處分屬於清算財團財產之虞。

四、無正當理由違反前條第2項之規定。

【立法要旨】

債務人聲請清算後，即應依法院之通知到場，或依法律之規定，履行其義務，配合清算程序之進行，如債務人受合法通知，無正當理由不到場，或有具體事實顯示債務人有逃匿或隱匿、毀棄、處分屬於清算財團財產之可能，或無正當理由離開其住居地，法院自得以拘提之強制手段防止之，爰設本條規定。

【說明】

債務人縱有委任代理人，仍應親自出席債權人會議。如有違反本條例第41條規定者，在更生程序，法院得依第56條第1款規定裁定開始清算程序；在清算程序，必要時得依本條第1款規定拘提之，並構成第134條第8款規定之不免責事由（注意事項二十）。

【與破產法之比較】

破產法第70條規定「法院認為必要時，得傳喚或拘提破產人；前項傳喚或拘提，準用刑事訴訟法關於傳喚或拘提之規定。」此一規定之目的，與本條例本條「為促使債務人履行義務，並配合清算程序之進行」之立法旨趣相當。只不過本條已直接規定拘提之原因，而在破產程序拘提債人之原因，須準用刑事訴訟法第75、76條所定關於拘提被告之規定，其限制較本條例本條所定之拘提原因為嚴、為狹，在效果上較難彰顯其成效。

第91條（管收債務人之事由）

　　I　、債務人有下列情形之一，非予管收顯難進行清算程序者，法院得管收之：
　　　　一、有前條第二款、第三款或第四款之情形。
　　　　二、違反第一百零二條第一項、第一百零三條第一項之規定。
　　II　、管收期間不得超過三個月。

【立法要旨】

（一）為保障債務人之自由權利，法院對於債務人之管收宜慎重為之，爰設第一項，明定須債務人有逃匿，或隱匿、毀棄、處分屬於清算財團財產之虞，或違背第102條第1項及第103條第1項所定之義務者，法院始得管收之，以示限制。

（二）管收之期間，宜予明定，爰設第2項，明定其期間最長不得超過三個月。

【說明】

債務人為無行為能力人或限制行為能力人者，本條管收之規定於其法定代理人亦有適用（§4）。

【與破產法之比較】

依破產法規定：破產人有逃亡或隱匿、毀棄其財產之虞時，法院得管收之；管收期間不得超過三個月。但經破產管理人提出正當理由時，法院得准予展期，展期以三個月為限；破產人有管收新原因被發現時，得再行管收；管收期間，總計不得逾六個月（破§71）。有破產聲請時，雖在破產宣告前，法院得因債權人之聲請或依職權拘提或管收債務人，或命為必要之保全處分（破§72）。本條例所定管收之強制處分，並無得展期之規定，故管收之原因消滅時，應即釋放被管收人（§92）；又本條例之管收，限於開始清算程序後始得為之，但其可管收之原因較多；而破產法之管收，雖在破產宣告前，法院亦得因債權人之聲請或依職權拘提或管收債務人，但其可管收之原因，僅限於「破產人有逃亡或隱匿、毀棄其財產之虞時」，是為兩法不同之處。

第92條（管收原因消滅之效力）

管收之原因消滅時，應即釋放被管收人。

【立法要旨】

　　管收之原因事後消滅時，自不得再予管收，應即釋放被管收人，爰設本條。

【說明】

　　管收係為順利進行清算程序所不得已之強制處分，關係人身自由之基本權利，故宜慎重行之，並應於管收之原因不存在時，立即釋放被管收人，以維護其人身自由。

【與破產法之比較】

　　本條與破產法第73條所定「管收之原因不存在時，應即釋放被管收人。」之內容完全相同，應係沿襲破產法該條規定而來。

第93條（強制執行法之準用）
　　拘提、管收除前三條規定外，準用強制執行法之規定。

【立法要旨】

　　為促進清算程序之進行，有關債務人之拘提、管收，除前三條之規定外，其拘票、管收票應記載事項、執行拘提、管收機關及處所等，宜有所準據，爰設本條，明定準用強制執行法規定。

【說明】

　　本條例對於債務人拘提、管收程序事項、執行機關及停止管收等事項，均未有明文規定，故強制執行法有關之規定，諸如：第21條之1、第21條之2、第22條之1至第22條之3、第22條之4第3、4款、第22條之5、第26條等規定，均在準用之列。至於強制執行法第24條第2項「有管收新原因發生時，對於債務人仍得再行管收，但以一次為限」之規定，亦可準用之，故管收期間總計亦可達六個月（細則§34）。

【與破產法之比較】

　　本條規定與破產法第73條之1規定「破產人之管收,除前三條規定外,準用強制執行法之規定。」之條文,完全一致。

第94條(清算程序中債務人法律行為之效力)

I 、債務人因法院裁定開始清算程序,對於應屬清算財團之財產,喪失其管理及處分權。

II 、法院裁定開始清算程序後,債務人就應屬清算財團之財產所為之法律行為,非經管理人之承認,不生效力。

III、前項情形,法律行為之相對人得催告管理人於十日內確答是否承認,逾期未為確答者,視為拒絕承認。

IV、債務人於法院裁定開始清算程序之日所為之法律行為,推定為清算程序開始後所為。

【立法要旨】

　　(一)法院裁定開始清算程序,如仍由債務人自行管理及處分其財產,難免有隱匿、毀棄、浪費財產,損害債權人權益情事,為統一處理其財產,並避免債務人恣意減少財產或增加債務,明定其就清算財團之財產喪失管理處分權,爰設第1項。

　　(二)債務人聲請清算後,其無償行為,不生效力;有償行為逾越通常管理行為或通常營業範圍者,對於債權人不生效力,為本條例第23條所明定。此於債務人所為行為不利清算財團時,自足以保障債權人之權益,惟債務人之有償行為,如有利於清算財團,且已取得合理或相當之對價,對債權人即無不利,自無使之均為無效之必要,茲債務人違反本條第1項規定,於法院裁定開始清算程序後,管理處分應屬清算財團之財產,屬無權處分,爰設第2項,明定該行為為效力未定之行為,同時賦與管理人承認權,使其得因應實際狀況,斟酌債務人之行為是否利於清算財團、取得

之對價是否合理相當等，以決定是否予以承認，俾保障債權人之權益。

（三）為免管理人遲未確答是否承認，致該等法律行為之效力懸而未決，爰設第3項，明定法律行為之相對人，得催告管理人於十日內確答是否承認，管理人逾期未為確答者，視為拒絕承認，以保障相對人之權益。

（四）債務人於法院裁定開始清算程序之日所為之法律行為，為裁定前或裁定後所為，調查困難，易生爭議，非惟涉及該法律行為之效力，更與債權人之權益有重大關係，爰設第3項，明定推定為清算程序開始後所為，以杜爭議。

【說明】

債務人因法院裁定開始清算程序，而對於應屬清算財團之財產喪失其管理及處分權時，應移歸於清算管理人行使，此處所稱「應屬清算財團之財產」，係指法院裁定開始清算程序時，屬於債務人之一切財產及將來可行使之財產請求權，及至程序終止或終結前，因繼承或無償取得之財產。但專屬於債務人本身之權利及禁止扣押之財產（§98，包括民法第1030條之1所定之夫妻剩餘財產分配請求權），及法院以裁定擴張自由財產之範圍（§99），均不屬於清算財團之財產。

本條係規定「法院在裁定開始清算程序後」，債務人在清算程序中，其法律行為之限制及效力。此與本條例第23條所定債務人「在聲請更生或清算後，法院裁定開始更生或清算前」，所為法律行為之效力有別，不可混淆不清。

【與破產法之比較】

破產法第75條規定「破產人因破產之宣告，對於應屬破產財團之財產，喪失其管理及處分權。」核與本條例本條第1項之規定同其意旨，剝奪破產人對於應屬破產財團之財產之管理及處分權，而將之移歸於破產管理人，以統一事權，並避免破產人恣意減少財產或增加債務。惟本條例對於債務人違反本條第1項規定，仍為無權處分其財產時，其效力如何、效

力如何確定等問題，另在第2項至第4項加以明確之界定，以杜不必要之爭
議。

第95條（管理人不承認債務人法律行為之處置）

Ⅰ、管理人不為前條第二項之承認時，得聲請法院裁定命相對人返還
　　所受領之給付物、塗銷其權利取得之登記或為其他回復原狀之行
　　為。

Ⅱ、對於前項裁定提起抗告，抗告法院於裁定前，應行言詞辯論。

Ⅲ、前二項裁定確定時，有確定判決同一之效力。

Ⅳ、相對人不依第一項裁定履行者，法院得依管理人之聲請強制執行
　　或囑託登記機關塗銷其權利取得之登記。但相對人提起抗告時，
　　應停止執行。

【立法要旨】

（一）法院裁定開始清算程序後，債務人就清算財團之財產所為之法
律行為，管理人得不予承認而主張無效，債務人如已將清算財團之財產交
付或移轉於相對人，自應命其返還、塗銷登記或回復原狀，始能保護債權
人之權益，爰設第1項，以利清算程序進行。

（二）為免法律行為之相對人遲不依法院命其回復原狀之裁定履行，
動輒提起訴訟加以爭執，影響清算程序之迅速進行。基此，法院就相對人
應否返還所受領之給付物、塗銷其權利取得之登記或為其他回復原狀之行
為等應為實體審查，必要時，並得行言詞辯論，於提起抗告後，抗告法院
於裁定前，則應行言詞辯論，使各該當事人得充分就該爭執事項為事實上
及法律上之陳述，並得聲明證據、提出攻擊防禦方法，及為適當完全之辯
論，俾保障當事人之程序權，爰設第2項。

（三）法院就相對人應否返還所受領之給付物、塗銷其權利取得之登
記或為其他回復原狀之行為等既應為實體審查，於提起抗告後，抗告法院
裁定前，更應行言詞辯論，於渠等程序權已為充分保障之情形下，應賦與

該等裁定有確定判決同一之效力，以促進清算程序之迅速進行，爰設第3項。

（四）爲謀法院裁定命債務人所爲行爲之相對人返還所受領之給付物或其他回復原狀等，該相對人能自動遵行，爰設第4項，明定相對人不依該裁定履行者，法院得依管理人之聲請強制執行，或囑託登記機關塗銷其權利取得之登記。惟相對人對法院命其履行之裁定如已提起抗告，其應否返還所受領之給付物或爲其他回復原狀之行爲，即仍有爭議，爲保護相對人之權益，特設但書，明定相對人提起抗告時，應停止執行。

【說明】

獨任法官或司法事務官爲本條第1項回復原狀之裁定，應爲實體審查，必要時得行言詞辯論（注意事項十三）。

【與破產法之比較】

債務人於法院裁定開始清算程序後，若無權處分清算財團之財產時，對其財產之回復，因本條係採行簡易執行方式，並對相關爭議，採取非訟化審理，爲實質之調查審認，並行任意之言詞辯論，以利程序迅速並經濟進行。而對該裁定提起抗告時，則採取必要之言詞辯論，亦應爲實體審查，當此種裁定確定時，即賦與確定判決同一之效力。此爲本條例所採行之新法制，是爲破產法所未規範之部分。

第96條（債務人之債務人所爲清償行爲之效力）

I 、債務人之債務人，於法院裁定開始清算程序後不知其事實而爲清償者，得以之對抗債權人；如知其事實而爲清償者，僅得以清算財團所受之利益爲限，對抗債權人。

II 、前項債務人所爲清償，在法院公告開始清算程序前者，推定爲不知其事實；在公告後者，推定爲知其事實。

【立法要旨】

（一）債務人之債務人，於法院裁定開始清算程序後不知其事實而為清償，乃出於善意所為之清償，自應加以保護，故債務人之債務人得以該清償事實對抗債權人。至債務人之債務人明知法院裁定開始清算程序之事實而仍為清償，即無特別保護之必要，僅得於清算財團所受之利益範圍內，對抗債權人。爰設第1項。

（二）債務人之債務人於法院裁定開始清算程序後向債務人為清償者，依其是否知悉法院裁定開始清算程序之事實而異其效力，為明舉證責任，以利判斷，爰設第2項，以開始清算程序公告之時點，推定債務人之債務人是否知悉法院裁定開始清算程序之事實，以定其所為清償之效力。本項規定之推定是否知悉，得以反證推翻之，乃屬當然。

【說明】

債務人之債務人對於債務人所為之清償如係出於善意者，若仍認其不生清償之效力，不免過苛，茲為保護該債務人善意之清償，故使其得以之對抗債權人，不必再為清償。但如係出於惡意所為之清償，即無保護之必要，自僅得於清算財團所受利益之範圍內對抗債權人。

【與破產法之比較】

本條第1項之對抗規定，與破產法第76條所定「破產人之債務人，於破產宣告後，不知其事實而為清償者，得以之對抗破產債權人，如知其事實而為清償者，僅得以破產財團所受之利益為限，對抗破產債權人。」之內容，完全相同。至於第2項之條文，係為避免舉證困難所為之推定規定，為本條例所特設，惟既係推定，若有反證自得推翻之。

第97條（命法定代理賠償之裁定）

I、債務人之法定代理人對於債務人應負損害賠償責任者，法院得依管理人、債權人之聲請或依職權以裁定命其賠償。其因同一事由

　　　　應負責任之法定代理人爲二人時，應命連帶賠償。

II、前項情形，法院於裁定前應使當事人有陳述意見之機會。但應公
　　示送達者，不在此限。

III、對於第一項裁定提起抗告，抗告法院於裁定前，應行言詞辯論。

IV、第一項、第三項裁定確定時，有確定判決同一之效力。

【立法要旨】

（一）債務人之法定代理人對於債務人應負損害賠償責任時，爲迅速追究其責任，有效保障債務人及債權人之權益，爰設第1項，明定法院得依管理人、債權人之聲請或依職權，就債務人之法定代理人有無應負賠償之事由爲實體審查，並以裁定命其賠償。其因同一事由應對債務人負責任之法定代理人爲二人時，應負連帶賠償責任。

（二）法院以裁定命債務人之法定代理人賠償，攸關受裁定人之權益，裁定前，應使其有陳述意見之機會，爰設第2項。惟當事人應公示送達者，難以期待其爲陳述，爰設但書予以除外。

（三）法院命債務人法定代理人賠償之裁定，影響受裁定人之權益甚鉅，宜賦與提起抗告之權以爲救濟，抗告法院於裁定前，應行言詞辯論，使其得充分就應否負賠償責任之事由爲事實上及法律上之陳述，並得聲明證據、提出攻擊防禦方法，及爲適當完全之辯論，俾保障受裁定人之程序權，爰設第3項。

（四）法院就債務人之法定代理人應否負賠償責任爲裁定時，既應爲實體審查，提起抗告後，抗告法院裁定前，更應行言詞辯論，爲免受裁定人另行提起訴訟再爲爭執，致未能迅速追究債務人法定代理人之責任，有效保障債務人及債權人之權益，於受裁定人之程序權已獲充分保障之情形下，法院命債務人法定代理人賠償之裁定，宜賦與實體上之確定力，爰設第4項，明定第1項損害賠償責任經裁定確定後，與確定判決有同一之效力。

【說明】

　　法院依本條第1項或第110條規定，裁定命債務人之法定代理人或管理人賠償者，相對人倘拒不履行，其情形實與相對人依本條例第95條第1項規定應負回復原狀義務，而拒不履行者相若，允宜準用本條例第95條第4項有關對該義務人聲請強制執行之規定（細則§33）。

　　獨任法官或司法事務官為本條第1項之裁定時，應為實體審查，必要時得行言詞辯論（注意事項十三）。

【與破產法之比較】

　　本條為迅速追究債務人之法定代理人之損害賠償責任，乃採行非訟化之實體審理程序，以求程序之經濟及簡化，為本條例之新構想，係為破產法所未顧及之新制。

第二節　清算財團之構成及管理

　　本節從第98條起至第110條止，係就清算財團之財產、清算財團財產之擴張、債務人繼承效力之限制、清算財團財產之書面記載、財產之移交、債務人之答覆義務、債務人權利之保全、資產表公告、財團費用之來源、財團債務之來源、優先清償之債權、清償順序、損害賠償責任之準用等事項所為之規定。

第98條（清算財團之構成）

　（一）原條文：

　Ⅰ、下列財產為清算財團：

　　　一、法院裁定開始清算程序時，屬於債務人之一切財產及將來行使之財產請求權。

> 二、法院裁定開始清算程序後，程序終止或終結前，債務人因繼承或無償取得之財產。
> II、專屬於債務人本身之權利及禁止扣押之財產，不屬於清算財團。但民法第一千零三十條之一規定之剩餘財產分配請求權，不在此限。

【立法要旨】

（一）法院裁定開始清算程序時，應歸屬清算財團之債務人財產，其範圍如何？影響債務人及債權人之權益甚鉅，自宜明定：

1. 法院裁定開始清算程序時，屬於債務人之一切財產，當屬清算財團之財產。至債務人基於法院裁定開始清算程序前之原因事實所生將來可行使之財產請求權，雖其權利尚未發生，惟其發生權利之原因事實既已存在，待將來一定之行為事實實現後，權利即能發生，此類將來可行使之財產請求權，自亦應列入清算財團之財產，爰設第1項第1款。

2. 清算財團之構成，如採膨脹主義，清算財團不易確定，影響清算財團財產之分配及清算程序之進行，並易降低債務人獲取新財產之意願，為鼓勵債務人努力重生，早日恢復經濟活動，宜兼採固定主義。而債務人於裁定開始清算程序後，清算程序終止或終結前，因繼承或無償取得之財產，並非因其付出勞力而取得，為增加清算財團之財產，明定該等所得歸入清算財團，其餘債務人新取得之財產，則不列入清算財團，以維衡平，爰設第1項第2款。

（二）為維持債務人最低限度之生活，並基於人道或社會政策之考量，專屬於債務人本身之權利及禁止扣押之財產，不宜列入破產財團之範圍。又清算程序實質上為破產程序，債務人如為有配偶之自然人，且與其配偶間為法定財產者，其經法院裁定開始清算程序時，因其夫妻財產制當然改為分別財產制，債務人依民法第1030條之1第1項規定對配偶有剩餘財產分配請求權，該項權利如不屬於清算財團，易被利用為脫產之途，顯失公平，爰設但書予以除外。

（二）101年12月26日修正條文：
Ⅰ、下列財產為清算財團：
　　一、法院裁定開始清算程序時，屬於債務人之一切財產及將來行
　　　　使之財產請求權。
　　二、法院裁定開始清算程序後，程序終止或終結前，債務人因繼
　　　　承或無償取得之財產。
Ⅱ、專屬於債務人本身之權利及禁止扣押之財產，不屬於清算財團。

【101年12月26日修正要旨】
　　（一）刪除第2項但書。
　　（二）因原有民法第1030條之1第1項對配偶之剩餘財產分配請求權，
非專屬於債務人一身之權利，故本法立法時將該項請求權納入清算財團之
財產範圍，並於本條第2項但書特別明定。惟民法第1030條之1現修正為專
屬於配偶一方之權利，本條第2項但書已無特別規定之必要，參考日本個
人破產立法例，亦未將配偶財產納入破產財團中計算之，故刪除本條但
書。

【說明】
　　本條第1項所謂「將來行使之財產請求權」，係指基於裁定開始清算
程序前之原因事實所生將來可行使之財產請求權，例如保證人、連帶債務
人或不可分債務之債務人間將來可行使之求償權，或票據背書人破產時，
其對其他票據債務人之將來求償權等是。至於附停止條件、解除條件或期
限之債權，均屬現實已存在之債權，自非屬此處所稱之將來行使之財產請
求權。
　　本條第2項所謂「專屬於債務人本身之權利」，係指諸如終身定期金
債權（民734），或精神上損害賠償請求權（民195 Ⅱ）等，為維持債務人
最低生活及基於人道或社會政策之考量，而不列入清算財團範圍之債務人
本身之權利。

　　法院裁定開始清算程序後，管理人因繼續債務人營業所得之財產，應歸屬於清算財團（細則§35）。

　　法院判斷債務人之財產是否係本條第2項及第102條第1項但書所稱禁止扣押之財產，係指在民事強制執行時，依法不得查封或扣押之財產，應注意強制執行法第52條、第53條、第122條及其他法律中有關禁止扣押財產權之相關規定，例如：公教人員保險法第18條、公務人員退休法第14條、學校教職員退休條例第15條、公務人員撫卹法第13條、軍人撫卹條例第29條、軍人保險條例第21條、勞工保險條例第29條第1項、社會救助法第44條、勞動基準法第56條第1項、第61條第2項等規定（注意事項三十三）。

　　由於原有民法第1009條及第1011條分別規定：「夫妻之一方受破產宣告時，其夫妻財產制，當然成爲分別財產制。」、「債權人對於夫妻一方之財產已爲扣押，而未得受清償時，法院因債權人之聲請，得宣告改用分別財產制。」又因爲同法第1030條之1第1項規定之「配偶剩餘財產分配請求權」，非一身專屬權。故債權人在夫妻欠債之一方無法償債時，多利用前開民法第1009條及第1011條之規定，向法院聲請宣告夫妻改用分別財產制，再代位債務人向債務人之他方配偶行使前開之剩餘財產分配請求權，以達到其債權獲得清償之目的，導致近年許多卡債族之消費者，在負擔多重債務而不能清償之情況下，金融機構或受讓債權之資產管理公司等債權人，爲達成其債權之受償，即不斷利用民法前開規定，向法院聲請宣告夫妻改用分別財產制，再代位債務人向債務人之配偶行使民法第1030條之1剩餘財產分配請求權，使他方配偶因婚姻關係而淪爲「隱性連帶債務人」之不合理現象，產生許多家庭及社會問題，爲杜絕此一不合理現象，立法院乃在101年12月7日三讀通過修正民法第1030條之1，將夫妻剩餘財產分配請求權修正爲一身專屬權，規定除已依契約承諾，或已起訴者外，不得讓與或繼承，並刪除民法第1009條、第1011條及消費者債務清理條例第98條第2項但書之規定，以貫徹現行夫妻財產制「夫妻財產各保有其所有權

權能，並各自獨立負擔自己債務」之立法意旨。此外，為兼顧夫妻剩餘財產分配請求權之法安定性，另增訂民法親屬編施行法第6條之3規定：「本法中華民國一百零一年十二月七日修正施行前，經債權人向法院聲請宣告債務人改用分別財產制或已代位債務人起訴請求分配剩餘財產而尚未確定之事件，適用修正後之規定」，以保障無辜受累之他方配偶之財產權。

【與破產法之比較】

關於破產財團之構成，在立法例上主要有固定主義及膨脹主義之分。前者，係指破產財團之構成，以破產宣告當時債務人之財產為限之主義，此為德、日法例；後者，係指破產財團之構成，不以破產宣告當時破產人之財產為限，凡在破產程序終結前，屬於破產人之財產，均包含在內，此為法國法例。採固定主義之優點，在於破產財團之範圍易於確定，有利於破產程序之早日終結。其缺點則在於破產財團之範圍不能及於破產人將來行使之財產請求權，及破產程序終止或終結前債務人因繼承或無償取得之財產，其破產財團之範圍有限，不利於債權人之受償；而膨脹主義之優點，則在於破產財團之構成，涵蓋破產程序終結前，將債務人於破產宣告後新取得之財產亦納入破產財團，其破產財團之範圍較廣，有利於債權人之受償。但其缺點則在於債務人於破產宣告前，其經濟情況本已走下坡，於破產宣告後，其經濟活動更受有層層限制，可能取得新財產之機會甚為有限，對於破產債權人可獲分配利益之增加，亦微乎其微，且其破產財團之構成，直至破產程序終結前，因不易確定，將影響破產程序之進行及破產財團財產之分配。況且，債務人於破產宣告後取得之財產，原則上既應歸屬於破產財團，亦將降低債務人辛勤工作，獲取新財產之意願，不利其重生。

我國破產法第82條規定「左列財產為破產財團：一、破產宣告時屬於破產人之一切財產，及將來行使之財產請求權。二、破產宣告後，破產終結前，破產人所取得之財產。專屬於破產人本身之權利及禁止扣押之財產，不屬於破產財團。」係採膨脹主義，具有上述缺點。本條例為鼓勵債

務人努力更生，恢復其經濟活動，以採固定主義為原則，將法院裁定開始清算程序時，屬於債務人之一切財產及將來行使之財產請求權，作為清算財團之基礎。並將債務人於開始清算程序後，程序終止或終結前，因繼承或無償新取得之財產，亦納入清算財團，以兼顧債權人權益之保護。又本條例為維持債務人之生活，確保債務人重建經濟之機會，除與破產法第82條第2項規定相同，將專屬於債務人本身之權利及禁止扣押之財產排除於清算財團之範圍，使成為債務人可得自由處分之財產外，更授權法院裁定擴大債務人自由財產之範圍，規定法院得依債務人之聲請或依職權，審酌債務人之生活狀況、清算財團財產之種類及數額、債務人可預見之收入等一切情事後，以裁定擴張自由財產之範圍（§99）。

第99條（自由財產之擴充）

　　法院於裁定開始清算程序後一個月內，得依債務人之聲請或依職權，審酌債務人之生活狀況、清算財團財產之種類及數額、債務人可預見之收入及其他情事，以裁定擴張不屬於清算財團財產之範圍。

【立法要旨】

　　為確保債務人重建經濟之機會，避免債務人無從維持生活，爰設本條，授權法院得審酌債務人之生活狀況、清算財團財產之種類及數額、債務人可預見之收入等一切情事後，以裁定擴大自由財產之範圍。又法院審酌上開情事時，除得就該等事項加以調查外，必要時，亦得命債務務人、債權人等陳述意見，乃屬當然。

【說明】

　　不屬於清算財團之債務人財產，為債務人之「自由財產」。如前條法院裁定開始清算程序後債務人有償取得之財產，及專屬於債務人本身之權利及禁止扣押之財產等是。另不易變價之財產，經債權人會議決議或法院裁定返還債務人者（§118、121 I），亦屬自由財產。債務人對於其自由

財產，得自由管理處分之。惟自由財產之法制，旨在維持債務人之基本生活，保障其生存權及人格尊嚴，並使其有在經濟上有復甦之機會。若債務人之自由財產不足以維持其生活，法院於裁定開始清算程序後一個月內，得依債務人之聲請或依職權，審酌債務人之生活狀況等一切情事，以裁定擴張其自由財產之範圍。此即學者所稱「自由財產之擴充」，亦即「清算財團財產之減縮」。

法院依本條規定裁定擴張不屬於清算財團財產之範圍時，宜斟酌債務人之身分、地位、職業、生活狀況、可預見之收入、可預期之必要基本生活支出等情事，以裁量該部分自由財產範圍之擴張，是否確屬維持債務人之合理基本生活所必需等情事具體定之。

【與破產法之比較】

本條係本條例為維持債務人之基本生活，及確保債務人重建復甦之目的，而為破產法所未顧及之人道法制，值得借鏡。

第100條（債務人拋棄繼承之限制）

（一）原條文：

債務人之繼承，在聲請清算後開始者，對債務人僅有限定繼承之效力。其在聲請清算前二個月內開始者，債務人於聲請清算後不得拋棄繼承，並僅有限定繼承之效力。

【立法要旨】

依第98條第1項第2款規定，債務人因繼承取得之財產應列入清算財團，惟如被繼承人之債務超過遺產而債務人為概括繼承時，對於清算財團反為不利；如遺產超過債務而債務人拋棄繼承時，亦將使清算財團蒙受損失，為防杜上述情形，明定債務人之繼承，在聲請清算後開始者，對債務人僅有限定繼承之效力，以保障債權人之權益。另為兼顧交易安全，保障善意第三人之權益，債務人之繼承在聲請清算前開始者，如其已為概括繼

承或拋棄繼承，即各自發生概括繼承或拋棄繼承之效力。如其繼承在聲請清算前二個月內開始，且其尚未爲繼承之拋棄，於聲請清算後，債務人即不得拋棄繼承，並僅發生限定繼承之效力，以防杜對清算財團不利。爰設本條。

> **（二）101年1月4日修正條文：**
> **債務人之繼承在聲請清算前三個月內開始者，於聲請清算後不得拋棄繼承。**

【101年1月4日修正要旨】

配合民法繼承編修正繼承人對於繼承債務僅負限定責任，並刪除限定繼承制度，及修正拋棄繼承之期間，爰修正本條。

【說明】

繼承，如係概括繼承，則應承受被繼承人財產上之一切權利義務（民§1148Ⅰ前段）；如係拋棄繼承，則係溯及於繼承開始時，拋棄對被繼承人財產上之一切權利義務（民§1174Ⅰ、1175）；如係限定繼承，則係繼承人得限定以因繼承所得之遺產，償還被繼承人之債務（98年6月10日修正前民§1154Ⅰ）。本條係爲避免債務人任意爲概括繼承及拋棄繼承，以致減損應屬清算財團之財產所採行之法制，對於債權人之受償，甚具正面功能。

民法第1154條有關原有限定繼承制度，已於98年6月10日予以刪除，並將法定繼承改爲有限責任（民§1148Ⅱ），故將本條例之本條原文前段刪除。

【與破產法之比較】

本條係爲避免債務人於聲請清算之前後，因任意爲概括繼承及拋棄繼承之意思表示，以致損及清算財團之財產所創新之法制，可作爲破產法未

來修法時之參考。

第101條（清算財團財產之提出）

法院裁定開始清算程序後，債務人應將屬於清算財團之財產，記載書面提出於法院及管理人。

【立法要旨】

為增加清算程序之公正性及促進其迅速性，應加強債務人之財產開示義務，爰設本條。

【說明】

債務人利用清算程序清理其債務時，就其財產有開示之義務。例如：於聲請清算時，應提出財產及收入狀況說明書及其債權人、債務人清冊（§81）；法院得命債務人據實報告清算聲請前二年內財產變動之狀況（§82）；法院裁定開始清算程序後，債務人並應將屬於清算財團之財產，記載書面提出於法院及管理人（§101）等，藉以加強清算程序之公正性及迅速性。

【與破產法之比較】

本條係為達清算程序之公正性及迅速性，特就其財產明定有開示之義務，此在破產法並無相對應之條文。

第102條（債務人財產與文件之移交）

I 、債務人及其使用人應將與其財產有關之一切簿冊、文件及其所管有之一切財產，移交管理人或法院指定之人。但禁止扣押之財產，不在此限。

II 、前項之人拒絕為移交時，法院得依聲請或依職權強制執行之。

【立法要旨】

（一）為利清算程序之進行，債務人或為債務人處理財產之使用人，應負將與其財產有關之一切簿冊、文件及財產移交予管理人之義務，爰設第1項。惟為保障債務人之基本生活，禁止扣押之財產，既非屬清算財團之財產，自不在此限，爰設但書予以除外。

（二）實務上常見清算人或其使用人拒絕交出應屬清算財團之財產或與該財產有關之簿冊、文件，如均須管理人起訴請求交付，勢將延滯程序之進行，爰設第2項，明定債務人及其使用人違反移交義務時，法院得依管理人之聲請或依職權強制執行之，以利適用。

【說明】

本條第2項所定之強制執行，由清算法院為之，毋須另取得執行名義。債務人及其使用人就所管有之財產，既負移交義務，管理人依拍賣、變賣或其他適當方法予以變價後，自得請求其交出，如債務人或其使用人拒絕交出時，得予強制點交於買受人。於變價前，如有必要，亦得強制取交管理人或法院指定之人。債務人違反上開移交義務，如非予管收顯難進行清算程序者，法院得管收之（§91 I）。對於有別除權之財產，如在債權人占有中，管理人於必要時，得請求其交出，無正當理由而不交出者，管理人得聲請法院將該標的物取交之（§35 II），並予以拍賣或變價，就其賣得價金扣除費用後清償之，並得聲請法院囑託該管登記機關塗銷其權利之登記（§112 II），且於清算登記後，登記為受讓人所有（§87 IV），並點交予受讓人。

清算財團之財產經管理人依本條例第122條規定變價後，債務人應交出書據而未交出者，依本條第2項規定，法院得依聲請或依職權強制執行之，如未能強制取交，得比照強制執行法第101條規定，由法院以公告宣示該未交出之書據無效，另作證明書發給買受人（細則§37）。

法院判斷債務人之財產是否係本條第1項但書所稱禁止扣押之財產，

應注意強制執行法第52、53、122條及其他法律中有關禁止扣押財產權之相關規定。

【與破產法之比較】

　　破產法第88條規定「破產人應將與其財產有關之一切簿冊、文件及其所管有之一切財產，移交破產管理人，但禁止扣押之財產，不在此限。」此一規定，與本條例本條第1項之規定，同其意旨。但破產法並未有如本條第2項所定，得依聲請或依職權為強制執行之機制，不無缺失之處。

第103條（債務人之答覆義務）

Ⅰ、債務人對於管理人關於其財產、收入及業務狀況之詢問，有答覆之義務。

Ⅱ、第10條之規定，於管理人調查債務人之財產、收入及業務狀況時準用之。但受查詢人為個人而有正當理由者，不在此限。

【立法要旨】

　　（一）債務人對於管理人關於其財產、收入及業務狀況之詢問，應負答覆義務，俾利清算程序之進行，爰設第1項。

　　（二）債務人之親屬、為債務人管理財產之人或其他關係人，對於債務人之財產、收入及業務狀況知之最詳，為確實明瞭債務人之財產、收入及業務狀況，宜使上開人等負答覆之義務；又知悉債務人財產、收入及業務狀況之人，對於管理人之詢問，有答覆之義務，如無故不為答覆或為虛偽陳述者，亦宜處以罰鍰，使其有所警惕，爰設第2項，明定於管理人調查債務人之財產、收入及業務狀況時，應準用第10條關於答覆義務及處以罰鍰之規定。惟上開知悉者為個人時，倘有正當理由，不宜強其所難，爰設但書予以除外。

【說明】

　　債務人違反答覆之義務者，如非予管收，顯難進行清算程序者，法院得管收之（§91 I）。管理人為調查債務人之財產及收入狀況時，得向其親屬、為債務人管理財產之人或其他關係人查詢，如無故不為答覆或為虛偽之陳述者，管理人得報請法院斟酌情形是否以裁定處以罰鍰，並得連續處罰（§10）。

　　監督人或管理人依本條例第49條第2項或本條第2項準用第10條第1項規定查詢債務人財產、收入及業務狀況時，如有第10條第2項或第3項所定情形者，應即陳報法院，俾法院斟酌情況決定是否處以罰鍰（細則§22）。

【與破產法之比較】

　　依破產法第89條規定「破產人對於破產管理人或監查人，關於其財產及業務之詢問，有答覆之義務。」破產人如無故不為說明答覆，或為虛偽之陳述者，應構成違反說明或答覆義務罪之刑事處罰（破§153）。此與本條例本條對於債務人違反答覆義者，僅受行政罰鍰之處罰者，顯有不同。

第104條（管理人之保全行為）

　　債務人之權利屬於清算財團者，管理人應為必要之保全行為。

【立法要旨】

　　債務人之權利屬於清算財團者，管理人應採取各種行使權利或保全權利行為，例如：行使撤銷權、中斷時效、假扣押、假處分、提起訴訟、承受訴訟或進行其他法律程序等，以確保應屬清算財團之財產，爰設本條。

【說明】

　　管理人對於清算財團所應為之必要保全行為，係包括以權利之保存或實行為目的之一切審判上或審判外之行為，管理人皆得為之。

【與破產法之比較】

本條條文與破產法第90條所定「破產人之權利屬於破產財團者,破產管理人應為必要之保全行為。」之內容完全相同,應係沿襲破產法第90條之規定而來。

第105條（資產表之編造與公告）

Ⅰ、管理人應將已收集及可收集之債務人資產,編造資產表,由法院公告之。

Ⅱ、債權表及資產表應存置於法院及處理清算事務之處所,供利害關係人閱覽或抄錄。

【立法要旨】

（一）為使清算順利,管理人除應依第33條製作債權表外,亦應將已收集及可收集之債務人資產,編造資產表,俾利瞭解債務人之整體財產狀況,又上開資產表應交由法院公告,以使債務人之資訊公開化、透明化,爰設第1項。另資產表係屬於債務人之積極財產,與資產負債表不同,附此敘明。

（二）為使債務人之財產公開透明,管理人所製作之債權表及資產表,應存置於法院及處理清算事務之處所,俾供利害關係人閱覽或抄錄,爰設第2項。

【說明】

依本條例相關之條文規定,管理人應於法院所定補報債權期限屆滿後,編造債權表（§33 Ⅲ）,關於債權之加入及其種類、數額或順位之爭議,經法院裁定確定者,管理人應改編債權表（§37）,又為使清算程序之進行公開、透明,管理人於債權人會議時,應提示債權表及資產表,並報告清算事務之進行狀況（§119）,自債權表公告之翌日起三十日後,清算財團之財產可分配時,管理人應作成分配表,記載分配之順位、比例

及方法，並分配於債權人（§123）。

【與破產法之比較】

本條規定與破產法第94條所定「破產管理人於申報債權期限屆滿後，應即編造債權表，並將已收集及可收集之破產人資產，編造資產表；前項債權表及資產表，應存置於處理破產事務之處所，任利害關係人自由閱覽。」之內容，大致相同。只是本條例本條管理人所編造之資產表，須由法院公告之，俾債務人之資產得以公開、透明化。

第106條（財團費用之種類）

I 、下列各款為財團費用：

一、由國庫墊付之費用。

二、因清算財團之管理、變價與分配所生之費用及清算財團應納之稅捐。

三、因債權人共同利益所需聲請及審判上之費用。

四、管理人之報酬。

II、債務人及依法應受其扶養者之必要生活費及喪葬費，視為財團費用。

【立法要旨】

（一）財團費用應先於清算債權，隨時由清算財團清償之，第108條第1款定有明文，為臻明確，財團費用之範圍宜予明定，以保障債權人之權益。依第7條由國庫墊付之費用、因清算財團之管理、變價及分配所生之費用、因債權人共同利益所需聲請及審判上之費用、管理人之報酬、清算財團應納之稅捐等，均屬為進行清算程序及管理處分清算財團所需之費用，如不能隨時由清算財團清償，清算程序將難以進行，爰設第1項，明定該等費用為財團費用。

（二）債務人及依法應受其扶養者之必要生活費及喪葬費，依其性質

觀之，並非清算財團支出之共益費用，本不屬於財團費用之列，惟如不能隨時給付之，債務人及依法應受其扶養之人將無以爲生，而於我國社會，其喪葬費之重要性亦不亞於生活費，爰設第2項，明定該等費用視爲財團費用，以保障債務人及依法應受其扶養者之基本生活，並示矜恤。

【說明】

債務人聲請清算而無資力支出聲請費或進行清算程序之必要費用者，得聲請法院以裁定准予暫免繳納，由國庫墊付（§7），此項費用屬財團費用，但於清算程序終結後，縱未受清償，亦不受免責裁定之影響（§138）。

依稅捐稽徵法第7條規定：「破產財團成立後，其應納稅捐爲財團費用，由破產管理人依破產法之規定清償之。」故在法院裁定開始清算程序後，其清算財團所應納之稅捐，始屬財團費用。若係債務人在法院裁定開始清算程序前所欠之稅捐，除法律有特別規定（例如：稅捐稽徵法第6條第2、3項所定之土地增值稅、地價稅及房屋稅之徵收），應優先於一切債權及抵押權，於拍賣時由執行法院代爲扣繳外。其他稅捐之徵收，依同法第6條第1項規定，雖亦優先於普通債權，惟不屬財團費用，亦非別除權，而係僅有優先權之清算債權，非依清算程序，仍不得行使其權利，如未依限申報債權，即不得就清算財團之財產分配受償。又因其係屬不免責債務，於清算程序終結後，亦不受法院免責裁定之影響（§138）。

【與破產法之比較】

依破產法第95條規定「左列各款，爲財團費用：一、因破產財團之管理變價及分配所生之費用。二、因破產債權人共同利益所需審判上之費用。三、破產管理人之報酬。破產人及其家屬之必要生活費及喪葬費，視爲財團費用。」之內容觀之，可見本條例本條所定之財團費用，與破產法所定者相近。只是本條將「由國庫墊付之費用及清算財團應納之稅捐」，亦納入清算財團費用，並將之與「債務人履行法定扶養義務之費用」，

一併列為不免責債務，使之不受法院免責裁定之影響（§138③、④、⑥），是與破產法所不同之處。

> **第107條（財團債務之種類）**
> 　下列各款為財團債務：
> 一、管理人關於清算財團所為行為而生之債務。
> 二、管理人為清算財團請求履行雙務契約所生之債務，或因法院裁定開始清算程序後應履行雙務契約而生之債務。
> 三、為清算財團無因管理所生之債務。
> 四、因清算財團不當得利所生之債務。

【立法要旨】

　　財團債務應先於清算債權，隨時由清算財團清償之，第108條第2款定有明文，為臻明確，財團債務之範圍宜予明定，以保障債權人之權益。管理人關於清算財團所為行為而生之債務、管理人為清算財團請求履行雙務契約所生之債務，或因法院裁定開始清算程序後應履行雙務契約而生之債務、為清算財團無因管理所所生之債務、因清算財團不當得利所生之債務等，均屬為處理清算事務而生之債務，如不能隨時由清算財團清償，相對人恐無與管理人進行交易之意願，清算程序將難以進行，爰設本條，明定該等債務為財團債務。

【說明】

　　本條第1項所稱「管理人關於清算財團所為行為而生之債務」，係指管理人為管理及處分清算財團，而與第三人間從事各種交易行為，所生之債務。例如買賣、租賃、委任、僱傭等所生之債務是。

　　本條第2項前段所稱「管理人為清算財團請求履行雙務契約所生之債務」，係指在法院裁定開始清算程序前，債務人與相對人訂立雙務契約，雙方均未履行或為部分履行，管理人為請求他方履行，應為之對待給付而言。

【與破產法之比較】

本條規定與破產法第96條所定「下列各款爲財團債務：一、破產管理人關於破產財團所爲行爲而生之債務。二、破產管理人爲破產財團請求履行雙務契約所生之債務，或因破產宣告後應履行雙務契約而生之債務。三、爲破產財團無因管理所生之債務。四、因破產財團不當得利所生之債務。」之內容，完全相同。此處所稱「因破產宣告後應履行雙務契約而生之債務」，包括：（一）破產宣告後，該雙務契約雙方均尚未履行，破產管理人亦未解除或終止該雙務契約，並同意對方當事人履行其債務，因而使破產財團增加其積極財產，而應負之對待給付。例如：債務人與他方當事人爲不動產買賣，而由對方當事人於破產宣告後履行不動產所有權移轉登記之義務，此時就債務人所應履行之對待付（即買賣價金）之義務，即可列爲財團債務；（二）在破產宣告後契約終了時之間所發生之繼續性債務。例如：破產人所承租之房屋，於破產宣告後至租約終止效力之間所負之租金給付義務。

至於破產宣告時已成立之雙務契約，在破產宣告前他方當事人已照約履行者，破產人固負有爲對待給付之義務，但此種債務，在性質上與成立於破產宣告前之一般債權無異，當僅得依破產債權行使其權利。如認爲此種債務係屬破產法第96條第2款後段所規定之財團債務，得優先於一般破產債權受償，殊欠公允（最高法院63年臺上字第25號判例）。故該條款後段所謂之財團債務，應以破產宣告後，他方當事人仍照約履行，因而增加破產財團之財產，而應由破產管理人履行之對待給付而言。庶與同條款前段之規定立法理由趨於一致（參見最高法院62年度第二次民庭總會決議）。本條例本條第3款所定「或因法院裁定開始清算程序後應履行雙務契約而生之債務」，雖尚未有實務見解出現，惟亦應作相同之解釋。

第108條（優先於清算債權清償之債務）

下列各款應先於清算債權，隨時由清算財團清償之：

一、財團費用。

二、財團債務。

三、第二十一條第一項第二款、第二十六條第二項之債務。

四、在法院裁定開始清算程序前六個月內，債務人本於勞動契約所積欠之勞工工資而不能依他項方法受清償者。

【立法要旨】

本條明定得先於清算債權，隨時自清算財團受清償之費用及債務種類：

（一）財團費用及財團債務，係清算程序開始後，爲進行清算程序及管理處分清算財團之必要而生，此類費用及債務，如不能隨時由清算財團支付，清算程序難以進行，爰設第1款、第2款。

（二）管理人依本條例規定終止或解除債務人所訂雙務契約或行使撤銷權後，如雙方應負回復原狀義務者，管理人得逕向相對人請求返還所爲給付，相對人如僅能依清算程序行使其權利，二者相較，有失公允，爰設第3款，明定第21條第1項第2款、第26條第2項之債務，應優先於清算債權而受清償。

（三）本條例所稱消費者，包括從事小規模營業活動之自然人，從事小規模營業活動之雇主經裁定開始清算程序而積欠勞工工資之情形，勞工如僅能依清算序行使其權利，將不足以保障其基本生存權，爰設第四款，明定在法院裁定開始清算程序前六個月內，債務人本於勞動契約所積欠之勞工工資而不能依他項方法受清償者，亦先於清算債權而受清償，俾與勞動基準法第28條第1項規定相配合。又法院裁定開始清算程序後，清算財團積欠之工資，非屬本款所定債務，應爲財團債務，附此說明。

【說明】

本條所規定之優先清償債權，僅有債權的優先權，並非物權上的優先權。故就別除權之標的物，仍應由有別除權人優先受清償，如有餘額，始

由本條所列債權受償；債務人之詐害或偏頗行為，如經管理人依本條例第20條第1項規定撤銷後，受益人應負回復原狀之責任（§21 I ①），其對債務人所為之給付，則得請求返還之，其不能返還者，得請求償還其價額，並有優先受償權（§21 I ②）；管理人依第24條規定終止或解除雙務契約時，債務人應返還之給付、利息或孳息，他方當事人得請求返還之，其不能返還者，得請求償還其價額，並有優先受償權（§26 II）。前開債權均優先於清算債權，亦屬財團債務。

又依勞動基準法第28條第1項規定「雇主因歇業、清算或宣告破產，本於勞動契約所積欠之工資未滿六個月部分，有最優先受清償之權。」故從事小規模營業活動之自然人，在法院裁定開始清算前六個月內，積欠勞工之工資，不能依其他方法受償者，亦屬財團債務，得優先於清算債權受償。惟在法院裁定開始清算程序後，管理人如繼續營業，清算財團應支付之工資，係屬本條例第107條第1款所定之財團債務，其受償順序應優先於前者。

財團費用及財團債務應隨時由清算財團清償，利害關係人對其債權及其種類、數額或順位如有爭議，與本條例第36條所定債權爭議事件情形相同，法院應採相同程序，就該異議債權存否為實體審查，以保障利害關係人之權益，且既已賦與利害關係人程序權之保障，即應認為法院就該異議為實體審查所為裁定確定後，有與確定判決同一之效力，以免利害關係人就該異議債權另行提起訴訟再為爭執，影響更生或清算程序之進行（細則§38）。

【與破產法之比較】

破產法第97條規定「財團費用及財團債務，應先於破產債權，隨時由破產財團清償之。」可見破產法所規定之優先受償債權，僅限於財團債權（即優先於破產債權，不依破產程序，由破產財團隨時受償之債權，包括財團費用及財團債務），而本條例本所規定之優先受償債權，除財團債權

外，尚含括本條第3、4款之撤銷、終止或解除契約後之特殊清算財團債權，其所顧及及保護之層面較爲周到。

> 第109條（清算財團不足清償之清償順序）
> 　　前條情形，於清算財團不足清償時，依下列順序清償之；順序相同者，按債權額比例清償之：
> 　一、第一百零六條第一項第一款至第四款之財團費用。
> 　二、第一百零七條第一款之財團債務。
> 　三、第一百零六條第二項之財團費用、第一百零七條第二款至第四款及前條第三款、第四款之財團債務。

【立法要旨】

　　（一）第108條雖規定應先於清算債權隨時由清算財團受清償之債權種類，惟於清算財團不足清償各該費用及債務時，應如何清償之，易滋疑義，爰設本條，明定各該費用及債務受償之順序，順序相同時，則按債權額比例受償。

　　（二）第106條第1項第1款至第4款之財團費用，係爲進行清算程序所需之共益費用，如不能隨時受清償，清算程序即難以進行，性質上，宜最優先受償，爰設第1款，列爲第一順位。第107條第1款之財團債務，係管理人爲管理處分清算財團之財產，與第三人爲法律行爲或其他行爲而生之債務，爲提高相對人與管理人交易之意願，以迅速處分清算財團之財產，促進清算程序之進行，其順位應優於清算財團應納之稅捐及其他財團債務等，爰設第2款，列爲第二優先。另第106條第2項之財團費用、第107條第2款至第4款之財團債務及第108條第3款、第4款之債務等，彼此間重要性相當，均列爲第三順序，爰設第3款。

【說明】

　　當法院裁定開始清算程序後，如清算財團之財產不敷清償本條例第

108條所定費用及債務時,即無繼續進行清算程序之必要,為免清算程序之浪費,法院得因管理人之聲請或依職權,以裁定終止清算程序(§129 I),並由管理人依本條之規定進行清償,其有爭議部分,則予以提存(§130)。

【與破產法之比較】

在破產法中,為顧及各種財團債權之公平受償,故除在同法第97條規定「財團費用及財團債務,應先於破產債權,隨時由破產財團清償之。」外,對於破產財團不足清償財團債權時,除有擔保權者外,係採平等受償主義,應按各債權之比例清償,並由破產管理人聲請法院裁定宣告破產終止(破§148),而不採行類似本條例本條之優先受償順序。

第110條(管理人損害賠償責任之準用)
管理人對清算財團應負損害賠償責任者,準用第九十七條之規定。

【立法要旨】

為發揮對管理人之監督功能,確保債權人之權益,管理人對清算財團如應負賠償責任,應許法院依債權人之聲請或依職權以裁定命其賠償,爰設本條,明定管理人對清算財團應負賠償責任者,準用第97條之規定。

【說明】

獨任法官或司法事務官為本條之裁定,應為實體審查,必要時得行言詞辯論(注意事項十三)。

【與破產法之比較】

本條為迅速追究清算管理人之損害賠償責任,乃採行非訟化之審理程序,以求程序之經濟及簡化,為本條例所特設之新法制。

第三節　清算債權及債權人會議

本節從第111條起至第121條止，係就債權之標的、別除權、有別除權債權人權利之行使、一般取回權、特殊取回權、債權之清償順序、債權之抵銷、債權人會議得決議事項、清算事務之報告、債權人會議之決議、法院以裁定代替債權人會議之決議等事項所為之規定。

第111條（債權標的之金錢化與確定化）

（一）原條文：

Ｉ、債權之標的如非金錢，或雖為金錢而其金額不確定，或為外國貨幣者，以法院裁定開始清算程序時之估定金額為清算債權之金額；定期金債權之金額或存續期間不確定者，亦同。

Ⅱ、附期限之清算債權未到期者，於法院裁定開始清算程序時，視為已到期。

Ⅲ、法院裁定開始清算程序後始到期之債權無利息者，其債權額應扣除自法院裁定開始清算程序時起至到期時止之法定利息。

Ⅳ、附條件之債權，得以其全額為清算債權。

【立法要旨】

（一）清算債權之種類繁多，為使債權人得依其債權價額及順位公平受償，於清算程序中有使不同種類之清算債權得以金額估定之必要，以確定其債權金額，俾利分配，爰設第1項。

（二）依民法第316條規定，附期限之債權，債權人不得請求於期限前為清償，惟清算程序進行中，債務人之全部財產權利均已構成清算財團而供所有清算債權分配受償，如清算債權因附期限而不得提前行使權利，則附期限之債權人將無受償之機會，有失公允，爰設第2項，明定附期限之清算債權未到期者，於法院裁定開始清算程序時，視為已到期，俾與一

般清算債權爲同一之處理。

　　（三）附期限未到期之債權，如未約定利息，債權人提前受清償，勢將損害債務人之期限及利息等利益，如不扣除法院裁定開始清算程序時起至到期時止之法定利息，債權人將受有利息之不當得利，影響全體債權人之公平受償，爰設第3項，明定法院裁定開始清算程序後始到期之債權無利息者，其債權額應扣除自法院裁定開始清算程序時起至到期時止之法定利息。

　　（四）附停止條件之債權，於清算程序進行中隨時有因條件成就而發生效力之可能，如不予其分配之機會，其債權將無受償之機會；附解除條件之債權，於法院裁定開始清算程序時，已有效成立且債權處於可行使之狀態，自應與一般債權同視，使其得爲清算債權而受分配，爰設第4項，明定附條件之債權，得以其全額爲清算債權。

　　（二）101年1月4日修正條文：
　I 、債權之標的如非金錢，或雖爲金錢而其金額不確定，或爲外國貨幣者，由管理人以法院裁定開始清算程序時之估定金額列入分配。普通保證債權受償額或定期金債權金額或存續期間不確定者，亦同。
　II 、債權人或債務人對前項估定金額有爭議者，準用第三十六條規定。
　III、附條件之債權，得以其全額爲清算債權。

【101年1月4日修正要旨】
　　（一）原條文第1項之債權應由管理人估定之，並以其估定之金額列入分配；又普通保證債權於法院裁定開始清算程序後，債權人對主債務人求償不足額已確定者，固得以該不足受償額全額列入分配，惟如尚未確定，亦有估定之必要，均宜予明定，爰修正第1項。

（二）爲保障債權人得透過集團性之債務清理程序公平受償，並達債務清理之目的，原條文第2項、第3項關於附期限之債權視爲已到期，及開始清算程序後無利息者應扣除中間利息之規定，於更生程序中亦應適用，爰修正移列第32條之1第1項、第2項。

（三）原條文第1項規定之債權，既係由管理人估定其金額，如債權人或債務人對該估定金額有爭議，其處理程序，宜準用第36條規定，爰增訂第2項。

（四）原條文第4項未修正，配合移列第3項。

【說明】

破產及清算制度之目的，在使全體債權人依其債權之種類、數額及順位，公平獲得滿足。然而破產或清算債權之種類繁多，有未到期、非金錢、外國貨幣、附停止條件或解除條件之債權等，自須使其等質化，方能達平等受償之目的。又爲實現此一等質化之概念，對於非金錢或外國貨幣之債權，即須將其評價或換算爲金錢，使其金錢化；對於未到期之債權，須將其視爲到期，使其現在化；而對於金額或存續期間不確定或附條件之債權，須以破產或清算時之評價額，使其債權額確定化。亦即透過此將破產或清算債權金錢化、現在化、確定化之方式，達成破產或清算債權等質化之目的，進而促成破產或清算債權之平等受償。

本條之規定，即係使未到期、非金錢、外國貨幣、附停止條件或解除條件之債權予以等質化之規範，俾使各清算債權得以公允評價後，予以平等分配受償。

【與破產法之比較】

破產法對破產債權之等質化，僅就附期限債權、未到期之無利息債權、附條件之債權等三種加以法制化。依破產法規定：附期限之破產債權未到期者，於破產宣告時，視爲已到期（破§100）；破產宣告後始到期之債權無利息者，其債權額應扣除自破產宣告時起至到期時止之法定利息

（破§101）；附條件之債權，得以其全額爲破產債權（破§102）。此與本條例本條原條文第2項至第4項之規定相同，惟對於本條第1項所定之非金錢、外國貨幣、及定期金或存續期間不確定等各種債權，卻乏明文，或係立法之疏漏，但應與本條項之清算債權作相同之解釋。

第112條（別除權權利之行使）

Ⅰ、在法院裁定開始清算程序前，對於債務人之財產有質權、抵押權、留置權或其他擔保物權者，就其財產有別除權。

Ⅱ、有別除權之債權人得不依清算程序行使其權利。但管理人於必要時，得將別除權之標的物拍賣或變賣，就其賣得價金扣除費用後清償之，並得聲請法院囑託該管登記機關塗銷其權利之登記。

【立法要旨】

（一）對於債務人之特定財產有質權、抵押權、留置權或其他擔保物權者，其權利之行使，本居於優越之地位，得逕就其擔保物取償而滿足債權，爰設第1項，明定擔保權人就其擔保物有別除權。

（二）有別除權之債權人，既得逕就其擔保物取償而滿足債權，自得不依清算程序而行使其權利。惟爲達清算程序簡便快速清理債務之目的，債權人對債務人之財產有擔保物權者，不論是否已屆清償期，管理人於清算必要範圍內，得將標的物拍賣或變賣，就其賣得價金扣除管理及變價等費用後予以清償，不論所擔保之債權是否獲滿足之清償，該擔保物權均因拍賣或變賣而消滅，爰明定管理人此項處分權限，以杜爭議。又管理人將別除權之標的物拍賣或變賣，限於清算必要範圍內，始得爲之，有別除權之債權人如已聲請法院拍賣該等標的物，管理人即無再行拍賣或變賣之必要，乃屬當然。

【說明】

有別除權之債權人，雖得不依清算程序行使其權利，惟倘其遲未行使

別除權，致清算程序延滯，財產無法分配時，為免損害其他債權人及債務人之利益，管理人即應依本條第2項但書規定，將該別除權之標的物拍賣或變賣〔注意事項三十四之（一）〕。

管理人依本條第2項但書規定將別除權之標的物拍賣或變賣時，該擔保物權即因擔保標的物之拍賣或變賣而消滅，此乃實行擔保物權之當然法律效果〔注意事項三十四之（二）〕。

法院判斷有無本條第2項但書所稱之「必要」時，宜斟酌該別除權人之遲未行使別除權，是否將導致清算程序延滯，財產無法分配等情事具體定之。

【與破產法之比較】

本條與破產法第108條所定「在破產宣告前，對於債務人之財產有質權、抵押權或留置權者，就其財產有別除權；有別除權之債權人，不依破產程序而行使其權利。」之內容相當。僅係本條第2項但書，增訂管理人於必要時之變價權，旨在達成清算程序簡便快速清理債務之目的，為破產法所未明定之部分。

第113條（別除權未能受償債權之行使）

有別除權之債權人，得以行使別除權後未能受清償之債權，為清算債權而行使其權利。但未依清算程序申報債權者，不在此限。

【立法要旨】

有別除權之債權人行使別除權後，如有未能受清償之債權，自得以清算債權行使權利。惟其依清算程序行使權利，自應依限申報債權，如不為申報，應生失權之效果，爰設本條。

【說明】

有擔保之債權人於行使擔保權後未能受償之債權，係屬普通債權，依

本條規定，非依清算程序，不得行使其權利（細則§16）。

　　未能就別除權標的物受償之債權，即與普通債權無異，非依清算程序，不得行使其權利，故仍應依限申報債權。有別除懽之債權，在法院裁定開始清算程序後所生之損害賠償及違約金，係屬劣後債權，僅得就其他債權受償餘額而受清償（§29 I），該項劣後債權對於該別除權標的物既已喪失其優先受償之權，亦非屬有別除權之債權，故非依清算程序，不得行使其權利。又於債權人清冊已記載之債權人，視爲其已於申報債權期間之首日爲與清冊記載同一內容債權之申報（§86 II、47 IV），債權人對該清冊所載其債權之數額、原因及種類，倘無爭執，即無須再爲申報，但就逾債權人清冊記載內容部分之債權，仍應遵期申報，始得行使其權利。

【與破產法之比較】

　　依破產法第109條所定「有別除權之債權人，得以行使別除權後未能受清償之債權，爲破產債權而行使其權利。」之內容，雖未有如本條例本條但書之法文，但因破產法別除權之標的物，仍屬於破產財團之財產，且別除權之行使，應以破產管理人爲相對人，故別除權人仍應依同法第65條第1項第5款規定，向破產管理人申報債權，若此，即不致發生本條例本條但書所定不依限申報債權，而生失權效果之情事。

第114條（一般取回權）

　I 、不屬於債務人之財產，其權利人得不依清算程序，向管理人取回之。

　II 、債務人於法院裁定開始清算程序前或管理人於法院裁定開始清算程序後，將前項財產讓與第三人，而未受領對待給付者，取回權人得向管理人請求讓與其對待給付請求權。

　III、前項情形，管理人受有對待給付者，取回權人得請求交付之。

【立法要旨】

（一）法院裁定開始清算程序後，所有債權人均應受清算程序之拘束，而不得對於清算財團為個別取償行為，惟債務人實際占有管理之財產，如非屬債務人所有，自不應列為清算財團，而應由權利人取回之，爰設第1項。

（二）債務人於法院裁定開始清算程序前或管理人於法院裁定開始清算程序後，將不屬於債務人之財產讓與第三人時，取回權之標的物已不存在，為使取回權人獲得與取回原物相同之效果，爰設第2項，明定於債務人或管理人未受領對待給付之情形，取回權人得向管理人請求讓與其對待給付請求權。

（三）管理人將不屬於債務人之財產讓與第三人而受有對待給付之情形，取回權人自得本於取回權請求交付該對待給付，爰設第3項。

【說明】

依民法之規定，其物權不屬於債務人所有之財產者，諸如：不動產所有權之移轉未經登記完成，或其登記為無效或物權行為經撤銷者，該不動產所有權即不屬於債務人所有，其權利人得對管理人主張權利，行使取回權。債務人若基於債的關係，例如：使用借貸、租賃、委任、寄託契約等，占有他人之物，該他人亦得行使取回權。惟債權人對於屬於債務人所有之財產，若僅有請求其移轉其權利之債權，如依買賣契約請求債務人移轉買賣標的物所有權之債權，則無取回權，此種債權仍屬清算債權，非依清算程序不得行使其權利，並應以法院裁定開始清算程序時之估定金額為清算債權之金額（§111 I）。

取回權之行使，不依清算程序為之，故毋須申報其權利，得隨時向管理人主張之。管理人如有爭執，其權利人應循訴訟途徑解決，並應以管理人為被告，始為適格之當事人。

不屬於債務人之財產，債務人於法院裁定開始清算程序前，或管理人於法院裁定開始清算程序後，對之並無處分權，如予處分，即屬無權處分，須經有權利之人之承認始生效力（民§118 I）。如有權利之人不予承認，即確定不生效力，此時，該有權利之人得本其所有權之追及效力，對受讓人主張其權利；如有權利之人予以承認，或受讓人因善意受讓（民§948、801）、信賴登記（土地法§43）而取得該財產之所有權，於法院裁定開始清算程序前，債務人倘已受領對待給付，該權利人僅得以其對債務人之損害賠償請求權作為清算債權，行使其權利。

【與破產法之比較】

本條第1項與破產法第110條所為「不屬於破產人之財產，其權利人得不依破產程序，由破產管理人取回之。」之規定相同，應係沿襲破產法第110條之規定而來。至於本條例本條第2項之代償取回權及第3項之交付對待給付，係本條例之特別新規定。

第115條（特殊取回權）

I、出賣人已將買賣標的物發送，買受人尚未收到，亦未付清全價而受法院裁定開始清算程序者，出賣人得解除契約，並取回其標的物。但管理人得清償全價而請求標的物之交付。

II、前項給付，於行紀人將其受託買入之標的物，發送於委託人之情形，準用之。

【立法要旨】

（一）於隔地買賣之情形，買受人如於買賣標的物發送後經法院裁定開始清算程序，出賣人將受有價金損失之危險，為保障出賣人之權益，明定買受人尚未收受買賣標的物，亦未付清全價前，出賣人得解除契約。惟管理人如能付清全價，出賣人即無價金損失可言，此際，出賣人即不得解除契約，取回已發送之買賣標的物，爰設但書予以除外。

　　（二）行紀人受委託買入標的物，於將標的物發送後，委託人尚未收到且未付清全部價金前，委託人受法院裁定開始清算程序，此際，行紀人之經濟地位與出賣人之地位相若，亦有保護其價金請求權之必要，爰設第2項，明定準用前項之規定。

【說明】

　　本條第1項出賣人之取回權，以買受人尚未收到標的物，亦未付清全價，而受法院裁定開始清算程序為要件，因債務人尚未取得該買賣標的物之所有權，其非屬於債務人之財產，應許出賣人取回，方為公允。但管理人亦得斟酌情形清償全價而請求標的物之交付，此時，出賣人即不得拒絕交付。若出賣人已交付者，管理人即得拒絕返還，管理人所為之對待給付（價金），即屬財團債務（§107）。至於買受人收到買賣標的物後，受法院裁定開始清算程序者，該買賣標的物已屬債務人所有，應歸屬於清算財團，出賣人自不得行使其取回權，債務人縱未付清買賣價金，出賣人亦僅得以其價金債權，依清算債權行使其權利。

【與破產法之比較】

　　本條第1項與破產法第111條所定「出賣人已將買賣標的物發送，買受人尚未收到，亦未付清全價，而受破產宣告者，出賣人得解除契約，並取回其標的物。但破產管理人得清償全價而請求標的物之交付。」之出賣人取回權同其旨趣。惟本條例本條第2項對於行紀人之特別取回權準用出賣人取回權部分，為本條例之特別之設計，值得破產法未來修法時之借鏡。

第116條（優先債權之清償順位）

　　對於清算財團之財產有優先權之債權，先於他債權而受清償，優先權之債權有同順位者，各按其債權額之比例而受清償。

【立法要旨】

對於清算財團之財產有優先權之債權，亦為清算債權之一種，應依清算程序行使其權利，與有別除權之債權不同，惟其仍得優先於一般清算債權而受清償，爰設本條，明定其先於他債權而受清償，有同順位之優先權者，各按其債權額之比例而受清償。

【說明】

依本條例第112條第2項前段規定，有別除權之債權人，始得不依清算程序行使其權利，而法院裁定開始清算程序前成立之有債權優先權之債權，並非別除權，依本條規定仍屬清算債權，非依清算程序，不得行使其權利（細則§36）。

有別除權之債權人得不依清算程序行使其權利（§112 II 前段）；又依稅捐稽徵法第6條第2項規定，土地增值稅、地價稅及房屋稅之徵收優先於擔保物權，亦得不依清算程序受償。故本條所稱「有優先權之債權」，並不包括前開有別除權之債權及土地增值稅、地價稅及房屋稅債權，而係指有債權優先權之清算債權，例如：一般稅捐債權（稅捐稽徵法§6 I）、本於勞動契約所積欠之工資未滿六個月部分（勞動基準法§28 I），均有債權優先權。惟依本條例第108條第4款規定，在法院裁定開始清算程序前六個月內，債務人本於勞動契約所積欠之勞工工資而不能依他項方法受清償者，係屬「財團債務」，應先於清算債權（包括有債權優先權之清算債權），隨時由清算財團清償之，故其受償順序顯優先於一般優先債權，是為不能輕忽者。

【與破產法之比較】

本條第1項與破產法第112條所為「對於破產財團之財產有優先權之債權，先於他債權而受清償，優先權之債權有同順位者，各按其債權額之比例而受清償。」之規定完全相同，旨在保護具有債權優先權之清算債權。

第117條（債權債務之抵銷）

> I 、債權人於法院裁定開始清算程序時，對於債務人負有債務者，無
> 論給付種類是否相同，得不依清算程序而爲抵銷。
>
> II 、債權人之債權爲附期限或附解除條件者，均得爲抵銷。
>
> III、附停止條件之債權，其條件於債權表公告後三十日內成就者，得
> 爲抵銷。
>
> IV、附解除條件之債權人爲抵銷時，應提供相當之擔保，並準用第
> 一百二十四條第二項之規定。
>
> V 、第五十二條第二項之規定，於第一項至第三項之情形，準用之。

【立法要旨】

（一）債權人於法院裁定開始清算程序時，對於債務人負有債務者，爲避免其債權依清算程序僅得受部分清償，而其所負債務卻應爲全部清償之不公平現象，爰設第一項，明定無論給付種類是否相同，得不依清算程序而爲抵銷。

（二）爲求清算程序之迅速進行，並保障附期限或附解除條件債權之債權人，有擴張抵銷權行使範圍之必要，爰設第2項，明定債權人之債權爲附期限或附解除條件者，均得爲抵銷。

（三）債權人之債權附停止條件，同時對債務人負債務者，爲避免其須對債務人履行全部債務，而其債權於停止條件成就後，卻僅得受部分清償，有失公平，並爲避免影響程序安定，爰設第3項，明定附停止條件之債權其條件於債權表公告後三十日內成就者，得爲抵銷，以資兼顧。

（四）債權人之債權附解除條件而爲抵銷者，日後如條件成就，管理人須向債權人請求返還抵銷之金額；而債權人於條件成就後，若變成無資力，將求償困難，爲避免日後程序繁瑣，明定債權人爲抵銷時，應提供相當之擔保，如其條件自最後分配表公告之翌日起十日內尚未成就，則準用第124條第2項規定，免除擔保責任，返還其擔保品，爰設第4項。

（五）債權人已知有清算聲請後而對債務人負債務；債務人之債務人在清算程序開始後，對於債務人取得債權或取得他人之清算債權，或已知有清算聲請後而取得債權，如許其行使抵銷權，影響其他債權人公平受償，爰設第5項，明定準用第第52條第2項之規定。

【說明】

清算程序抵銷權之行使，僅得由清算債權人爲之，清算債權人不爲抵銷時，債務人對於債權人之債權，屬於清算財團之財產（§98 I），管理人應收取並以之充作分配之用，不得以之與清算債權抵銷（最高法院27年滬抗字第51號判例參照）。清算債權人行使抵銷權，不依清算程序爲之，故不以已依清算程序申報債權爲必要，於清算程序終結前，除附停止條件之債權外，隨時得爲抵銷，並應向管理人爲抵銷之意思表示。

【與破產法之比較】

破產法規定：「破產債權人於破產宣告時，對於破產人負有債務者，無論給付種類是否相同，得不依破產程序而爲抵銷。破產債權人之債權爲附期限或附解除條件者，均得爲抵銷。」（破§113）「有左列各款情形之一時，不得爲抵銷：一、破產債權人，在破產宣告後，對於破產財團負債務者。二、破產人之債務人，在破產宣告後，對於破產人取得債權或取得他人之破產債權者。三、破產人之債務人，已知其停止支付或聲請破產後而取得債權者，但其取得係基於法定原因或基於其知悉以前所生之原因者，不在此限。」（破§114）可見本條例本條所規定之抵銷，與破產法之前開規定，大致相同。只是附停止條件之債權，其所附之停止條件究於何時成就，難以確定，故若未施予一定期間之限制，難免造成程序上之不安定。爲兼顧附停止條件債權人之債權受償及清算程序之安定，乃明定附停止條件之債權，其條件須於債權表公告後三十日內成就者始得爲抵銷。茲對照本條例第123條第1項規定，管理人應於債權表公告之翌日起三十日後，清算財團之財產可分配時，作成分配表（§123 I、II）。足見，上開

對於附停止條件債權所爲條件成就期限屆滿之時，顯係在清算財團分配之前，應可避免此類債權之抵銷，所可能造成之程序上之不安定，是較破產法周密之處。

第118條（債權人會議得決議之事項）
債權人會議得議決下列事項：
一、清算財團之管理及其財產之處分方法。
二、營業之停止或繼續。
三、不易變價之財產返還債務人或拋棄。

【立法要旨】
（一）清算財團之管理與處分，原屬管理人之重要職務，管理人如何管理處分，其細節不宜由債權人會議干涉，惟管理人關於清算財團之管理處分如有不當或未能盡其善良管理人之注意義務，爲確保全體債權人之利益，宜由債權人會議加以議決，以決定其管理處分方法，俾管理人有所遵循，爰設第1款。

（二）債務人有營業者，其營業有無繼續之必要，涉及營業之盈虧問題，宜由債權人會議依業務狀況考量應否停止或繼續，俾保護清算財團之財產，爰設第2款。

（三）爲求清算程序之迅速進行，不易變價之財產究應返還債務人或拋棄，宜由債權人會議加以議決，以杜爭議，爰設第3款。

【說明】
法院裁定開始清算程序後，依本條第2款、第121條第1項前段規定，管理人得經債權人會議決議或法院裁定許可，以清算財團之財產繼續營業，其因繼續債務人營業所得之財產，自應歸屬於清算財團（細則§35）。

債務人因法院裁定開始清算程序，對於應屬清算財團之財產，喪失

其管理及處分權（§94 I），應移歸於管理人行使。管理人應以善良管理人之注意，執行其職務（§18 I），其對清算財團之管理及處分其財產，不必先經債權人會議決議。惟債權人會議仍可議決其管理及處分方法，如經決議，管理人自應遵守。關於清算財團之財產有變價之必要者，如未經債權人會議決議，管理人亦得依拍賣、變賣或其他適當之方法行之（§122）。

本條所定之債權人會議應議事項，法院均得以裁定代替其決議（注意事項三十五）。

【與破產法之比較】

依破產法第120條規定「債權人會議，得議決下列事項：一、選任監查人一人或數人，代表債權人監督破產程序之進行；二、破產財團之管理方法；三、破產人營業之繼續或停止。」故在破產程序，債權人會議係必設之機關，用以決議前開之事項。惟在清算程序，非必須召開債權人會議，僅法院認為必要時，始依職權召集債權人會議（§38 I）。且本條例本條規定之債權人會議，除可決議如破產法第120條第2、3項所定之事項外，更得決議本條例本條第3款所定「不易變價之財產返還債務人或拋棄」之事項，亦係與破產法不同之處。

第119條（管理人清償事務之報告）

管理人於債權人會議時，應提示債權表及資產表，並報告清算事務之進行狀況。

【立法要旨】

債權表及資產表之編造為管理人重要職務之一，有關清算財團之分配，均係以債權表及資產表為資料，為使全體債權人就該等資料有所知悉，並了解清算事務之進行狀況，管理人負有向債權人會議報告清算事務進行狀況及提出債權表及資產表之義務，爰設本條。

【說明】

　　管理人應列席債權人會議（§39 II），並提示債權表及資產表及報告清算事務之進行狀況，以使清算程序之進行公開、透明，並供債權人會議作成決議之重要參考。

【與破產法之比較】

　　依破產法第119條所定「破產管理人於債權人會議時，應提示第94條所定之債權表及資產表，並報告破產事務之進行狀況，如破產人擬有調協方案者，亦應提示之。」之內容觀之，可見破產管理人於債權人會議時，如發現破產人擬有調協方案者，亦應提示之，此一規定為破產程序所特有，因所謂「調協」乃指以終結破產程序為目的，於破產財團之分配未認可前，由破產人與破產債權人團體間訂立並經法院認可而生效力之強制契約。可見調協制度，係以代替分配而予破產債權人以特定滿足，並終結破產程序為主要目的，而由債務清算程序（即破產程序）轉換成重建型債務清理程序（即調協程序）之機制，此在本條例既由更生程序進入清算程序，已充分顯現債務人並無更生之誠意，自無再進行調協之必要，否則，徒然延長債務清理程序，當有違債務清理程序應迅速、經濟完結之旨趣。故在本條例之清算程序中，並未有管理人應於債權人會議提示調協方案之規定。

第120條（債權人會議之決議）

　　I 、債權人會議之決議，應有出席已申報無擔保債權人過半數，而其所代表之債權額超過已申報無擔保總債權額之半數者之同意。

　　II 、計算前項債權，應扣除劣後債權。

【立法要旨】

　　（一）有擔保權之債權人可不依清算程序行使權利，故債權人會議為決議時，計算可決基準之債權人數應予扣除。至有優先權之債權人於清算

程序中，亦屬清算債權，仍應依清算程序行使權利，此與更生程序進行中，有優先權之債權人依第68條之規定不受影響有別。故計算可決基準之債權人數時，應計入有優先權之債權人。另為使債權人會議易為決議，逾絕對半數之債權人同意，而其所代表之債權額超過已申報無擔保總債權額之半數時即可，爰設第1項。又所謂得行使決議權之總債權額，除有擔保權之債權外，包括已出席及未出席債權人會議之已申報無擔保債權人所代表之債權額，附此說明。

（二）劣後債權僅得就其他債權受償餘額而受清償，為促成債權人會議作成決議，不宜賦與該債權人有表決權，爰設第2項。

【說明】

有債權優先權之債權人，非依清算程序不得行使其權利，故債權人會議為決議時，計算可決之債權人人數及其債權額時，自應將有債權優先權之債權人及其債權額計入（注意事項三十六）。

債權人會議計算可決之債權人人數時，連帶債權、不可分債權或公同共有債權應共推一人行使表決權，其人數僅以一人計算；可分債權應按其債權人人數計算。

債權人會議計算可決之債權額時，連帶債權、不可分債權或公同共有債權應以其債權額計算；可分債權應以債權人權利範圍之數額計算。

【與破產法之比較】

破產法第123條規定「債權人會議之決議，除本法另有規定外，應有出席破產債權人過半數，而其所代表之債權額超過總債權額之半數者之同意。」此條所稱「本法另有規定」，係指調協計畫之可決而言（破§137準用§27）。又除斥債權，不得為破產債權（破§103），故除斥債權人不得參加債權人會議，當無表決權，與條例本條所定「劣後債權人無表決權」之意旨相當。另破產法第124條規定「債權人會議之決議，與破產債權人之利益相反者，法院得依破產管理人、監查人或不同意之破產債權人

之聲請，禁止決議之執行。前項聲請，應自決議之日起五日內為之。」此處所謂「與破產債權人之利益相反」，係指與一般破產債權人之利益相反，亦即違反共同平允之利益而言。故若僅與少數破產債權人之利益相反者，即不得聲請禁止決議之執行。此為破產法保障共同破產債權人之合法利益而特設之規定，與本條例採行不召開債權人會議為原則之精神不同，故本條例未有此相同之規定。

第121條（代替債權人會議決議之裁定）

I 、法院不召集債權人會議時，得以裁定代替其決議。但法院裁定前應將第一百零一條規定之書面通知債權人。

II 、前項裁定不得抗告，並應公告之。

【立法要旨】

（一）清算程序在求簡便快速，故採不召開債權人會議為原則，以有別於破產程序。法院不召集債權人會議時，得以裁定取代債權人會議之決議，以簡化清算程序。惟為保障債權人之程序權，自應適當提供債權人有關債務人財產之資訊。爰設第1項。

（二）為儘速決定清算財團之管理處分方法、營業之停止或繼續、不易變價之財產返還債務人或拋棄等事項，以求程序之迅速進行，明定對於法院代替債權人會議決議之裁定不得抗告。惟該等裁定應公告之，以使債務人、債權人及其他利害關係人知悉法院裁定之內容，爰設第2項。

【說明】

本條例固採不召開債權人會議為原則，但法院認為不召集債權人會議為宜，而以裁定取代債權人會議之決議時，即應在裁裁定前，將第101條所定「債務人應將屬於清算財團之財產記載之書面」通知債權人，以昭周知。

【與破產法之比較】

清算程序在求簡便、快速，故採不召開債權人會議為原則，而以法院之裁定代替債權人會議決議，此為本條例所特有，而為破產法所不採。

第四節　清算財團之分配及清算程序之終了

本節從第122條起至第131條止，係就清算財團財產之變價、財產之分配、附解除條件債權之擔保、參與分配債權之限制、分配金額之提存、分配報告之提出、追加分配、裁定終止清算程序、清算登記規定之準用等事項所為之規定。

第122條（清算財團財產之變價）

清算財團之財產有變價之必要者，管理人應依債權人會議之決議辦理。無決議者，得依拍賣、變賣或其他適當之方法行之。

【立法要旨】

清算財團之財產如有變價之必要，為尊重債權人之意思，管理人原則上應依債權人會議之決議辦理，於無債權人會議之決議時，宜賦予管理人依善良管理人注意義務決定財產變價方式之權限，以免延滯清算程序或損及債權人、債務人之權益，已為清算登記之清算財團財產，法院並應依第87條第4項規定，囑託該管登記機關塗銷其清算登記後登記之，爰設本條。

【說明】

清算財團之財產經管理人依本條規定變價後，債務人應交出書據而未交出者，管理人得報請法院以公告宣示未交出之書據無效，另作證明書發給買受人（細則§37）。但該證明書不同於依強制執行法由法院所發給之權利移轉證明書，並不具權利移轉之效力。

　　法院於裁定開始清算程序時，未同時選任管理人者，嗣於清算程序進行中，倘認清算財團之財產有變價之必要時，仍宜斟酌清算財團財產之數量或變價之繁簡程度，以決定是否選任管理人，非當然必須選任管理人（注意事項三十七）。

　　本條後段所稱之拍賣，係指由管理人依通常拍賣方法所為之拍賣程序，非指依強制執行法所為之拍賣程序。

【與破產法之比較】

　　破產法第138條規定「破產財團之財產有變價之必要者，應依拍賣方法為之，但債權人會議另有決議指示者，不在此限。」該條所稱之拍賣，是否應依強制執行法關於拍賣之規定辦理，實務上曾採肯定見解（司法院25年院字第1487號解釋及26年院字第1673號解釋），嗣又改採否定說，謂「破產財團之財產，依拍賣方法變價時，由破產管理人依通常拍賣方法為之。其拍賣第92條第1款至第3款、第5款、第6款所列之財產，雖應得監查人之同意，究無須依強制執行法關於強制拍賣之規定辦理」（最高法院29年抗字第126號判例）。因破產法第5條僅有準用民事訴訟法之規定，而未規定準用強制執行法，自以否定見解為妥。惟破產管理人對於第92條第1款至第3款、第5款、第6款所列財產為變價時，無論依拍賣或其他方法變價，均須獲得監查人之同意始得為之，否則即屬無權處分，應不生效力。

　　就破產法第138條與本條例本條之規定比較觀之，本條例本條所規定之變價程序，除債權人會議另有決議，管理人應依該決議辦理外，管理人即得依拍賣、變賣或其他適當之方法行之，且毋須取得他人之同意，甚具彈性，不似破產法前開規定之僵化。

第123條（清算財團財產之分配）

Ⅰ、自債權表公告之翌日起三十日後，清算財團之財產可分配時，管理人應即分配於債權人。

Ⅱ、前項分配，管理人應作成分配表，記載分配之順位、比例及方法。

III、分配表，應經法院之認可，並公告之。

IV、對於分配表有異議者，應自公告之翌日起十日內，向法院提出之。

V 、前項異議由法院裁定之。

【立法要旨】

（一）管理人應於補報債權期限屆滿後，編造債權表，由法院公告之，並應送達於債務人及已知住居所、事務所或營業所之債權人，為第33條第3項所明定；而依第36條第1項規定，對於債權人所申報之債權及其種類、數額或順位，債務人或其他債權人得自債權表送達之翌日起，管理人或其他利害係人得自債權表公告最後揭示之翌日起，於十日內提出異議，依此時點推斷，自債權表公告之翌日起三十日後，債權之數額、順位等已可確定，清算財團之財產如可分配，管理人應即分配於債權人，以保障債權人之權益，爰設第1項。

（二）清算債權除一般債權外，尚有優先債權，為臻明確，管理人分配時，應作成分配表，記載分配之順位、比例及方法，爰設第2項。

（三）管理人作成之分配表攸關債權人之權益，應經法院認可，並公告之，以使債權人有知悉分配表內容，以提出異議之機會，爰設第3項。

（四）管理人作成之分配表影響債權人之權益甚鉅，自應賦與異議之權，以保障債權人之權益，爰設第4項。

（五）債權人所申報之債權，未經異議或異議之裁定確定者，視為確定，對債務人及全體債權人有確定判決同一之效力，第36條第5項定有明文，依此規定，債務人及全體債權人就分配表所列債權均不得再為爭訟，是本條第4項之異議，係專指對於分配表之誤寫、誤算等事項之異議，與實體權利之存否無關，無須依訴訟方式解決，爰設第5項，明定上開異議由法院裁定之。

【說明】

本條第4項所規定之異議，應僅限於分配表有誤寫、誤算或其他類此之顯然錯誤情事；至有關債權之實體上爭議，尚無從依本條第4項之異議程序請求救濟，僅得依第36條規定之異議程序請求救濟（注意事項三十八）。

管理人依本條第2項規定所作成之分配表，應記載分配之比例及方法。其得受分配之債權，限於已申報之債權。其分配之順位如次：

（一）不動產依法核課之土地增值稅、地價稅及房屋稅（稅捐稽徵法§6II）。

（二）別除權標的物所擔保之債權。

（三）財團費用及財團債務（§108），清算財團不足清償時，依第109條所定順序清償；順序相同者，按債權額比例清償。

（四）有債權優先權之債權，同順位者，各按其債權額之比例清償（§116）。

（五）普通債權。

（六）劣後債權。

【與破產法之比較】

本條例本條與破產法第139條所定「在第一次債權人會議後，破產財團之財產可分配時，破產管理人應即平均分配於債權人；前項分配，破產管理人應作成分配表，記載分配之比例及方法；分配表，應經法院之認可，並公告之；對於分配表有異議者，應自公告之日起十五日內，向法院提出之。」之內容比較觀之，雖均為中間分配，但有下列之不同：（一）分配始期不同：前者，自債權表公告之翌日起三十日後，清算財團之財產可分配時；後者，在第一次債權人會議後，破產財團之財產可分配時。（二）對分配表異議期限不同：前者，自公告之翌日起十日內；後者，自公告之日起十五日內。（三）異議事由不同：前者，限於分配表有誤寫、誤算或其他類此之顯然錯誤情事，範圍較小；後者，如漏未列入或誤為列

入之債權，均得異議，範圍較大。

第124條（附解除條件債權之擔保與提存）

I 、附解除條件債權受分配時，應提供相當之擔保，無擔保者，應提存其分配額。

II 、附解除條件債權之條件，自最後分配表公告之翌日起十日內尚未成就時，其已提供擔保者，免除擔保責任，返還其擔保品。

【立法要旨】

（一）附解除條件債權，於裁定開始清算程序時已有效成立，且處於可行使之狀態，自應與一般債權同視，使其得為清算債權而受分配。惟附解除條件債權，於清算程序中，有因條件成就而失其效力之可能，為保障其他債權人之權益，宜命債權人提供相當之擔保，無擔保者，其分配額應予提存，以確保將來得以取回該分配金額，爰設第1項。

（二）附解除條件之債權雖應視其條件是否成就而決定最終能否受償，惟債權人既已提供擔保，為免條件成就與否影響債權人之權益及清算程序之終結，宜明定其標準時點，以保障該已提供擔保之債權人，爰設第2項，明定附解除條件債權之條件自最後分配表公告之翌日起十日內尚未成就時，其已提供擔保者，免除擔保責任，返還其擔保品。

【說明】

破產法及本條例基於保障債權人充分受償之立場，故而放寬破產及清算債權之範圍，使附停止條件之債權、將來行使之請求權或附解除條件之債權，均得依破產或清算程序受償，但此等債權均非終局確實存在，為謀債權人間之公平受償，乃對其分配給與一定限制：

（一）附停止條件之債權及將來行使之請求權

1.破產程序：如最後分配表公告後十五日內，尚不能行使者，不得加入分配（破§142）。

2.清算程序：自債權表公告之翌日起三十日內，尚不能行使者，不得加入分配（§125）。

（二）附解除條件之債權

1.破產程序：受分配時，應提供相當之擔保，無擔保者，應提存其分配額（破§140）；在最後分配表公告後十五日內尚未成就時，其已提供擔保者，免除擔保責任，返還其擔保品（破§143）。

2.清算程序：附解除條件債權受分配時，應提供相當之擔保，無擔保者，應提存其分配額（§124 I）；附解除條件債權之條件，自最後分配表公告之翌日起十日內尚未成就時，其已提供擔保者，免除擔保責任，返還其擔保品（§124 II）。

【與破產法之比較】

本條例本條之規定與破產法第140、143條所定「附解除條件債權受分配時，應提供相當之擔保，無擔保者，應提存其分配額。」、「附解除條件債權之條件，在最後分配表公告後十五日內尚未成就時，其已提供擔保者，免除擔保責任，返還其擔保品。」等內容，除免除擔保責任，返還其擔保品之期日稍有不同外，其餘規定均如出一轍。

第125條（參與分配債權之限制）

附停止條件之債權或將來行使之請求權，自債權表公告之翌日起三十日內，尚不能行使者，不得加入分配。

【立法要旨】

附停止條件之債權或將來行使之請求權，其條件如遲未成就，或其一

定之行為事實遲未實現，債權即不得行使之，如仍予保留，並列入分配，影響其他債權人之權益，自宜明定其標準時點，以杜爭議，爰設本條，明定該等債權自債權表公告之翌日起三十日內，尚不能行使者，不得加入分配。

【說明】

最後分配期日，係於債權表公告之翌日起三十日內者，附停止條件債權人應受分配之金額應先予提存，俟債權表公告之翌日起三十日後，附停止條件債權尚屬不能行使者，始由管理人領回該提存物並為追加分配。

【與破產法之比較】

本條例本條之規定與破產法第141、142條所定「附停止條件債權之分配額，應提存之；附停止條件之債權或將來行使之請求權，如最後分配表公告後十五日內，尚不能行使者，不得加入分配。」之內容相較，除不得加入分配之債權，限定自債權表公告之翌日起三十日內尚不能行使者，較破產法前開規定之十五日較長外，其餘規定均屬相同，均在保護其他債權人之權益。

第126條（分配金額之提存）

Ⅰ、關於清算債權有異議，致分配有稽延之虞時，管理人得按照分配比例提存相當之金額，而將所餘財產分配於其他債權人。

Ⅱ、債權人之住居所、事務所或營業所變更而未向管理人陳明者，管理人得將其應受分配金額提存之。

【立法要旨】

（一）清算債權經管理人、債務人或其他利害關係人提出異議，於裁定確定前，如致分配有稽延之虞，為保障其他債權人之權益，自宜按照分配比例提存相當之金額，而將所餘財產先行分配於其他債權人，爰設第1項。

（二）管理人實施分配時，恐因債權人住居所、事務所或營業所變更未向管理人陳明，致無從知悉其所在，而未能交付分配金額之情形，為期程序迅速進行，並保障上開債權人之權益，爰設第2項。

【說明】

利害關係人已依本條例第36條規定提出異議者，管理人始得依本條第1項規定提存相當金額，而將所餘財產分配於其他債權人，若利害關係人未依本條例第36條規定提出異議，而另以訴訟請求者，管理人即無庸提存。

【與破產法之比較】

破產法第144條規定「關於破產債權有異議或涉訟，致分配有稽延之虞時，破產管理人得按照分配比例提存相當金額，而將所餘財產分配於其他債權人。」此處所謂「關於破產債權有異議」，係指對於破產債權之加入或數額有異議（破§125）；又所謂「關於破產債權涉訟」，係指當事人就破產債權已經提起確認債權之訴訟而言。破產管理人得按照分配比例提存相當金額之情形，包含關於破產債權有異議或涉訟兩者在內，而本條例本條管理人得提存之情形，僅限於對於清算債權有異議者。另債權人之住居所、事務所或營業所有變更而未向管理人陳明者之提存，係本條例為迅速進行清算程序，所特設之新規定。

第127條（管理人分配報告之提出）

Ⅰ、管理人於最後分配完結時，應即向法院提出關於分配之報告。
Ⅱ、法院接到前項報告後，應即為清算程序終結之裁定。
Ⅲ、前項裁定不得抗告，並應公告之。

【立法要旨】

（一）清算財團之財產分配完結時，清算程序即可終結，宜課以管理人向法院提出報告之義務，俾法院為清算終結之裁定，爰設第1項。

　　（二）清算財團之財產既經最後分配完結，清算程序即可終結，爰設第2項，明定法院接獲管理人關於分配之報告後，應即為清算程序終結之裁定。

　　（三）為求程序迅速進行，明定對於法院終結清算程序之裁定不得抗告。惟法院終結清算程序之裁定攸關債權人、債務人及其他利害關係人等之權益，應公告周知，明定該等裁定應公告之。爰設第3項。

【說明】

　　本條第1項所稱之最後分配完結，係指清算財團之財產已全部變價分配完畢或依本條例第118條第3款規定返還債務人或拋棄（注意事項三十九）。

【與破產法之比較】

　　本條例本條規定與破產法第145、146條所定「破產管理人於最後分配完結時，應即向法院提出關於分配之報告。」、「法院接到前條報告後，應即為破產終結之裁定；對於前項裁定，不得抗告。」之內容相同。雖破產法第146條對於法院所為破產終結之裁定，未如本條例本條第3項應為公告之規定，但依破產法第147條但書「但其財產於破產終結之裁定公告之日起三年後始發現者，不得（追加）分配」之文義觀之，當法院為前開破產終結之裁定時，該裁定仍應公告，且一經公告，破產程序即為終結。由此可見，兩法對於分配完結之報告及破產或清算終結之裁定之規定，並無差異之處。

第128條（追加分配）

（一）原條文：

Ⅰ 、清算財團於最後分配表公告後，復有可分配於債權人之財產時，管理人應聲請法院許可為追加分配。但其財產於清算程序終結之裁定公告之翌日起二年後始發現者，不得分配。

Ⅱ 、前項追加分配準用第一百二十三條之規定。

【立法要旨】

（一）清算財團之財產最後分配後，為促使管理人於發現復有可分配於債權人之財產時，繼續辦理追加分配，宜課以聲請許可追加分配之義務，爰設第1項。又本條所指之追加分配，應於支付必要費用後，尚有可分配於債權人之財產時，始得為之，乃屬當然。

（二）實施追加分配之程序應與中間分配、最後分配之程序相同，爰設第2項，明定準用第123條之規定。

（二）101年1月4日修正條文：
I 、清算程序終止或終結後，發現可分配於債權人之財產時，法院應依管理人之聲請以裁定許可追加分配。但其財產於清算程序終止或終結之裁定確定之翌日起二年後始發現者，不在此限。
II 、前項追加分配，於債務人受免責裁定確定後，仍得為之，並準用第一百二十三條規定。
III、第一項情形，清算程序未行申報及確定債權程序者，應續行之。

【101年1月4日修正要旨】

（一）原條文第128條係就清算程序終結後，發現可分配於債權人財產之追加分配為規定，於清算程序終止之情形，亦可能發現可分配於債權人財產而須辦理追加分配，爰修正第1項。又如未選任管理人者，法院自應逕為許可追加分配之裁定，附此敘明。

（二）追加分配係就清算財團財產為之，債務人縱已受免責裁定確定，仍無礙於債權人受追加分配，爰修正第2項。

（三）第85條所定清算程序同時終止，尚未進行債權申報及確定程序；第129條所定清算程序異時終止，如尚未踐行債權申報及確定之程序，於追加分配時均有續行之必要，即法院應依第86條規定公告，並進行債權申報、補報及確定等程序，爰增訂第3項。

【說明】

清算財團於最後分配表公告後，如發現尚有可分配於債權人之財產，應以該項追加分配額於支付必要費用後，尚有可分配於債權人之財產者，始有追加分配之實益，法院始得許可爲追加分配（注意事項四十）。

債務人於清算程序終止或終結後，可能對部分清算債權已爲清償。嗣應依本條第3項續行債權申報程序時，爲維債權人之公平受償，關於清算債權之申報及受分配，應準用本條例第79條規定。亦即以原有債權爲清算債權，並將已受償部分列入清算財團，以定其應受分配額，且應俟其他債權人所受之分配與自己已受清償之程度，達同一比例後，始得再受分配（細則§37-1）。

【與破產法之比較】

從本條例本條規定與破產法第147條所定「破產財團於最後分配表公告後，復有可分配之財產時，破產管理人經法院之許可，應爲追加分配，但其財產於破產終結之裁定公告之日起三年後始發現者，不得分配。」之內容比較觀之，除本條例本條爲求清算程序之迅速終結，而明定追加分配之時點，須在清算程序終止或終結之裁定確定之翌日起二年內發現者，始得爲之，顯較破產法所定，須於破產終結之裁定公告之日起三年內發現者始得爲之之時間少一年，係爲兩法大同小異之處。

第129條（裁定終止清算程序）

I、法院裁定開始清算程序後，如清算財團之財產不敷清償第108條所定費用及債務時，法院因管理人之聲請或依職權以裁定終止清算程序。

II、法院爲前項裁定前，應使管理人及債權人有陳述意見之機會。

III、第1項裁定不得抗告，並應公告之。

【立法要旨】

（一）法院裁定開始清算程序後，清算財團之財產如不敷清償第108條所定費用及債務，即無繼續進行無益清算程序之必要，爰設第1項，明定法院因管理人之聲請或依職權以裁定終止清算程序。

（二）終止清算程序，影響債權人之權益甚鉅，有關清算財團之財產狀況，管理人知之最詳，法院以裁定終止清算程序前，自應使渠等有陳述意見之機會，爰設第2項。

（三）法院於為第1項裁定前，已使管理人及債權人有陳述意見之機會，渠等之程序權業獲保障，為利於清算程序迅速進行，明定該裁定不得抗告。惟該裁定攸關債權人、債務人及其他利害關係人等之權益，應公告周知，明定該等裁定應公告之。爰設第3項。

【說明】

所謂「破產或清算終結」，係指破產或清算程序全部完成結束之義。其終結之原因有三：（一）因分配完結而終結者（破§145、146；本條例§123～126）；（二）因財團之財產不敷清償費用及債務者（破§148；本條例§129）；（三）因調協之成立而終結者（破§129～137）。至所謂「破產或清算終止」，則係指法院於宣告破產或清算後，因破產或清算財團之財產不敷清償法定之費用及債務時，由法院裁定宣告廢止破產或清算程序之謂。可見破產或清算之終結，係全部破產或清算程序之結束，而破產或清算之終止，僅有終結破產或清算程序之效力，前於破產或清算程序中所發生之效果，並不受任何影響，故破產或清算終止之效力不溯及既往，是為終結與終止兩者絕然不同之處，不可不知。

本條例第85條（以下稱前者）與本條（以下稱後者），均係法院以裁定終止清算程序之規定，惟該二條規定之內涵有以下之不同：（一）前者係在裁定進入清算程序前，後者係在裁定開始清算程序後；（二）前者之裁定，包含「開始清算程序」及「同時終止清算程序」二項。後者之裁定

係在裁定開始清算程序後，進行清算程序中之另一終止清算程序之裁定，二者裁定並非同時爲之；（三）前者係因法院發現債務人之財產不敷清償清算程序之費用時，依職權裁定開始並終止清算程序。後者係因清算財團之財產不敷清償清算程序之費用及債務時，由清算管理人之聲請或依職權裁定終止清算程序；（四）前者裁定之目的，係在避免清算程序之浪費，並使債務人獲致免責以重建經濟生活之機會。後者之目的，著重於清算程序之經濟；（五）前者之規定爲零分配之清算，攸關債權人之權益，故應送達債權人並公告之，使其有抗告之機會。後者之裁定，已給予債權人及管理人陳述意見之機會，其程序權已獲保障，故規定不得抗告。

【與破產法之比較】

破產法第148條規定「破產宣告後，如破產財團之財產不敷清償財團費用及財團債務時，法院因破產管理人之聲請，應以裁定宣告破產終止。」可見破產法破產終止之宣告，以破產財團之財產不敷清償財團費用及財團債務，由法院僅依破產管理人之聲請以裁定宣告之，亦無使管理人及債權人有陳述意見及不得抗告之特別規定。而本條例本條係對清算終止要件之規定，其與破產法之破產終止最大之不同，在於清算終止之宣告，以清算財團之財產不敷清償本條例第108條所規定費用及債務，且由法院依管理人之聲請或依職權以裁定宣告之，而法院爲裁定前，應使管理人及債權人有陳述意見之機會，且對該裁定不得抗告。

第130條（裁定終止清算程序後之清償）

法院裁定終止清算程序時，管理人應依第一百零九條之規定爲清償；其有爭議部分，提存之。

【立法要旨】

法院依第129條第1項規定裁定終止清算程序時，因該裁定不得抗告，故清算程序於法院裁定終止時即告確定，茲第108條所定費用及債務，於

清算程序中，原應隨時由清算財團清償之，清算程序終止時，上開費用及債務如尚未受償，以及利害關係人對上開債權有爭議部分，宜定其處理程序，爰設本條，明定管理人應依第109條之規定為清償，有爭議部分並應提存之。

【說明】

　　法院之所以因管理人之聲請或依職權裁定終止清算程序，係因清算財團之財產已不敷清償第108條所定費用及債務（§129）。同時，清算程序於法院裁定終止時即告確定。又因各種清算費用及債務對於清算財團之構成有其先後利害關係，乃基於共益費用最優先，管理人管理處分清算財團而生之債務其次，其他之費用及債務殿後之原則，故本條乃明定：管理人應依第109條規定之清償順位為清償。

【與破產法之比較】

　　在破產法中，為顧及各種財團債權之公平受償，故除在同法第97規定「財團費用及財團債務，應先於破產債權，隨時由破產財團清償之。」外，對於破產財團不足清償財團債權時，除有擔保權者有最優先之受償權外，係採平等受償主義，應按各債權之比例清償，並不採行類似本條例本條之受償順位。

第131條（清算登記規定之準用）
　　第八十七條之規定，於法院裁定終止或終結清算程序時準用之。

【立法要旨】

　　法院裁定開始清算程序時，依第87條規定，應通知有關機關為清算之登記；於法院裁定終止或終結清算程序時，自亦應通知前開機關為清算終止或終結之登記，爰設本條。

　　法院裁定開始清算程序後，債務人撤回清算之聲請或死亡，如尚有未

了事務，應續爲處理，而有準用本條例第130條及第131條規定之必要（細則§38-1）。

【說明】

開始清算程序時，既應通知有關機關爲清算之登記，當法院裁定終止或終結清算程序時，自應通知有關機關爲清算終止或終結之登記，以免使得清算之登記永留於登記機關，而與實情不符，故縱無本條規定，在實務運作上，仍屬理所當然。

【與破產法之比較】

破產法雖無類似本條之明文規定，但在解釋上，當破產終止或終結時，亦應有準用同法第66條破產登記之規定，爲破產終止或終結登記之必要。

第五節　免責及復權

本節從第132條起至第145條止，係就債務之免除、不免責之裁定、得爲免責之裁定、法院應依職權調查、免責裁定之效力、不受免責裁定影響之債務、撤銷免責、強制執行、得優先受償之債權、得爲復權聲請之事由、撤銷復權之裁定等事項所爲之規定。

更生程序之免責，係採當然免責主義（§73），但在清算程序之免責，係採裁定免責主義。其應由法院依職權裁定免責者，規定在第132條；其得由債務人聲請免責者，規定在第141、142、156條；其得由法院酌予免責者，規定在第135條；其應由法院裁定不予免責者，規定在第133、134條；其得依債權人之聲請或由法院依職權裁定撤銷免責者，規定在第139條。

第132條（應免責債務之裁定）

法院裁定終止或終結清算程序後，除別有規定外，應以裁定免除債務人之債務。

【立法要旨】

消費者依清算程序清理債務，於程序終止或終結後，為使其在經濟上得以復甦，以保障其基本生活權利，除本條例另有不予免責之規定外，例如：第133條、第134條等，就債務人未清償之債務採免責主義，爰設本條，明定法院裁定終止或終結清算程序後，應以裁定免除其債務。

【說明】

為免債務人於免責或不免責之裁定確定前，因遭強制執行而受不可回復之損害，應不許債權人於此時對債務人聲請強制執行；至有別除權之債權人，依本條例第112條第2項前段規定，得不依清算程序行使其權利，自不受限制（細則§40）。

【與破產法之比較】

破產法第149條規定「破產債權人依調協或破產程序已受清償者，其債權未能受清償之部分，請求權視為消滅。但破產人因犯詐欺破產罪而受刑之宣告者，不在此限。」可見破產法之免責規範，係採當然免責主義與請求權消滅主義，而由法院對於債務人是否符合免責之條件予以審查後，即當然賦予免責利益，其未受償部分之債權，請求權雖然消滅，但債權本身並非當然消滅，債務人對債權人為任意清償時，債務人對債權人不得請求返還，若債務人因不耐債權人之反覆求償，而為任意清償，則免責制度即欠缺實效。且現行破產法就不免責事由，僅限於破產人因犯詐欺破產罪而受刑之宣告之情形，對於不免責之事由，並未有詳細之規定，不無過度保護債務人之嫌。本條例改採裁定免責主義及債權消滅主義，而由法院為終止或終結清算程序之裁定確定後，另以裁定免除債務人之債務，使其債

權債務關係歸於消滅，是爲兩法最大不同之點。

第133條（低額清償之應不免責裁定）

（一）原條文：

法院裁定開始清算程序後，債務人有薪資、執行業務所得或其他固定收入，而普通債權人之分配總額低於債務人聲請清算前二年間，可處分所得扣除自己及依法應受其扶養者所必要生活費用之數額者，法院應爲不免責之裁定。但債務人證明經普通債權人全體同意者，不在此限。

【立法要旨】

爲免債務人濫用清算程序以獲免責，並敦促有清償能力者，利用薪資、執行業務所得或其他固定收入清償債務而受免責，爰以債務人聲請清算前二年間，可處分所得扣除自己及依法應受其扶養者所必要生活費用之數額爲計算基礎，以爲裁定免責之依據，進而保障債權人可受最低清償。惟於普通債權人全體均同意免除債務人債務之情形，縱渠等分配總額未達上開數額，基於私法自治原則，法院自不得爲不免責之裁定，爰設但書予以除外。

（二）101年1月4日修正條文：

法院裁定開始清算程序後，債務人有薪資、執行業務所得或其他固定收入，扣除自己及依法應受其扶養者所必要生活費用之數額後仍有餘額，而普通債權人之分配總額低於債務人聲請清算前二年間，可處分所得扣除自己及依法應受其扶養者所必要生活費用之數額者，法院應爲不免責之裁定。但債務人證明經普通債權人全體同意者，不在此限。

【101年1月4日修正要旨】

原條文規定債務人之薪資、執行業務所得或其他固定收入，本即必須扣除必要生活費用後仍有餘額，始應提出予普通債權人受償。爲免爭議，

爰修正明定債務人之收入，扣除自己及依法應受其扶養者所必要生活費用之數額後仍有餘額者，始有本條之適用。

【說明】

本條例第133、134但書、135、141、142條所稱之普通債權人，指其債權無擔保或優先權及不屬於劣後債權之債權人（細則§39）。

債務人經法院裁定免責確定後，有債權優先權之債權人將不得再對債務人行使其權利，為保障其等之權利，法院依本條但書規定為債務人免責之裁定前，除應經普通債權人全體同意外，自亦應經未受清償之有債權優先權債權人之全體同意（細則§41 I）。

本條所稱依法應受債務人扶養者所必要生活費用之數額，係指債務人依民法或其他法律規定，對於負有扶養義務之親屬或家屬，實際上已支付其必要生活費用之分擔數額。

【與破產法之比較】

本條起至第143條止，係本條例對於債務人違反誠信、法定義務或有可憫恕之事由，而對債務人施加不免責之制裁及裁量免責或撤銷免責等規定，其主要意旨乃在避免債務人濫用清算程序以獲取免責，並保障債權人可受最低之清償，且鼓勵債務人努力清償債務之特別規定，為破產法所無之法制，並無破產法之相對應規定可資比較，故從本條起至第143條止，不再一一臚列「與破產法之比較」乙欄。

第134條（應為不免責裁定之事由）

（一）原條文：

債務人有下列各款情形之一者，法院應為不免責之裁定。但債務人證明經普通債權人全體同意者，不在此限：

一、於七年內曾依破產法或本條例規定受免責。

二、隱匿、毀損應屬清算財團之財產，或為其他不利於債權人之處分。

三、捏造債務或承認不眞實之債務。

四、因浪費、賭博或其他投機行爲，致財產顯然減少或負擔過重之債務，而生開始清算之原因。

五、於清算聲請前一年內，已有清算之原因，而隱瞞其事實，使他人與之爲交易致生損害。

六、明知已有清算原因之事實，非基於本人之義務，而以特別利於債權人中之一人或數人爲目的，提供擔保或消滅債務。

七、隱匿、毀棄、僞造或變造帳簿或其他會計文件之全部或一部，致其財產之狀況不眞確。

八、故意於財產及收入狀況說明書爲不實之記載，或有其他故意違反本條例所定義務之行爲。

【立法要旨】

消費者依清算程序清理債務，債權人已因之蒙受相當損失，其程序之進行應秉持公正與誠信，如債務人對於清算之原因有可歸責性，或有虛僞不實、違反誠信、違反本條例所定義務之行爲，致害及債權人之權益，或影響清算程序之進行，自不宜予以免責，爰設第1項。惟債務人之普通債權人全體同意債務人得免責，基於私法自治原則，法律即無介入保護之必要，爰設但書予以除外。又所謂普通債權人，乃指除有擔保或有優先權以及劣後債權外之無擔保或無優先權之債權人，附此說明：

（一）債務人於法院爲免責與否之裁定時，七年內曾依破產法受和解之聲請或破產之宣告，或依本條例受更生或清算之免責者，嗣再經法院裁定開始清算程序，爲避免債務人惡意倒債，一再利用清算程序規避清償債務，自不應予以免責，爰設第1款。

（二）清算制度之目的，在於使各債權人獲得平等之清償，避免債務人遭受多數債權人個別對其強制執行，而無法重建經濟，故債務人應本其至誠，將應屬清算財團之財產交由管理人爲公平之管理及處分。債務人如

有隱匿、毀損應屬清算財團之財產，或以顯不相當之對價出賣其財產等不利於債權人之處分；捏造債務或承認不眞實之債務；隱匿、毀棄、僞造或變造帳簿或其他會計文件之全部或一部，致其財產之狀況不眞確等行爲，實係假清算之名行詐欺之實，圖自己或他人之不法利益，嚴重侵害債權人之權益，自不宜使其免責，爰設第2、3、7款。

　　（三）債務人因浪費、賭博或其他投機行爲，致財產顯然減少或負擔過重之債務，而生清算之原因；或明知已有清算之原因，非基於本人之義務，而以特別利於債權人中之一人或數人爲目的，提供擔保或消滅債務，均顯見債務人於其經濟狀況不佳之情形下，猶恣意揮霍、投機，甚或提供擔保或消滅債務圖利特定債權人，核其所爲，或於清算之原因有可歸責性，或有意增加負擔、減少清算財團之財產，均使多數債權人無端受害，自有加以制止之必要，尚不宜使之免責，爰設第4、6款。

　　（四）債務人於清算聲請前一年內，已有清算之原因，而隱瞞其事實，使他人與之爲交易致生損害，係清算程序進行前之不誠實之行爲，其於交易之際，即有藉清算程序規避債務，使交易相對人無法獲完全清償之惡意，自不宜准其免責，爰設第5款。

　　（五）債務人故意於財產狀況、收入說明書爲不實之記載，或有違反本條例第9條第2項到場義務、第41條出席及答覆義務、第81條第1項提出財產狀況及收入說明書及債權人、債務人清冊義務、第82條第1項報告義務、第89條生活儉樸及住居限制義務、第101條提出清算財團書面資料義務、第102條第1項移交簿冊、文件及一切財產義務、第103條第1項答覆義務、第136條第2項協力調查義務等義務，勢必影響清算程序之進行，爲使債務人盡其法定義務，俾清算程序順利進行，亦不宜使債務人免責，爰設第8款。

（二）101年1月4日修正條文：
　　債務人有下列各款情形之一者，法院應爲不免責之裁定。但債務人證

明經普通債權人全體同意者,不在此限:
一、於七年內曾依破產法或本條例規定受免責。
二、隱匿、毀損應屬清算財團之財產,或為其他不利於債權人之處分。
三、捏造債務或承認不真實之債務。
四、聲請清算前二年內,因消費奢侈商品或服務、賭博或其他投機行為,所支出之總額逾該期間可處分所得扣除自己及依法應受其扶養者所必要生活費用之半數,或所負債務之總額逾聲請清算時無擔保及無優先權債務之半數,而生開始清算之原因。
五、於清算聲請前一年內,已有清算之原因,而隱瞞其事實,使他人與之為交易致生損害。
六、明知已有清算原因之事實,非基於本人之義務,而以特別利於債權人中之一人或數人為目的,提供擔保或消滅債務。
七、隱匿、毀棄、偽造或變造帳簿或其他會計文件之全部或一部,致其財產之狀況不真確。
八、故意於財產及收入狀況說明書為不實之記載,或有其他故意違反本條例所定義務之行為。

【101年1月4日修正要旨】

原條文第4款規定,債務人之浪費行為屬不免責之事由,實務上適用結果,債務人多因有此款事由而不獲免責,為免對債務人過度嚴苛,予以適度限縮為消費奢侈商品或服務;並參照第20條、第44條、第64條、第82條及第133條等規定,限於債務人於聲請清算前二年內,所為消費奢侈商品或服務等不當行為,始足當之。又原條文規定「致財產顯然減少或負擔過重之債務」,尚欠明確,宜予明定,爰修正第4款。

（三）107年12月26日修正條文：

債務人有下列各款情形之一者，法院應為不免責之裁定。但債務人證明經普通債權人全體同意者，不在此限：

一、於七年內曾依破產法或本條例規定受免責。

二、故意隱匿、毀損應屬清算財團之財產，或為其他不利於債權人之處分，致債權人受有損害。

三、捏造債務或承認不真實之債務。

四、聲請清算前二年內，因消費奢侈商品或服務、賭博或其他投機行為，所負債務之總額逾聲請清算時無擔保及無優先權債務之半數，而生開始清算之原因。

五、於清算聲請前一年內，已有清算之原因，而隱瞞其事實，使他人與之為交易致生損害。

六、明知已有清算原因之事實，非基於本人之義務，而以特別利於債權人中之一人或數人為目的，提供擔保或消滅債務。

七、隱匿、毀棄、偽造或變造帳簿或其他會計文件之全部或一部，致其財產之狀況不真確。

八、故意於財產及收入狀況說明書為不實之記載，或有其他故意違反本條例所定義務之行為，致債權人受有損害，或重大延滯程序。

【107年12月26日修正要旨】

（一）第2款所定不免責事由，須以債務人故意為該款所列行為，侵害債權人之權益為要件，爰修正該款，增列債權人受有損害，為該款不予免責之客觀要件。又為求明確，明定債務人主觀上須故意為之，法院始應為不免責之裁定。

（二）第4款所定不免責事由，在避免債務人於其經濟狀況不佳之情形下，猶恣意揮霍、投機，並隨即聲請清算，使債權人無端受害。而為免過苛，法院依本款為不免責裁定，應以債務人於聲請清算前二年內，因消

費奢侈商品或服務、賭博或其他投機行為，所負債務之總額，是否已逾聲請清算時無擔保及無優先權債務之半數為判斷，即為已足，爰修正第4款。

（三）債務人違反第8款所列法定真實陳述、提出、答覆、說明、移交、生活儉樸、住居限制及協力調查等義務，必須造成債權人受有損害，或對於程序順利進行發生重大影響，法院始應為不免責之裁定，爰為修正該款規定。

【說明】

債務人經法院裁定免責確定後，有債權優先權之債權人將不得再對債務人行使其權利，為保障其等之權利，法院依本條但書規定為債務人免責之裁定前，除應經普通債權人全體同意外，自亦應經未受清償之有債權優先權債權人之全體同意（細則§41 I）。

債務人違反法院限制之生活程度者，不得依本條例第75條第1項規定聲請法院裁定延長更生方案之履行期限。其嗣經法院裁定開始清算程序者，並構成本條第8款規定之不免責事由。

本條第4款原規定之「浪費」，已修正限縮為「因消費奢侈商品或服務」，並將所支出之總額作明確之規定，以限縮不免責之範圍。

第135條（得為免責裁定之事由）

債務人有前條各款事由，情節輕微，法院審酌普通債權人全體受償情形及其他一切情狀，認為適當者，得為免責之裁定。

【立法要旨】

免責制度係經濟陷於困境債務人最後之救濟手段，雖其具有不免責事由，惟法院審酌普通債權人全體受償情形及其他一切情狀後，如認免責為適當者，仍得裁量以裁定免責，以利債務人更生而重新出發，爰設本條。

【說明】

　　債務人縱有委任代理人，仍應親自出席債權人會議。如有違反本條例第41條規定者，在更生程序，法院得依本條例第56條第1款規定裁定開始清算程序；在清算程序，必要時得依本條例第90條第1款規定拘提之，並構成本條第8款規定之不免責事由。

　　本條係對於債務人具有不免責事由之情節輕微者，由法院審酌普通債權人全體受償情形及其他一切情狀，得以「裁定免責」之情形，此與本條例第141條、第142條規定，均係債務人於法院為不免責或撤銷免責之裁定確定後，因其具有清償債務之誠意及行動，而由法院酌情所為之裁量免責條款，用以鼓勵債務人努力清償債務，以獲取更新之機會，甚具社會教育意義。

　　法院在依本條規定，酌予免責裁定時，除應審酌普通債權人全體受償之情形（包括受償之公平性、受償之比例與數額等）外，更應審酌其他一切情狀，諸如：前條不免責事由之輕重、債務人事後之悔悟情形、償債之誠意、生活之清苦及普通債權人之同情程度等，綜合考量認為免責較為適當者，使得為免責之裁定。

第136條（應不免責或得免責事件法院之職權調查）

（一）原條文：

Ⅰ　、前三條情形，法院於裁定前應依職權調查，或命管理人調查以書面提出報告，並使債權人、債務人有陳述意見之機會。

Ⅱ　、債務人對於前項調查，應協助之。

【立法要旨】

　　（一）為迅速有效調查債務人有無免責或不免責事由、以及有無裁量免責時應審酌之事項，爰設第1項，明定法院得依職權或指揮管理人協助調查，並以書面提出報告於法院。又為使前三條之裁定適當，並保障當事

人之程序權，法院於為免責裁定前，應使債權人有陳述意見之機會。反之，法院於不免責裁定前，因裁定結果對債務人不利，亦應使之有陳述意見之機會。

（二）為有效且迅速為前項之調查，並確保清算程序之公正，應課以債務人協力調查之義務，爰設第2項。

（二）101年1月4日修正條文：

Ⅰ、前三條情形，法院於裁定前應依職權調查，或命管理人調查以書面提出報告，並使債權人、債務人有到場陳述意見之機會。

Ⅱ、債務人對於前項調查，應協助之。

【101年1月4日修正要旨】

（一）為妥適調查債務人有無不免責或裁量免責之事由，並保障免責程序中當事人之聽審請求權，明定法院於裁定前應使債權人、債務人有到場陳述意見之機會，爰修正第1項。

（二）原條文第2項未修正。

【說明】

當法院依職權調查債務人有無免責之事由時，如債務人故意不盡協力義務，即構成本條例第134條第8款所定「違反法定義務行為」之不免責事由。

第137條（免責裁定之效力）

Ⅰ、免責裁定確定時，除別有規定外，對於已申報及未申報之債權人均有效力。對於債務人有求償權之共同債務人、保證人或為其提供擔保之第三人，亦同。

Ⅱ、前項規定不影響債權人對於債務人之共同債務人、保證人或為其提供擔保之第三人之權利。

【立法要旨】

（一）爲達到免責制度促進債務人經濟上復甦之目的，免除債務人債務之裁定確定時，除本條例別有規定外（例如：第138條），其效力應及於已申報及未申報債權之全體債權人；又爲避免對於債務人有求償權之共同債務人、保證人或爲其提供擔保之第三人先爲清償後，轉向債務人求償，有違免責制度之意旨，故債務人之免責效力，亦應及於上述求償權人，爰設第1項。

（二）免責制度僅在謀求債務人經濟上之復甦，爲平衡保障債權人之權益，免責之效力，不應影響債權人對於債務人之共同債務人、保證人或爲其提供擔保之第三人之權利，爰設第2項。至債務人之保證人等依第31條第2項規定，得以將來求償權之總額，爲清算債權而行使權利，其權益亦可獲得相當保障。

【說明】

清算程序係集團性債務清理程序，除有特別規定外，原則上不許債權人在程序外行使權利，俾統一清理債務，以利債務人之重建。故法院爲免責之裁定確定時，除不免責債務，不受免責裁定影響外（§138），對於其他清算債權人，不論已否申報債權，有無依清算程序受清償，均爲免責裁定效力所及。但有別除權之債權人，因得不依清算程序行使其權利，故其縱未申報債權，亦不生失權效果，當非免責效力之所及。

第138條（不受免責裁定影響之債務）

下列債務，不受免責裁定之影響：

一、罰金、罰鍰、怠金及追徵金。

二、債務人因故意或重大過失侵權行爲所生損害賠償之債務。

三、稅捐債務。

四、債務人履行法定扶養義務之費用。

　　五、因不可歸責於債權人之事由致未申報之債權，債務人對該債權清
　　　　償額未達已申報債權受償比例之債務。
　　六、由國庫墊付之費用。

【立法要旨】

　　法院依第132、135、141、142條等規定為免責之裁定後，原則上債務
人所有之債務即歸於消滅，縱債權人嗣後請求債務人清償，債務人亦得拒
絕之，惟於特殊情形下，部分債務之性質不適宜免除，爰設本條，予以除
外：

　　（一）罰金、罰鍰、怠金及追徵金為國家之財產罰，性質上不宜准債
務人免責；另債務人因故意或重大過失侵權行為所生損害賠償之債務，亦
不宜免責，爰設第1、2款。又第2款規定債務人於重大過失不得免責之情
形，與更生之規定相間，實乃清算制度債務人清償之總額本即較更生制度
為少，債務人免責之範圍自應加以限制，復因債務人因重大過失侵害他人
權利者，其與故意為之者惡性程度相當，爰將債務人因重大過失侵權行為
所生損害賠償之債務，排除於免責債務之外，以處罰債務人。

　　（二）繳納稅捐乃憲法所規定人民應盡之義務之一，性質上不宜免
責，以免違反租稅公平主義，爰設第3款。

　　（三）履行法定扶養義務之費用，基於維護扶養倫理，亦不宜准債務
人免責，爰設第4款。

　　（四）免責之效力及於未申報之債權，對因不可歸責之事由致未申報
之清算債權人，未免過苛；為平衡未申報債權之清算債權人權益，其自債
務人受償數額未達已申報清算債權之受償比例時，債務人該部分債務不宜
免責，爰設第5款。

　　（五）債務人無力繳納聲請清算之費用時，得依第7條第1項之規定，
聲請由國庫墊付，以使債務人有重建經濟之機會，為免增加國家財政負
擔，該等債務自不宜免除，爰設第6款。

【說明】

　　罰金、罰鍰、怠金及追徵金債權，除法律有特別規定者外，如未申報，應於更生方案所定清償期間屆滿後，或清算程序終止或終結後，始得受償〔注意事項十六之（二）〕。

第139條（免責裁定之撤銷）

　　自法院爲免責裁定確定之翌日起一年內，發見債務人有虛報債務、隱匿財產或以不正當方法受免責者，法院得依債權人之聲請或依職權裁定撤銷免責。但有第一百三十五條得爲免責之情形者，不在此限。

【立法要旨】

　　法院爲免責之裁定確定後，債務人有虛報債務、隱匿財產或以不正當方法受免責等情事已然明確時，自不宜使其免責之效力繼續存續，爰明定法院得以裁定撤銷其免責。又爲使權利關係早日確定，撤銷債務人之免責以其上述事由未逾一年者爲限。惟債務人虛報債債務、隱匿財產或以不正當方法受免責等，如合於第135條規定之情形，法院原得依審酌情形裁量免責，於此情形，自無撤銷免責之必要，爰設但書予以除外。

【說明】

　　本條撤銷免責之規定，其主要之目的係在於避免債務人濫用免責制度，而惡意逃避債務，此與破產法第149條採行當然免責制度，卻未有撤銷免責之相對應規定，顯見本條規定更有助於平衡債權人與債務人權益之作用。

第140條（對於債務人之強制執行）

（一）原條文：

　　法院爲不免責或撤銷免責之裁定確定後，債權人得以確定之債權表爲執行名義，聲請對債務人爲強制執行。但依第133條不免責之情形，自裁定確定之翌日起二年內，不得爲之。

【立法要旨】

法院為不免責或撤銷免責之裁定確定後，為保障債權人受償之權益，明定債權人得以確定之債權表為執行名義，聲請對債務人為強制執行。惟於債務人依第133條不免責之情形，因債務人已有固定收入，可望於清償額達於該條規定之數額後，再依第141條規定聲請法院裁定免責，為免債權人對其聲請強制執行，影響其受免責之機會，爰設但書，明定自不免責之裁定確定之翌日起二年內，債權人不得對債務人為強制執行。又依民法第136條第1項規定，時效中斷之事由終止時，時效應重行起算，本條但書之情形，因債權人於二年內不得對債務人為強制執行，其請求權無法行使，故其時效應自二年後請求權可行使時重行起算，乃屬當然。

（二）107年12月26日修正條文：

I 、法院為不免責或撤銷免責之裁定確定後，債權人得以確定之債權表為執行名義，聲請對債務人為強制執行。法院裁定開始清算程序前，債權人已取得執行名義者，於確定之債權表範圍，亦同。但依第一百三十三條不免責之情形，自裁定確定之翌日起二年內，不得為之。

II 、前項債權人對債務人為強制執行時，債務人得聲請執行法院通知債權表上之其他債權人；於聲請時，視為其他債權人就其債權之現存額已聲明參與分配。其應徵收之執行費，於執行所得金額扣繳之。

【107年12月26日修正要旨】

（一）債務人經法院裁定開始清算程序，債權人前已取得之執行名義不因此而當然失效；於法院為不免責或撤銷免責裁定確定後，仍得以之為執行名義，聲請對債務人為強制執行，惟應受清算程序確定債權之拘束，僅可於確定債權表之範圍內為之，並受本項但書限制，爰予明定，增列中

段，並配合第2項之增訂，移列爲第1項。

（二）債務人受不免責或撤銷免責之裁定確定後，前項規定之債權人（包括未申報之債權人）對其聲請強制執行，如其他債權人未聲明參與分配，將致彼等受償比例不均，因而影響債務人依第141條、第142條規定聲請法院裁定免責之權利。爲免個別債權人對債務人聲請強制執行，影響其上開權利，宜許其聲請執行法院對其他債權人爲執行通知，並擬制其他債權人亦以債權表爲執行名義就其債權之現存額聲明參與分配，及定其執行費之徵收方法，爰增訂第2項。

【說明】

債權人申報之債權未經異議，或其異議經裁定確定者，視爲確定，對債務人及全體債權人有確定判決同一之效力（細則§36Ⅴ），故於法院爲不免責或撤銷免責之裁定確定後，債權人之債權即告確定，自應賦與執行力，此時債權人毋庸另行取得執行名義，即得以該確定之債權表爲執行名義，聲請強制執行，以節省司法資源。又爲免債權人競相對債務人爲強制執行之聲請，以致減損債務人之清償能力，或致各普通債權人未能平等受償，影響債務人受免責之機會，故債權人對債務人爲強制執行之聲請，須於不免責裁定確定之翌日起二年後，始得爲之。

債權人於法院裁定開始清算程序前已取得執行名義，若無確定債權表限制其債權範圍者（例如：法院依本條例第85條第1項規定，裁定開始清算程序，並同時終止清算程序），仍得依本條第1項後段之規定聲請對債務人爲強制執行（細則§40-1）。

第141條（低額清償之不免責裁定確定後再聲請裁定免責之事由）

（一）原條文：

債務人因第一百三十三條之情形，受不免責之裁定確定後，**繼續清償達該條規定之數額，且各普通債權人受償額均達其應受分配額時，得聲請法院裁定免責。**

【立法要旨】

　　為鼓勵債務人利用其薪資、執行業務所得或其他固定收入清償債務，以獲得免責，債務人縱因第133條之情形，受不免責之裁定，如其事後繼續工作並清償債務，於其清償額達於第133條所定之數額，且各普通債權人受償額均達其應受分配額時，各債權人之債權已獲相當程度之保障，自宜賦與其重建經濟之機會，爰設本條，明定此際債務人得聲請法院裁定免責。

　（二）107年12月26日修正條文：
Ⅰ、債務人因第一百三十三條之情形，受不免責之裁定確定後，繼續清償達該條規定之數額，且各普通債權人受償額均達其應受分配額時，得聲請法院裁定免責。
Ⅱ、法院依第一百三十三條規定為不免責裁定，裁定正本應附錄前項、第一百四十二條規定，及債務人嗣後聲請裁定免責時，須繼續清償各普通債權之最低應受分配額之說明。
Ⅲ、第六十七條第二項規定，於債務人依第一項規定繼續清償債務，準用之。

【107年12月26日修正要旨】

　　（一）法院依第133條規定為不免責裁定，其裁定正本應附錄繼續清償得聲請法院裁定免責之相關規定，及各普通債權人應受分配額之說明，以資債務人繼續清償及將來聲請裁定免責之參考，爰增訂第2項。
　　（二）為使債務人於繼續清償債務，得統一清償債權人之債務，避免分別繳納之不便，爰增訂第3項。援用金融機構已建置之統一收款及撥付平臺，提供債務人更為便利之還款管道。又為求慎重起見，且使金融機構代理收付有所依據，債務人此項請求應以書面為之。

【說明】

有債權優先權之債權，應優先於普通債權受清償，故債務人欲依本條規定聲請法院裁定免責者，自應以其已全部清償有債權優先權之債務爲前提（細則§41 II）。

第142條（不免責或撤銷免責裁定確定後再聲請裁定免責之事由）

（一）原條文：

法院爲不免責或撤銷免責之裁定確定後，債務人繼續清償債務，而各普通債權人受償額均達其債權額之百分之二十以上者，法院得依債務人之聲請裁定免責。

【立法要旨】

爲鼓勵債務人努力清償債務以獲得免責，法院爲不免責之裁定或撤銷免責之裁定確定後，債務人如能繼續清償債務，使各普通債權人受償額均達其債權額之20%以上者，各債權人之債權應已獲相當程度之保障，自宜賦與其重建經濟之機會，爰設本條，明定法院得依債務人之聲請，爲免責之裁定。惟法院爲裁定時，仍應斟酌債務人不免責事由之情節，債權人受償情形及其他一切情狀，而爲准駁，並非當然予債務人免責，附此說明。

（二）107年12月26日修正條文：

I 、法院爲不免責或撤銷免責之裁定確定後，債務人繼續清償債務，而各普通債權人受償額均達其債權額之百分之二十以上者，法院得依債務人之聲請裁定免責。

II 、前條第三項規定，於債務人依前項規定繼續清償債務，準用之。

【107年12月26日修正要旨】

爲使債務人於繼續清償債務，得統一清償債權人之債務，避免分別繳納之不便，爰增訂第2項。援用金融機構已建置之統一收款及撥付平臺，

提供債務人更為便利之還款管道。又為求慎重起見，且使金融機構代理收付有所依據，債務人此項請求應以書面為之。

【說明】

有債權優先權之債權人未受全部清償前，債務人不得依本條規定聲請法院裁定免責（細則§41 II）。

法院為不免責之裁定或撤銷免責之裁定確定後，債務人如繼續清償債務，使各普通債權人受償額均達其債權額20%以上時，固得依本條規定聲請法院裁定免責。惟債務人受不免責或撤銷免責裁定之事由不一，法院為裁定時，仍應斟酌該債務人受不免責或撤銷免責事由之情節、債權人受償情形及其他一切情狀而為准駁，並非當然予債務人免責，始可防免道德危險情事之發生（注意事項四十一）。

第142條之1【101年1月4日增訂條文】（不免責或撤銷免責裁定確定後之清償順序）

Ⅰ、法院為不免責或撤銷免責之裁定確定後，債務人對清算債權人所為清償，應先抵充費用，次充原本。

Ⅱ、前項規定，於本條例中華民國一百年十二月十二日修正之條文施行前已受前項裁定之債務人，於修正條文施行後所為清償，亦適用之。

【101年1月4日立法要旨】

（一）本條新增。

（二）債務人經法院為不免責或撤銷免責之裁定確定後，仍應為清償，為鼓勵其繼續清償，關於其清償之抵充順序，使之先抵充費用、次充原本，不受民法第323條所定先抵充利息之限制，且對所有清算債權人（包括有擔保或有優先權之債權人及普通債權人）所為清償均有其適用，該受清償部分不再繼續發生利息，得減輕債務人之負擔，增加免責之機

會，爰增訂第1項。至於利息、違約金之抵充順序則依民法第323條規定，於抵充費用、原本後先抵充利息，次充違約金，附此敘明。

　　（三）債務人於本條例100年12月12日修正之條文施行前受法院裁定不免責或撤銷免責確定者，本於第1項規定意旨，明定其於修正之條文施行後所為之清償，得適用修正施行後之規定，爰增訂第2項。至於修正之條文施行前已發生抵充效力部分，不因此而受影響，自不待言。

【說明】

　　本條第1項所定抵充順序，於所有清算債權之清償，包括有擔保或有優先權之債權及普通債權，均適用之（注意事項四十之二）。

第143條（免責裁定確定後對債務人取得債權之優先受償權）

　　於免責裁定確定後，至撤銷免責之裁定確定前對債務人取得之債權，有優先於清算債權受清償之權利。

【立法要旨】

　　於債務人免責之裁定確定後與之為交易行為者，每多信賴債務人已獲免責而與之發生債權債務關係，如其於免責裁定撤銷後，與回復權利之清算債權人居於平等受償之地位，有所不公，爰設本條，賦與上述債權人有優先受償之權利，以確保免責制度之實效性。又本條所列之清算債權，係指第28條所規定之清算債權，附此敘明。

【說明】

　　債務人受免責裁定確定後，他人因信賴其已獲得免責，故而願意與之交易，自有利於債務人經濟生活之復甦。如免責裁定後經撤銷，他人在免責撤銷前對債務人已取得之債權，須與回復權利之其他清算債權平等受償，顯有礙於交易之安全，故本條就免責裁定確定後至撤銷免責之裁定確定前與債務人交易所取得之債權，賦與優先於一般清算債權受清償之權

利，俾使他人樂與受免責裁定確定之債務人進行交易，以利債務人之重
生，並確保免責制度之實效性。

第144條（得為聲請復權之事由）

　　債務人有下列各款情形之一者，得向法院為復權之聲請：
　　一、依清償或其他方法解免全部債務。
　　二、受免責之裁定確定。
　　三、於清算程序終止或終結之翌日起三年內，未因第一百四十六條或
　　　　第一四十七條之規定受刑之宣告確定。
　　四、自清算程序終止或終結之翌日起滿五年。

【立法要旨】

　　依本條例第84條規定，其他法令關於破產人資格、權利限制之規定，
於受法院裁定開始清算程序之債務人均準用，債務人因法院裁定開始清算
程序所受公、私法上資格、權利之限制，不應終其一生，宜使其於一定要
件下回復法律上之地位，爰設本條，明定債務人得聲請復權之要件，俾債
務人有所遵循。

【說明】

　　破產法及本條例均採非懲罰主義，債務人之資格、權利，不應因破產
之宣告或裁定開始清算程序，而對之予以永久之限制或剝奪。但由於其他
法令，對於破產人之資格、權利，常有限制之規定，例如：律師法、會計
師法、公職人員選舉罷免法、不動產估價師法等，均規定受破產宣告者，
即不得擔任律師等前開各項職務。而本條例所定之清算程序，實質上係屬
簡易之破產程序，依本條例第84條之規定，其他法令關於破產人資格、權
利限制之規定，於受法院裁定開始清算程序之債務人準用之。故債務人受
法院裁定開始清算程序後之前開限制，自亦應依復權程序予以解除。

　　債務人聲請復權，應由辦理清算事件之法院裁定之。又消費者於本

條例施行前受破產宣告者，亦得依本條例之規定，爲免責或復權之聲請
（§156）。

【與破產法之比較】

　　破產法第150條規定「破產人依清償或其他方法解免其全部債務時，
得向法院爲復權之聲請；破產人不能依前項規定解免其全部債務，而未依
第154條或第155條之規定受刑之宣告者，得於破產終結三年後或於調協履
行後，向法院爲復權之聲請。」此條僅就破產人未受刑之宣告者，可由破
產人向法院爲復權之聲請。但若法院受理破產人復權之聲請，因爲未發現
破產人犯有第154條或第155條之規定而受刑之宣告，而爲許可復權時者，
該如何處理？此雖有學者認爲法律雖未規定應撤銷復權之裁定，但原許可
復權之裁定既屬違法，自可由破產債權人聲請再審（破§5；民訴§507、
496 I）。惟在實際上破產債權人調查破產人有無觸犯詐欺和解或詐欺破產
罪而受刑之宣告之情形，相當困難，故在解釋上似可準用第151條規定，
由破產法院依職權自行撤銷復權裁定，較爲便捷。

　　本條例本條前開第1、3款規定，與破產法第150條規定之意旨相同，
第2、4款規定，則爲破產法所無，可見本條例爲貫徹消費者經濟生活之更
生，乃對債務人聲請復權之要件，設計此較破產法規定爲寬之規定。

第145條（撤銷復權之裁定）

　　債務人依前條第一款至第三款之規定復權，於清算程序終止或終結之
翌日起五年內，因第一百四十六條或第一百四十七條之規定受刑之宣告確
定者，法院應依職權撤銷復權之裁定。

【立法要旨】

　　債務人經法院依第144條第1款至第3款之規定許可復權後，於清算程
序終止或終結之翌日起五年內，如有因第146條或第147條規定而受刑之宣
告確定者，自不宜許其復權，爰設本條，明定法院應依職權撤銷復權之裁

定。又復權之裁定經撤銷後，債務人因法院裁定開始清算程序所受公、私法上資格、權利之限制即應回復，其須俟清算程序終止或終結後五年，始得再依第144條第4款規定為復權之聲請，乃屬當然。

【說明】

本條撤銷復權之裁定，應由原裁定復權之法院為之。當債務人受刑之宣告確定者，自應由刑事庭通知該管清算法院依職權撤銷復權之裁定。

【與破產法之比較】

就本條例本條與破產法第151條所定「破產人經法院許可復權後，如發現有依第154條所規定應受處罰之行為者，法院於為刑之宣告時，應依職權撤銷復權之裁定。」之內容比較觀之，顯見兩法對於法院應依職權撤銷復權之要件，有以下之不同：（一）前者，以債務人依第144條第1款（解免全部債務）、第2款（受免責裁定確定）、第3款（未受詐欺清算或詐欺更生罪）所規定之許可復權事件；後者，破產人經法院依同法第150條（解免全部債務或未受詐欺破產或詐欺和解罪）所規定許可復權之事件，但不包含「受免責裁定確定」事件。（二）前者，限於清算程序終止或終結之翌日起五年內發現者，始可撤銷；後者，僅須於法院許可復權後發現者，均可撤銷。（三）前者，凡因犯詐欺清算或詐欺更生罪受刑之宣告，並確定者，皆可撤銷；後者僅限於犯詐欺破產，而受刑之宣告，而不待確定者，即可撤銷，至於犯詐欺和解罪，不在撤銷之列。

第四章

附則

本章從第146條起至第158條止，除對債務人之罰則（詐欺清算罪、詐欺更生罪）、對監督人或管理人之罰則（一般受賄罪、違背職務受賄罪、法人之罰金），對行賄者之罰則（行賄罪）加以規定外，並對本條例特有之債務協商程序之進行予以條文化，及對破產法程序之遵行、曾受破產告者免責或復權之聲請、施行細則之訂定、施行日期之日出條款等事項予以明確之規定。

第146條（詐欺清算罪）

債務人在法院裁定開始清算程序前一年內，或在清算程序中，以損害債權為目的，而有下列各款行為之一者，處三年以下有期徒刑：

一、隱匿或毀棄其財產或為其他不利於債權人之處分。

二、捏造債務或承認不真實之債務。

三、隱匿、毀棄、偽造或變造帳簿或其他會計文件之全部或一部，致其財產之狀況不真確。

【立法要旨】

清算制度之目的，在於使各債權人獲得平等之清償，避免債務人遭受多數債權人個別對其強制執行，而無法重建經濟，故債務人應本其至誠，將應屬清算財團之財產交由管理人為公平之管理及處分。債務人如以損害債權為目的，而於法院裁定開始清算程序前一年內，或在清算程序中，有隱匿、毀棄應屬清算財團之財產，或以顯不相當之對價出賣其財產等不利於債權人之處分；捏造債務或承認不真實之債務；隱匿、毀棄、偽造或變造帳簿或其他會計文件之全部或一部，致其財產之狀況不真確等行為，圖自己或他人之不法利益，嚴重侵害債權人之權益，自應加以處罰，爰設本條。

【說明】

本條為詐欺清算罪，其犯罪主體為債務人或其法定代理人（§4）。

法定代理人有二人以上而共同爲詐欺清算行爲者，應屬共同正犯。本罪之成立，須債務人或其法定代理人在主觀上以損害債權爲目的。此所謂之「債權」，係指一般債權人之各種債權而言，若僅對特定債權人之特定權爲損害，尙難以本罪相繩。另在客觀上，須有本條所列三款情形之一之行爲始可，且本罪限於在法院裁定開始清算程序前一年內，或在清算程序中爲之者，始爲成立。債務人或其法定代理人雖有本條所定三款行爲之一，但若其行爲後一年內未受清算裁定，固不爲罪，即在聲請清算之前後爲同條所定三款行爲之一，而未受清算裁定者，仍不構成處罰要件。

【與破產法之比較】

破產法第154條規定「破產人在破產宣告前一年內，或在破產程序中以損害債權人爲目的而有下列行爲之一者，爲詐欺破產罪，處五年以下有期徒刑：一、隱匿或毀棄其財產或爲其他不利於債權人之處分者。二、捏造債務或承認不眞實之債務者。三、毀棄或捏造帳簿或其他會計文件之全部或一部，致其財產之狀況不眞確者。」可見破產法所規定之詐欺破產罪，其構成要件與本條例本條所規定之詐欺清算罪，大致相同。只是在主觀犯罪意識上，詐欺破產罪，係以損害「債權人」爲目的，而詐欺清算罪，係以損害「債權」爲目的。惟該二者之用語雖然不同，但在解釋上應無差異，所謂損害「債權人」，實際上就是損害債權人之「債權」。又在捏造帳簿或其他會計文件之行爲中，若僅係單純之「隱匿」，並不構成詐欺破產罪，而在詐欺清算罪中，尙包含「隱匿」帳簿或其他會計文件之行爲。又詐欺破產罪之最高法定刑爲五年以下有期徒刑，而詐欺清算罪之最高法定刑爲三年以下有期徒刑，顯見破產法對詐欺破產罪之處罰，較詐欺清算罪爲重。

第147條（詐欺更生罪）

債務人聲請更生後，以損害債權爲目的，而有前條所列各款行爲之一者，處三年以下有期徒刑。

【立法要旨】

更生程序係減免債務人部分責任後，促其履行債務，而重建其經濟之程序，如債務人未能本其至誠，而以損害債權為目的，於更生聲請後為第146條所定之行為，圖自己或他人之不法利益情事，嚴重侵害債權人之權益，自應加以處罰，爰設本條。

【說明】

本條為詐欺更生罪，其犯罪主體、主觀要件、客觀要件，均與詐欺清算罪相同。至其損害債權之目的，無論係為圖自己或他人之利益，並無不同。

【與破產法之比較】

破產法第155條規定「債務人聲請和解經許可後，以損害債權人為目的，而有前條所列各款行為之一者，為詐欺和解罪，處五年以下有期徒刑。」可見破產法所規定詐欺和解罪之構成要件，與本條例本條所規定詐欺更生罪之構成要件，大致相同。只是詐欺和解罪之成立，須在債務人聲請和解經許可後所為者，始屬該當。而詐欺更生罪之成立，僅須在債務人聲請更生後所為者，即屬該當。又詐欺和解罪之最高法定刑為五年以下有期徒刑，而詐欺更生罪之最高法定刑為三年以下有期徒刑，足見破產法對詐欺和解罪之處罰，亦較詐欺更生罪為重。

第148條（監督人或管理人之受賄罪）

（一）原條文：

Ⅰ、監督人或管理人對於職務上之行為，要求、期約或收受賄賂或其他不正利益者，處三年以下有期徒刑，得併科新臺幣二十萬元以下罰金。

Ⅱ、犯前項之罪者，所收受之賄賂沒收之。如全部或一部不能沒收時，追徵其價額。

【立法要旨】

（一）監督人、管理人之地位相當於準公務員，且渠等於更生或清算程序中，責任重大，與債權人、債務人關係密切，自應公正執行其職務，爰設第1項，明定其對於職務上之行為，要求、期約或收受賄賂或其他不正利益之處罰規定。

（二）犯第1項之罪者，不宜保有所收之賄賂，爰設第2項。

【說明】

本條為受賄罪，其犯罪主體為更生程序之監督人或清程序中之管理人，渠等地位相當於準公務員，職責重大，自應秉公執行職務。本罪所謂「職務上行為」，係指監督人或管理人在其職權範圍內所應執行之事務之行為而言；所謂「要求」，即請求給付賄賂或不正利益之意思表示，一有要求，罪即成立，不以他方承諾或意思表示為必要；所謂「期約」，係指雙方就其期望而為約定交付賄賂或不正利益之謂，至由何方先行表示合意，則非所問；所稱「收受」，係他方已為交付，此方已經受領之謂；所稱「賄賂」，係指金錢或可以金錢計算之財物；所謂「不正利益」，係指賄賂以外，足以供人需要或滿足人之慾望之一切有形、無形之利益，例如：設定債權、免除債務、飲宴款待、引介職位等是；要求、期約與收受之行為，在犯罪階段上雖可分為三段，然非必逐段遞進，如係逐段進行，則進至較高階段時，應即依吸收關係就所進行之高階段行為論罪。如有進行而尚未進至較高階段，則應就所已進行階段之作為論罪，不得指為高階段作為之未遂。

（二）110年6月16日修正條文：

監督人或管理人對於職務上之行為，要求、期約或收受賄賂或其他不正利益者，處三年以下有期徒刑，得併科新臺幣二十萬元以下罰金。

【110年6月16日修正要旨】

關於監督人或管理人受賄罪之沒收或追徵，在刑法第38條之1、第38條之2及刑法施行法第10條之3，已有相關之規定，在本條例已無重複規定之必要，故將本條原有第2項沒收及追徵之規定予以刪除。

【與破產法之比較】

破產法第157條規定「和解之監督輔助人、破產管理人或監查人，對於其職務上之行為，要求期約或收受賄賂或其他不正利益者，處三年以下有期徒刑，得併科三千元以下罰金。」可見，本條例本條受賄罪之構成要件，係沿襲破產法該條之規定而來。只是其犯罪主體，在更生程序之監督人，相當於和解程序之監督輔助人；在清算程序之管理人，相當於破產程序之破產管理人或監查人。又犯本條例本條受賄罪所收受之賄賂，有沒收或追徵其價額之特別規定，此為破產法所無，且其得併科罰金之數額亦有輕重之差別，是為兩法不同之處。

第149條（監督人或管理人違背職務受賄罪及對之行賄罪）

（一）原條文：

I 、監督人或管理人對於違背職務之行為，要求、期約或收受賄賂或其他不正利益者，處五年以下有期徒刑，得併科新臺幣三十萬元以下罰金。

II 、對於監督人或管理人，關於違背職務之行為，行求、期約或交付賄賂或其他不正利益者，處二年以下有期徒刑，得併科新臺幣十萬元以下罰金。但自首者，減輕或免除其刑。在偵查中或審判中自白者，得減輕其刑。

III、犯第一項之罪者，所收受之賄賂沒收之。如全部或一部不能沒收時，追徵其價額。

【立法要旨】

（一）監督人或管理人對於職務上之行為要求、期約或收受賄賂或其他不正利益，第148條第1項設有處罰之規定，渠等對於違背職務之行為要求、期約或收受賄賂或其他不正利益，妨害更生或清算程序之公正，且其情節較前者為甚，更應處罰，爰設第1項，並比較該條規定酌定較重刑度。

（二）對於監督人或管理人關於違背職務之行為行求、期約或交付賄賂或其他不正利益，足以妨害更生或清算程序之公正，應予處罰，爰設第2項。另為鼓勵自新，規定自首者，減輕或免除其刑；自白者，得減輕其刑。

（三）犯第1項之罪者，不宜保有所收受之賄賂，爰設第3項。

【說明】

前條係對監督人或管理人未違背職務之行為而受賄所設之處罰規定，其情節較輕。而本條第1項係對於渠等違背職務之行為而受賄所定之刑責。本條所稱「違背職務」，即對於職務上之義務有所違背而言，如不應為而為或應為而不為或不正當為之均屬之。本罪之成立，係以違背職務為目的，而有所要求、期約或收受賄賂或其他不正利益而已，在事實上尚未為違背職務之行為。但若因而有違背職務之高階行為，因為本條並無如刑法第122條第2項「因而為違背職務之行為」之加重處罰規定，故亦只能依本條第1項規定處罰。

本條第2項係對於監督人或管理人之行賄罪，其行為人為監督人或管理人以外之他人，不論係債權人、債務人或其他利害關係人，均屬之。但亦僅限於關於監督人或管理人違背職務之行為，而行求、期約或交付賄賂或其他不正利益為限。其處罰較監督人或管理人之受賄罪為輕。又為鼓勵自新，並及早發現真實，節省司法資源，故另規定自首者，必減輕或免除其刑，自白者，得減輕其刑。

（二）110年6月16日修正條文：
I 、監督人或管理人對於違背職務之行為，要求、期約或收受賄賂或其他不正利益者，處五年以下有期徒刑，得併科新臺幣三十萬元以下罰金。
II 、對於監督人或管理人，關於違背職務之行為，行求、期約或交付賄賂或其他不正利益者，處二年以下有期徒刑，得併科新臺幣十萬元以下罰金。但自首者，減輕或免除其刑。在偵查中或審判中自白者，得減輕其刑。

【110年6月16日修正要旨】

同本次前條修正要旨，故將本條原有第3項沒收及追徵之規定予以刪除。

【與破產法之比較】

破產法第159條規定「行求期約或交付前二條所規定之賄賂或不正利益者，處有三年以下有期徒刑，得併科三千元以下罰金。」所謂前二條之賄賂罪，即第157條所定「監督輔助人、破產管理人或監查人之受賄罪」及第158條所定「債權人或其代理人之受賄罪」。前者之行賄罪之主體，為監督輔助人、破產管理人或監查人以外之人，與本條例本條第2項所定對於監督人或管理人之行賄罪相當，僅係本條例本條第2項所定之行賄罪之要件，以對於監督人或管理人關於其違背職務之行為為之，而破產法之行賄罪之成立，不以監督輔助人、破產管理人或監查人之違背職務之行為為限。至於破產法第158條所定「債權人或其代理人之受賄罪」，在本條例並未有相類之規定，是為兩法相異之處。

第150條（法人之處罰）

法人經選任為監督人或管理人者，其負責人、代理人、受僱人或其他職員，於執行業務時，有前二條所定之情形，除依各該條規定處罰其行為人外，對於該法人亦科以各該條規定之罰金。

【立法要旨】

　　法人經選任爲監督人或管理人者，其實際執行職務者，多爲其負責人、代理人、受僱人或其他職員，如渠等於執行業務時，有第148條、第149條所定情形，除其本身應依各該條規定處罰外，對於該法人，亦科以各該條規定之罰金，以促其履行監督其負責人、代理人、受僱人或其他職員公正執行職務之義務，爰設本條，明定採行兩罰原則。

【說明】

　　法人經法院選任爲監督人或管理人，係依本條例第16條第4項之特別規定而來。而爲監督人或管理人之法人，係屬一社會組織體，不可能由該組織體執行其職務，必須透過其負責人、代理人、受僱人或其他職員爲之。故對於法人爲監督人或管理人，如其實際業務執行人犯有第148條所定之受賄罪或第149條所定之違背職務受賄罪者，係採兩罰主義，除對該法人之負責人、代理人、受僱人或其他職員，處以各該條規定之徒刑或罰金外，並對於該法人科以徒刑無所附麗以外之各該條規定之罰金。

【與破產法之比較】

　　本條爲本條例對法人及其負責人、代理人、受僱人或其他職員所採行之兩罰法制，此在破產法並無相類之規定。

第151條（前置協商或調解程序）

（一）原條文：

Ⅰ、債務人對於金融機構因消費借貸、自用住宅借款、信用卡或現金卡契約而負債務，在聲請更生或清算前，應提出債權人清冊，以書面向最大債權金融機構請求協商債務清償方案，並表明共同協商之意旨。

Ⅱ、債務人爲前項請求時，視爲同意或授權受請求之金融機構，得向稅捐或其他機關、團體查詢其財產、收入、業務及信用狀況。

III、第一項受請求之金融機構，應即通知其他債權人與債務人爲債務清償之協商，並將前項查詢結果供其他債權人閱覽或抄錄。

IV、協商成立者，應以書面作成債務清償方案，由當事人簽名、蓋章或按指印；協商不成立時，應付與債務人證明書。

V 、債務人與金融機構協商成立者，不得聲請更生或清算。但因不可歸責於己之事由，致履行顯有重大困難者，不在此限。

VI、本條例施行前，債務人依金融主管機關協調成立之中華民國銀行公會會員，辦理消費金融案件無擔保債務協商機制與金融機構成立之協商，準用前項之規定。

【立法要旨】

（一）債務人受法院裁定開始更生或清算程序者，其生活、資格、權利等均將受限制，該等程序係債務清理之最後手段，於債務人無法與債權人協商時，始適用更生程序或清算程序清理其債務。債務人對於金融機構因消費借貸、自用住宅借款、信用卡或現金卡契約而負債務，其法律關係較單純明確，金融機構並已訂有債務協商機制，如能協商成立，債務人或不須依本條例聲請更生或清算，可疏減法院負擔，有效分配司法資源。爲使債務人得自主解決其債務，爰設本條，明定債務人對於金融機構因消費借貸、自用住宅借款、信用卡或現金卡契約而負債務之情形，採行協商前置主義，債務人於聲請更生或清算前，應先行提出債權人清冊，以書面向最大債權金融機構請求協商債務清償方案，並表明共同協商意旨。

（二）爲協商之必要，債務人之財產、收入、業務及信用狀況，宜使債權人明瞭，參照稅捐稽徵法有關納稅義務人授權、個人資料保護法有關當事人書面同意等規定，明定債務人請求協商時，視爲同意或授權受請求之金融機構，得向稅捐或其他機關、團體（例如地政機關、聯合徵信中心等）查詢之。

（三）爲便利債務人統一清理其債務，受債務人請求協商債務清償方

案之金融機構，應即通知其他債權人與債務人爲債務清償方案之協商，並將其查詢債務人之財產、收入、業務及信用狀況之結果，供其他債權人閱覽或抄錄。至其他債權人因閱覽、抄錄所生費用（例如：影印費等），提供閱覽、抄錄之金融機構得自行決定是否收費，乃屬當然。

（四）債務清償方案協商成立者，攸關參與協商債權人、債務人之權益，爲求愼重，債務清償方案應作成書面，並由當事人簽名、蓋章或按指印，於符合此等要式行爲後，該債務清償方案始行成立。又協商不成立者，爲便於債務人得據以聲請更生或清算，明定債債權人應付與債務人協商不成立之證明書，俾其證明業經協商程序。

（二）101年1月4日修正條文：

Ⅰ、債務人對於金融機構負債務者，在聲請更生或清算前，應向最大債權金融機構請求協商債務清償方案，或向其住、居所地之法院或鄉、鎭、市、區調解委員會聲請債務清理之調解。

Ⅱ、債務人爲前項請求或聲請，應以書面爲之，並提出財產及收入狀況說明書、債權人及債務人清冊，及按債權人之人數提出繕本或影本。

Ⅲ、第四十三條第二項、第五項及第六項規定，於前項情形準用之。

Ⅳ、債權人爲金融機構者，於協商或調解時，由最大債權金融機構代理其他金融機構。但其他金融機構以書面向最大債權金融機構爲反對之表示者，不在此限。

Ⅴ、債權人爲金融機構、資產管理公司或受讓其債權者，應提出債權說明書予債務人，並準用第三十三條第二項第一款至第四款規定。

Ⅵ、債務人請求協商或聲請調解後，任一債權金融機構對債務人聲請強制執行，或不同意延緩強制執行程序，視爲協商或調解不成立。

VII、協商或調解成立者，債務人不得聲請更生或清算。但因不可歸責於己之事由，致履行有困難者，不在此限。

VIII、第七十五條第二項規定，於前項但書情形準用之。

IX、本條例施行前，債務人依金融主管機關協調成立之中華民國銀行公會會員，辦理消費金融案件無擔保債務協商機制與金融機構成立之協商，準用前二項之規定。

【101年1月4日修正要旨】

（一）本條例施行後，前置協商制度已發揮一定效用，為節省法院及當事人勞費，應予保留。為提供債務人其他程序選擇，增設前置調解程序，爰修正本條作為前置協商及前置調解程序之共通規定。又為擴大債務人與金融機構間前置協商及調解程序之適用範圍，刪除債務人請求協商或聲請調解之債務種類限制，爰修正第1項。至於債務人與債權人得就有擔保、優先權之債權或其他債權分別約定不同之清償方案，乃屬當然，附此敘明。

（二）配合本條修正為前置協商及前置調解之共通規定，原條文第2項至第4項關於前置協商程序之規定，修正移列第151條之1第1項、第2項及第4項。

（三）債務人應以書面請求協商或聲請調解，並提出財產及收入狀況說明書、債權人及債務人清冊，並按債權人之人數提出繕本或影本，俾債權金融機構或調解委員及其他債權人明瞭債務人之財產、收入及負債狀況，以利協商或調解之進行，並明定債務人提出之上開應備文件之格式及其內容，準用更生程序中債務人應備文件之相關規定，爰增訂第2項、第3項。

（四）依金融機構辦理消費者債務清理條例前置協商作業準則規定，債權人如有多數金融機構者，於前置協商程序中由最大債權金融機構與債務人協商，如其他債權金融機構同意還款協議，係授權財團法人金融聯合徵信中心套印相關債權金融機構「前置協商專用印」電子檔印文於相關文

書（PDF檔）上，供最大債權金融機構下載。惟前置調解程序中並無此項電子檔印文授權機制，且為節省前置協商程序中之電子授權程序，明定除其他債權金融機構以書面向最大債權金融機構為反對之表示外，應由最大債權金融機構代理其他金融機構進行前置協商及調解程序，爰增訂第4項。至於其他金融機構反對由最大債權金融機構代理者，應由其自行或委任他代理人進行協商或調解，自屬當然。

（五）為使債務人及調解委員明瞭債務人積欠債權金融機構之債務本金、利息、違約金，及已清償金額抵充費用、利息、本金之數額、計算方式，以促成協商或調解成立，債權金融機構、資產管理公司或受讓其債權者，於協商或調解程序中應依第33條第2項第1款至第4款向債務人提出債權說明書，爰增訂第5項。

（六）依目前金融機構辦理消費者債務清理條例前置協商作業準則，金融機構皆採一致做法。債務人請求協商或聲請調解後，如有任一債權金融機構對債務人聲請強制執行，顯將致協商或調解無從繼續進行，並將致其他債權人未能受公平清償，自應視為協商或調解不成立；已經開始強制執行之債權金融機構不同意延緩強制執行程序者，亦然，爰增訂第6項。

（七）債務人與債權人成立協商或調解後，即應依誠信原則履行，故應限制於債務人因不可歸責於己之事由，致履行有困難時，始得聲請更生或清算，俾債務人盡力履行協商或調解方案，避免任意毀諾。又債務人如有第75條第2項之情形，自應推定其有不可歸責於己之事由，致履行有困難，爰將原條文第5項酌作文字修正移列第7項，另增訂第8項。

（八）原條文第6項準用第5項規定，修正為準用第7項、第8項規定，並移列第9項。

（三）107年12月26日修正條文：

I 、債務人對於金融機構負債務者，在聲請更生或清算前，應向最大債權金融機構請求協商債務清償方案，或向其住、居所地之法院或鄉、鎮、市、區調解委員會聲請債務清理之調解。

II 、債務人為前項請求或聲請，應以書面為之，並提出財產及收入狀況說明書、債權人及債務人清冊，及按債權人之人數提出繕本或影本。

III、第四十三條第二項、第五項及第六項規定，於前項情形準用之。

IV、債權人為金融機構者，於協商或調解時，由最大債權金融機構代理其他金融機構。但其他金融機構以書面向最大債權金融機構為反對之表示者，不在此限。

V 、債權人為金融機構、資產管理公司或受讓其債權者，應提出債權說明書予債務人，並準用第三十三條第二項第一款至第五款規定。

VI、債務人請求協商或聲請調解後，任一債權金融機構對債務人聲請強制執行，或不同意延緩強制執行程序，視為協商或調解不成立。

VII、協商或調解成立者，債務人不得聲請更生或清算。但因不可歸責於己之事由，致履行有困難者，不在此限。

VIII、第七十五條第二項規定，於前項但書情形準用之。

IX 、本條例施行前，債務人依金融主管機關協調成立之中華民國銀行公會會員，辦理消費金融案件無擔保債務協商機制與金融機構成立之協商，準用前二項之規定。

【107年12月26日修正要旨】

　　爲使債務人與金融機構、資產管理公司或受讓其債權者間之債務處理管道暢通，便於聯絡及處理其他必要事務，爰修正第5項，增訂此等債權人提出債權說明書，應準用第33條第2項第5款規定，表明供還款帳號、承辦人及聯絡方式。

【說明】

　　消費者欲依本條例清理債務者，必須明瞭本條例係採行協商及調解前置主義，故在其聲請更生或清算前，應以書面向最大債權金融機構請求協商或調解債務清償方案，並提出債權人清冊，表明共同協商或調解之意旨。

　　此種協商前置或調解程序，具有裁判外債務清理程序之性質，經由債務人與債權人自主協商或調解債務清償方案，不但可使當事人間更迅速、經濟地進行債務清理，而節省勞力、時間、費用之支出，更可疏減法院負擔，而有效分配司法資源，且可加速債權人之受償。但此種制度之設計，有下列應遵守之程序與特色：

（一）協商及調解前置主義有一定之適用範圍

　　爲期發揮裁判外債務清理程序之機能，並避免一概採取前置程序之缺失，乃針對債務人對於金融機構負債者，始有本制度之適用。但爲擴大協商及調解程序之適用範圍，原只限於因消費借貸、自用住宅借款、信用卡或現金卡契約所生債務之條文，已於101年1月4日修正刪除。

（二）聲請之對象

　　由債務人向最大債權金融機構請求協商或向管轄法院或鄉鎭市區調解委員會聲請調解。但不以向最大債權金融機構之總行提出聲請爲限，若向其分行提出聲請，亦發生請求之效力。

（三）協商期間之限制

　　為了避免協商前置程序之延滯，影響債務人利用法定更生或清算程序儘速清理其債務，以早日重建其經濟生活，故自債務人提出協商請求之翌日起逾三十日不開始協商，或自開始協商之翌日起逾九十日協商不成立，債務人即得逕向法院聲請更生或清算（§153）。

（四）聲請程式

　　應提出書面，並表明共同協商之意旨。提出之債權人清冊，其所記載內容，宜比照本條例第43條第2、5、6項之債權人清冊、債務人清冊、財產狀況說明書所應表明事項（詳見附錄五）。

（五）債權人資訊取得權之保障

　　為提供債權人充分之資訊，以方便其判斷並決定是否與債務人成立債務清償方案，本條原有第2項明定債務人請求協商時，視為同意或授權受請求之金融機構，得向稅捐或其他機關、團體查詢其財產、收入、業務及信用狀況，以解決「個人資料保護法」有關須經當事人書面同意之問題，並使債權人得透過稅捐機關（國稅局、縣市政府地方稅務局）、地政機關、聯合徵信中心、財稅資料處理中心或其他機關團體，取得債務人之財務狀況、清償能力、經濟信用狀況等重要資訊，以作為衡量、評估債務人提出之債務清償方案是否可行，而決定是否予以接納其清償方案。該項已於101年1月4日修正移列第151條之1第1項。

（六）最大債權金融機構之通知義務

　　為便利債務人統一清理其債務，故本條原有第3項規定，受債務人請求協商之最大債權金融機構，即應通知其他債權人與債務人為債務清償方案之協商，並將其查詢債務人之財產、收入、業務及信用狀況之結果供其他債權人閱覽或抄錄。該項已於101年1月4日修正移列第151條之1第2項。

（七）協商成立時應作成書面

　　爲求愼重，當事人間協商成立時，應作成書面，以滿足要式性之要求。故本條原有第4項明定，協商成立時，應以書面作成債務清償方案，由當事人簽名、蓋章或按指印，該債務清償方案始爲成立。若協商不成立時，應付與債務人證明書，以資證明債務人業經協商程序，並便於其得據以向法院聲請更生或清算程序。該項已於101年1月4日修正移列第151條之1第4項。

（八）毀諾條款之訂定

　　爲防止債務人於協商成立後任意毀諾已成立之協商，而濫用更生或清算之債務清理程序，故在本條第7、8、9項分別規定「協商或調解成立者，債務人不得聲請更生或清算。但因不可歸責於己之事由，致履行有困難者，不在此限。」、「第75條第2項規定，於前項但書情形準用之。」、「本條例施行前，債務人依金融主管機關協調成立之中華民國銀行公會會員，辦理消費金融案件無擔保債務協商機制與金融機構成立之協商，準用前二項之規定。」此即爲民間所稱之「毀諾條款」。依此，不僅債務人依本條例請求之債務協商或調解，經其與債權人間成立之協商方案，具有程序上之拘束力外，即在本條例施行前，由金融機構主導之債務協商機制，曾成立之協商方案，對於債務人亦發生拘束力，均構成其進入本條例依更生或清算程序清理債務之障礙事由。簡言之，所謂「毀諾條款」，係指債務人請求協商或調解成立者，即應誠實履行協調成立之清償方案，不得毀諾不予履行，否則，即不得再聲請更生或清算，故此一規定與其稱爲「毀諾條款」，不如稱爲「阻絕條款」更爲貼切。但債務人於成立協商或調解後，若有不可歸責於己之事由，致其經濟狀況未見改善，甚至持續惡化，仍強令其依協商方案繼續履行，而排拒其於更生或清算程序清理債務大門之外，即有背本條例之立法宗旨。況且，當債務人與金融機構進行之前開協商機制時，並未有公正之第三人居中促成，其雙方是否確

實在地位平等之前提下成立債務清償方案，亦值存疑，故對於債務人成立前開協商方案後，不能履行其清償債務方案之情形，自應在一定條件下賦予其有利用裁判上債務清理程序之機會，以免其永遠被阻絕於更生或清算程序之外，致無法獲取更生或復甦之機會。因此，本條例乃於本條第7項但書規定「但因不可歸責於己之事由，致履行顯有重大困難者，不在此限」，用以緩和此毀諾條款對於債務人所帶來之衝擊，並爲債務人開闢一線可以通往更生或清算程序之機會。惟該但書所定「因不可歸責於己之事由」、「致履行顯有重大困難者」，均係抽象之概括條款，並未有例示條文可循，因此在適用上即難免有所爭論。關此，在「辦理消費者債務清理條例事件應行注意事項」初稿之「第54項」中，曾有「法院判斷有無本條例第151條第5項但書所稱不可歸責於債務人之事由，致履行顯有重大困難時，宜斟酌該導致履行債務清償方案顯有重大困難之事由，是否係因不可歸責於債務人之事由所致，例如：有非可歸責於債務人之事由，致使債務人發生失業、需顯著增加生活支出等情事具體定之。」之注意規定。惟該一注意事項所謂之「發生失業、需顯著增加生活支出等情事」之例示規定，亦未臻具體、明確，在適用上仍不無疑義。另在學者間雖有認爲「但書規定之適用，僅限於債務人非自願性之失業、罹患重大傷病等情形」，惟就立法者增訂此一毀諾條款之主要理由，係在於「避免債務人任意毀諾已成立之協商，濫用更生或清算之債務清理程序」以觀，債務人依債務協商機制成立協商後，再依本條例再聲請更生或清算之行爲，是否即可認爲已達濫用債務清理權之程度，即不無疑惑之處。本條第7項已將原條文第5項所定「因不可歸責於己之事由，致履行顯有重大困難者」，修正爲「因不可歸責於己之事由，致履行有困難者」，以免阻絕條款，過於嚴苛，而減低債務人聲請更生或清算之機會。故依筆者意見，只要債務人符合「因不可歸責於己之事由，致履行有困難者」，不論其事由爲何，均應認爲符合此例外規定。故債務人發生非自願性失業、顯著增加生活支出、罹患重大傷病、非自願性減薪、受扶養親屬必要生活費用之突增、突然遭到不可

抗力之天災、地變，經濟上之支持者頓失收入或死亡等情事，甚至係債務人爲清償未參與協商之債權人之債權致履行協商方案有困難，或者未參與協商之債權人向法院聲請宣告債務人破產等，均應認有該但書規定之適用，而准債務人得向法院聲請更生或清算程序，庶幾符合本條例第1條所定「謀求消費者經濟生活之更生及社會經濟之健全發展」之立法旨趣。

（九）曾經協商不成立案件之處理

在本條例施行前，金融主管機關協調成立之「中華民國銀行公會會員辦理消費金融案件無擔保債務協商機制」，雖亦屬當事人自主協商解決債務之方法，然該債務協商機制多僅就還款期限予以寬延而已，就還款金額之讓步條件甚少，協商不易成立，於本條例施行後，可期待債權金融機構有較大之讓步，如能協商成立，對雙方當事人均屬有利，爲促使債務人與債權人雙方自主協商債務清償方案，有效分配司法資源，節省當事人之勞費，允宜給予再次債務協商之機會，仍應依本條第1項之規定請求協商或聲請調解（細則§42）。

（十）協商成立債務清償方案之審核

債務人與債權人協商成立之債務清償方案，在性質上與民法之和解相同，僅具有一般債權債務之關係。爲免債務人與債權人協商成立之清償方案有違反法令或無法強制執行等情事，故本條例規定，該債務清償方案應送請法院審核裁定認可或請求公證人作成公證書者，始具有執行力（§152 I）。

（十一）協商成立債務清償方案之法律效力

爲避免程序浪費，並提高債權人參與協商之意願，債務清償方案經法院裁定認可或請求公證人作成公證書者，均得爲執行名義（§152 IV）。

（十二）債務協商成立後債務人經法院裁定開始更生或清算程序之處理

法院裁定認可債務清償方案後，債務人尚未完全履行債務清償方案，而經法院裁定開始更生或清算程序時，其未依債務清償方案受全部清償之債權人究應如何處理？此種情形可依後述之第154條規定辦理。

債務人聲請法院調解既不成立，即已踐行本條例第151條第1項所定前置程序。債務人原聲請之更生或清算，宜尊重其意願，故參照民事訴訟法第419條第4項規定，增訂債務人得於一定期限內，聲請法院依原聲請程序續行，並自原聲請時發生程序繫屬之效力，以維程序經濟及程序利益（細則§42-1 II）。另法院於上述調解不成立時，宜當場告知或於調解不成立證明書記載，債務人得於調解不成立之日起二十日內聲請依原聲請程序續行之旨，俾利債務人知悉。債務人未依本條例第151條第1項規定先行協商或調解程序，即向法院聲請更生或清算，為保障其程序權，尚不宜逕以其聲請不合法而裁定駁回。故參照民事訴訟法第424條第1項規定，增訂應以其更生或清算之聲請，視為法院調解之聲請（細則§42-1 I）。

受請求協商之最大債權金融機構應依債務人提出之債權人清冊，通知全體債權人參與協商；前項金融機構於協商不成立時，應付與債務人證明書（細則§43）。

本條第1項所稱之金融機構，係指：包括銀行、信用合作社、農會信用部、漁會信用部、票券金融公司、信用卡業務機構及郵政儲金匯業局在內之銀行業；包括證券商、證券投資信託事業、證券投資顧問事業、證券金融事業、期貨商、槓桿交易商、期貨信託事業、期貨經理事業及期貨顧問事業在內之證券及期貨業；包括保險公司及保險合作社在內之保險業；信託業等機構及其他經主管機關核定之機構〔注意事項四十二〕。

非向金融機構負債之債務人，可否請求協商或調解？依本條第1項規定「債務人對於金融機構負債務者，……應向最大債權金融機構請求協商……或向其住、居所地之法院或鄉、鎮、市、區調解委員會聲請……調

解」之文義觀之，前置協商或調解之債務，應僅限於對於「金融機構」所負之債務為準，故對於非金融機構負債之自然人，自不得請求協商或調解。若此，不無剝奪非對金融機構負債之自然人請求協商或調解之權利。為補救此一缺失，在目前實務上，乃放寬此一限制，准許此種債務人得向法院或各調解委員會聲請調解。但在適法上不無疑義，不如直接修法補救之。

若最大金融機構已將其債權讓與資產管理公司或非金融機構之第三人者，則依本條第1、4項之規定，債務人仍應向原來之最大金融機構請求協商。但最大金融機構之債權，既已讓售他人，已非權利主體，何以債務人仍須向非權利人之原來最大金融機構請求協商，此在法理上，不無可議之處。故在目前實務上之做法，如果受讓債權之資產管理公司已可在財團法人金融聯合徵信中心取得該受讓債權之資產管理公司之名單時，亦可以該資產管理公司為聲請調解之對象，而向法院或各鄉鎮市區調解委員會聲請調解，以解決實際上之困境。

依本條第4項修正規定，除其他金融機構以書面向最大債權金融機構為反對代理之表示外，最大債權金融機構，無庸經其他金融機構委任或授與代理權，當然有權代理其他金融機構進行協商或調解。又得表示反對代理者，僅限於其他金融機構，最大債權金融機構不得拒絕代理（細則§42-2 I）。另最大債權金融機構應將代理協商或調解之旨，通知其他金融機構，俾使知悉，自屬當然。

前項最大債權金融機構，就消費者債務清理之協商或調解，為其他金融機構法定之代理人，其非意定代理，自無民事訴訟法第68條以下關於訴訟代理人規定之適用。為利於協商或調解，最大債權金融機構應有代其他金融機構為一切必要行為之權，並得使第三人代為處理（細則§42-2 II）。

基於債之相對性原則，因債務協商成立而生之權利義務關係，僅足以拘束參與該協商成立之契約當事人而已，至於未參與協商或雖有出席協商，但拒不接受該協商條件之債權人，當然可不受其他債權人已成立協商

之拘束。

　　依民法第534條第4款規定，受任人為和解時，須有特別之授權，故債權人、債務人委任他人成立債務清償方案者，該受任人自應提出有民法第534條第4款特別授權事項之委任書。

（四）110年6月16日修正條文：
Ⅰ、債務人對於金融機構負債務者，在聲請更生或清算前，應向最大債權金融機構請求協商債務清償方案，或向其住、居所地之法院或鄉、鎮、市、區調解委員會聲請債務清理之調解。
Ⅱ、債務人為前項請求或聲請，應以書面為之，並提出財產及收入狀況說明書、債權人及債務人清冊，及按債權人之人數提出繕本或影本。
Ⅲ、第四十三條第二項、第五項至第七項規定，於前項情形準用之。
Ⅳ、債權人為金融機構者，於協商或調解時，由最大債權金融機構代理其他金融機構。但其他金融機構以書面向最大債權金融機構為反對之表示者，不在此限。
Ⅴ、債權人為金融機構、資產管理公司或受讓其債權者，應提出債權說明書予債務人，並準用第三十三條第二項第一款至第五款規定。
Ⅵ、債務人請求協商或聲請調解後，任一債權金融機構對債務人聲請強制執行，或不同意延緩強制執行程序，視為協商或調解不成立。
Ⅶ、協商或調解成立者，債務人不得聲請更生或清算。但因不可歸責於己之事由，致履行有困難者，不在此限。
Ⅷ、第七十五條第二項規定，於前項但書情形準用之。
Ⅸ、本條例施行前，債務人依金融主管機關協調成立之中華民國銀行公會會員，辦理消費金融案件無擔保債務協商機制與金融機構成立之協商，準用前二項之規定。

【110年6月16日修正要旨】

　　同本次第43條修正要旨，故將本條原有第3項配合修正。

【與破產法之比較】

　　本條起至第154條所規定之債務協商程序，係本條例為求債務清理程序之簡速、經濟，所創設之新制，此為破產法所無。又第155條有關破產程序之遵守、第156條有關前受破產宣告事件之免責或復權之聲請、第157條有關施行細則之訂定、第158條有關施行日期等，均無與破產法比較之價值，故在前開數法條間，即不再臚列【與破產法之比較】欄目。

第151條之1（視為同意或授權調查債務人財務狀況）

（一）100年1月26日增訂條文：

　　前條債務經金融機構出售予資產管理公司，如債務人依前條規定提出協商並成立者，資產管理公司應依該協商條件辦理。

【100年1月26日立法要旨】

　　過去銀行常將債務賤賣給自己成立之資產管理公司，形同把債務從右手轉給左手，以規避資產管理公司沒有列入協商範圍之規定。此次修法，將已售予資產管理公司之債務也納入協商對象，只要金融機構已經提出協商並且成立，受讓之資產管理公司就必須依協商條件辦理債務。

（二）101年1月4日修正條文：

Ⅰ、債務人請求協商時，視為同意或授權受請求之金融機構，得向稅捐或其他機關、團體查詢其財產、收入、業務及信用狀況。

Ⅱ、前項金融機構應即通知其他債權人與債務人為債務清償之協商，並將前項查詢結果供其他債權人閱覽或抄錄。

Ⅲ、債權人之債權移轉於第三人者，應提出相關證明文件，由受請求之金融機構通知該第三人參與協商。

IV、協商成立者，應以書面作成債務清償方案，由當事人簽名、蓋章
或按指印；協商不成立時，應於七日內付與債務人證明書。

【101年1月4日修正要旨】

　　（一）為配合原條文第151條修正為前置協商及前置調解程序之共通
規定，爰將原條文第151條第2項、第3項關於前置協商程序之規定修正移
列為本條第1項、第2項。

　　（二）實務上因最大債權銀行常未通知資產管理公司參與協商，或僅
通知資產管理公司自行與債務人協商，亦有資產管理公司收受協商通知時
不參與協商，致增加債務人於協商成立後之履行困難，宜明定債權人之債
權移轉於第三人時（包括債權讓與及法定債之移轉），應提出相關證明文
件，由受請求之金融機構通知該第三人參與協商，以促資產管理公司參與
協商程序，爰修正原條文第151條之1，並移列為本條第3項。

　　（三）債務人與債權人協商不成立時，受請求之債權金融機構應儘速
付與不成立證明書，以便債務人聲請更生或清算，明定債權金融機構付與
證明書之期間，爰將原條文第151條第4項修正移列為本條第4項。

【說明】

　　債權人之債權移轉於第三人者，無論其移轉在債務人請求協商或聲請
調解之前或後，移轉人或受移轉人應依本條例第151條之1第3項、第153條
之1第4項規定，將債權移轉相關文件之正本、繕本或影本提出於最大債權
金融機構或鄉、鎮、市、區調解委員會或法院（細則§44-1 I）。

　　本條第3項及第153條之1第3項規定之債權移轉範圍，包括債權讓與及
法定移轉（細則§44-1 II）。

　　債務人向法院聲請債務清理之調解，應符合及具備本條第2項、第3
項及第153條之1第1項規定之程式及其他要件。如有欠缺，其聲請即非合
法。惟其情形可以補正者，法院應定期間先命補正，逾期不補正，始應以
裁定駁回之。如不能補正，法院得不命補正逕予駁回（細則§44-2）。

未同意依本條第4項所成立之債務清償方案之債權人，不受該方案之拘束〔注意事項四十二之（二）〕。

債權人、債務人委任他人成立債務清償方案者，該受任人應提出有民法第534條第4款特別授權事項之委任書〔注意事項四十二之（三）〕。

債權人、債務人委任他人成立法院調解者，應提出有民事訴訟法第70條第1項但書特別代理權限之委任書〔注意事項四十二之（四）〕。

第152條（法院之審核）

I、前條第一項受請求之金融機構應於協商成立之翌日起七日內，將債務清償方案送請金融機構所在地之管轄法院審核。但當事人就債務清償方案已依公證法第十三條第一項規定，請求公證人作成公證書者，不在此限。

II、前項債務清償方案，法院應盡速審核，認與法令無牴觸者，應以裁定予以認可；認與法令牴觸者，應以裁定不予認可。

III、前項裁定，不得抗告。

IV、債務清償方案經法院裁定認可後，得為執行名義。

【立法要旨】

（一）為免債務人與債權人協商成立之債務清償方案有違反法令或無法強制執行情事，債務清償方案應送請法院審核，明定受協商請求之金融機構，應於協商成立之翌日起七日內，將債務清償方案送請金融機構所在地之管轄法院審核。第1項所定之「七日」期間為訓示期間，法院不得以金融機構逾七日始將債務清償方案送請審核，而不予認可。又本項明定金融機構應將債務清償方案送請法院審核，除為避免債務清償方案有違反法令或無法強制執行情事外，亦為賦與其執行力，以利債權人行使債權，當事人就債務清償方案既已依公證法第13條第1項規定，請求公證人作成公證書，法院審核之目的即可貫徹，自無再送請法院審核之必要，爰設但書予以除外。

（二）法院就協商成立之債務清償方案應盡速審核，如其內容與法令無牴觸，即應以裁定予以認可，如與法令相牴觸，則應不予認可，爰設第2項。又債務人與債權人成立協商，其性質爲私法上之和解，法院就協商成立之債務清償方案予以認可，僅係賦與其執行力，非該等法律行爲之成立要件，法院如以其牴觸法令而不予認可，該等法律行爲仍應依其牴觸之法令認定其效力，附此敘明。

（三）法院審核債務清償方案，僅就該等方案有違反法令或無法強制執行等情事爲審核，並未變更債務人與債權人協商之實體內容，自不許渠等對於該等裁定提起抗告。況法院爲不認可之裁定時，債務人仍得聲請更生或清算，債權人、債務人之權益均未受影響，亦不許渠等對於該等裁定提起抗告，爰設第3項。

（四）爲避免程序浪費，並提高債權人參與協商之意願，債務清償方案經法院裁定認可後，爲便於債權人行使債權，宜賦與執行力，爰設第4項。

【說明】

債務人與債權人所成立之協商，不以送經法院認可爲必要，此觀諸本條例第151條第4項規定甚明，故本條例本條第4項所定，清償方案經法院裁定認可後，得爲執行名義，僅係賦予執行力而已，並非指協商成立須經法院認可。同理，債務人與債權人所成立之協商，經依公證法第13條第1項規定公證，並載明逕受強制執行者，亦係依公證法規定賦予該協商成立結果執行力而已，並非指協商成立須經公證〔注意事項四十三之（一）〕。

依本條例第152條第2項規定，須法院認債務清償方案與法令牴觸者，始得裁定不認可該方案，故法院自不得以金融機構逾本條第1項所定之七日期間始將債務清償方案送請審核爲由，不予認可〔注意事項四十三之（二）〕。

　　法院裁定認可之債務清償方案，關係債權人及債務人權益至鉅，自應送達參與協商之當事人知悉〔注意事項四十三之（三）〕。

　　經公證之債務協商清償方案，須符合公證法第13條之規定，始得為執行名義。

第153條（協商期間）

　　自債務人提出協商請求之翌日起逾三十日不開始協商，或自開始協商之翌日起逾九十日協商不成立，債務人得逕向法院聲請更生或清算。

【立法要旨】

　　為免協商程序之延滯影響債務人清理債務，債權人如遲不開始協商，或債務清償方案遲未能協商成立，應許債務人逕向法院聲請更生或清算，以儘速清理其債務，早日重建其經濟生活，爰設本條。

【說明】

　　本條所稱「提出協商請求」，係指債務人依本條例第151條第2項規定提出財產及收入狀況說明書、債權人及債務人清冊，及按債權人之人數提出繕本或影本，並以書面向最大債權金融機構表明請求共同協商債務清償方案〔注意事項四十四之（一）〕。

　　本條所稱「開始協商」，係指最大債權金融機構依本條例第151條之1第2項，通知債務人為債務清償之協商〔注意事項四十四之（二）〕。

　　債務人受最大債權金融機構通知協商債務清償方案，二次無正當理由未到場者，應視同未請求協商〔注意事項四十四之（三）〕。

第153條之1【101年1月4日增訂條文】（聲請費之徵收）

（一）原條文：

Ⅰ、債務人依第一百五十一條第一項聲請法院調解，徵收聲請費新臺幣一千元。

Ⅱ、債務人於法院調解不成立之日起二十日內，聲請更生或清算者，

> 　　以其調解之聲請，視爲更生或清算之聲請，不另徵收聲請費。
> III、債權人之債權移轉於第三人者，應提出相關證明文件，由法院或
> 　　鄉、鎮、市、區調解委員會通知該第三人參與調解。

【101年1月4日立法要旨】

（一）本條新增。

（二）民事訴訟法第77條之20規定，向法院聲請調解，依其聲請之標的金額或價額，徵收聲請費新臺幣1,000元至5,000元不等，其徵收標準高於本條例規定之聲請費，爲減輕債務人負擔，爰設第1項、第2項，明定債務人依本條例向法院聲請債務清理調解者，徵收聲請費新臺幣1,000元，及調解不成立後二十日內聲請更生或清算，不另徵收聲請費。另依鄉鎮市調解條例第23條規定，調解除勘驗費應由當事人核實開支外，不得徵收任何費用。於鄉、鎮、市、區調解委員會行前置調解程序，亦不徵收費用，附此敍明。

（三）債權人之債權移轉於第三人者（包括債權讓與及法定債之移轉），應於前置調解程序中提出相關證明文件，由法院或鄉、鎮、市、區調解委員會通知第三人參與調解，以協助債務人清理其債務，爰設第3項。

（四）至債務人與債權人於法院及鄉、鎮、市、區調解委員會調解成立之效力，分別依民事訴訟法及鄉鎮市調解條例之相關規定定之，自不待言。

> （二）107年12月26日修正條文：
> I 、債務人依第一百五十一條第一項聲請法院調解，徵收聲請費新臺
> 　　幣一千元。
> II、債務人於法院調解不成立之日起二十日內，聲請更生或清算者，
> 　　以其調解之聲請，視爲更生或清算之聲請，不另徵收聲請費。

III、債務人於調解期日到場而調解不成立，得當場於法院書記官前，以言詞爲前項更生或清算之聲請。

IV、債權人之債權移轉於第三人者，應提出相關證明文件，由法院或鄉、鎮、市、區調解委員會通知該第三人參與調解。

【107年12月26日修正要旨】

（一）債務人於調解期日到場而調解不成立，應准當場以言詞聲請更生或清算，以期簡便，爰增訂第3項。

（二）原條文第3項未修正，遞移爲第4項。

【說明】

債權人之債權移轉於第三人者，無論其移轉在債務人請求協商或聲請調解之前或後，移轉人或受移轉人應依本條第4項規定，將債權移轉相關文件之正本、繕本或影本提出於最大債權金融機構或鄉、鎮、市、區調解委員會或法院（細則§44-1 I）。

本條第4項規定之債權移轉範圍，包括債權讓與及法定移轉（細則§44-1 II）。

債務人依本條第3項規定以言詞爲更生或清算之聲請者，法院書記官應記明筆錄（細則§44-1 II）。

第154條（協商或調解成立後裁定開始更生或清算時原債權之加入分配）

（一）原條文：

I 、債務清償方案協商成立後，債務人經法院裁定開始更生或清算程序，債權人依債務清償方案未受全部清償者，仍得以其在協商前之原有債權，加入更生或清算程序；其經法院裁定開始清算程序者，應將債權人已受清償部分，加算於清算財團，以定其應受分配額。

Ⅱ、前項債權人，應俟其他債權人所受清償與自己已受清償之程度達同一比例後，始得再受清償。

【立法要旨】

（一）法院裁定認可債務清償方案後，債務人尚未完全履行債務清償方案，而經法院裁定開始更生或清算程序時，為求全體債權人之公平受償，未依債務清償方案受全部清償之債權人，仍得以其協商前之原有債權，加入更生或清算程序。其經法院裁定開始清算程序者，應將債權人已受清償部分加算於清算財團，以定其應受分配額，爰設第1項。至依債務清償方案受全部清償之債權，其債權業因清償而消滅，尚無適用本條規定之餘地，附此敘明。

（二）第1項之債權人如已依債務清償方案受部分清償，應視同於更生或清算程序受清償，為求公平，自應俟其他債權人所受之分配與其已受清償之程度達同一比例後，始得再受分配，以保障其他債權人之權益，爰設第2項。

（二）101年1月4日修正條文：
Ⅰ、債務清償方案協商或調解成立後，債務人經法院裁定開始更生或清算程序，債權人依債務清償方案未受全部清償者，仍得以其在協商或調解前之原有債權，加入更生或清算程序；其經法院裁定開始清算程序者，應將債權人已受清償部分，加算於清算財團，以定其應受分配額。
Ⅱ、前項債權人，應俟其他債權人所受清償與自己已受清償之程度達同一比例後，始得再受清償。

【101年1月4日修正要旨】
（一）配合本條例第151條增訂前置調解程序，爰修正第1項。
（二）原條文第2項未修正。

【說明】

　　本條規定之債務清償方案協商成立後，債務人尚未完全履行債務清償方案，而經法院裁定開始更生或清算程序，其與本條例第79條規定之債務人未完全履行更生方案，經法院裁定開始清算程序情形相當，其法條內容亦為相近，其間之小差別僅在於：前者係以「協商前之原有債權加入更生或清算程序」，後者係以「更生前之原有債權加入清算程序」。此與破產法第40條規定係以「和解前原有債權之未清償部分，仍加入破產程序」者，顯有不同。

第155條（本條例施行前已依破產法處理之事件）

　　本條例施行前不能清償債務之事件，已由法院依破產法之規定開始處理者，仍依破產法所定程序終結之。

【立法要旨】

　　本條例施行前，不能清償債務之事件，已由法院依破產法之規定開始處理者，應依何一程序進行，宜予明定，爰設本條過渡性規定，明定該等事件仍依破產法所定程序終結之，俾利遵循。

【說明】

　　在本條例施行前，已由法院依破產法之規定開始處理之事件，本於同一程序之相續性，自應仍依破產法所定程序終結之，以免程序割裂，影響當事人之程序正義。

第156條（本條例施行前受破產宣告事件其免責或復權聲請之適用）

　（一）原條文：

　　消費者於本條例施行前受破產宣告者，得依本條例之規定，為免責或復權之聲請。

【立法要旨】

消費者於本條例施行前受破產宣告者，如其符合本條例所定免責或復權之規定時，自許其依條例之規定為免責或復權之聲請，以重建更生，爰設本條。

（二）101年1月4日修正條文：
Ⅰ、消費者於本條例施行前受破產宣告者，得依本條例之規定，為免責或復權之聲請。
Ⅱ、本條例中華民國一百年十二月十二日修正之條文施行前，消費者依第一百三十四條第四款規定受不免責裁定者，得於修正條文施行之日起二年內，為免責之聲請。

【101年1月4日修正要旨】

（一）本條例自公布日後九個月施行。
（二）本條例修正條文自公布日施行。

（三）107年12月26日修正條文：
Ⅰ、消費者於本條例施行前受破產宣告者，得依本條例之規定，為免責或復權之聲請。
Ⅱ、本條例中華民國一百年十二月十二日修正之條文施行前，消費者依第一百三十四條第四款規定受不免責裁定者，得於修正條文施行之日起二年內，為免責之聲請。
Ⅲ、本條例中華民國一百零七年十一月三十日修正之條文施行前，消費者依第一百三十四條第二款、第四款或第八款規定受不免責裁定者，得於修正條文施行之日起二年內，為免責之聲請。

【107年12月26日修正要旨】

本條例107年11月30日修正條文施行前已經法院依本條例第134條第2款、第4款或第8款規定裁定不免責之債務人，雖無再重複進行原已終止或終結清算程序之實益，惟為使其仍得重建經濟生活，及避免法律關係久懸不決，無論該裁定是否確定，明定其得於修正條文施行之日起二年內，依修正後之規定聲請免責，爰增訂第3項。至於修正條文施行前已經法院裁定不免責，經提起抗告，或尚未經法院裁定者，均應適用修正後之規定，自屬當然。

【說明】

消費者依本條第1項規定聲請免責或復權，由宣告破產之地方法院管轄（細則§45 I）。

消費者依本條第2項、第3項規定聲請免責，由裁定開始清算程序之地方法院管轄（細則§45 II）。

第157條（施行細則之訂定）

本條例施行細則，由司法院定之。

【立法要旨】

有關本條例施行之細則，宜授權由司法院定之，爰設本條。

【說明】

本條例之施行細則自中華民國97年4月11日施行（細則§46）。

第158條（施行日期之日出條款）

（一）原條文：

本條例自公布日後九個月施行。

【立法要旨】

　　為免卡債債務人對本條例之不當期待，對社會及經濟造成衝擊，且本條例內容事涉司法事務官之建置、培訓，涉及考試院及本院權責，另配套措施亦有待相關機關之配合，應訂定日出條款，爰設本條。

　　（二）100年1月26日修正條文：
　　I 、本條例自公布日後九個月施行。
　　II 、本條例中華民國一百年一月十日修正條文自公布日施行。
　　III、本條例於中華民國一百年一月十日修正施行前，債務人已依第
　　　　一百五十一條規定提出協商並成立者，資產管理公司應比照該協
　　　　商條件逕向債務人協商。

【100年1月26日修正要旨】

　　本條新增第2、3項，規定債務人之債務縱使遭金融機構轉賣與資產管理公司，只要在民國100年1月10日本條例修正施行前，債務人已依第151條規定提出協商並成立者，資產管理公司就必須依照協商條件處理債務，使此次之修法溯及既往，讓卡債族更願意提出更生聲請。

　　（三）101年1月4日修正條文：
　　I 、本條例自公布日後九個月施行。
　　II 、本條例修正條文自公布日施行。

【101年1月4日修正要旨】

　　（一）原條文第1項未修正。
　　（二）明定本條例修正條文之施行日期，爰修正第2項。
　　（三）原條文第3項規定之文義究係指資產管理公司應依協商方案之債權清償比例與債務人協商，或依協商方案之每期債權清償金額與債務人

協商，或資產管理公司應受已成立協商之拘束，實有不明，且協商之性質
乃私法上和解契約，此項規定僅有宣示意義，並無法律效果，無規定之必
要，爰予刪除。

【說明】

　　本條例已正式從中華民國97年4月11日起施行。

附録一　法院辦理消費者債務清理條例事件選任法人爲監督人管理人辦法

民國97年4月9日司法院院台廳民二字第0970007888號令訂定發布全文9條；並自97年4月11日施行。

【法規內容】

第1條

本辦法依消費者債務清理條例（以下簡稱本條例）第十六條第四項規定訂定之。

第2條

法院辦理本條例事件，有選任法人爲監督人或管理人之必要者，除有第8條所定情形外，其選任應依本辦法規定爲之。

法院依本條例第十七條第二項規定撤換監督人或管理人，而有選任法人爲新任監督人或管理人之必要者，亦同。

第3條

法院裁定開始更生或清算程序後，認該事件依本條例施行細則第十二條第一款規定應選任監督人或管理人者，經徵得該債務人無擔保或無優先權之最大債權金融機構或其他適當法人之同意後，得選任其爲監督人或管理人。

第4條

法院裁定開始更生或清算程序後，認該事件依本條例施行細則第十二條第二款規定應選任監督人或管理人者，經徵得該已提起代位訴訟、撤銷訴訟或其他保全權利訴訟之債權金融機構或其他適當法人之同意後，得選任其爲監督人或管理人。

第5條

法院裁定開始清算程序後，認該事件依本條例施行細則第十二條第三款規定應選任管理人者，經徵得該債務人無擔保或無優先權之最大債權金融機構或其他適當法人之同意後，得選任其爲管理人。

第6條

　　法院裁定開始清算程序後，認該事件有依本條例第一百二十二條規定將清算財團之財產予以變價之必要者，得選任經金融主管機關認可之公正第三人或其他適當法人為管理人。

第7條

　　法人有下列情形之一者，不得被選任為監督人或管理人：
一、已遭主管機關撤銷或廢止其登記。
二、實收資本額未滿新臺幣十五億元。
三、未經提供新臺幣二百萬元以上適當之保證金於各該法院。但依第三條、第四條、第五條規定選任債務人之債權金融機構者，不在此限。
四、曾有信用不良紀錄。

第8條

　　各地方法院就其辦理本條例所定事件，認有選任本辦法所定條件以外之法人為監督人或管理人之必要者，得報經本院核定後，選任之。

第9條

　　本辦法自中華民國九十七年四月十一日施行。

附錄二　更生債務人申請直轄市或縣市政府協助作成更生方案辦法

1. 民國99年3月15日司法院院台廳民二字第0990005324號令、行政院院台財字第0990009887A號令會同訂定發布全文8條，並自99年5月1日施行。
2. 民國101年6月12日司法院院台廳民二字第1010015470號令修正發布第1、7、8條條文，並自發布日施行。

第1條（法源依據）

　　本辦法依消費者債務清理條例（以下簡稱本條例）第五十三條第七項規定訂定之。

第2條（申請之資格、對象與時間）

　　債務人就本條例第四十三條、第四十四條所定事項，無法為完全之陳述或表明者，經法院裁定開始更生程序後，於法院所定債權申報期間屆滿五日前，得依本辦法之規定向債務人住所地之直轄市或縣（市）政府提出申請，申請協助作成更生方案。但債務人已選任代理人而無必要者，不在此限。

　　債務人逾前項規定期限提出申請者，直轄市或縣（市）政府得不予協助。

第3條（申請之程序及應提出之資料）

　　債務人依前條第一項規定提出申請者，應檢附下列各款資料：

一、據實填寫如附件所示之申請表。
二、開始更生程序之裁定影本。
三、法院依本條例第四十七條第一項規定所為公告之影本或由網路下載之列印本。但無法提供者，不在此限。
四、本條例第四十三條所定之財產及收入狀況說明書、債權人清冊、債務人清冊。
五、其他於消費者債務清理程序中經法院命債務人補提之資料。

　　債務人未依前項規定提出資料者，直轄市或縣（市）政府得限期命補正，債務人屆期未補正或補正不完全者，得不予協助。

第4條（申請人之據實答覆義務）

　　債務人提出申請後，於直轄市或縣（市）政府協助人員詢問其財產、收入及業務狀況時，有據實答覆之義務。

　　債務人不為前項答覆或未據實答覆者，直轄市或縣（市）政府得不予協助。

第5條（市縣政府應指定專責單位辦理）

　　各直轄市或縣（市）政府應指定專責單位或專人辦理本辦法所規定之業務。

第6條（債務人對更生方案之修改權限）

　　債務人對於直轄市或縣（市）政府協助其所作成之更生方案，得增、刪、修改後提出於法院。

第7條（債權表公告後之更生方案修正）

　　債務人經直轄市或縣（市）政府協助作成更生方案提出於法院後，經法院依本條例第三十三條第六項、第七項、第三十七條規定所編造或改編之債權表內容，與債務人原提出之債權人清冊所載內容有差異者，債務人得於上開債權表確定後十日內，檢附經法院公告之確定債權表，申請該直轄市或縣（市）政府協助其修改原所作成之更生方案內容。

　　債務人逾前項規定期限提出申請者，直轄市或縣（市）政府得不予協助。

第8條（施行日期）

　　本辦法自中華民國九十九年五月一日施行。

　　本辦法修正條文自發布日施行。

附錄三　中華民國銀行公會會員辦理消費金融案件無擔保債務協商機制

1. 本會94年11月24日第8屆第12次理監事聯席會議核議通過
2. 本會94年12月15日第8屆第13次理監事聯席會議核議通過
3. 本會95年3月7日第8屆第2次理臨時理監事聯席會議核議通過

一、訂定依據：

　　依據行政院金融監督管理委員會銀行局94年8月23日銀局（四）字第0944000573號函辦理。

二、訂定目的：

　　本機制係為協助解決因負擔複數銀行（含發卡機構，下同）債務，且還款能力不足之債務人，須個別洽商還款方案之困擾，本會爰建置本機制，俾使債權銀行得集體參與債務人協商還款方案，以減輕債務人分次洽談之人力負擔。本機制並非紓困方案，透過本機制協商並不表示債務人必然可取得優惠還款條件，債務人仍須具備一定之還款能力，且債務人提議方案最終仍須得到債權銀行之認可。

三、受理案件之範圍及條件：

　　（一）申請本機制協商之債務內容僅限94年12月15日前已消費、借款所產生之無擔保消費金融債務，包含現金卡、信用卡、信用貸款及擔保貸款經執行擔保物權後仍不足清償之債務；但政策性補貼貸款及機關團體職工福利低利貸款（含軍公教貸款）不在此限（上述政策性補貼貸款及機關團體職工福利低利貸款仍應計入負債比）。

　　（二）受理轉介債務協商個案之條件為無擔保債務總額達新臺幣30萬元以上，且無擔保債權銀行家數達二家以上者；但債務人具學生身分者，其債務總額不限。

　　（三）債務人平均每年償還金額應在債務總額之15%以上，但債務人因特殊因素，如失能、重大疾病、中低收入戶或特別境遇家庭，依實際狀況可提供最低至0%之貸款利率，期數最長十年。

　　（四）截至94年12月15日止，正常繳款但無充分還款能力者或逾期繳款未超過三十天者，且二者其無擔保債務總額與月收入之比率達25倍以上者，或債務人逾期繳

款超過三十天者。

四、辦理流程：（流程圖如附件）

（一）申請階段：

1.受理專線主要由八大銀行提供，其他辦理消費金融案件之銀行亦配合提供專線，受理債務人相關申請事宜。

2.債務人填具申請書及財務資料表（表格如附件），內容包括目前各項欠款、持有財產、收入、支出及建議償還方案逕向八大銀行或其他相關無擔保債權銀行提出申請。

3.受理申請之銀行（八大銀行或其他相關債權銀行）依債務人授權或逕向財團法人金融聯合徵信中心查詢債務人信用資訊後，將申請案件送最大債權銀行。

（二）審核協商階段：

1.最大無擔保債權銀行接獲申請案件後，應將債務人申請協商案件通知各無擔保債權銀行，全體無擔保債權銀行應於三日內暫停對該債務人之催收行為。但保全程序或已進行之法律訴訟程序，不在此限。

2.由最大無擔保債權銀行依本會所訂一致性之債務協商還款方案（如附件）審核通過並洽債務人同意後，逕行核定債務人協商還款條件，並通知債務人及各無擔保債權銀行依該協商還款條件辦理。

3.如債務人不同意接受本會所訂一致性之債務協商還款方案者，則由最大無擔保債權銀行審核債務人實際收入及財務狀況並洽債務人意見後，直接辦理准駁，不再出面邀集全體無擔保債權銀行共同協商還款方式。

4.協商通過案件，最大無擔保債權銀行於通知其他無擔保債權銀行回覆債權金額時，其他無擔保債權銀行應於三日內回覆，未依時限回覆致無法與債務人簽約之銀行，於六個月內不得對債務人進行催收（包括委外催收）。

5.協商通過案件，最大債權銀行應請債務人出具同意書，俾憑報送財團法人金融聯合徵信中心作信用註記。

6.協商通過案件，在不可歸責於銀行之事由時，債務人應於最大債權銀行通知簽署協議書十四日內完成簽約手續，否則視為協商無效，且除債務人有特殊情況及事由外，不得再申請協商。

（三）協商通過案件，依照各銀行無擔保債權金額（本金加計利息）比例攤還之，並由最大債權銀行統一辦理收款及撥付各債權銀行款項之作業。

（四）最大債權銀行應將協商結果函知各債權銀行及債務人。

（五）財團法人張老師基金會提供30歲以下青年諮商服務之案件，如有申請債務協商需求且符合本機制受理條件者，應先洽財團法人金融聯合徵信中心申請個人信用報告後，由該基金會轉介至本會，再由本會轉送最大無擔保債權銀行依上開流程辦理。

五、各會員應設立本機制之單一受理窗口及專線電話，除於會員機構網站公布外，並應報送本會於網站上公布。

六、債務人於協商達成後，如未依協商還款方案履行或債權銀行發現債務人財務資料表有虛偽隱匿情事者，原協商視同無效，並回復依各債權銀行原契約約定辦理，且債務人不得再援引本機制申請協商。

七、本機制實施期間訂為一年，自95年1月1日起至95年12月31日止。

八、本機制經本會理事會議核議通過，並報奉行政院金融監督管理委員會核備後實施；修正時，亦同。

附錄四　債務人與金融機構前置協商應備文件

（本附錄之文件均係轉載自中華民國銀行公會網站）

1. 個人信用資料查詢辦理程序

郵寄辦理	親臨辦理	委託辦理
準備資料： 1.當事人個人信用報告申請書—「乙式：郵寄申請」（空白表可由網站自行下載，或由本中心傳真）。 2.檢附身分證明文件如下： 　(1)身分證正反兩面影本。 　(2)最近三十日內「全部戶籍謄本」正本。 　(3)健保卡、護照、駕照、學生證、居留證等足資證明本人身分之文件中任一項證明文件影本。 　以上文件缺一不可，且證明文件若為影本者，請於影本上加註：「本影本與正本相符」並於其後簽名或蓋章。 3.若第2項(3)身分證明文件提供有困難者，可檢附公證人（含法院公證人及民間公證人）認證之身分證影本及認證書，供本中心查核。 4.查詢費新臺幣100元整（現金）。	準備資料： 1.當事人個人信用報告申請書—「甲式：臨櫃申請」（空白表可於本中心櫃臺領取）。 2.身分證正本。 3.健保卡、護照、駕照、學生證、居留證、戶口名簿、最近三十日內「全部戶籍謄本」等一種可資證明身分之文件正本。 4.查詢費新臺幣100元整。 ※為防範歹徒偽造身分證件申請信用報告，如未提供身分證正本及上述第3項例舉任一證件供核者，本中心不予受理。	準備資料： 1.當事人信用報告申請書—「甲式：臨櫃申請」。 2.當事人與受託人雙方身分證正本。 3.當事人戶口名簿正本或最近三十日內「全部戶籍謄本」正本。 4.委託書（可由本中心網站下載填寫或由當事人親自撰寫並簽章）。 5.查詢費新臺幣100元整。 ※非當事人之二親等受託人代當事人申請信用報告，一年內不得超過三次，超過者，本中心將不予受理。

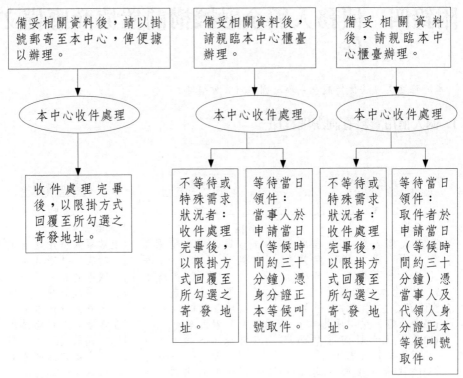

※其他注意事項：

　　1.外籍人士（無中華民國身分證者）：請準備居留證、護照辦理。

　　2.特殊狀況者：當事人亡故、禁治產人或未成年者，欲親臨申請請填具「丙式：特殊案件（臨櫃申請）」，欲郵寄申請請填具「丁式：特殊案件（郵寄申請）」申請書，檢具身分證明文件詳如申請書上之說明，查詢費新臺幣100元，郵寄申請者請以限掛方式郵寄至本中心辦理。

　　3.查詢費：

　　(1)中文一份新臺幣100元，英文一份新臺幣200元，中英文各一份共新臺幣300元，每多加一份再加新臺幣50元（不限中英文）。

　　(2)身心障礙者、失業、低收入人士及65歲以上年長者查詢費優惠方案：

　　每年度可免費申請信用報告乙份，超過者每份收費新臺幣50元。

　　除提供上述身分證明文件外，身心障礙者另須提供身心障礙手冊；失業或低收入人士須再提供政府核發且在有效期限內之失業或低收入證明文件（如：失業給付證明

書、低收入卡），郵寄辦理者可用影本，並請於影本上註明「本影本與正本相符」供本中心查核，未提供者則不予優惠。

　　4.若要申請英文信用報告者，請檢附護照影本或於申請書上務必填寫英文姓名，本中心處理完畢後另行通知領件，工作日原則上約為十至十五日（不包含例假日）。

　　5.申請書填寫內容經本中心查證不實者，將拒絕核發當事人綜合信用報告。

　　6.所提供身分證明文件經本中心查證如有偽造之嫌，本中心將報警處理移送訴追。

　　7.本中心須查證案件，經查證無誤後方予核發信用報告，以確保當事人權益。（請填寫平日日間得聯繫本人之電話或手機）

　　8.等待當日領件者，等候時間約三十分鐘，但若當時申請人數較多時，則視實際狀況而定。

　　查詢時間：週一至週五上午9：00至下午5：00，例假日恕不受理。

　　洽詢電話：02-23813939#232

　　郵季地址：臺北市中正區100重慶南路一段2號16樓

　　　　　　　財團法人金融聯合徵信中心收

2. 表單下載說明

　　（一）前置協商申請書。（※已提供，97/3/20 update）

　　（二）身分證正反面影本。（※請自行備妥）

　　（三）前置協商申請人財產及收支狀況說明書。（※已提供，97/3/20 update）

　　（四）債權人清冊：（※已提供，97/3/20 update）

　　1.金融機構債權人清冊：請參考財團法人金融聯合徵信中心提供之金融機構債權人清冊，並填入此表，惟聯徵中心提供之資料僅供參考，故請據實報填。

　　2.非金融機構債權人清冊：非金融機構債權人或財團法人金融聯徵中心提供之金融債權人清冊尚未揭露之金融債亦填寫於此表。

　　（五）各地國稅局核發之近一個月內財產資料清單及最近二個年度之綜合所得資料清單。

　　※請自97年4月11日起向各地國稅局提出申請。

　　（六）近三個月之薪資證明文件（薪資單正本或薪轉存摺影本※請自行備妥）。無前項者，出具收入切結書。（※已提供，97/3/20 Update）

　　（七）勞工保險卡正本（向各地勞保局申請）。

　　※請自97年4月11日起向各地勞保局提出申請。

註1：自97年4月11日起，民眾可向金融聯合徵信中心申請「金融機構債權人清冊」，申請程序及費用相關資訊，可電洽該中心02-23813939#232或查詢該中心網站www.jcic.og.tw。

註2：民眾向聯徵中心申請「金融機構債權人清冊」中即有最大債權金融機構之記載。

註3：因「金融機構債權人清冊」資料係聯徵中心彙整統計各債權金融機構報送之資料，民眾如對清冊所列債務餘額有疑慮，應逕洽各相關金融機構確認。

3. 債務人向金融機構辦理前置協商申請書

「消費者債務清理條例」債務人向金融機構辦理前置協商申請書

申請人姓名		身分證統一編號		出生日期	
戶籍地址			戶籍電話		
通訊地址			通訊電話	室內：	
				行動：	
聯絡人姓名		與申請人關係	聯絡人電話	室內：	
				行動：	

本人依中華民國「消費者債務清理條例」第151條之規定，對於金融機構所負債務，在聲請更生或清算前，向最大債權金融機構請求協商債務清償方案（以下稱前置協商方案），並聲明及承諾下列事項：

一、本人同意若最大債權金融機構無法聯絡上本人，得請聯絡人代為轉達相關訊息。

二、本人明確瞭解此前置協商方案是為協助本人對於金融機構因消費借貸、自用住宅貸款、信用卡或現金卡契約所負債務與全體債權人共同協商還款方案，透過本前置協商方案並不表示本人必然可取得優惠還款條件，本人仍須具備一定之還款能力。

三、本人同意對金融機構之自用住宅借款仍依原借款契約條件分期償還，並就遲延履行未逾二期所積欠之本金、利息、違約金及相關費用，於剩餘年限（即協商方案之清償年限）按期平均攤還，且所積欠的本金，按原借款契約約定利率按期計付利息，請該債權金融機構暫不行使加速條款，對該不動產強制執行。

四、本人保證所提出之文件資料（如第10項所列文件）均正確無誤，其內容如有不

實或欺瞞等相關情事，視爲前置協商程序自始未開始，最大債權金融機構將不核發協商不成立之證明，並負相關之民、刑事責任。

五、本人同意授權受理前置協商方案申請之最大債權金融機構得向稅捐機關、勞保局、臺灣集保結算所公司、其他金融機構或其他機關、團體查詢本人之財產、收入、業務及向財團法人金融聯合徵信中心（以下簡稱聯徵中心）查詢本人之各項信用狀況。

六、本人同意自前置協商方案申請開始後，全體金融機構得停止本人動用既有信用卡、現金卡及信用貸款之未動用額度、停止核准新授信額度或強制停用本人所有金融機構信用卡及現金卡之權利等。

七、本人同意以最大之誠意配合最大債權金融機構辦理前置協商相關手續（包括面談及簽約）及提供各項文件。

八、本人同意自前置協商方案申請開始，由最大債權金融機構依規定向聯徵中心報送各項相關信用註記。倘若協商未能成立者，亦同意該申請前置協商之註記，於最大債權金融機構寄發協商不成立通知函日起六個月始塗銷。

九、本人同意如有下列情形之一者，視爲前置協商程序未開始，最大債權金融機構將不核發協商不成立證明書且自結案日起六個月內不得重新申請：1.無法備齊所有文件、2.所提供資料無法確認其眞實性、3.主動要求撤件、4.多次聯絡仍無法聯繫、5.無法接受前置協商信用註記之年限、6.於最大債權金融機構通知面談十日內無故不到場面談者或7.通知簽署協議書十日內未完成簽約手續。

十、檢附下列資料□身分證正反面影本、□債權人清冊（請向聯徵中心申請近一個月之金融債權人清冊、並參考金融機構債權人清冊資料謄入債權人清冊中、非金融機構債務或金融機構債權人清冊未揭露之金融債請自行填寫於債權人清冊中）、□前置協商申請人財產及收支狀況說明書、□近三個月薪資證明文件（薪資單正本或薪轉存摺影本）或收入切結書、□近兩年度綜合所得資料清單及近一個月內財產資料清單（請申請人就近向各地國稅局申請）、□勞保卡正本及□其他文件。

　　　註：1.各金融機構不因本人前置協商之申請當然停止各項債權保全措施及債務催理。

　　　　　2.協商成立之還款條件未達主管機關所定免列報逾期放款之標準者，各債權金融構構仍將依主管機關之規定列報逾期紀錄或轉銷呆帳。

　　　　　3.原債務如已有債信不良紀錄者，不因申請前置協商方案而得予註銷。

　　4.本前置協商申請書為各債權金融機構之制式文件，不得增刪。

　　5.本人保證上述所填聯絡資料皆為有效聯絡方式，金融機構僅需依該聯絡資料與申請人聯絡，倘若無法據此聯絡上本人，一切法律後果自負。

　　　　此　　　致

　全　體　債　權　人

　　申請人或法定代理人簽章：＿＿＿＿＿＿＿　　日期：＿＿年＿＿月＿＿日

4. 債權人清冊

債權人姓名	有無擔保品	債權金額（新臺幣）	債權發生之原因	債權人地址／電話

　　註：1.有關金融機構債權人資料請參考財團法人金融聯合徵信中心提供之金融機構債權人清冊，並填入此表，惟聯徵中心提供之資料僅供參考，故請據實填報。

　　　　2.非金融機構債權人或財團法人金融聯合徵信中心提供之金融債權人清冊尚未揭露之金融債亦填寫於此表。

　　　　3.表格如不敷使用，請自行增列。

　　申請人或法定代理人簽名：＿＿＿＿＿　身分證統一編號：＿＿＿＿＿＿＿

　　中華民國＿＿＿＿＿年＿＿＿＿＿月＿＿＿＿＿日

5. 前置協商申請人財產及收支狀況說明書

　　姓名：　　　　　　　　　身分證統一編號：

一、財產目錄

　　(1)請檢附身分證正本向各地國稅局申請近一個月內財產清單。

　　(2)非屬上述財產清單外之其他財產（包括但不限於現金、各類存款、股票投

資、儲蓄型保險等財產）。

財產名稱	價值（新臺幣）	說明（例如存款行庫名稱及帳號）

二、每月收入明細

　　(1)請檢附身分證正本向各地國稅局申請近兩年度之各類所得資料清單。

　　(2)請檢附近三個月之薪資單正本或薪資轉帳存摺影本（含封面），無法提出者，請檢附收入切結書。

　　(3)非屬上述(2)之每月其他收入項目（包括但不限於利息收入、租金收入、佣金收入、零工收入等項目）

收入項目	金額（新臺幣）	說明

(4)每月支出明細

A.自用住宅借款支出

支出項目	借款金融機構	金額（新臺幣）	說　　明
目前每月自用住宅借款之本息支出			1.本自用住宅借款寬限期或優惠利率：○○期（自民國○○年○○月○○日至民國○○年○○月○○日。） 2.寬限期或優惠利率期間後，每月估計應繳本息：新臺幣○○元。

　　說明：自用住宅借款係指債務人為購買或建造自用住宅（包括取得住宅基地），以住宅設定抵押向金融機構借貸，且約定分期償還之借款。自用住宅係指債務人所有，供自己及家屬居住使用之建築物，若有二棟以上住宅只能擇一。

B.自用住宅借款以外其他各項支出（包括食、衣、住、行、育、樂等各項支出）

支出項目	金額（新臺幣）	說　　明

三、依法受申請人扶養之人（請檢附戶口名簿影本或全戶戶籍謄本正本）

受撫養人姓名	受撫養人年齡	與申請人關係	是否同居	是否在學	扶養義務人之人數	債務人每月實際支出之扶養費

四、營業活動及營業額（最近五年內曾經從事營業活動者，請填寫此表資料）

年度別	平均月營業額	營業事業統一編號	營業事業名稱

五、債務人清冊（如有他人積欠申請人債務之情形者，應填具此表）

債務人姓名	有無擔保品	債務金額（新臺幣）	債務人地址／電話

六、積欠債務原因（請勾選）

　　□投資或創業失敗。

　　□因消費而積欠債務。

　　□遭逢重大傷病或災變。

　　□個人與家庭收入減少（如失業、減薪）。

　　□收入穩定但支付超過能力可負擔之費用（如昂貴教育費、補習費或購置汽車、不動產）。

□收入穩定，但因銀行或政府政策改變提高月付金導致無法負荷。

□被詐騙集團詐騙。

□為他人作保或遭他人倒帳。

七、債務人或親屬如有失能、重大疾病、低收入戶或特殊境遇之情形者，請提供證明文件（例如重大傷病卡、公務機關核發之低收入戶證明、醫院診斷證明）。

八、建議債務清償方案（不得空白）

　　每月可還款金額 $_____元

　　本人聲明已依誠信原則填寫上述應申報資料，如有填載不實或欺瞞之情形者，本人充分了解將有違反前置協商申請書第四條規定之虞，並依法負相關之民、刑事責任。

　　申請人或法定代理人簽名：

　　中華民國　　　　　年　　　　月　　　　日

6. 前置協商收入切結書

　　切結人（即債務人）：_____，緣依中華民國「消費者債務清理條例」第151條之規定，對於金融機構所負債務，在聲請更生或清算前，向最大債權金融機構請求協商債務清償方案（以下稱前置協商方案），惟因無法提出經最大債權金融機構認可之其他第三人出具或記載之收入證明，特此聲明截至本切結書載明之日期為止，切結人收入之相關事項如下：

一、工作或收入來源（公司行號）：為_____

二、工作或收入來源地址為：_____

三、工作或收入來源電話為：_____

四、每月收入新臺幣：_____元（切結人每月收入為全年總收入除以十二個月。如切結人收入不固定者，可以本切結書載明之日前三個月平均收入填報）。

五、茲依誠信原則聲明上述事項均無不實，如有虛偽、隱匿聲明事項之情事者，願負一切法律責任，且任一債權人均有權拒絕與切結人為前置協商或撤銷任何協商協議。

　　此致

　　全體債權人

　　切結人：_____

　　身分證統一編號：_____

　　中華民國_____年_____月_____日

7. 財團法人金融聯合徵信中心金融機構債權人清冊申請書

甲式：臨櫃申請

財團法人金融聯合徵信中心
金融機構債權人清冊申請書

※基本資料　　　　　　　　　　　　申請日期：　年　月　日

當　　事　　人（委託人）		
中文姓名		戶籍地址： 電話：(H)　　　　(O)　　　　(手機)
英文姓名		寄發 地址	□同戶籍地址：如上 □住居所： □工作地址：
身分證字號	

□親臨申請證明文件：雙證件。1.身分證正本　2.健保卡、護照、駕照、學生證、居留證、戶口名簿、最近三十日內「全部／部分戶籍謄本」等一種可資證明身分且有效期限內之文件正本
※為防範歹徒偽造身分證件申請金融機構債權人清冊，未提供身分證正本及第2項例舉任一證件供核者，本中心不予受理。另身分證若為近二日內補／換／領者，請再提供戶籍謄本供本中心查核。

□委託申請證明文件：1.雙方身分證正本
（三項文件缺一不可）2.當事人戶口名簿正本或最近三十日內「全部／部分戶籍謄本」正本
　　　　　　　　　　3.委託書（可由本中心網站下載填寫或由當事人親自撰寫並簽章）

受　　託　　人（此欄非委託書，無委託代辦免填）	
中文姓名		與當事人與當事人關係： □配偶□直系血親□兄弟姐妹□其他：＿＿＿＿＿
身分證字號		戶籍地址： 電話：(H)　　　　(O)　　　　(手機)

注意事項：1.非當事人之二親等受託人代當事人申請信用報告（含申請金融機構債權人清冊），一年內不得超過三次，超過者，本中心將不予受理。
　　　　　2.申請書填寫內容經本中心查證不實者，將拒絕核發金融機構債權人清冊。
　　　　　3.所提供身分證明文件經本中心查證如有偽造之嫌，本中心將報警處理移送訴追。
　　　　　4.本中心須查證案件，經查證無誤後方予核發金融機構債權人清冊，以確保當事人權益。

取件方式：□自取　□郵寄

※申請事項

查詢金融機構債權人清冊費用如下：（每多加一份再加新臺幣50元）
1.□(1)一份：新臺幣100元整　□(2)二份：新臺幣150元整　□(3)三份：新臺幣200元整。　□(4)＿＿＿份：新臺幣＿＿＿元
2.查詢費優惠：一份□(1)0元　□(2)50元
　身心障礙者、失業、低收入人士及65歲以上年長者每年可免費申請信用報告或金融機構債權人清冊乙份，超過者每份收費新臺幣50元整。申請時須另提供政府核發相關證明文件供查核。

◎申請原因：
X1.消費者債務清理條例前置協商專用

茲同意財團法人金融聯合徵信中心依其營業登記項目或章程所定業務需要等特定目的，得蒐集、電腦處理及利用本人資料。

　　本人或受託人於申請書中所填之相關資料及所提供之身分證明文件，如有不實，願負相關法律責任。

受理	登打	校對

當事人簽章：＿＿＿＿＿＿　□本人親簽
受託人簽章：＿＿＿＿＿＿　□受託人經合法授權代簽、用印　　　97.04.01.

本人臨櫃申請個人信用報告或金融機構債權人清冊，請依下列方式辦理
當事人請攜帶雙證件：第一證件：身分證正本。
　　　　　　　　　　第二證件：健保卡或有效期限內之駕照正本。

※辦理流程
一、填寫「甲式：臨櫃申請」申請書
　　＊申請信用報告請填「個人信用報告」申請書（白色）。
　　＊申請債權人清冊請填「金融機構債權人清冊」申請書（淡綠色）。
二、請抽取號碼牌等候櫃檯叫號辦理，請先準備好：
　　1.雙證件正本。
　　2.已填寫好之申請書。
　　3.查詢費100元。
三、請至叫號櫃檯辦理，繳交雙證件正本、申請書及查詢費，並告知要現場等候領

　　件或不等待郵寄即可，程序完成後本中心收件人員會交付發票乙張。
四、欲等候領件者，請依原抽號碼牌領件：
　　1.當事人申請，當事人領件：憑身分證正本等候叫號取件。
　　2.當事人申請，但欲委託他人代為領件：憑當事人、代領人身分證正本及委託書等候叫號取件。
※注意事項：
　　1.等候時間約三十分鐘，但若當時申請人數較多時，則視實際狀況而定。
　　2.為防範歹徒偽造身分證件申請信用報告，如未提供本中心規定完備身分證件正本供核者，本中心不予受理。
　　3.身分證若為近二日內補／換／領者，請再提供戶籍謄本供中心查核。
　　4.查詢費：
　　(1)中文一份新臺幣100元，英文一份新臺幣200元，中英文各一份共新臺幣300元，每多加一份再加新臺幣50元（不限中英文）。（債權人清冊僅提供中文版）
　　(2)身心障礙者、失業、低收入人士及65歲以上年長者查詢費優惠文案：
　　每年度可免費申請信用報告或金融機構債權人清冊乙份，超過者每份收費新臺幣50元。
　　除提供上述身分證明文件外，身心障礙者另須提供身心障礙手冊；失業或低收入人士須再提供政府核發且在有效期限內之失業或低收入證明文件（如：失業給付證明書、低收入卡），郵寄辦理者可用影本，並請於影本上證明「本影本與正本相符」供本中心查核，未提供者則不予優惠。
　　5.若要申請英文信用報告者，請檢附護照影本或於申請書上務必填寫英文姓名，本中心處理完畢後另行通知領件，工作日原則上約為十至十五日（不包含例假日）。
　　6.申請書填寫內容經本中心查證不實者，將拒絕核發當事人綜合信用報告及金融機構債權人清冊。
　　7.所提供身分證明文件經本中心驗證如有偽造之嫌，本中心將報警處理移送訴追。

8. 財團法人金融聯合徵信中心金融機構債權人清冊申請書

乙式：郵寄申請

財團法人金融聯合徵信中心
金融機構債權人清冊申請書

※基本資料　　　　　　　　　　　　　　　　申請日期：　年　月　日

當　事　人		取件方式：□自取　□郵寄
中文姓名	戶籍地址： 電話：(H)　　　(O)　　　(手機)	
英文姓名	寄發地址	□同戶籍地址：如上 □住居所： □工作地址：	
身分證字號		

郵寄申請證明文件：1.身分證正反☒面影本　2.最近三十日內「全部/部分戶籍謄本」正本　3.健保卡、護照、駕照、學生證、居☒證等足資證明本人身分之文件中任其中一項證明文件影本。以上文件缺一不可，且證明文件☒為影本者，請於本上加註：「本影本與正本相符」並於其後簽名或蓋章，提供本中心辦☒本人身分及存證。

其他配合事項	1.若金融機構債權人清冊要寄至工作地址者，請檢具工作單位開立之在職證明。 2.寄至工作地址或住居所者，必要時本中心將予查證處理；拒絕查證或工作地址、住居址無法查證屬實確係本人申請者，本中心拒絕核發金融機構債權人清冊並退件至戶籍地址。 3.申請書填寫內容經本中心查證不實者，將拒絕核發金融機構債權人清冊。 4.所提供身分證明文件經本中心查證如有偽造之嫌，本中心將報警處理移送訴追。 5.本中心須查證案件，經查證無誤後方予核發金融機構債權人清冊，以確保當事人權益。 (請填寫平日日間得聯繫本人之電話號碼或手機)

※申請事項

查詢金融機構債權人清冊乙份費用如下：
□1.新臺幣100元整。
□2.查詢費優惠：身心障礙者、失業、低收入人士及65歲以上年長者每年可免費申請信用報告或金融機構債權人清冊乙份，超過者每份收費新臺幣50元整。申請時須另提供政府核發相關證明文件供查核。

◎申請原因：
X1.消費者債務清理條例前置協商專用

茲同意財團法人金融聯合徵信中心依其營業登記項目或章程所定業務需要等特定目的，得蒐集、電腦處理及利用本人資料。

以上所填各項經當事人確認無誤。　　　　　　　　本中心經辦人：＿＿＿＿＿＿

當事人簽章：＿＿＿＿＿

97.04.01

9. 投保／提繳單位委託書暨查詢服務單

【投保單位委託查詢專用】

投保／提繳單位委託書暨查詢服務單

本單位因不克親臨　貴局辦理下列業務（請勾選），特委託(受託單位名稱)＿＿＿＿＿＿＿＿＿＿＿＿＿＿前往辦理，請惠予提供。

□單位個人異動資料（姓名：　　　　　　身分證號：　　　　　　　　）
□補發勞保卡　　　（姓名：　　　　　　身分證號：　　　　　　　　）
□勞保單位名冊　　（　年　月至　年　月）
□勞退單位名冊　　（　年　月至　年　月）
□補發勞保繳費證明（　年　月至　年　月）
□補發勞退繳費證明（　年　月至　年　月）
　　　此致
勞工保險局

投保單位證號：
投保單位名稱：
負責人：
電話：
地址：　　　　　　　　　　　　　　（請加蓋投保單位及負責人印章）

茲指派本單位員工＿＿＿＿＿＿＿＿君辦理上開委託事宜（出具該員工身分證正本並檢附身分證影本供留存）。
受託單位名稱：
負責人：
電話：
地址：　　　　　　　　　　　　　　（請加蓋受託單位及負責人印章）

以上委託辦理事項及印章如有不實，概由受託單位自負法律責任。
　　此致
勞工保險局

　　　　　　　　　　　簽收人：　　　　　　　　（簽章）

中　　　　　華　　　　　民　　　　　國　　年　　月　　日

※經向投保單位＿＿＿＿＿＿＿群電話查證確認委託關係及委託事項無誤。（勞保局承辦人填註）

【投保單位委託查詢專用】
投保／提繳單位委託書暨查詢服務單

本單位因不克親臨　貴局辦理下列業務（請勾選），特委託＿＿＿＿＿＿＿
＿＿＿＿＿＿＿前往辦理，請惠予提供。

☐單位個人異動資料（姓名：　　　　　　身分證字號：　　　　　　　　　）
☐補發勞保卡　　　（姓名：　　　　　　身分證字號：　　　　　　　　　）
☐勞保單位名冊　　（　年　　月至　　年　　月）
☐勞退單位名冊　　（　年　　月至　　年　　月）
☐補發勞保繳費證明（　年　　月至　　年　　月）
☐補發勞退繳費證明（　年　　月至　　年　　月）
　　此致
勞工保險局

投保單位證號：
投保單位名稱：
負責人：
電話：
地址：　　　　　　　　　　　　　　（請加蓋投保單位及負責人印章）

⋯⋯⋯⋯⋯⋯⋯⋯⋯⋯⋯⋯⋯⋯⋯⋯⋯⋯⋯⋯⋯⋯⋯⋯⋯⋯⋯⋯⋯⋯⋯

茲指派本單位員工＿＿＿＿＿＿君辦理上開委託事宜。

受託單位名稱：
負責人：
電話：
地址：

　　（委託個人查詢者免填）　　　　　（請加蓋受託單位及負責人印章）

以上委託辦理事項及印章如有不實，概由簽收人自負法律責任（出具簽收人身分證正本供驗證，並檢附身分證影本供留存）。
　　此致
勞工保險局

簽收人：　　　　　　　　　　（簽章）
簽收人連絡電話：

中　　　　　華　　　　　民　　　　　國　　年　　月　　日

※＿＿時＿＿分經向投保單位＿＿＿＿＿君電話查證確認委託關係及委託事項無誤。
　　（勞保局承辦人填註）

附錄五　債務人向法院聲請更生或清算例稿

（本附錄之例稿均係轉載自司法院訴訟協助書狀參考範例）

1. 消費者債務清理（更生／清算）聲請狀

一、聲請人：

稱　謂	姓　名	身　分　辨　別　資　料
聲請人即債務人		國民身分證統一編號： 前曾變更過姓名者，歷次變更之時間及原姓名： 性別：（男／女）。　　職業： 生日　　　年　　月　　　日生 市內聯絡電話（務必填載以便聯絡）： 行動電話： 住所地： 住所地與戶籍地不一致之理由： 送達代收人： 送達代收地址：
法定代理人（父）		性別：男　　　　　　職業： 市內聯絡電話（務必填載以便聯絡）： 行動電話： 通訊地址：
法定代理人（母）		性別：女　　　　　　職業： 市內聯絡電話（務必填載以便聯絡）： 行動電話： 通訊地址：
代理人		國民身分證統一編號： 市內聯絡電話（務必填載以便聯絡）： 行動電話： 通訊地址：

二、聲請之事項（請勾選其一）：
　　□更生程序　　　　　□清算程序
三、資產總價值及債務總金額：
　　□資產總價值：新臺幣
　　□債務總金額：新臺幣
四、應聲明之事項、預納之費用及提出之文書（請勾選）：
　　1.共通事項（聲請更生或清算者均應填載）：
　　□繳納聲請費新臺幣1,000元。
　　□聲請人（五年內未從事營業活動/從事營業額平均每月20萬元以下之營業活
　　　動）（請擇一）。
　　□有不能清償債務之情事。或□有不能清償債務之虞（請擇一）。
　　□提出財產及收入狀況說明書。
　　□提出債權人清冊。
　　□提出債務人清冊。
　　□因消費借貸、自用住宅借款、信用卡或現金卡契約，對金融機構負債務。
　　□如有前項債務，曾以書面向最大債權金融機構請求共同協商債務清償方案而不
　　　成立。
　　2.有無聲請更生/清算/破產和解/破產事件，現正繫屬法院之中：
　　□無
　　□有。繫屬之法院與案號：
　　3.聲請更生程序特別事項（聲請清算者免填）：
　　□聲請人未經法院裁定開始清算程序或宣告破產。
　　□無擔保或無優先權之債務總額（含利息、違約金在內須未逾新臺幣1,200萬
　　　元）：
　　4.聲請清算程序特別事項（聲請更生者免填）：
　　□聲請人未經法院裁定開始更生程序或許可和解或宣告破產。
　　5.曾經債務協商之情形（請擇一）：
　　□消費者債務清理條例施行前，曾依照中華民國銀行公會會員辦理消費金融案件
　　　無擔保債務協商機制與金融機構成立協商。
　　　□協商成立之金融機構名稱：
　　　□協商成立之文號：

□協商時確定之財產總價值：

□協商時確定之債務總金額：

□有不可歸責於己致履行顯有重大困難之事由與證據：

□消費者債務清理條例施行後，曾以書面向最大債權金融機構請求共同協商債務清償方案經協商成立。

　□協商成立之金融機構名稱：

　□協商成立之文號：

　□協商時確定之財產總價值：

　□協商時確定之債務總金額：

　□有不可歸責於己致履行顯有重大困難之事由與證據：

□消費者債務清理條例施行後，曾以書面向最大債權金融機構請求共同協商債務清償方案而不成立。

　□請求協商之金融機構名稱：

　□協商不成立之證據：

　□協商時確定之財產總價值：

　□協商時確定之債務總金額：

　□未能達成協商之差距：

6.有無強制執行/訴訟案件，現正繫屬法院之中：

□無

□有。繫屬之法院與案號：

7.聲請前二年內有無任何無償行為，有害及債權人之權利：

□無

□有。該無償行為之時間、對象與具體內容：

8.聲請前二年內有無任何有償行為，於行為時明知係有害及債權人之權利，且受益人於受益時亦知其情事：

□無

□有。該有償行為之時間、對象與具體內容：

9.有無雙務契約尚未履行完畢：

□無

□有。該契約成立生效之時間、相對人、履行期與契約內容：

此致

臺灣地方法院

以上所填內容俱為眞實，如有不實，願接受法院依消費者債務清理條例第63條、第76條、第90條、第134條、第139條、第146條或其他法律規定之處分或制裁

具狀人（蓋章）

撰狀人（蓋章）

中華民國＿＿＿＿＿年＿＿＿＿＿月＿＿＿＿＿日

附錄：

※消費者債務清理條例第63條第1項第9款：

有下列情形之一者，法院應不認可更生方案：

九　債務人有虛報債務、隱匿財產，或對於債權人中之一人或數人允許額外利益，情節重大。

※消費者債務清理條例第76條第1項：

自法院認可更生方案之翌日起一年內，發見債務人有虛報債務、隱匿財產，或對於債權人中之一人或數人允許額外利益之情事者，法院得依債權人之聲請裁定撤銷更生，並應同時裁定開始清算程序。

※消費者債務清理條例第90條第3款：

債務人有下列情形之一者，法院得拘提之。但以有強制其到場之必要者為限。

三　顯有隱匿、毀棄或處分屬於清算財團財產之虞。

※消費者債務清理條例第134條第2、3、8款：

債務人有下列各款情形之一者，法院應為不免責之裁定。但債務人證明經普通債權人全體同意者，不在此限：

二　隱匿、毀損應屬清算財團之財產，或為其他不利於債權人之處分。

三　捏造債務或承認不眞實之債務。

八　故意於財產及收入狀況說明書為不實之記載，或有其他故意違反本條例所定義務之行為。

※消費者債務清理條例第139條：

自法院為免責裁定確定之翌日起一年內，發見債務人有虛報債務、隱匿財產或以不正當方法受免責者，法院得依債權人之聲請或依職權裁定撤銷免責。但有第135條得為免責之情形者，不在此限。

※消費者債務清理條例第146條第1、2款：

　　債務人在法院裁定開始清算程序前一年內，或在清算程序中，以損害債權爲目的，而有下列各款行爲之一者，處三年以下有期徒刑：
　　一　隱匿或毀棄其財產或爲其他不利於債權人之處分。
　　二　捏造債務或承認不眞實之債務。

2. 消費者債務清理保全處分聲請狀

一、關係人

稱　　謂	姓　　名	身　分　辨　別　資　料
聲請人		性別：（男／女）。　職業： 市內聯絡電話 (務必填載以便聯絡)： 行動電話： 通訊地址： 送達代收人： 送達代收地址：
法定代理人 （父）		性別：男　　　　　　職業： 市內聯絡電話 (務必填載以便聯絡)： 行動電話： 通訊地址： 法定代理人（母）
法定代理人 （母）		性別：女　　　　　　職業： 市內聯絡電話 (務必填載以便聯絡)： 行動電話： 通訊地址：
代理人		國民身分證統一編號： 市內聯絡電話 (務必填載以便聯絡)： 行動電話： 通訊地址：
債務人		性別：　　　　　　　職業： 市內聯絡電話： 行動電話： 通訊地址：

二、聲請之事項（請勾選）：
　　請法院依消費者債務清理條例第19條規定爲下列保全處分：
　　□債務人財產之保全處分。
　　□債務人履行債務及債權人對於債務人行使債權之限制。

　　　□對於債務人財產強制執行之停止。
　　　□受益人或轉得人財產之保全處分。受益人或轉得人姓名：
　　　□其他必要之保全處分。
三、利害關係之陳明：
　　聲請人為利害關係人之理由如下：

四、依聲請事項所聲請保全處分之具體內容：

五、聲請保全處分之理由：

　　此　　致
　　臺灣　　地方法院
　　　　　　　　　　　　　具狀人　　　　　　　　　　　　（蓋章）
　　　　　　　　　　　　　撰狀人　　　　　　　　　　　　（蓋章）
　　中　　華　　民　　國　　　　　年　　　　月　　　　　日

3. 財產及收入狀況說明書

（下列欄位如有不足，可自行影印黏貼增列）

一、財產目錄（按每一地號、建號、股票名稱、存款帳戶、動產物品……等分別填
　　寫一欄位）

編號	財產名稱、性質、特徵	數量	所在地	有無經另案查封或扣押
範例	土地（應有部分○○／○○）	一筆	坐落○○市○○區○○段○○地號	有
範例	房屋（單獨所有）	一戶	門牌號碼為○○市○○區○○路○○號○○樓	有
範例	股票（○○公司）	○○股	○○證券公司○○分公司○○○○帳戶	無
範例	存款（新臺幣）	○○元	○○郵局（或銀行）○○○○帳戶	無

01			
02			
03			
04			

二、小規模營業活動（例如計程車司機、小商販……等）及其營業額

聲請日前五年內是否從事營業活動（請勾選）：□是，□否。
有從事營業活動者，請繼續依所從事營業活動之期間填載下列事項

1.自民國　　年　　月　　日起至民國　　年　　月　　日止：
所從事營業活動名稱：
所營事業之營業統一編號：
平均每月營業額為：新臺幣

2.自民國　　年　　月　　日起至民國　　年　　月　　日止：
所從事營業活動名稱：
所營事業之營業統一編號：
平均每月營業額為：新臺幣

3.自民國　　年　　月　　日起至民國　　年　　月　　日止：
所從事營業活動名稱：
所營事業之營業統一編號：
平均每月營業額為：新臺幣

4.自民國　　年　　月　　日起至民國　　年　　月　　日止：
所從事營業活動名稱：
所營事業之營業統一編號：
平均每月營業額為：新臺幣

5.自民國　　年　　月　　日起至民國　　年　　月　　日止：
所從事營業活動名稱：
所營事業之營業統一編號：
平均每月營業額為：新臺幣

三、聲請前兩年內收入（例如：薪資、佣金、獎金、政府補助金、贍養費……等）
　　之數額、原因及種類　　　總計：新臺幣

編號	種類	來　源	期　間	數額（新臺幣）
範例	薪資所得	任職於○○公司每月可得薪資○○元	自○年○月○日至○年○月○日	○○元
01				

02				
03				
04				

四、聲請前兩年內必要支出（例如：膳食、教育、交通、醫療、稅賦、扶養支出……等）之數額、原因及種類　　總計：新臺幣

編號	種類	原因	數額（新臺幣）
範例	租金支出	債務人租用○○號房屋居住使用，須按月支付租金。	每月○○元
01			
02			
03			
04			

五、依法受債務人扶養之人

編號	受扶養人姓名	扶養義務人之人數	與債務人之關係	債務人每月實際支出之扶養費
範例	○○○	三人	為債務人之母	每月○○元
01				
02				
03				
04				

4. 聲請人之債務人清冊

（每一筆債務填載一欄位）　　債務總金額：新臺幣

債務人姓名（或名稱）、地址	債務數額（新臺幣）及有無提供擔保	各債務之種類、原因
姓名（或名稱）： 地址：	現存實際債務數額： 債務人是否有提供擔保： □是，□否。 擔保物為：	債務之種類： 債務之發生原因：
姓名（或名稱）： 地址：	現存實際債務數額： 債務人是否有提供擔保： □是，□否。 擔保物為：	債務之種類： 債務之發生原因：
姓名（或名稱）： 地址：	現存實際債務數額： 債務人是否有提供擔保： □是，□否。 擔保物為：	債務之種類： 債務之發生原因：
姓名（或名稱）： 地址：	現存實際債務數額： 債務人是否有提供擔保： □是，□否。 擔保物為：	債務之種類： 債務之發生原因：

姓名（或名稱）： 地址：	現存實際債務數額： 債務人是否有提供擔保： □是，□否。 擔保物為：	債務之種類： 債務之發生原因：
姓名（或名稱）： 地址：	現存實際債務數額： 債務人是否有提供擔保： □是，□否。 擔保物為：	債務之種類： 債務之發生原因：
姓名（或名稱）： 地址：	現存實際債務數額： 債務人是否有提供擔保： □是，□否。 擔保物為：	債務之種類： 債務之發生原因：

5. 聲請人之債權人清冊

（每一筆債權填載一欄位，並應檢附財產價值、債權金額之相關證明文件）

債權總金額：新臺幣

債權人姓名（或名稱）、地址及是否為自用住宅借款	債權數額（新臺幣） 是否有擔保或優先權	債權之種類、原因
姓名（或名稱）： 地址：	現存實際債權數額： 是否有擔保或優先權：□ 是，□否。	債權之種類： 債權之發生原因：

（以下為聲請更生填載） 是否為自用住宅借款債務： □是，□否。 是否定自用住宅借款特別條款：□是，□否。	有前項權利者，其前項權利行使後不能受滿足清償之債權數額： 擔保標的物之價值：	
姓名（或名稱）： 地址：	現存實際債權數額： 是否有擔保或優先權：□是，□否。 有前項權利者，其前項權利行使後不能受滿足清償之債權數額： 擔保標的物之價值：	債權之種類： 債權之發生原因：
姓名（或名稱）： 地址：	現存實際債權數額： 是否有擔保或優先權：□是，□否。 有前項權利者，其前項權利行使後不能受滿足清償之債權數額： 擔保標的物之價值：	債權之種類： 債權之發生原因：

姓名（或名稱）： 地址：	現存實際債權數額： 是否有擔保或優先權：□ 是，□否。 有前項權利者，其前項權 利行使後不能受滿足清償 之債權數額： 擔保標的物之價值：	債權之種類： 債權之發生原因：

6. 擴張不屬清算財團財產範圍聲請狀

一、聲請人：

稱謂	姓名	身分辨別資料
聲請人 即債務人		國民身分證統一編號： 前曾變更過姓名者，歷次變更之時間及原姓名： 性別：（男／女）。　職業： 生日：年月日生 市內聯絡電話（務必填載以便聯絡）： 行動電話： 住所地： 住所地與戶籍地不一致之理由： 送達代收人： 送達代收地址：
法定代理人 （父）		性別：男　　　　　職業： 市內聯絡電話（務必填載以便聯絡）： 行動電話： 通訊地址：
法定代理人 （母）		性別：女　　　　　職業： 市內聯絡電話（務必填載以便聯絡）： 行動電話： 通訊地址：

代理人		國民身分證統一編號： 市內聯絡電話（務必填載以便聯絡）： 行動電話： 通訊地址：

二、聲請之事項：債務人所有（如附表一所列）之財產，請依消費者債務清理條例
　　第99條規定，裁定擴張不屬於本件清算財團之財產範圍內。

三、聲請之理由：

　　　　此　　　　致
　　　　臺灣　　　地方法院
　　　　　　　　　　　　　　　　具狀人　　　　　　　　　　　　　　（蓋章）
　　　　　　　　　　　　　　　　撰狀人　　　　　　　　　　　　　　（蓋章）
　　中　　華　　民　　國　　　　　　年　　　　　　月　　　　　　日

7. 債權人之債權陳報狀

　　（每一筆債權填載一欄位，並應檢附財產價值、債權金額之相關證明文件）
　　債權總金額：新臺幣

一、陳報人：

稱　謂	姓　名	身　分　辨　別　資　料
陳報人 即債權人		性別：（男／女）。　　　職業： 市內聯絡電話（務必填載以便聯絡）： 行動電話： 通訊地址： 送達代收人： 送達代收地址：

法定代理人 （父）		性別：男　　　　　　　　　職業： 市內聯絡電話（務必填載以便聯絡）： 行動電話： 通訊地址：
法定代理人 （母）		性別：女　　　　　　　　　職業： 市內聯絡電話（務必填載以便聯絡）： 行動電話： 通訊地址：
代理人		國民身分證統一編號： 市內聯絡電話（務必填載以便聯絡）： 行動電話： 通訊地址：
債務人		性別：　　　　　　　　　職業： 市內聯絡電話： 行動電話： 通訊地址：

二、陳報之債權內容：

債權之種類	債權之原因	現存實際債權數額			是否有擔保或優先權
		本　金	利　息	違　約　金	
		金額_____	金額_____	金額_____	
			自○○年○○月○○日起至○○年○○月○○日止，以本金金額按○○計算之利息	自○○年○○月○○日起至○○年○○月○○日止，以本金金額按○○計算之違約金	是否有擔保或優先權： □是，□否。 有前項權利者，其前項權利行使後不能受滿足清償之債權數額： 擔保標的物之價值：
			自○○年○○月○○日起至○○年○○月○○日止，以本金金額按○○計算之利息	自○○年○○月○○日起至○○年○○月○○日止，以本金金額按○○計算之違約金	是否有擔保或優先權： □是，□否。 有前項權利者，其前項權利行使後不能受滿足清償之債權數額： 擔保標的物之價值：

			自○○年○○月○○日起至○○年○○月○○日止，以本金金額按○○計算之利息	自○○年○○月○○日起至○○年○○月○○日止，以本金金額按○○計算之違約金	是否有擔保或優先權：□是，□否。有前項權利者，其前項權利行使後不能受滿足清償之債權數額： 擔保標的物之價值：
			自○○年○○月○○日起至○○年○○月○○日止，以本金金額按○○計算之利息	自○○年○○月○○日起至○○年○○月○○日止，以本金金額按○○計算之違約金	是否有擔保或優先權：□是，□否。有前項權利者，其前項權利行使後不能受滿足清償之債權數額： 擔保標的物之價值：

此　致
臺灣　　地方法院

　　　　　　　　　具狀人　　　　　　　　　　　　（蓋章）
　　　　　　　　　撰狀人　　　　　　　　　　　　（蓋章）
中　華　民　國　　　　　年　　　　　月　　　　　日

附錄六　消費者債務清理條例事件裁判選集

1.駁回更生聲請之裁定（§46）

2.駁回更生之裁定（§151 VII）

3.開始更生之裁定（§45）

4.毀諾准予更生之裁定（§151 VII）

5.認可更生方案之裁定（§62 I、II）

6.逕行認可更生方案之裁定（§64 I）

7.不認可更生方案開始清算之裁定（§61 I）

8.不認可更生方案開始清算之裁定（§64 II ③）

9.延長更生履行期限之裁定（§75 I）

10.撤銷更生並開始清算之裁定（§76 I）

11.駁回清算聲請之裁定（§6 III、81 I、IV）

12.駁回清算聲請之裁定（§82 II）

13.駁回清算聲請之裁定（§151 I）

14.開始清算之裁定（§61 I）

15.開始清算之裁定（§151 VII）

16.開始清算同時終止清算之裁定（§85 I）

17.擴張自由財產之裁定（§99）

18.不敷清算費用終止清算之裁定（§129 I）

19.清算終結之裁定（§127 II）

20.清算程序免責之裁定（§132）

21.清算程序免責之裁定（§135）

22.清算程序繼續清償之免責裁定（§141）

23.清算程序繼續清償之免責裁定（§142）

24.清算程序不免責再裁定免責之裁定（§156 II）

25.清算程序不免責之裁定（§133）

26.清算程序不免責之裁定（§134 ④）

27.清算程序不免責之裁定（§134 ⑧）

28.復權之裁定（§144）

1. 駁回更生聲請之裁定（§46）

臺灣臺北地方法院民事裁定

97年度消債更字第109號

聲請人即債務人　　　　　　甲○○
代理人　　　　　　　　　　李○馨律師
上列當事人**聲請更生事件**，本院裁定如下：

主文

聲請駁回。
聲請程序費用由聲請人負擔。

理由

一、按更生之聲請，債務人曾經調協，因可歸責於己之事由，致未履行其條件者，應駁回其聲請，消費者債務清理條例第46條第2款定有明文。

二、本件聲請人以其前與金融機構成立協商每月繳納費用新臺幣（下同）2萬8,171元，然其平均每月收入僅為2萬6,500元，顯見其所得不足以清償與銀行協商所應繳納之金額，屬非可歸責於聲請人履行顯有困難之情，為此，聲請本件更生事件云云，固據提出協議書及財政部臺灣省北區國稅局95年度綜合所得稅各類所得資料清單等件為證。經查，聲請人於95年6月2日與銀行協商成立分期繳付其債務金額，然其明知平均月收入不足清償前開協商成立之金額，仍與銀行成立訂立協議書，致無法履行，其有可歸責於己致無法履行協商條件之原因自明，依前揭規定，本院自得駁回其聲請，依法裁定如主文。

三、爰依消費者債務清理條例第46條第2款，裁定如主文。

中　華　民　國　97　年　6　月　3　日
民事第二十一庭　法官　洪○莉

以上正本係照原本作成。

如不服本裁定，應於收受送達後十日內向本院提出抗告狀，並繳納抗告費新臺幣1,000元。

中　華　民　國　97　年　6　月　3　日
書記官　梁○卿

2. 駁回更生之裁定（§151 VII）

臺灣南投地方法院民事裁定

98年度消債更字第55號

聲請人即債務人　　　　　甲○○

上列當事人聲請消費者債務清理事件聲請更生，本院裁定如下：

主文

聲請駁回。

聲請程序費用新臺幣1,000元由聲請人負擔。

理由

一、按更生之聲請，債務人曾經協調，因可歸責於己之事由，致未履行其條件者，應駁回其聲請，消費者債務清理條例第46條第2款定有明文。又按債務人對於金融機構因消費借貸、自用住宅借款、信用卡或現金卡契約而負債務，在聲請更生或清算前，應提出債權人清冊，以書面向最大債權金融機構請求協商債務清償方案並表明共同協商之意旨，消費者債務清理條例第151條第1項定有明文（101年1月4日修正前舊條文）。次按債務人與金融機構協商成立者，不得聲請更生或清算，但因不可歸責於己之事由，致履行顯有重大困難者，不在此限；本條例施行前，債務人依金融主管機關協調成立之中華民國銀行公會會員辦理消費金融案件無擔保債務協商機制與金融機構成立之協商，準用前項之規定，消費者債務清理條例第151條第5項、第6項（按即修正後現行同條文第7項、第9項）分別定有明文。又聲請更生或清算不合程式或不備其他要件者，法院應以裁定駁回之，但其情形可以補正者，法院應定期間先命補正，復為同條例第8條所明定。依其立法理由，債務清償方案成立後，固由債務人按其條件履行，惟需於其後發生情事變更，在清償期間收入或收益不如預期，致該方案履行困難甚或履行不能，因不可歸責於己，始能聲請更生或清算，此項規定旨在避免債務人任意毀諾已成立之協商，濫用更生或清算之裁判上債務清理程序，蓋以債務清償方案係經當事人行使程序選擇權所為之債務清理契約，債務人應受該成立之協議所拘束，債務人既已與金融機構協商成立，如認該協商方案履行有其

他不適當情形，自仍應再循協商途徑謀求解決。

二、聲請意旨略以：聲請人即債務人於民國95年6月間曾參與銀行公會協商機制，達成債務協商，約定每月繳納費用新臺幣（下同）2萬7,039元，然聲請人每月平均收入僅約2萬元，為保持信用紀錄，加以債權人員工軟硬兼施，聲請人不得已始接受，後雖靠配偶協助苦撐11期，最後無力繼續履行協商條件，致使繼履行協商有重大困難，而於96年6月毀諾，而此事由非債務人主觀上惡意不履行協議，客觀上確有不可歸責於聲請人之事由，嗣聲請人於美妍實業股份有限公司覓獲正職工作後，於98年2月間向中國信託商業銀行再度申請協商，以解決債務問題，但遭銀行以聲請人曾參與前置協商成立退件，聲請人之無擔保或無優先權之債務總額未逾1,200萬元，爰依法聲請更生等語。

三、經查：

（一）本件聲請人因積欠中國信託銀行等金融機構信用貸款等借款債務不能清償，在本條例施行前，於95年5月間曾依照中華民國銀行公會會員辦理消費金融案件無擔保債務協商機制與金融機構成立協商，約定自95年6月起，分80期，利率為0，每月繳款2萬7,039元，嗣於96年6月毀諾，共計繳款12期，此有中國信託銀行陳報狀及所附債務協商繳款明細表附卷可佐，應信為真實。則本件首應探究聲請人是否符合本條例第151條第5項但書所稱「因不可歸責於己之事由，致履行顯有 重大困難」之情形，以決定其更生之聲請是否合於法律規定。

（二）聲請人係以其履行協商期間，每月收入平均約2萬元，不足額部分係由配偶支付或向姐姐借貸還款，終因無力繳納協商款以致毀諾云云，然據中國信託銀行提出聲請人於95年間協商之財務資料表，其上聲請人自承每月收入約3萬5,000元至4萬元，聲請人於98年6月3日陳報狀亦提出收入切結書，載明95年11月至97年2月間每月收入4萬元，顯與其聲請狀所載之收入狀況有異；另依聲請人提出之新光人壽保險股份有限公司保險單影本及保險費收據觀之，聲請人每年所需繳納之保險費約10萬元以上，97年度已繳納之保險費仍達15萬元以上，顯見聲請人並無收入減少情形。又聲請人雖提出98年1月至3月之薪資明細，用以證明其目前僅有約2萬元之收入，惟聲請人所提之明細，其上並無任何僱用人之名稱，致本院無從調查聲請人目前經濟能力為何，且聲請人早於96年6月間毀諾，自不得執此認係聲請人毀諾之正當理由。此外，聲請人復未舉證證明其於協商成立後有何經濟狀況重大變更，或有何不可歸責於聲請人之事由，致履行協商顯有重大困難，則其聲請更生自屬無據。

（三）再者，中華民國銀行商業同業公會全國聯合會已函文各銀行，自97年5月

29日起，針對95年度銀行公會債務協商毀諾之客戶，各銀行機構同意提供「個別協商一致性方案」，得依債務人實際情形協談可負擔之還款條件，俾利債務人重啓債務協商，中國信託銀行亦具狀表示有進行一致性個別協商之意願。是以，聲請人前雖已與中國信託銀行協商成立，惟如認該協商方案之履行有其他不適當情形，於毀諾後，自仍應本於誠實信用履行債務之義務，就原協商成立之方案向債權銀行請求依上開個別協商途徑謀求調整解決（聲請人向中國信託銀行請求前置協商與一致性個別協商顯然有別）。

四、綜上，本件聲請人核無不可歸責於己之事由致不能履行協商清償方案，應屬聲請更生之要件不備，且無從補正，依首揭條文規定，自應駁回其更生之聲請，爰裁定如主文。

中　華　民　國　98　年　10　月　16　日
民事第二庭　法官　李○

本件正本係照原本作成。

如不服本裁定，應於裁定送達後十日內，以書狀向本院提出抗告，並繳納抗告費新臺幣1,000元。

中　華　民　國　98　年　10　月　16　日
書記官　林○慶

3. 開始更生之裁定（§45）

臺灣臺中地方法院民事裁定

102年度消債更字第12號

聲請人即債務人	陳湘瑀
相對人即債權人	國泰世華商業銀行股份有限公司
法定代理人	汪國華
相對人即債權人	中國信託商業銀行股份有限公司
法定代理人	辜濂松
相對人即債權人	磊豐國際資產管理股份有限公司
法定代理人	張司政
相對人即債權人	新光行銷股份有限公司
法定代理人	李明新
相對人即債權人	聯邦商業銀行股份有限公司
法定代理人	李憲章

上列當事人聲請消費者債務清理事件，本院裁定如下：

主文

聲請人即債務人陳湘瑀自中華民國102年1月4日15時起開始更生程序。

本件更生程序之進行由辦理更生執行事務之司法事務官為之。

保全處分之聲請駁回。

理由

一、按債務人不能清償債務或有不能清償之虞，且無擔保或無優先權之債務總額未逾新臺幣1,200萬元者，於法院裁定開始清算程序或宣告破產前，得向法院聲請更生。又法院開始更生程序之裁定，應載明其年、月、日、時，並即時發生效力。消費者債務清理條例第3條、第42條第1項、第45條第1項分別定有明文。

二、聲請人即債務人陳湘瑀聲請意旨略以：聲請人之財產及收入不足以清償無擔保或無優先權債務合計約新臺幣（下同）100萬元，前曾向本院聲請債務清理之調解，但無法成立調解。聲請人現平均每月收入約1萬5,192元，扣除生活之必要費

用後，實不足以清償償務，爰請求准予裁定開始更生程序等語。

三、經查：債務人主張之上開事實，業據提出債權人清冊、債務人財產清單、所得及收入清單、生活必要支出清單、財產增減變動表、償還計畫表、財產收入與支出總額彙總表、戶籍謄本、低收入戶證明書、財團法人金融聯合徵信中心查詢當事人綜合信用報告回覆書、調解不成立證明書、全國財產稅總歸戶財產查詢清單、財政部臺灣省中區國稅局99、100年度綜合所得稅各類所得資料清單、房屋租賃契約書、相關支出及費用收據在卷可證。查聲請人所列舉生活必要支出等費用之金額，衡諸現今一般生活水準，尚屬相當，顯見其每月平均收入扣除必要支出後，已不足清償前揭積欠之債務。是本件聲請人主張其無擔保或無優先權之債務總額未逾1,200萬元，且已不能清償，堪認眞實。此外，債務人尚無經法院裁定開始清算或宣告破產之情事，復查無債務人有消費者債務清理條例第6條第3項、第8條或第46條各款所定駁回更生聲請之事由存在，則債務人聲請更生，即屬有據，應予准許，爰裁定如主文第1項。

四、法院開始更生程序後，得命司法事務官進行更生程序，消費者債務清理條例第16條第1項定有明定，爰併裁定如主文第2項。

五、債務人另聲請保全處分部分，因本件既經准予開始更生程序，則債權人非依更生之程序不得行使權利，自無再爲保全處分限制之必要。從而，債務人此部分之聲請，核無必要，應予駁回。

中　華　民　國　102　年　1　月　4　日

臺灣臺中地方法院民事庭

法官　　黃○中

上爲正本係照原本作成。

本件不得抗告。

本裁定已於102年1月4日公告。

中　華　民　國　102　年　1　月　4　日

書記官　　楊○謙

---

4. 毀諾准予更生之裁定（§151 Ⅶ）

臺灣臺北地方法院民事裁定

102年度消債更字第12號

聲請人即債務人　　　　　魏○婷
代　理　人　　　　　　　陳○勇律師（法扶律師）
上列當事人因消費者債務清理事件聲請更生，本院裁定如下：

主文

債務人魏○婷自中華民國102年1月8日下午4時起開始更生程序。
命司法事務官進行本件更生程序。

理由

一、按債務人對於金融機構負債務者，在聲請更生或清算前，應向最大債權金融機構請求協商債務清償方案，或向其住、居所地之法院或鄉、鎮、市、區調解委員會聲請債務清理之調解；協商或調解成立者，債務人不得聲請更生或清算，但因不可歸責於己之事由，致履行有困難者，不在此限；本條例施行前，債務人依金融主管機關協調成立之中華民國銀行公會會員，辦理消費金融案件無擔保債務協商機制與金融機構成立之協商，準用前二項之規定，消費者債務清理條例（下稱消債條例）第151條第1項、第7項、第9項定有明文，揆諸消債條例之立法目的，乃在於使陷於經濟上困境之消費者，得分別情形利用更生或清算程序清理債務，藉以妥適調整債務人與債權人及其他利害關係人之權利義務關係，保障債權人之公平受償，並謀求消費者經濟生活之更生機會，從而健全社會經濟發展（消債條例第1條參照），準此，債務人若有不能清償債務或有不能清償債務之虞，且客觀上並無濫用更生或清算程序之情事，自應使其藉由消費者債務清理條例所定程序以清理債務。又所謂不可歸責於己之事由應係指金融機構所定之協商條件過苛，致債務人於清償協商金額後，即無法維持其基本生活，或債務人於履行協商條件期間，因非自願性失業、工作能力減損、減薪等事由致收入減少，或因扶養人數增加、債務人或其家人傷病等事由致支出增加等情事，至所謂履行有困難即應以債務人之收入，扣除自己及依法應受其扶養

者所必要生活費用之數額，仍不足以清償協商條件所定之數額，即足當之。次按法院開始更生程序之裁定，應載明其年、月、日、時，並即時發生效力；法院開始更生或清算程序後，得命司法事務官進行更生或清算程序，必要時得選任律師、會計師或其他適當之自然人或法人一人爲監督人或管理人，消債條例第45條第1項、第16條第1項亦有明定。

二、本件聲請意旨略以：債務人有不能清償情事，曾依照中華民國銀行公會會員辦理消費金融案件無擔保債務協商機制與金融機構成立協商，約定自民國95年7月起分120期清償，每月還款新臺幣（下同）2萬4,072元，惟因債務人擔任前夫張一凱及其所設立大鑽興業有限公司之保證人，因其等未依約清償，致債權人臺灣中小企業有限公司（下稱臺灣中小企銀）自101年7月起執行債務人之薪資三分之一，債務人因而無力清償每月協商還款2萬4,072元，實有不可歸責之事由，而於101年8月10日毀諾，又其包含利息、違約金在內之無擔保或無優先權債務總額未逾1,200萬元，復未經法院裁定開始清算程序或宣告破產，爲此，爰向本院聲請更生等語。

三、經查：

（一）債務人前有不能清償情事，於95年7月9日依中華民國銀行公會會員辦理消費金融案件無擔保債務協商機制與金融機構成立協商，約定自95年7月起，分120期、利率3.88%，每月10日以2萬4,072元依各債權銀行債權金額比例清償各項債務迄今還款73期共175萬7,367元，自101年8月起毀諾等情，有協議書、無擔保還款計畫及存摺交易明細等件附卷可憑（見本院卷第16至18、77、78頁），復據最大債權人中國信託商業銀行股份有限公司（下稱中國信託銀行）於101年9月15日具狀陳稱：債務人於99年6月間依中華民國銀行公會會員辦理消費金融案件無擔保債務協商機制向本行申請協商成立，協議總金額288萬8,640元、分120期、利率3.88%、月付2萬4,072元，迄今已繳款73期共175萬7,367元等語，並提出協議書、無擔保還款計畫、同意書、消費金融無擔保債務協商案件申請人財務資料表、消費金融無擔保債務協商申請書、同意書、信用卡申請書、簡易通信貸款申請書暨約定書、客戶消費明細表、放款帳戶還款交易明細信用卡呆後沖帳明細等件爲證（見本院卷第101至145頁），堪可認定。

（二）依債務人提出之財產及收入狀況說明書、101年9月24陳報狀所載（見本院卷第11、53頁），債務人每月必要生活支出包括：膳食費6,000元、交通支出1,800元、租金1萬2,000元（含水電瓦斯）、勞健保費2,727元、電話費衣物等日常生活支出2,000元、所得稅支出1,495元、醫療費666元、未成年子女扶養費約3,000元及母親

魏洪碧珠扶養費1,000元至3,000元不等，則債務人及依法應受其扶養之人每月必要生活費用合計3萬688元至3萬2,688元【計算式：6,000元+1,800元+1萬2,000元+2,727元+2,000元+1,495元+666元+3,000元+1,000元（至3,000元）=3萬688元至3萬2,688元】，經核其所列支出項目及數額均為維持債務人即依法應受其扶養之人基本生活所必需，尚屬合理。再觀諸債務人之財政部臺北市國稅局99、100年度綜合所得稅各類所得資料清單、債務人於中決工程顧問股份有限公司薪資單所示（見本院卷第26至29頁），債務人99、100年度總收入分別為69萬310元、85萬2,442元，是債務人聲請前二年內平均每月收入為6萬4,281元【計算式：（69萬310元+85萬2,442元）÷24=6萬4,281元，元以下四捨五入】，又債務人於101年1至5月每月應領薪資均為7萬1,440元，6月、7月應領薪資均為6萬1,440元，以債務人之前開收入扣除每月3萬688元至3萬2,688元之必要生活費用後，雖尚足支付每月2萬4,072元之協商還款金額，然債務人自101年8月起即遭扣薪三分之一，債務人每月實領薪資僅3萬3,405元（已扣除勞健保費、個人提繳勞退金），扣除每月必要生活費用後，僅餘4,444元至6,444元不等，顯不足清償每月協商還款金額2萬4,072元，堪認債務人確有不可歸責於己之事由致履行有困難之情事。

四、綜上所述，本件債務人與最大債權金融機構中國信託銀行就債務清償方案成立協商後毀諾，堪認有不可歸責於己致履行顯有重大困難之情事，其聲請更生應屬有據，並依上開規定命司法事務官進行本件更生程序，爰裁定如主文。又司法事務官於進行本件更生程序、協助債務人提出更生方案時，應依社會常情及現實環境衡量債務人之償債能力，並酌留其生活上應變所需費用，進而協助債務人擬定公允之更生方案，始符合消債條例重建債務人經濟生活之立法目的，附此敘明。

中　華　民　國　102　年　1　月　8　日
民事第二庭　法官　鍾○鳳

以上正本係照原本作成。
本件不得抗告。
本件裁定已於民國102年1月8日下午4時公告。

中　華　民　國　102　年　1　月　8　日
書記官　林○倩

5. 認可更生方案之裁定（§62 I、II）

臺灣士林地方法院民事裁定

101年度司執消債更字第8號

債務人　　　　　　　　陳○伶
代理人　　　　　　　　杜○民律師

上列當事人聲請更生事件，本院裁定如下：

主文

債務人所提如附表一所示之更生方案應予認可。

債務人在未依更生條件全部履行完畢前，應受如附表二所示之生活限制。

理由

一、按法院得將更生方案之內容及債務人財產及收入狀況報告書通知債權人，命債權人於法院所定期間內以書面確答是否同意該方案，逾期不爲確答，視爲同意；同意及視爲同意更生方案之已申報無擔保及無優先權債權人過半數，且其所代表之債權額，逾已申報無擔保及無優先權總債權額之二分之一時，視爲債權人會議可決更生方案。又更生方案經可決者，法院應爲認可與否之裁定；法院爲認可之裁定時，因更生方案履行之必要，對於債務人在未依更生條件全部履行完畢前之生活程度，得爲相當之限制。消費者債務清理條例（下稱本條例）第60條第1項、第2項及第62條第1項、第2項分別定有明文。

二、查本件債務人陳玫伶聲請更生，前經本院裁定開始更生程序在案。又本件更生程序之已申報無擔保及無優先權債權人爲花旗（台灣）商業銀行股份有限公司（下稱花旗銀行）、聯邦商業銀行股份有限公司（下稱聯邦銀行）、萬泰商業銀行股份有限公司（下稱萬泰銀行），有本院民國101年3月26日公告之債權表在卷可稽（見本院卷第32頁）。而債務人所提財產及收入狀況報告書，及如附表一所示之更生方案，業經本院於101年6月13日通知債權人花旗銀行、聯邦銀行、萬泰銀行於文到十日內以書面確答是否同意，復有本院101年6月13日士院景民司源101年度司執消債更字第8號函及送達證書在卷可稽（見本院卷第81頁、第83至85頁）。除債權人聯邦銀行逾期始爲確答（期間末日爲101年6月25

日），萬泰銀行逾期不為確答，依首揭規定，均應視為同意外，債權人花旗銀行已具狀表示同意（見本院卷第86頁）。基此，<u>同意及視為同意更生方案之已申報無擔保及無優先權債權人已過半數，且其所代表之債權額，亦已逾已申報無擔保及無優先權總債權額之二分之一，依本條例第60條第2項規定，應視為債權人會議可決更生方案。再觀諸債務人所提上開更生方案無本條例第63條所定不應認可之消極事由存在，另並依上開規定，就債務人在未依更生條件全部履行完畢前之生活程度，裁定為相當之限制，爰裁定如主文。</u>

三、如不服本裁定，應於裁定送達後十日內，以書狀向本院司法事務官提出異議。

中　華　民　國　101年　6　月　28　日

民事庭　　司法事務官

附表一：

壹、更生方案內容
1.認可裁定確定之翌月起，每三個月為一期，共24期。
2.每期在第三個月10日給付，每期清償新臺幣（下同）6,000元。債權人分配金額如下貳每期可分配金額(1)欄位所示。
3.年終獎金，自認可裁定確定之翌月起，每一年為一期，共六期，每期在每年3月10日給付，每期清償1萬元，債權人分配金額如下貳每期可分配金額(2)欄位所示。
4.債務總金額：59萬3,550元（依本院101年3月26日公告確定之債權表債權數額計算）。
5.清償總金額：20萬4,000元。
6.總清償比例：34.37%
7.清償金額(1)：14萬4,000元　　清償比例(1)：24.26%
8.清償金額(2)：6萬元　　清償比例(2)：10.11%

貳、更生清償分配表				
編號	債權人	債權金額	每期可分配之金額(1)	每期可分配之金額(2)
1	花旗（台灣）商業銀行股份有限公司	186,738	1,888	3,146
2	聯邦商業銀行股份有限公司	317,026	3,205	5,342
3	萬泰商業銀行股份有限公司	89,786	907	1,512
	合計	593,550	6,000	10,000

參、補充説明
一、總清償比例計算至百分比之小數點後第三位四捨五入至第二位。
二、清償比例(1)(2)計算至百分比之小數點後第三位四捨五入至第二位。
三、每期可分配金額(1)＝債權金額×清償比例(1)÷24期（元以下四捨五入）。
四、每期可分配金額(2)＝債權金額×清償比例(2)÷6期（元以下四捨五入）。
五、債務人於履行更生方案前，應自行向各債權人詢問還款方式，並依期履
　　行。如債權人為金融機構，債務人得以書面請求最大債權金融機構統一辦
　　理收款及撥付款項之作業。
六、更生方案如一期未履行，視為全部到期。
七、有不可歸責於己之事由發生，致債務人遲延給付，應許延緩一期給付，但
　　履行期應順延一期。

附表二：

准許更生之債務人未依更生條件完全履行完畢前，應受下列之生活限制：
一、不得為奢靡浪費之消費活動。
二、不得為賭博或為其他投機行為。
三、不得為不動產之處分或受讓。
四、不得為金錢借貸之行為。
五、不得搭乘計程車、高鐵及航空器，但因公務所需且由公費支付者，不在此限。
六、不得從事國外遊學或出國旅遊等消費行為。
七、不得投資金融商品（例如股票、基金等）。
八、不得從事逾越通常生活程度之贈與。

6. 逕行認可更生方案之裁定（§64 I）

臺灣士林地方法院民事裁定

101年度司執消債更字第2號

債務人　　　　　　　廖○松
代理人　　　　　　　余○鈞律師
上列當事人聲請更生事件，本院裁定如下：

主文

債務人所提如附表一所示之更生方案應予認可。

債務人在未依更生條件全部履行完畢前，應受如附表二所示之生活限制。

理由

一、按債務人有薪資、執行業務所得或其他固定收入，依其收入及財產狀況，可認
更生方案之條件已盡力清償者，法院應以裁定認可更生方案；法院為認可之裁
定時，因更生方案履行之必要，對於債務人在未依更生條件全部履行完畢前之
生活程度，得為相當之限制，消費者債務清理條例第64條第1項前段、第62條第
2項分別定有明文。

二、查債務人聲請更生，前經本院於民國100年12月19日以100年度消債更字第123號
裁定自同年月23日下午5時起開始更生程序，並命司法事務官進行本件更生程序
在案，有上開裁定一份在卷可參（見本院卷第4頁）。而債務人現任職於清展科
技股份有限公司，每月實領薪資新臺幣（下同）3萬7,500元，確有薪資收入乙
情，為債務人所自陳，並有其101年1月至101年6月員工薪資條、100年度薪資明
細表、勞工保險被保險人投保資料表、98、99年度綜合所得稅各類所得資料清
單、最新財產歸屬資料清單在卷可稽（見100消債更字第123號卷【下稱消債更
卷】第16至18、34、35頁及本院卷第81、88至93頁），堪信為真實。觀諸債務
人所提如附表一所示之更生方案，其條件為債務人自認可更生方案裁定確定之
翌月起，以一個月為一期，共分72期清償（即六年），每期清償1萬3,500元，
總清償金額為97萬2,000元，清償成數為21.19%。本院經審酌下列情事，認其條
件已屬盡力清償：（一）查債務人聲請更生時，除薪資收入外，名下無其他財

產，有其財產歸屬資料清單在卷可憑（見消債更卷第18頁）。又債務人之聲請前二年間可處分所得扣除自己及依法應受其扶養者所必要生活費用之餘額爲負128,794元，顯低於上開無擔保及無優先權債權受償總額，堪認無擔保及無優先權債權人之受償權益已受保障。（二）次查，債務人每月實領薪資3萬7,500元，與配偶陳怡君、二名未成年子女廖玟萱、廖玟毅（分別爲10歲、16歲）共同租屋居住於新北市汐止區，每月負擔個人必要支出1萬2,000元（包括膳食、交通、通訊及日用雜支）及上開二名未成年子女之扶養費1萬2,000元，其餘家庭生活支出及子女扶養費由配偶負擔，並提出房屋租賃契約書供參（見消債更卷第42頁）。參酌債務人每月平均收入約3萬7,500元及新北市政府所公布101年度該市每人每月最低生活費爲1萬1,832元等情，債務人上開個人必要支出顯低於一般人之生活程度，足見其已盡撙節支出之能事，自屬合理；其關於未成年子女扶養費之負擔亦屬適當。

三、末按債務人以每月收入扣除必要支出後之餘額，全數用以清償更生債務，其所提如附表一所示之更生方案已屬盡力清償，且無消費者債務清理條例第63條及第64條第2項所定不應認可之消極事由存在，故不經債權人會議可決，予以認可該更生方案，並依同條例第62條第2項規定，就債務人在未依更生條件全部履行完畢前之生活程度，裁定爲如附表二所示之限制。

四、爰裁定如主文。

五、如不服本裁定，應於裁定送達後十日內，以書狀向本院司法事務官提出異議。

中　華　民　國　101　年　11　月　29　日
民事庭　　司法事務官

附表一：更生方案

壹、更生方案內容
1.自認可裁定確定之翌月起，以一個月為一期，共分72期（即六年）清償。
2.每期在每月10日給付，每期清償新臺幣（下同）1萬3,500元。債權人受分配金額如下列第貳點「每期受分配金額」欄所示。
3.債務總金額：458萬7,698元。
4.清償總金額：97萬2,000元。
5.總清償比例：21.19%。
6.更生方案如一期未履行，除有下述7.之情形外，視為全部到期，並回復如債權表所示之債權總合。
7.有不可歸責於己之事由發生，致債務人遲延給付，應許延緩一期給付，但履行期應順延一期。

貳、更生清償分配表			
編號	債權人	債權金額	每期可分配之金額
1	富邦資產管理股份有限公司	4,587,698	13,500
	合計	4,587,698	972,000

參、補充說明
一、總清償比例計算至百分比之小數點後第三位四捨五入至第二位。
二、本件更生方案之履行，依消費者債務清理條例第26條第2項規定，由最大債權金融機構統一辦理收款及撥付款項之作業（匯款前，債務人仍需向最大債權金機構詢問如何辦理相關手續）。

附表二：更生債務人之生活限制

准許更生之債務人，未依更生條件完全履行完畢前，應受下列之生活限制：
一、不得為奢靡浪費之消費活動。
二、不得為賭博或為其他投機行為。
三、除為清償更生債權外，不得為不動產之處分或受讓。
四、不得為金錢借貸之行為。
五、不得搭乘計程車、高鐵及航空器，但因公務所需且由公費支付者，不在此限。
六、不得從事國外遊學或出國旅遊等消費行為。
七、不得投資金融商品（例如股票、基金等）。
八、不得從事逾越通常生活程度之贈與。
九、每月應製作收入支出帳目。

7. 不認可更生方案開始清算之裁定（§61 I）

臺灣臺北地方法院民事裁定

101年度消債清字第14號

聲請人即債務人　　　　馮○英
代　理　人　　　　　　林○俞法扶律師
上列當事人聲請消費者債務清理事件，本院裁定如下：

主文

　　債務人馮英年於民國101年6月22日所提更生方案應不予認可。

　　債務人馮英年自民國102年3月13日下午4時起開始清算程序。

　　命司法事務官進行本件清算程序。

理由

一、按債權人會議可決更生方案時，應有出席已申報無擔保及無優先權債權人過半數之同意，而其所代表之債權額，並應逾已申報無擔保及無優先權總債權額之二分之一。法院得將更生方案之內容及債務人財產及收入狀況報告書通知債權人，命債權人於法院所定期間內以書面確答是否同意該方案，逾期不為確答，視為同意；同意及視為同意更生方案之已申報無擔保及無優先權債權人過半數，且其所代表之債權額，逾已申報無擔保及無優先權總債權額之二分之一時，視為債權人會議可決更生方案，消費者債務清理條例（下稱消債條例）第59條第1項、第60條第1項及第2項分別定有明文。次按消債條例第64條第3款規定，無擔保或無優先權債權受償總額，顯低於法院裁定開始更生程序時，依清算程序所得受償之總額時，法院即不得認可更生方案；而消債條例第61條第1項規定，更生方案未依前二條規定可決時，除有第12條第64條規定情形外，法院應以裁定開始清算程序。又依消債條例第83條第1項規定，法院開始清算程序之裁定，應載明其年、月、日、時，並即時發生效力。

二、經查，本件債務人聲請更生，前經本院於民國100年11月29日以100年度消債更字第117號民事裁定開始更生程序，並經司法事務官以100年度司執消債更字第56號更生事件進行更生，嗣債務人於101年6月22日提出更生方案，分96期，前24

期每期清償新臺幣（下同）1萬元，第25期起至第96期每期清償1萬5000元，清償總金額爲132萬元，清償成數達34.54%，經本院司法事務官依消債條例第60條第1項規定命債權人以書面確答是否同意，惟除債權人台新國際商業銀行股份有限公司、中國信託商業銀行股份有限公司具狀表示同意，及債權人聯邦商業銀行股份有限公司逾期未爲確答，視爲同意外，其餘債權人包括萬泰商業銀行股份有限公司、華泰商業銀行股份有限公司、臺灣新光商業銀行股份有限公司、遠東國際商業銀行股份有限公司、永豐商業銀行股份有限公司、國泰世華商業銀行股份有限公司等均表示不同意，是依前開規定，債務人所提更生方案顯未能依消債條例第59條、第60條規定獲得債權人會議之可決。再依本院100年度司執消債更字第56號執行卷宗所附之臺北市土地及建物登記第二類謄本及敬群不動產估價師事務所鑑定報告書所示，債務人有於78年間因買賣取得臺北市○○區○○段○○段○○○地號土地（面積268平方公尺，權利範圍135/12800）及坐落其上同地段之802建號（門牌號碼爲臺北市○○區○○街○○○○號4樓之2）等不動產，而前開不動產經鑑定後之價格爲162萬6,423元；且若依內政部地政司全球資訊網房地交易價格簡訊，門牌號碼爲華西街之公寓於100年第四季每坪移轉單價亦已逾21萬元，以此價格推算，債務人所有之前開不動產價格亦逾142萬元，均顯然已高於其所提更生方案清償總金額132萬元，則於清算程序以債務人名下所有之前開不動產拍賣取償，無擔保及無優先權債權人受償總額顯較債務人於更生方案中所列受償總額132萬元爲高，爲保障債權人不至受比依清算程序受償更不利之地位，依消債條例第64條第2項第3款之規定，本院自不得依消債條例第64條第1項規定逕以裁定認可更生方案，應依消債條例第65條第1項規定，以裁定開始清算程序。

三、至於債務人雖於本院清算程序算理中具狀陳報表明願盡力清償，提高更生方案清償總金額至168萬元，即前24期每月清償1萬元，第25期至96期則每月清償2萬元等情。惟債務人現已年滿57歲，且身體狀況不佳，有弱視、老花、糖尿病、膝關到炎等疾病，已無法勝任一般工作，於更生程序進行中係以照顧繼父按月自兄長處收取1萬5,000元維生，而其原提出之更生方案更需依賴其兄長及其子役畢尋得工作爲協助清償，則債務人原更生方案履行與否顯然陷相當程度之不確定情形；遑論，其繼父業已往生，債務人是否得繼續自兄長處收取1萬5,000元或順利另外覓得穩定工作，以取得繼續性或反覆性收入之可能，尚非無疑，本院實難認債務人有長時間履行其原所提出更生方案之可能。又承如前述，債務人履行其原提出更生方案既有困難存在，則其復於本院審理中提出高於前開金額

之新更生方案,然卻另未能提出增加收入之可能性或願意擔任其更生方案履行之保證人,則本院堪認債務人嗣後所提出之更生方案,亦顯無履行之可能,顯已符合消債條例第63條第1項第8款所定法院應不可認可更生方案之要件,是債務人於101年11月15日具狀陳報請求裁定認可更生方案,洵屬無據。

四、綜上所述,本件債務人所提之更生方案既然未能依消債條例第59條、第60條規定經債權人會議可決,復有消債條例第64條第2項第3款所定無擔保及無優先權債權受償總額,顯低於法院裁定開始更生程序時,依清算程序所得受償之總額之情形,本院即不得依職權裁定認可更生方案,依消債條例第65條第1項規定,應以裁定開始清算程序,並命司法事務官進行本件清算程序。爰裁定如主文。

中　華　民　國　102　年　3　月　13　日

民事第二庭　　法官　　趙○榮

以上正本係照原本作成。

本裁定不得抗告。

本裁定已於102年3月13日下午4時公告。

中　華　民　國　102　年　3　月　13　日

書記官　　謝○芝

8. 不認可更生方案開始清算之裁定（§64 II ③）

臺灣臺北地方法院民事裁定

101年度消債清字第19號

聲請人即債務人　　　　　林明哲
代　理　人　　　　　　　胡○嬌律師（法扶律師）
上列當事人聲請消費者債務清理事件，本院裁定如下：

主文

債務人於民國101年7月6日所提更生方案應不予認可。

債務人自民國101年11月7日下午4時起開始清算程序。

命司法事務官進行本件清算程序。

理由

一、按債務人有薪資、執行業務所得或其他固定收入，法院認更生方案之條件公允
　　者，得不經債權人會議可決，逕依債務人之聲請或依職權以裁定認可更生方
　　案。無擔保及無優先權債權受償總額，顯低於法院裁定開始更生程序時，依清
　　算程序所得受償之總額者，法院不得為前項之認可；法院裁定不認可更生方案
　　時，應同時裁定開始清算程序，消費者債務清理條例（下稱本條例）第64條第1
　　項、第2項第3款、第65條分別定有明文。又法院開始清算程序之裁定，應載明
　　其年、月、日、時，並即時發生效力，亦為同條例第83條第1項所明定。

二、經查：

　　（一）本件債務人聲請更生，前經本院以100年度消債更字第126號裁定開始更生
程序，經本件司法事務官以100年度司執消債更第59號更生事件進行更生，惟債務人
於民國101年7月6日所提更生方案分72期，每期清償新臺幣（下同）1萬元，清償總金
額72萬元、清償成數63.9%，經本院司法事務官依消債條例第60條第1項規定定期命
債權人以書面確答是否同意，除債權人聯邦商業銀行股份有限公司逾期未為確答，視
為同意外，其餘債權人包括臺灣銀行股份有限公司、萬泰商業銀行股份有限公司、國
泰世華商業銀行股份有限公司、財政部臺灣省北區國稅局中和稽徵所、財政部臺灣省
北區國稅局新店稽徵所等均表示不同意，是債務人所提更生方案未能依消債條例第59

條、第60條規定獲得債權人會議之可決。

　　（二）依本院100年度司執消債更字第59號消債執行卷宗所附債務人之稅務電子閘門財產所得調件明細表、新北市○○區○○段604地號土地登記謄本及其上同段865建號建物登記謄本所示，債務人名下尚有坐落新北市○○區○○段604地號土地（權利範圍八分之一，下稱系爭土地）及其上同段865建號門牌號碼新北市○○區○○路122之3號建物（權利範圍二分之一，以下合稱系爭房地），其中系爭土地面積爲96.19平方公尺、101年1月之公告現值爲每平方公尺11萬7,378元，債務人應有部分八分之一之公告現值爲141萬1,324元（計算式：11萬7,378元×96.19÷8=141萬1,324元，元以下四捨五入），又系爭房地雖設定35萬元之本金最高限額抵押權予臺灣土地銀行股份有限公司（下稱土地銀行），惟經本院司法事務官依職權向土地銀行函詢結果，該行函覆稱：債務人所負債務業於88年3月8日結清本息等語，有土地銀行101年3月15日陳報狀附於本院100年度司執消債更字第59號消債執行卷宗可憑，是系爭房地所擔保之抵押債權既因清償而消滅，且無其他有擔保優先債權存在，則於清算程序中以債務人名下所有之系爭房地拍賣取償，無擔保及無優先債權受償總額顯較債務人於更生方案中所列受償總額72萬元爲高，爲保障債權人不至受比依清算程序受償更不利之地位，依消債條例第64條第2項第3款之規定，本院自不得依消債條例第64條第1項規定逕以裁定認可更生方案，並應依消債條例第65條第1項規定，以裁定開始清算程序。

三、綜上所述，本件債務人所提之更生方案既然未能依消債條例第59條、第60條規定經債權人會議可決，復有消債條例第64條第2項第3款所定無擔保及無優先權債權受償總額，顯低於法院裁定開始更生程序時，依清算程序所得受償之總額之情形，本院即不得依職權裁定認可更生方案，依消債條例第65條第1項規定，應以裁定開始清算程序，並命司法事務官進行本件清算程序，爰裁定如主文。

中　華　民　國　101　年　11　月　7　日

民事第二庭　　法官　鍾○鳳

以上正本係照原本作成。

開始清算程序之裁定不得抗告。如不服更生方案不予認可之裁定，應於裁定送達後十日內，以書狀向本院提出抗告，並繳納抗告費新臺幣1,000元。

本裁定已於101年11月7日下午4時公告。

中　華　民　國　101　年　11　月　7　日

書記官　林○倩

9. 延長更生履行期限之裁定（§75 I）

臺灣臺中地方法院民事裁定

101年度司消債聲字第8號

聲請人（即債務人）　　　許○婷
相對人（即債權人）　　　匯豐（台灣）商業銀行股份有限公司
法定代理人　　　　　　　李鐘培
相對人（即債權人）　　　大台北商業銀行股份有限公司（原稻江商業銀行）
法定代理人　　　　　　　陳淑美
相對人（即債權人）　　　安泰商業銀行股份有限公司
法定代理人　　　　　　　齊百邁

上列當事人因更生事件聲請延長更生方案履行期限，本院裁定如下：

主文

　　本院於民國100年9月13日以100年度司執消債更字第87號裁定認可之更生方案，履行期限（原定自民國100年11月15日起至民國108年10月15日止）延長至民國109年4月15日，第14期之給付（原定應於民國101年12月15日履行）延至民國102年6月15日履行，其次各期履行期限按此遞延。

理由

一、按更生方案經法院裁定認可確定後，債務人因不可歸責於己之事由，致履行顯有困難者，得聲請法院裁定延長其履行期限，但延長之期限不得逾二年，消費者債務清理條例第75條第1項定有明文。又債務人可處分所得扣除自己及依法應受其扶養者所必要生活費用之餘額，連續三個月低於更生方案應清償之金額者，推定有前項事由，復為同條第2項所明定。

二、查債務人許雅婷聲請更生，前經本院民事庭裁定開始更生程序，且債務人所提更生方案，經本院於民國100年9月13日以100年度司執消債更字第87號裁定認可，該裁定並確定在案（於100年10月18日確定，應自100年11月起，於每月15日給付），經本院依職權核閱相關卷宗無訛；惟債務人主張伊於101年9月29日產下長女楊○詠，因無資力僱請褓母，且公公楊○樑於同年10月22日過世，婆婆

近期情緒不穩定，暫無法協助伊照顧長女，伊必須自行照顧長女，已向公司申請留職停薪獲准。留職停薪期間無薪資收入，致更生方案履行困難，故請求延長履行期限六個月，即第14期之給付（原定應於101年12月15日履行）延至102年6月15日履行。伊預計101年5月6日回復上班，同年6月10日可領取5月份工作薪資，屆時即能繼續履行更生方案等情。業據債務人提出最新戶籍謄本、莊婦產科診所出生證明書為證。衡情堪認確有不可歸責於己之事由，致履行更生方案顯有困難。則依上說明，債務人聲請延長更生方案履行期限六個月（即101年12月至102年5月延展期間之各月不須給付），自屬有據。爰斟酌債務人之履行能力，裁定如主文。

中　華　民　國　101　年　12　月　11　日

民事庭司法事務官　　李○堅

上為正本係照原本作成。

如不服本裁定，應於裁定送達後十日內，以書狀向本院司法事務官提出異議。

中　華　民　國　101　年　12　月　11　日

書記官　　李○容

10. 撤銷更生並開始清算之裁定（§76 I）

臺灣新北地方法院民事裁定

101年度消債清字第65號

聲請人　　　　日盛國際商業銀行股份有限公司
　　　　　　　設臺北市中正區重慶南路1段10號
法定代理人　　黃錦瑭　住同上
　　　　　　　送達代收人　江○蓉
　　　　　　　住臺北市大同區長安西路○號2樓
相對人　　　　林○蓮　住新北市蘆洲區民族路○巷○號3樓
上列當事人因消費者債務清理事件聲請撤銷更生，本院裁定如下：

主文

原更生裁定應予撤銷。
債務人林○蓮自中華民國102年6月26日下午4時起開始清算程序。

理由

一、按自法院認可更生方案之翌日起一年內，發見債務人有虛報債務、隱匿財產，或對於債權人中之一人或數人允許額外利益之情事者，法院得依債權人之聲請裁定撤銷更生，並應同時裁定開始清算程序。對於撤銷更生之裁定提起抗告者，前項開始清算程序之裁定，並受抗告法院之裁判。第1項裁定確定時，始得進行清算程序，消費者債務清理條例第76條定有明文。是以，債務人於更生方案認可前，有虛報債務、隱匿財產，或對於債權人中之一人或數人允許額外利益等詐欺更生情事，債權人於法院認可更生方案後始查悉者，應許債權人有權聲請法院撤銷更生。法院得依其聲請斟酌情形，為是否撤銷更生之裁定，以避免更生制度遭濫用，並兼顧全體債權人之權益。惟是否撤銷更生，法院有裁量權。又更生既經撤銷，為利債務之清理，法院應同時裁定開始清算程序。

二、本件聲請意旨略以：查鈞院於民國101年2月7日裁定100年度司執消債更字第92號更生事件已確定在案，然債務人於同年2月7日及2月29日仍向保險公司投保「守護平安終身保險」、「新安順手術醫療終身保險」、「新鍾情終身壽險」

（下稱系爭保險契約）等，並擔任其保險之要保人，每月需平均繳交新臺幣
（下同）2,744元，然債務人於更生程序中表示其收入扣除必要支出後，其第1至
第12期僅有4,000元可供還款，故應無其他剩餘金額可供投資或向保險公司購買
保險產品，債務人卻於更生裁定確定後即向保險公司申請投保，足認債務人已
經隱匿財產之情況，爰依消費者債務清理條例第76條規定聲請撤銷債務人更生
裁定並同時裁定開始清算程序等語。

三、本件相對人即債務人林○蓮前於100年5月30日向本院聲請消費者債務清理更生
事件，經本院以100年度消債更字第119號裁定自100年7月8日下午4時起開始更
生程序；嗣經債務人林○蓮提出以自債務人收到認可裁定確定證明書起之次月
起，每一個月為一期，共96期，第1至12期每期清償4,000元，第13至36期每期清
償9,000元，第37至96期每期清償1萬4,000元，總計清償110萬4,000元，總清償比
例為39.41%之更生方案，經本院司法事務官以100年度司執消債更字第92號裁定
認可上開債務人所提之更生方案，並於101年2月7日確定在案，此有本院依職權
調閱上開裁定原審卷宗在卷可稽。本件聲請人依消債條例第76條第1項規定，於
法院認可更生方案之翌日起一年內，以發見債務人於更生方案裁定確定後即向
保險公司申請投保，足認債務人已經隱匿財產之情況，向本院聲請撤銷債務人
更生裁定並同時裁定開始清算程序，經核合於法定程序，本院即應就債務人林
○蓮有無符合消債條例第76條第1項規定事由予以審究，合先敘明。

四、按消債條例之立法目的係為使陷入經濟上困境之債務人得利用本條例所規定之
制度重建經濟，獲得經濟上之更生，為免濫用本條例所規定之債務寬免制度，
產生道德風險，因而特重債務人就有關清償能力之財產及收入支出狀況暨履行
債務之誠實，故舉凡債務人之責任財產，均應為全體債權人債權之擔保，倘債
務人有償、無償法律行為，甚或事實行為致影響、減少其本身之責任財產，陷
於無資力狀態，或影響法院對債務人清償能力之認定而有害及債權人之債權
者，即應認屬該條項所定之「隱匿財產」之情況；又依消債條例第1條規定，
本條例之立法目的除保障債務人之更生利益外，亦須保障債權人公平受償之權
利。經查，本件聲請人主張債務人於本院100年度司執清債更字第92號更生方案
裁定於101年2月7日確定後即向保險公司申請投保，業據其提出國泰人壽保險股
份有限公司（下稱國泰人壽公司）101年3月15日國壽字第101030678號函文暨附
件被保險人傅○後保險契約狀況一覽表影本一紙為證，且依國泰人壽公司102年
3月18日國壽字第1020031789號函覆之被保險人傅○後保險費繳納狀況一覽表、

　　國泰人壽公司不分紅保單專屬要保書（本院卷第20至29頁）內容，訴外人即被保險人傅○後分別於101年2月7日、同年月29日初始向國泰人壽公司投保「守護平安終身保險」、「新安頂手術醫療終身保險」、「新鍾情終身壽險」，其要保人均爲本件債務人林○蓮，保險費分別爲3,029元、2,520元、3,267元，保險費繳納方式均爲銀行轉帳，採季繳方式，繳納情形均正常繳費；參以國泰人壽公司102年4月9日國壽字第102040879號函附之被保險人傅○後保險費繳納狀況一覽表內容所示，上開被保險人傅○後向國泰人壽公司投保之系爭保險契約，其保險費繳納之銀行轉帳帳號均爲本件債務人林○蓮名下之郵局帳戶（帳號：24400000000000），依此，債務人每月即多負擔保險費2,938元之支出。惟觀諸債務人於原更生程序進行中所提之更生方案暨財產收入報告書中陳報之必要支出費用項目本無包含保險費一項，雖其中有雜項支出500元，然此爲法院裁量認可更生方案時，爲保障債務人最基本人性尊嚴，債務清償仍需酌留債務人及其親屬最低度生活所需以維持最基礎生活水準，故該雜項支出500元之費用應用以維持債務人及其親屬之最基礎生活水準，及保留債務人於各項目費用中留用之彈性。再者，債務人係爲其配偶即上開被保險人傅○後投保醫療險及人身壽險，經本院就債務人有何負擔此保險之必要性及支出費用來源爲何一節通知債務人陳述意見，債務人均未爲任何意見表示（送達證書見本院卷第43、45頁），難認上開保險費屬必要支出之費用，且債務人於原更生程序進行中有隱匿此項費用之收入或浮報其他必要支出之費用數額之虞，亦已影響債權人公平受償之權利。

五、承上，本件債務人於原更生程序進行中所提之更生方案暨財產及收入狀況報告書中陳報其任職於利○環保實業有限公司，每月收入爲2萬7,396元，必要支出費用總計爲2萬3,262元；本院100年度司執消債更字第92號更生方案裁定於101年2月7日確定，其第1至12期每期清償4,000元，第13至36期每期清償9,000元。據國泰人壽函覆之被保險人傅○後保險費繳納狀況一覽表，保險費繳費日期爲101年2月7日、101年5月21日、101年11月19日、102年3月1日，均爲債務人更生方案履行之第1至12期期間內，以債務人每月收入扣除必要支出費用及履行更生方案費用後，餘額應爲134元（計算式：27,396元－23,262元－4,000元＝134元），然債務人仍有餘力繳納其配偶即被保險人傅○後之保險費，顯有隱匿此項支出保險費用之收入或浮報其他必要支出之費用數額情形，已難謂債務人有積極誠實之態度及債務清理之誠意，以配合法院各項債務清理程序進行之協力義務。

且債務人對其自身經濟狀況、家庭收支情形本應知之甚詳，其既欲透過消費者債務清理條例聲請更生，以謀求重建經濟生活，脫離債務之桎梏，自當本於誠信原則，據實陳述自身財產狀況，倘有額外收入或支出情形，亦當積極陳報法院以供裁定准否更生之參考，且更生聲請狀上亦有特別載明「以上所填內容俱為真實，如有不實，願接受法院依消費者債務清理條例第63條、第76條、第90條、第134、第139條、第146條或其他法律規定之處分或制裁」等語（見本院100年度消債更字第119號更生事件卷第8頁），債務人實有據實陳報財產之義務，然其未於財產及收入狀況報書記載詳實所得收入及陳報實際必要支出費用數額，已有隱匿財產之情。

六、綜上，本件相對人即債務人林○蓮既於本院更生方案裁定認可確定後，有隱匿其財產之情事；而聲請人係於法院認可更生方案之翌日起一年內始查悉者，揆諸首開規定，聲請人聲請法院撤銷更生，與法即無不合，應予准許，並依消債條例第76條後段規定，同時裁定債務人林○蓮開始清算程序。爰裁定如主文。

中　華　民　國　102　年　6　月　26　日

民事第二庭　　法官　　黃○俞

上為正本係照原本作成。

如不服本裁定，應於裁定送達後十日內，以書伏向本院提出抗告，並繳納抗告費新臺幣1,000元。

中　華　民　國　102　年　6　月　26　日

書記官　　林○慧

11. 駁回清算聲請之裁定（§6 III、81I、IV）

臺灣臺北地方法院民事裁定

101年度消債清字第8號

聲請人即債務人　　　　　駱○達

上列聲請人聲請消費者債務清理清算事件，本院裁定如下：

主文

聲請駁回。

聲請費用由聲請人負擔。

理由

一、按債務人聲請更生或清算不合程式或不備其他要件者，法院應以裁定駁回之，但其情形可以補正者，法院應定期間先命補正，消費者債務清理條例第8條定有明文。次按聲請清算所需費用及進行清算程序之必要費用，法院得酌定相當金額，定期命聲請人預納之，逾期未預納者，除別有規定外，法院得駁回清算之聲請，亦為同條例第6條第3項所明定。又債務人清算時，應提出財產及收入狀況說明書及其債權人、債務人清冊，財產狀況及收入說明書，應表明下列事項，並提出證明文件：（一）財產目錄，並其性質及所在地；（二）最近五年是否從事營業活動及平均每月營業額；（三）收入及必要支出之數額、原因及種類；（四）依法應受債務人扶養之人，同條例第81條第1項、第4項亦有明文。

二、查本件聲請人具狀聲請清算，惟其並未提出證明文件證明其財產及收入狀況說明書所載收入及必要支出之數額、原因及種類，且將其所積欠卡債誤列於債務人清冊，且數額不明，經本院於民國101年3月22日裁定命其於該裁定送達後7日內補正，並依消費者債務清理條例第6條第3項規定預納郵務送達費新臺幣2,040元，該裁定因聲請人遷移不明，經本院依職權為公示送達，已於101年5月15日生合法送達效力，有該裁定、送達證書及本院公示送達證明在卷足稽，而聲請人逾期仍未補正，本院因而依消費者債務清理條例第11條之1規定，於為駁回裁定前通知聲請人於101年5月29日到場陳述意見，惟聲請人無正當理由而未到

場，揆諸首開說明，其清算之聲請不合程式，應予駁回，爰裁定如主文。

中　華　民　國　101　年　6　月　7　日

民事第二庭　法官　陳○萍

上為正本係照原本作成。

如不服本裁定，應於裁定送達後十日內，以書狀向本院提出抗告，並繳納抗告費新臺幣1,000元。

中　華　民　國　101　年　6　月　7　日

書記官　黃○雅

12. 駁回清算聲請之裁定（§82 II）

臺灣臺北地方法院民事裁定

102年度消債清字第27號

聲請人即債務人　　　　　黃○芝
代　理　人　　　　　　　財團法人法律扶助基金會扶助律師胡○嬌律師
上列當事人聲請消費者債務清理事件，本院裁定如下：

主文

清算之聲請駁回。
聲請程序費用由聲請人負擔。

理由

一、按法院裁定開始清算程序前，得依職權訊問債務人、債權人及其他關係人，並得定期命債務人據實報告清算聲請前二年內財產變動之狀況。債務人違反前項報告義務者，法院得駁回清算之聲請，消費者債務清理條例（下稱消債條例）第82條定有明文。聲請更生或清算不合程式或不備其他要件者，法院應以裁定駁回之，但其情形可以補正者，法院應定期間先命補正，復為消債條例第8條所明定。蓋債務人於法院裁准消費者債務清理程序開啓前，基於謀求自身經濟生活更生之目的，當以積極誠實之態度，配合法院進行各項程序。法院雖依消債條例第10條之規定，有依職權調查必要之事實及證據之責，然基於債務人對自身財務、信用、工作之狀況，本應知之最詳之理，且按消債條例第44條、第82條及第46條第3款之意旨，苟債務人怠於配合法院調查，或有不實陳述之情形，法院亦得駁回債務人之聲請，顯見消債條例藉由課予債務人協力義務之方式，以示其確有債務清理之誠意。

二、本件聲請人向本院聲請清算，主張其有不能清償債務之情事，並於消債條例施行後，曾以書面向最大債權金融機構請求共同協商債務清償方案，於100年5月4日協商成立惟因有不可歸責於己之事由致毀諾等情，故向本院聲請清算。且其無擔保或無優先權之債務總額未逾新臺幣（下同）1,200萬元，復未經法院裁定開始清算程序或宣告破產等情。

三、經查，聲請人所爲本件清算之聲請，本院爲調查聲請人之營業所得、租屋支出及必要費用支出之經濟狀況等細節，乃於民國101年9月24日裁定命聲請人應於十日內補正說明，該補正裁定業於101年10月1日送達聲請人，然聲請人迄今仍未爲任何補正。嗣本院認爲有詳予調查訊問聲請人本人之必要，且給予再次補正上開資料之機會，乃指定102年1月17日上午11時30分爲訊問期日，該訊問通知書已於102年1月10日合法送達於聲請人，亦有本院送達證書在卷可稽，惟聲請人雖於上開期日到場，但仍未提出前所要求補正之資料，堪認其拒絕提出關係文件及爲財產變動狀況之報告，顯已違反其應負之協力義務，茲聲請人既有消債條例第82條所定情形，且上開欠缺又屬無從補正，則依首揭法條說明，自應駁回其清算之聲請。

四、爰裁定如主文。

中　華　民　國　102　年　5　月　21　日
民事第二庭　　法官　　吳○亞

以上正本係照原本作成。

如對本裁定抗告須於裁定送達後十日內向本院提出抗告狀，並繳納抗告費新臺幣1,000元。

中　華　民　國　102　年　5　月　21　日
書記官　　林○卿

13.駁回清算聲請之裁定（§151 I）

臺灣臺北地方法院民事裁定

101年度消債清字第16號

聲請人即債務人	童○斌
相對人即債權人	中國信託商業銀行股份有限公司
法定代理人	辜濂松
代　理　人	葉漢中
相對人即債權人	花旗（台灣）商業銀行股份有限公司
法定代理人	管國霖
相對人即債權人	國泰世華商業銀行股份有限公司
法定代理人	汪國華
代　理　人	蔡政宏
相對人即債權人	台北富邦商業銀行股份有限公司
法定代理人	韓蔚廷
代　理　人	陳泰元

上列當事人因消費者債務清理事件聲請清算，本院裁定如下：

主文

清算之聲請駁回。

聲請費用由聲請人負擔。

理由

一、按聲請更生或清算不合程式或不備其他要件者，法院應以裁定駁回之，消費者債務清理條例第8條定有明文。債務人對於金融機構負債務者，在聲請更生或清算前，應向最大債權金融機構請求協商債務清償方案，或向其住、居所地之法院或鄉、鎮、市、區調解委員會聲請債務清理之調解，復為同條例第151條第1項所明定。究其理由，乃債務人對於金融機構因消費借貸、自用住宅借款、信用卡或現金卡契約而負債務，其法律關係較單純明確，且金融機構已訂有債務協商機制，如能協商成立，債務人即不須依本條例聲請更生或清算，可疏減法

院負擔，並有效分配司法資源。故為使債務人得自主解決其債務，爰要求債務人對於金融機構因消費借貸、自用住宅借款、信用卡或現金卡契約而負債務之情形，採行協商前置主義，債務人於聲請更生或清算前，應先行提出債權人清冊，以書面向最大金融機構債權人請求協商債務清償方案，或向其住、居所地之法院或鄉、鎮、市、區調解委員會聲請債務清理之調解。是債務人如未踐行前置協商程序，自不得提起更生或清算之聲請。

二、經查，本件聲請人即債務人向本院聲請清算程序，雖主張其有不能清償債務情事，惟經本院於民國101年3月28日以民事裁定命聲請人補正說明曾經協商之情形，及未能與債權銀行達成前置協商之原因、雙方未能達成協商之差距、有何不能清償或不能清償債務之虞等節，雖聲請人於101年4月13日具狀為陳報相關事宜，但就此節仍未為釋明；加以，各債權銀行於本院101年7月23日之訊問筆錄均復陳稱聲請人並未與債權銀行進行前置協商等情，且聲請人復未提出其有向住、居所地之法院或鄉、鎮、市、區調解委員會聲請債務清理調解之相關證據，本院堪認聲請人實未合法踐行前置協商程序，即難謂已踐履消債條例第151條第1項之規定要件，聲請人逕向本院聲請清算程序，於法顯有未合。又該項欠缺既屬無從補正，揆諸首開說明，應駁回本件清算之聲請，爰裁定如主文。

三、依消費者債務清理條例第8條、第15條，民事訴訟法第95條、第78條，裁定如主文。

中　華　民　國　101　年　7　月　30　日
民事第二庭　法官　趙○榮

上為正本係照原本作成。

如不服本裁定，應於裁定送達後十日內，以書狀向本院提出抗告，並繳納抗告費新臺幣1,000元。

中　華　民　國　101　年　7　月　30　日
書記官　謝○芝

14. 開始清算之裁定（§61 I）

臺灣臺北地方法院民事裁定

101年度消債清字第1號

聲請人
即債務人　　　　　　蔡○慧原名蔡○素
代理人　　　　　　　張○盛律師
上列當事人因消費者債務清理事件，本院裁定如下：

主文

債務人蔡○慧自民國101年4月11日下午4時起開始清算程序。
命司法事務官進行本件清算程序。

理由

一、按更生方案未依消費者債務清理條例第59條、第60條規定可決時，除有該條例
第12條、第64條規定之情形外，法院應以裁定開始清算程序，消費者債務清理
條例第61條定有明文。次按法院開始清算程序之裁定，應載明其年、月、日、
時，並即時發生效力，消費者債務清理條例第83條第1項定有明文。

二、經查，本件聲請人聲請更生，前經本院99年度消債更字第221號裁定開始更生
程序，惟債務人所提之更生方案，經已申報無擔保及無優先債權人二分之一以
上具狀表示不同意，而未能依消費者債務清理條例第60條規定獲得債權人會議
之可決，此有本院100年度司執消債更第24號案件卷宗可稽。又本院審酌債務
人所提之更生方案，以每三月為一期，每期清償新臺幣（下同）1萬500元，共
32期，清償期間8年，清償總金額33萬6,000元，清償成數20.2%，經核該更生方
案清償成數過低，難認兼顧債權人公平受償之利益。再聲請人自陳聲請更生前
二年之工作包括於公園露天剪髮及佳樺理髮廳（位於新北市○○區○○路二段
231號，下稱系爭理髮廳），每月收入約1萬9,340元，因系爭理髮廳經營至100
年9月，故於100年10月8日起至100年11月7日止之收入1萬9,500元是露天理髮之
收入，有聲請人所提之更生方案、100年12月7日執行筆錄、收入明細在卷可參
（見100年度司執消債更第24號卷第91至92、94、125至127頁），嗣聲請人改

稱系爭理髮廳經營至於101年除夕時止，現在沒有再租安康路二段231號房屋等語（見101年2月23日訊問筆錄，本院卷第19至20頁）。惟本院函請新北市政府警察局新店分局警員於101年3月15日查訪系爭理髮廳時，聲請人表示系爭理髮廳所在之安康路2段231號房屋爲伊本人承租，系爭理髮廳有營業，現已遷至安豐路7號等語，有新北市政府警察局新店分局安康派出所查訪表在卷可稽（見本院卷28頁），是聲請人實際上仍繼續承租系爭理髮廳所在之安康路二段231號房屋，聲請人稱系爭理髮廳已停止承租云云，顯非事實，且聲請人亦坦稱有繼續經營理髮廳。綜上，聲請人所提之更生方案，記載其更生方案履行期間之收入僅有露天剪髮，未記載理髮廳之收入，顯有隱匿之情，依消費者債務清理條例第64條第2項第2款、第63條第1項第9款規定，本院不得依職權裁定認可該更生方案。從而，本件堪認已符合消費者債務清理條例第61條規定，應由本院以裁定開始清算程序之規定，爰裁定如主文。

中　華　民　國　101　年　4　月　10　日

民事第二庭　　法官　林○苑

以上正本係照原本作成。

本裁定不得抗告。

本裁定已於101年4月11日下午4時公告。

中　華　民　國　101　年　4　月　11　日

書記官　　詹○娥

15. 開始清算之裁定（§151 VII）

<h1 style="text-align:center">臺灣新北地方法院民事裁定</h1>

102年度消債清字第10號

聲 請 人　林○雯
代 理 人　葉○萱律師
上列當事人因消費者債務清理事件聲請清算，本院裁定如下：

主文

　　聲請人林○雯自中華民國102年3月25日下午4時起開始清算程序。
　　命司法事務官進行本件清算程序。

理由

一、按債務人不能清償債務或有不能清償之虞者，得依本條例所定更生或清算程
　　序，清理其債務，消費者債務清理條例（下稱消債條例）第3條定有明文。次
　　按債務人對於金融機構負債務者，在聲請更生或清算前，應向最大債權金融機
　　構請求協商債務清償方案，或向其住、居所地之法院或鄉、鎮、市、區調解委
　　員會聲請債務清理之調解；協商或調解成立者，債務人不得聲請更生或清算，
　　但因不可歸責於己之事由，致履行有困難者，不在此限，消債條例第151條第1
　　項、第7項定有明文。又法院開始清算程序之裁定，應載明其年、月、日、時，
　　並即時發生效力；法院裁定開始更生或清算程序後，得命司法事務官行更生或
　　清算程序。消債條例第83條第1項、第16條第1項前段分別定有明文。
二、本件聲請人主張：聲請人因有不能清償債務之情事，於民國95年間依中華民國
　　銀行公會會員辦理消費金融案件無擔保債務協商機制與金融機構達協商，約定
　　每月還款新臺幣（下同）1萬2,064元、60期、利率9.88%。然聲請人於協商成立
　　後即失業，僅清償一期之協商還款費用，即於95年9月因無法負擔清償方案而毀
　　諾，此實屬不可歸於己之事由致聲請人履行協商方案有重大困難，爰聲請清算
　　等語。
三、經查：
　　（一）本件聲請人前於95年6月間依金融主管機關協調成立之中華民國銀行公會

會員辦理消費金融案件無擔保債務協商機制，與最大債權金融機構中國信託銀行達成協商，協議自95年8月起以利率9.88%，分60期，每期按月於10日還款1萬2,064元，惟於95年9月毀諾之事實，有中國信託銀行102年2月18日陳報狀所附之協議書、無擔保債務還款計畫之影本各一紙在卷可稽。是聲請人依上開協商機制與最大債權金融機構協商成立後，再向本院聲請清算，所應審究者，端為其毀諾之原因是否符合「不可歸責於己之事由致履行有困難」之要件，及其現況是否不能清償債務或有不能清償之虞。

（二）聲請人主張上開事實，業據提出財產及收支狀況說明書、財團法人金融聯合徵信中心債權人清冊、戶籍謄本、聲請人之財政部臺灣省北區國稅局財產歸屬資料清單及96至100年度綜合所得稅各類所得資料清單、勞工保險被保險人投保資料表、低收入戶證明書等資料為證，堪信屬實。<u>聲請人主張其於95年1月於冷飲店工作，同年5月因冷飲店經營不善而失業</u>，此亦有聲請人所提之陳報狀可稽。再依聲請人於95年間與最大債權銀行申請協商所提之收入切結書所示，聲請人每月薪資收入約為5,000元，惟嗣後失業。而聲請人每月生活必要支出為4萬4,568元【含房租1萬3,000元、水電、瓦斯費2,000元、膳食費1萬8,000元（含子女之膳食費）、交通費2,408元（含子女之交通費）、勞健保費2,882元、市內電話費1,193元、手機通話費1,006元、子女教育費3,079元、醫療備用金1,000元，以上見附於本卷之財產及收入狀況書】，雖聲請人就上開費用負擔之事實，僅就房租費用、水電費、電話費、教育費提出少許單據，餘皆未提出相關繳費單據為佐，然本院審酌聲請人所列生活必要支出費用款項金額，未逾一般人之生活程度，尚屬合理。又聲請人每月生活必要支出之數額已高於聲請人當時每月收入，則依聲請人收入狀況，其每月收入已不足支應基本生活所需，遑論履行每月還款1萬2,064元之清償方案，<u>是聲請人主張因不可歸責於己之事由，致履行原協商條件有重大困難，應堪認定</u>。

（三）又本院審酌聲請人目前從事家事工作，每月平均收入3萬2,800元，每月可受領低收補助8,500元，有聲請人所提之收入切結書、新北市板橋區公所低收入戶證明書、轉帳存摺影本附卷可稽，是每月實際可支配收入為4萬1,300元，收入雖高於毀諾時之收入，惟扣除協商約定每月還款金額後，仍不足支應聲請人每月生活必要支出，是以依聲請人薪資收入及財產狀況核算，其有消債條例第3條所規定「債務人不能清償債務」之情形，應堪認定。此外，復查無聲請人有消債條例第6條第3項、第8條或第82條第2項所定駁回清算聲請之事由存在，則聲請人聲請清算，應屬有據。

四、末查，聲請人除薪資收入外，其名下雖無可供變價之不動產，此有其提出之前

開財政部臺灣省北區國稅局財產歸屬資料清單附卷可稽。惟聲請人名下尚有保險契約存續中，且第三人國際紐約人壽保險股份有限公司於102年3月18日以紐服務處字第00000000號函覆本院聲請人現有保單四紙，且尚有保單解約金額，則上開保單係有財產價值之物，此有國際紐約人壽保險股份有限公司102年3月18日函在卷足憑，堪信爲眞實，是聲請人並非毫無任何財產，參酌本件清算程序之規模，本院認聲請人尚有進行清算之實益，爰不依消債條例第85條之規定同時終止清算程序，附此敘明。爰依上開規定，裁定如主文。

中　華　民　國　102　年　3　月　25　日

民事第二庭　　法官　　張○能

上爲正本係照原本作成。

開始清算程序之裁定不得抗告，如不服同時終止清算程序之裁定，應於裁定送達後十日內，以書狀向本院提出抗告，並繳納抗告費新臺幣1,000元。

本裁定已於102年3月25日下午4時公告。

中　華　民　國　102　年　3　月　25　日

書記官　　王○君

16. 開始清算同時終止清算之裁定（§85 I）

臺灣臺北地方法院民事裁定

101年度消債清字第2號

聲請人即債務人　　　　　翁○英（原名翁○貴）
代　理　人　　　　　　　陳○杰律師
上列當事人因消費者債務清理事件聲請清算，本院裁定如下：

主文

　　債務人翁○英（原名翁○貴）自中華民國101年3月3日下午4時起開始清算程序，並同時終止清算程序。
　　由國庫墊付之費用應由債務人翁○英（原名翁○貴）負擔。

理由

一、按債務人不能清償債務或有不能清償之虞者，得依本條例所定更生或清算程序，清理其債務；債務人於法院裁定開始更生程序或許可和解或宣告破產前，得向法院聲請清算；法院開始清算程序之裁定，應載明其年、月、日、時，並即時發生效力；債務人之財產不敷清償清算程序之費用時，法院應裁定開始清算程序，並同時終止清算程序，消費者債務清理條例（下稱消債條例）第3條、第80條、第83條第1項及第85條第1項分別定有明文。

二、本件聲請意旨略以：聲請人為臺北市低收入戶，並領有中華民國身心障手冊，因不能清償債務或有不能清償之虞，曾於消債條例施行後，以書面向最大債權金融機構中國信託商業銀行請求共同協商債務清償方案，經中國信託商業銀行提供180期，利率0%，每期還款新臺幣（下同）6,030元之協商還款方案，惟因聲請人並無任何工作收入，僅賴政府殘障補助津貼每月4,000元以維持生活，而配偶本身係從事政府代賑工乙職，每月雖有薪水2萬1,000元及殘障補助津貼4,000元之收入，然已不足支付全戶（即聲請人、配偶、未成年女兒）生活開支，故聲請人實無剩餘之收入可供每月清償債務，致協商不成立，經中國信託商業銀行以聲請人無法負擔任何還款條件為由，發給聲請人前置協商不成立通知書。又聲請人名下並無任何財產，確有不能清償上開債務之事，復未經法院

裁定開始更生程序或許可和解或宣告破產，爰向本院聲請清算等語。

三、經查，聲請人所主張之上開事實，業據其提出財產及收入狀況說明書、債權人清冊、債務人清冊、聲請人及配偶中華郵政存簿餘額資料、公證書（臺北市平價住宅借住契約）、臺北市政府社會局繳款單、電費及水費收據、醫療費用收據、大安文山有線電視股份有限公司、戶籍謄本、臺北市低收入卡、身分證、聲請人及配偶中華民國身心障礙手冊、學費四聯單、債務人無擔保債務明細表、前置協商不成立通知書、98年及99年綜合所得稅各類所得資料清單、財產歸屬資料清單、勞工保險被保險人投保資料表、財團法人金融聯合徵信中心債權人清冊等件為證；又聲請人目前並無任何工作收入，每月僅領取政府殘障補助津貼4,000元，而其配偶每月薪資亦僅約2萬1,000元左右，縱尚亦領有政府殘障補助津貼4,000元，然依行政院主計處公告之100年度臺北市每人每月最低生活標準1萬4,794元計算，聲請人夫妻之總收入尚已不足支付其夫妻二人之生活必要支出，遑論聲請人另有一名未成年子女蔡○恩需扶養，故聲請人陳稱其與配偶收入不足支付全戶生活開支，確實陷於不能清償債務或不能清償之虞，致無法負擔最大債權銀行所提出之協商還款方案，尚堪信為真實。職是聲請人名下既無任何財產，並為低收入戶及輕度智能障礙，目前復無職業及工作收入，則本院綜合聲請人之財產、信用及勞力（技術），堪認聲請人欠缺清償能力，客觀上對已屆清償之債務有持續不能清償或難以清償之虞，應有依據消債條例所定清算程序，清理其債務之必要。此外，本件亦無聲請人有消債條例第6條第3項、第8條或第82條第2項所定駁回清算聲請之事由存在，則聲請人聲請清算，應屬有據。另參酌聲請人提出之財政部臺灣省北區國稅局財產歸屬資料清單及帳戶存摺所示，聲請人名下已無任何財產，另依債權人清冊之記載，其債務總額高達137萬9,960元，堪認聲請人之財產應不敷清償清算程序之費用，爰依上開規定，裁定開始本件清算程序，並同時終止清算程序。再者，本件聲請人前曾聲請暫免繳納聲請清算費用，茲既本院裁定同時終止清算程序，其由國庫墊付之費用自應由債務人負擔，爰併裁定如主文。

四、又法院終止清算程序後，聲請人之債務並非當然免除，仍應由法院斟酌消費者債務清理條例有關免責之規定，例如本條例第133條、第134條、第135條等，依職權認定是否裁定免責，故法院終止清算程序後，聲請人雖有免責之機會，惟其財產不敷清償清算程序之費用如係因上述條例所定不可免責之事由所致，法

院即非當然為免責之裁定,聲請人就其所負債務仍應負清償之責,附此敘明。

　　　　　中　華　民　國　101　年 3 月 3 日
　　　　　　　民事第二庭　　法官　　趙○榮
以上正本係照原本作成。
　　開始清算程序之裁定不得抗告,如不服同時終止清算程序之裁定,應於裁定送達後十日內,以書狀向本院提出抗告,並繳納抗告費新臺幣1,000 元。
　　本裁定已於101年3月3日下午4時公告。

　　　　　中　華　民　國　101　年 3 月 3 日
　　　　　　　書記官　　謝○芝

17. 擴張自由財產之裁定（§99）

臺灣士林地方法院民事裁定

101年度司執消債清字第1號

聲請人即債務人　　　　廖○盛
代　理　人　　　　　　謝○奇律師
上列當事人聲請消費者債務清理事件，本院裁定如下：

主文

債務人如附表所列之財產，不屬於清算財團之財產。

理由

一、按法院於裁定開始清算程序後一個月內，得依債務人之聲請或依職權，審酌債務人之生活狀況、清算財團財產之種類及數額、債務人可預見之收入及其他情事，以裁定擴張不屬於清算財團財產之範圍，消費者債務清理條例第99條定有明文。

二、本件聲請人與債權人間聲請消費者債務清理事件，業經本院100年度消債清字第38號裁定於101年4月30日開始清算程序在案。查聲請人於101年5月17日具狀提出振興醫療財團法人振興醫院即臺北市立聯合醫院忠孝院區及松德院區之診斷證明書，陳報患有肝炎、闌尾炎闌尾切除手術及膿瘍引流手術，因身體健康狀況及經濟狀況皆不佳，而陷入焦慮狀態，需請領保險金以因應疾病醫療之各種費用，惟保德信國際人壽股份有限公司保單遭本院禁止處分，令其生活頓時陷入困境，故請求本院將如附表所示保單裁定為不屬於本件清算財團之財產範圍。

三、查債務人之上開主張，有臺北市立聯合醫院101年6月5日及6月6日函在卷可稽，應屬可信，且斟酌醫療費對聲請人而言係一龐大支出，而債務人目前無其他收入，為其維持健康生活所必要，且該保單價值準備金亦所值不多，爰依上開規定，裁定如主文。

四、如不服本裁定，應於裁定送達後十日內，以書狀向司法事務官提出異議。

中　華　民　國　101　年　6　月　11　日
民　事　庭　司法事務官

附表：不屬於清算財團之財產

保德信國際人壽股份有限公司保單號碼 0000000000保險契約	保單價值準備金4,933元（借款金額3,700元）、理賠金額3萬7,500元

18. 不敷清算費用終止清算之裁定（§129 I）

臺灣臺北地方法院民事裁定

101年度司執消債清字第4號

聲請人即債務人	潘○樺
訴訟代理人	張○盛律師
相對人即債權人	國泰世華商業銀行股份有限公司
法定代理人	汪國華
代　理　人	蔡政宏
相對人即債權人	花旗（台灣）商業銀行股份有限公司
法定代理人	管國霖
相對人即債權人	匯豐（台灣）商業銀行股份有限公司
法定代理人	李鐘培
相對人即債權人	永豐商業銀行股份有限公司
法定代理人	邱正雄
代　理　人	楊登尊
相對人即債權人	台新國際商業銀行股份有限公司
法定代理人	鍾隆毓
相對人即債權人	中國信託商業銀行股份有限公司
法定代理人	辜　松

上列當事人聲請消費者債務清理事件，因清算財團之財產不敷清償費用及債務，裁定終止清算程序：

主文

本件清算程序終止。

理由

一、按法院裁定開始清算程序後，如清算財團之財產不敷清償第108條所定費用及債務時，法院因管理人之聲請或依職權以裁定終止清算程序。消費者債務清理條例（以下簡稱消債條例）第129條第1項定有明文。

二、經查,本件債務人名下原有:(一)國賓大飯店股份有限公司及(二)艾群科技股份有限公司之投資債權,投資金額分別為新臺幣(下同)2,310元及960元(見卷第31至32頁之100年稅務電子閘門財產所得調件明細表),雖經101年9月4日債權人會議決議應計入清算財團,並變賣後分配以供受償(見卷第178至179頁),然經本院函請交易之證券商辦理清算登記時,各證券商均函覆本院,債務人之集保帳戶中已無股票及庫存(見卷第198至207頁),另其所有之保單亦查無保單價值(見卷第171頁)。而債權人雖於債權人會議中主張債務人對第三人王○明尚有本院100年度家訴字第120號判決所示之金錢債權6萬1,640元應計入清算財團中,然經本院調閱該判決,判決理由欄第六段中已敘明該筆債權乃債務人應給付予債務人之未成年子女王○宏100年5月至9月之扶養費用(見卷第215頁),惟子女對父母之扶養費請求權,在實體法上乃一身專屬之權利(最高法院93年度臺上字第2533號判決意旨參照),依消債條例第98條第2項之規定,亦不屬於清算財團之財產。

三、承上,債務人名下已無財產,其子王○宏亦然(見100年消債清字第31號卷財政部臺北市國稅局98、99年綜合所得稅各類所得清單及財產歸屬資料清單),可證,本案已無財產可供變價分配,本院自應裁定終止清算程序。

四、如不服本裁定,應於裁定送達後十日內,以書狀向本院司法事務官提出異議。

中　華　民　國　101　年　12　月　25　日

民事執行處司法事務官　　黃○欣

19. 清算終結之裁定（§127 II）

臺灣臺北地方法院民事裁定

101年度司執消債清字第5號

債務人	蔡○玉
債權人	國泰世華商業銀行股份有限公司
法定代理人	汪國華
債權人	花旗（台灣）商業銀行股份有限公司
法定代理人	管國霖
債權人	澳商澳盛銀行集團股份有限公司台北分公司
法定代理人	經天瑞
債權人	聯邦商業銀行股份有限公司
法定代理人	李憲章
債權人	台北富邦商業銀行股份有限公司
法定代理人	韓蔚廷
債權人	臺灣銀行股份有限公司
法定代理人	張明道
即債權人	良京實業股份有限公司
法定代理人	東章一

上列當事人間聲請消費者債務清理事件，本院裁定如下：

主文

本件清算程序終結。

理由

一、按管理人於最後分配完結時，應即向法院提出關於分配之報告；法院接到前項報告後，應即為清算程序終結之裁定，消費者債務清理條例第127條第1項、第2項分別定有明文。

二、查本院業已依債務人之清算財團財產即資產表編號2、3之存款解款到院作成分配表，記載分配之順位、比例及方法，該分配表並經予以公告在案，並已發款

予各債權人，有分配表暨領款通知書等附卷可稽。另資產表編號1之動產經債權人決議不進行換價拍賣，編號4-7之保單解約金因債務人於裁定開始清算後為保單質借並變更要保人名義，經債權人會議決議不予執行。茲本院已將債務人之清算財團分配完結，揆諸首揭規定，應裁定終結本件清算程序，爰裁定如主文。又債務人於裁定開始清算後處分資產表編號4-7之清算財產乙節，本院已依職權移送臺灣臺北地方法院檢察署偵辦，附此敘明。

三、如不服本裁定，應於裁定送達後十日內，以書狀向本院司法事務官提出異議。

中　華　民　國　101　年　12　月　20　日

民事執行處司法事務官　　廖○宏

20. 清算程序免責之裁定（§132）

臺灣臺中地方法院民事裁定

101年度消債職聲免字第4號

聲請人即債務人	林○松
債權人	國泰世華商業銀行股份有限公司
法定代理人	汪國華
債權人	花旗（台灣）商業銀行股份有限公司
法定代理人	管國霖
債權人	渣打國際商業銀行股份有限公司
法定代理人	曾璟璇
債權人	遠東國際商業銀行股份有限公司
法定代理人	洪信德
債權人	台新國際商業銀行股份有限公司
法定代理人	蔡榮棟
債權人	日盛國際商業銀行股份有限公司
法定代理人	黃錦瑭

上列當事人因聲請人即債務人林○松聲請消費者債務清理事件，本院裁定如下：

主文

聲請人即債務人林○松應予免責。

理由

一、按「法院為終止或終結清算程序之裁定確定後，除別有規定外，應以裁定免除債務人之債務」；「法院裁定開始清算程序後，債務人有薪資、執行業務所得或其他固定收入，而普通債權人之分配總額低於債務人聲請清算前二年間，可處分所得扣除自己及依法應受其扶養者所必要生活費用之數額者，法院應為不免責之裁定，但債務人證明經普通債權人全體同意者，不在此限」；「債務人有下列各款情形之一者，法院應為不免責之裁定，但債務人證明經普通債權人全體同意者，不在此限：一、於七年內曾依破產法或本條例規定受免責；二、

隱匿、毀損應屬清算財團之財產，或爲其他不利於債權人之處分；三、捏造債務或承認不眞實之債務；四、聲請清算前二年內，因消費奢侈商品或服務、賭博或其他投機行爲，所支出之總額逾該期間可處分所得扣除自己及依法應受其扶養者所必要生活費用之半數，或所負擔債務之總額逾聲請清算時無擔保及無優先權債務之半數，而生開始清算之原因；五、於清算聲請前一年內，已有清算之原因，而隱瞞其事實，使他人與之爲交易致生損害；六、明知已有清算原因之事實，非基於本人之義務，而以特別利於債權人中之一人或數人爲目的，提供擔保或消滅債務；七、隱匿、毀棄、僞造或變造帳簿或其他會計文件之全部或一部，致其財產之狀況不眞確；八、故意於財產及收入狀況說明書爲不實之記載，或有其他故意違反本條例所定義務之行爲」；消費者債務清理條例第132條、第133條、第134條分別定有明文。

二、查本件聲請人即債務人林勝松聲請消費者債務清理事件，前經本院裁定開始清算程序，現該清算程序業經本院裁定終結確定在案，經核本件聲請人即債務人聲請清算前二年間，可處分所得共約新臺幣（下同）48萬5,795元（計算式爲：聲請期日爲101年4月，自99年4月至101年3月，依所附財政部臺灣省中區國稅局99、100年度綜合所得稅各類所得資料清單及聲請人即債務人所陳報及所附薪資資料所示總收入爲48萬5,795元），扣除自己及依法應受其扶養者所必要生活費用二年合計約爲66萬8,280元（依聲請人即債務人聲請時所述每月生活必要費用爲：房屋租賃9,000元、保險費639元、水電瓦斯費1,352元、交通費2,825元、餐費1萬3,800元、醫療229元，總計每月必要生活及扶養費爲2萬7,845元），其並無餘額，亦有相關資料在卷可稽，而各普通債權人並無可分配總額問題，是可見該聲請人即債務人並無前引條例第133條不免責之情形；次查：本件聲請人即債務人於本件聲請前二年間並無任何因消費奢侈商品或服務、賭博或其他投機行爲，所支出之總額逾該期間可處分所得扣除自己及依法應受其扶養者所必要生活費用之半數，或所負擔債務之總額逾聲請清算時無擔保及無優先權債務之半數，而生開始清算之原因，自己無該條項之適用；又查無其他規定不應免責之情事，依上說明，自應依上開規定裁定本件聲請人即債務人免責，爰裁定如主文。

中　華　民　國　101　年　9　月　10　日
臺灣臺中地方法院民事庭
法官　　林○竑

上爲正本係照原本作成。

如不服本裁定，應於裁定送達後十日內，以書狀向本院提出抗告，並繳納抗告費新臺幣1,000元。

中　華　民　國　101　年 9 月 10 日

書記官

21. 清算程序免責之裁定（§135）

臺灣宜蘭地方法院民事裁定

98年度消債聲字第10號

聲請人	謝○惠
代理人	吳○升律師
相對人	臺灣土地銀行股份有限公司
法定代理人	王耀興
相對人	國泰世華商業銀行股份有限公司
法定代理人	汪國華
代理人	劉士銘
相對人	香港商香港上海匯豐銀行股份有限公司
法定代理人	韋力行
相對人	聯邦商業銀行股份有限公司
法定代理人	李憲章
代理人	蕭智中
相對人	萬泰商業銀行股份有限公司
法定代理人	韓傑輔
代理人	簡德佑
相對人	台新國際商業銀行股份有限公司
法定代理人	吳清文
相對人	中國信託商業銀行股份有限公司
法定代理人	麥克迪諾馬
相對人	行政院勞工委員會勞工保險局
法定代理人	蔡吉安
代理人	黃錦田

上列當事人間聲請消費者債務清理事件，本院裁定如下：

主文

債務人謝○惠應予免責。

理由

一、按債務人有下列各款情形之一者，法院應為不免責之裁定，但債務人證明經普通債權人全體同意者，不在此限：（一）於七年內曾依破產法或本條例規定受免責；（二）隱匿、毀損應屬清算財團之財產，或為其他不利於債權人之處分；（三）捏造債務或承認不真實之債務；（四）因浪費、賭博或其他投機行為，致財產顯然減少或負擔過重之債務，而生開始清算之原因；（五）於清算聲請前一年內，已有清算之原因，而隱瞞其事實，使他人與之為交易致生損害；（六）明知已有清算原因之事實，非基於本人之義務，而以特別利於債權人中之一人或數人為目的，提供擔保或消滅債務；（七）隱匿、毀棄、偽造或變造帳簿或其他會計文件之全部或一部，致其財產之狀況不真確；（八）故意於財產及收入狀況說明書為不實之記載，或有其他故意違反本條例所定義務之行為，消費者債務清理條例第134條固定有明文。惟債務人有前條各款事由，情節輕微，法院審酌普通債權人全體受償情形及其他一切情狀，認為適當者，得為免責之裁定，復為同條例第135條所明定。

二、債務人聲請消費者債務清理事件，前經本院於民國98年8月5日裁定開始清算程序，現該清算程序經本院裁定終止清算程序，並確定在案。經查，本件債務人身罹重度肢障，有殘障手冊在卷可稽，於96年9月間以前擔任理容院之殘障按摩師，月薪約為新臺幣（下同）3萬5,000元，其後於97年7月間曾任職宜蘭汽車貨運股份有限公司擔任助理會計，月薪為2萬8,000元，惟於本院裁定開始清算前，已無工作，只靠殘障補助生活；又債務人於97年12月8日與其夫離婚，尚需扶養未成年子女1名，生活確屬困頓。又債權人雖陳稱債務人有多筆預借現金之負債，然此不能證明係屬浪費或投機之行為。再觀諸如附件所示債務人逾必要生活支出之項目、金額，以93年間之信用卡消費較高，應有奢侈、浪費及投機之情形，且足以使債務人財產減少，並造成過重之債務負擔，但債務人當時每月尚有3萬5,000元之固定收入，又尚未與其夫離婚，以當時之家庭經濟狀態，已與債務人現今處境不同，衡其情節尚屬輕微。綜上，債務人雖有消費者債務清理條例第134條第4款所定之情事，惟衡其情節尚屬輕微，經審酌普通債權人全體受償情形及其他一切情狀後，認本件裁定債務人免責應屬適當，爰裁定如主文。

中　華　民　國　99　年　3　月　24　日

民事庭　　法官　郭○珍

上為正本係照原本作成。

　　如不服本裁定，應於裁定送達後十日內，以書狀向本院提出抗告，並繳納抗告費新臺幣1,000元。

中　華　民　國　99　年 3 月 24 日

書記官　　葉○庭

22. 清算程序繼續清償之免責裁定（§141）

臺灣臺南地方法院民事裁定

101年度消債再聲免字第1號

債務人　　　　　　　　　蔡○軒即蔡○哲

上列當事人因債務人聲請消費者債務清理免責事件，本院裁定如下：

主文

　　債務人蔡○軒即蔡○哲應予免責。

理由

一、按法院裁定開始清算程序後，債務人有薪資、執行業務所得或其他固定收入，扣除自己及依法應受其扶養者所必要生活費用之數額後，仍有餘額，而普通債權人之分配總額低於債務人聲請清算前二年間，可處分所得扣除自己及依法應受其扶養者所必要生活費用之數額者，法院應為不免責之裁定。但債務人證明經普通債權人全體同意者，不在此限。債務人因第133條之情形，受不免責之裁定確定後，繼續清償達該條規定之數額，且各普通債權人受償額均達其應受分配額時，得聲請法院裁定免責，消費者債務清理條例（下稱消債條例）第133條、第141條分別定有明文。次按債務人依消債條例第133條受不免責之裁定確定後，繼續清償達消債條例第133條所定數額，而依消債條例第141條規定聲請法院裁定免責時，法院即無裁量餘地，應為免責之裁定。至於第142條規定之情形，則不論原裁定不免責之原因為何，只要債務人繼續清償達20%，即得向法院聲請裁定免責，惟法院仍應斟酌原不免責事由情節、債權人受償情形及其他一切情狀再為准駁。

二、本件聲請意旨略以：債務人蔡○軒即蔡○哲前經鈞院依消債條例第133條規定裁定應不予免責確定在案。債務人嗣後已繼續清償達消債條例第133條規定之數額，且債權人中國信託銀行受償新臺幣（下同）10萬700元、兆豐銀行受償4萬9,300元，受償額均達其應受分配額，債權人台新銀行則與債務人達成協議，由債務人一次清償4萬元後，消滅全部債務，爰依消債條例第141條規定再聲請免責。

三、經查：

　　（一）本件債務人因消費者債務清理事件聲請免責，前經本院以債務人於本院裁定開始清算程序後有薪資所得，而其普通債權人於清算程序之分配總額為0元，已低於債務人聲請清算前二年間，可處分所得（82萬7,035元）扣除債務人自己及依法應受其扶養者所必要生活費用（63萬7,392元）之數額18萬9,643元（827,035－637,392＝189,643），依消債條例第133條規定裁定債務人應不予免責確定在案，業據本院調閱本院98年度消債聲字第3號卷查明屬實。

　　（二）債務人主張普通債權人台新銀行、中國信託銀行、兆豐銀行依本院97年度執消債清字第3號公告之債權表，其應受分配如附表所示之金額，其中台新銀行之債權，債務人已與台新銀行達成協議，由債務人於民國100年9月15日一次清償4萬元，消滅全部債務，債務人另於100年12月9日、101年1月17日共清償中國信託銀行10萬700元，於100年12月22日、101年1月17日共清償兆豐銀行49,300元，業據提出還款約定書、清償證明各一份及匯款單四份為證，並經本院調閱本院97年度執消債清字第3號卷查明屬實。足見債務人清償之數額共19萬元（40,000＋100,700＋49,300＝190,000），已超過消債條例第133條規定之數額18萬9,643元，且台新銀行之債權已全部清償完畢，中國信託銀行及兆豐銀行之受償額均達依上開數額（18萬9,643元）之應受分配額。

　　（三）按債務人有下列各款情形之一者，法院應為不免責之裁定。但債務人證明經普通債權人全體同意者，不在此限：……聲請清算前二年內，因消費奢侈商品或服務、賭博或其他投機行為，所支出之總額逾該期間可處分所得扣除自己及依法應受其扶養者所必要生活費用之半數，或所負債務之總額逾聲請清算時無擔保及無優先權債務之半數，而生開始清算之原因，消債條例第134條第4款定有明文。債權人中國信託銀行雖主張債務人有浪費、賭博或其他投機行為情事，應不予免責云云，惟查，經本院審視債權人所提供債務人之信用卡消費明細，債務人聲請清算前二年內之消費，均為加油費、電信費、量販店消費等一般日常消費，並未消費奢侈商品或服務。此外，債權人並未提出其他證據證明債務人有何消費奢侈商品或服務、賭博或其他投機行為情事，債權人主張債務人有浪費、賭博或其他投機行為云云，尚難採憑。

　　（四）債權人中國信託銀行、兆豐銀行另主張債務人仍具工作能力，應當竭力清償，且俟其兒女成年有自給能力後，負擔減輕，當更有能力還款；債務人僅以單次清償金額即可達到免責之最低門檻，其心可議云云，惟查，債權人中國信託銀行、兆豐銀行主張之上開事由，均與債務人得否依消債條例第141條聲請免責無關，債權人中國信託銀行、兆豐銀行以上開事由主張債務人不得依消債條例第141條聲請免責云

云，自不足採。

四、綜上所述，債務人前經本院以其於本院裁定開始清算程序後有薪資所得，而其普通債權人於清算程序之分配總額為0元，已低於債務人聲請清算前二年間，可處分所得（82萬7,035元）扣除債務人自己及依法應受其扶養者所必要生活費用（63萬7,392元）之數額18萬9,643元（827,035 - 637,392 = 189,643），依消債條例第133條規定裁定債務人應不予免責確定後，繼續清償19萬元，已超過該條規定之數額18萬9,643元，其中台新銀行之債權已全部清償完畢，中國信託銀行及兆豐銀行之受償額均達依上開數額（18萬9,643元）之應受分配額，債務人依消債條例第141條規定聲請裁定免責，自屬有據，應予准許。

中　華　民　國　101　年　1　月　20　日

民事第二庭　法官　蘇○賢

以上正本證明與原本無異。

如不服本裁定應於送達後十日內向本院提出抗告狀，並應繳納抗告費新臺幣1,000元整。

中　華　民　國　101　年　1　月　20　日

書記官　黃○怡

附表：

無擔保債權人	債權總額（新臺幣：元）	應受分配額（元以下四捨五入）
台新銀行	148,786	43,685
中國信託銀行	336,131	98,692
兆豐銀行	160,983	47,266

說明：
一、無擔保債權人債權總額以本院97年度執消債清字第3號公告確定之債權表為基準。
二、債務人聲請清算前二年可處分所得扣除自己及依法應受其扶養者所必要生活費用之數額係18萬9,643元。

23. 清算程序繼續清償之免責裁定（§142）

臺灣臺中地方法院民事裁定

101年度消債聲免字第2號

聲請人即債務人	夏○方
代理人	涂○慶律師
債權人	臺灣銀行股份有限公司
法定代理人	張明道
代理人	柳進興
債權人	台北富邦商業銀行股份有限公司
法定代理人	韓蔚廷
債權人	永豐商業銀行股份有限公司
法定代理人	邱正雄
代理人	許紜蓁
債權人	中國信託商業銀行股份有限公司
法定代理人	辜濓松

上列當事人間聲請消費者債務清理事件，本院裁定如下：

主文

聲請人即債務人夏志方應予免責。

理由

一、按法院為不免責或撤銷免責之裁定確定後，債務人繼續清償債務，而各普通債權人受償額均達其債權額之20%以上者，法院得依債務人之聲請裁定免責，消費者債務清理條例第142條定有明文。

二、聲請人即債務人夏志方聲請消費者債務清理事件，前經本院裁定開始清算程序，現該清算程序業經本院裁定終止確定在案，且債務人因有該條例第134條第4款所定事由，經本院裁定不免責確定等情，有各該卷證在卷可稽。惟查：本件債務人於受不免責之裁定確定後，繼續清償債務，而各普通債權人受償額均達其債權額之20%以上等情，有各該債權人具狀或到庭陳述在卷可參，則依上說

明，本件自得裁定債務人免責，爰裁定如主文。

中　華　民　國　101　年 2 月 15 日
臺灣臺中地方法院民事庭
法官　　林○竑

上為正本係照原本作成。

　　如不服本裁定，應於裁定送達後十日內，以書狀向本院提出抗告，並繳納抗告費新臺幣1,000元。

中　華　民　國　101　年 2 月 15 日
書記官

24. 清算程序不免責再裁定免責之裁定（§156 II）

臺灣臺北地方法院民事裁定

101年度消債再聲免字第11號

聲請人即債務人　　　　陳○龍
代理人　　　　　　　　財團法人法律扶助基金會林○榆律師
上列聲請人即債務人因消費者債務清理事件，再次聲請免責，本院裁定如下：

主文

債務人陳○龍應予免責。

理由

一、按本條例中華民國100年12月12日修正之條文施行前，消費者依第134條第4款規定受不免責裁定者，得於修正條文施行之日起2年內，為免責之聲請，民國101年1月4日修正公告，同年月6日生效之消費者債務清理條例（下稱消債條例）第156條第2項定有明文。其立法理由略謂：本條例100年12月12日修正條文施行前已經法院依本條例第134條第4款規定裁定不免責之債務人，雖無再重複進行原已終止或終結清算程序之實益，惟為使其仍得重建經濟生活，及避免法律關係久懸不決，無論該裁定是否確定，明定其得於修正條文施行之日起二年內，依修正後之規定聲請免責，爰增訂第2項。故債務人前經法院依修正前消債條例第134條第4款事由裁定不免責確定者，得於消債條例修正條文施行之日起（即101年1月6日起）二年內，向法院為免責之聲請，並由法院依修正後之規定審理。

二、次按法院為終止或終結清算程序之裁定確定後，除別有規定外，應以裁定免除債務人之債務；法院裁定開始清算程序後，債務人有薪資、執行業務所得或其他固定收入，扣除自己及依法應受其扶養者所必要生活費用之數額後仍有餘額，而普通債權人之分配總額低於債務人聲請清算前二年間，可處分所得扣除自己及依法應受其扶養者所必要生活費用之數額者，法院應為不免責之裁定，但債務人證明經普通債權人全體同意者，不在此限；債務人有下列各款情形之一者，法院應為不免責之裁定，但債務人證明經普通債權人全體同意者，不在此限：（一）於七年內曾依破產法或本條例規定受免責；（二）隱匿、毀損應

屬清算財團之財產，或爲其他不利於債權人之處分；（三）捏造債務或承認不眞實之債務；（四）聲請清算前二年內，因消費奢侈商品或服務、賭博或其他投機行爲，所支出之總額逾該期間可處分所得扣除自己及依法應受其扶養者所必要生活費用之半數，或所負債務之總額逾聲請清算時無擔保及無優先權債務之半數，而生開始清算之原因；（五）於清算聲請前一年內，已有清算之原因，而隱瞞其事實，使他人與之爲交易致生損害；（六）明知已有清算原因之事實，非基於本人之義務，而以特別利於債權人中之一人或數人爲目的，提供擔保或消滅債務；（七）隱匿、毀棄、僞造或變造帳簿或其他會計文件之全部或一部，致其財產之狀況不眞確；（八）故意於財產及收入狀況說明書爲不實之記載，或有其他故意違反本條例所定義務之行爲，消債條例第132、133、134條分別定有明文。又消債條例之立法目的，在於使陷於經濟上困境之消費者，得分別情形依該條例所定重建型債務清理程序（更生）或清算型債務清理程序（清算）清理債務，藉以妥適調整其與債權人及其他利害關係人之權利義務關係，保障債權人之公平受償，並謀求消費者經濟生活之更生機會，從而健全社會經濟發展；消費者依清算程序清理債務，於程序終止或終結後，爲使其在經濟上得以復甦，以保障其生存權，除另有上述消債條例第133條、第134條所規定不予免責之情形外，就債務人未清償之債務採免責主義（消債條例第1條、第132條立法目的參照）。

三、經查：

（一）本件聲請人即債務人前於98年1月21日聲請消費者債務清理條例清算事件，經本院以98年度消清清字第6號裁定自98年12月31日下午4時起開始清算程序，並同時終止清算程序確定，復經本院以聲請人有消債條例第134條第4款之不免責事由，而於99年8月31日以98年度消債聲字第1號裁定不免責，經聲請人提起抗告後，本院合議庭於99年10月29日以99年度消債抗字第104號裁定駁回抗告確定等情，業經本院依職權調閱上開卷宗核閱無訛，並有有該裁定附卷可參（見本院卷第7至10頁）。是聲請人於消債條例100年12月12日修正之條文施行前，業經本院依該條例第134條第4款規定受不免責裁定，則其於101年11月6日再爲免責之聲請，符合消債條例第156條第2項規定，即應由本院依修正後之相關規定加以審理，合先敘明。

（二）本件聲請人自陳其已年近60歲，自清算期間迄今皆以至市場擔任不定期之臨時工維生，因工時並非固定，且非每日均有工作，故收入並不穩定，每日收入約300元，平均每月最多僅有7,000至8,000元之收入，於扣除每月之租金3,000元，及

每個月繳納國民年金、健保費約700元及外出工作之交通費後，每月膳食費甚至不足2,000元，聲請人幾乎每日僅能進食一餐等情，業據其提出房租繳付證明在卷為憑，另經本院依職權查詢聲請人98至100年度稅務電子閘門所得資料清單、勞保與就保查詢表（見本院卷第22至33頁），可知聲請人自98年起迄今均無所得收入，名下復無財產，及自95年起均無何勞保就保紀錄，堪信其主張自聲請清算期間迄今係以不定時臨時工乙情為真。又聲請人每月所得尚低於行政院主計處公布之100年度臺北市每人每月最低生活費1萬4,794元，是其主張每月收入用以生活開銷已有不足，依債務人每月總收入7,000至8,000元，扣除每月必要生活必要支出後，已無餘額。從而，本件債務人之財產狀況顯與本條例第133條法院應為不免責裁定之要件不符。

（三）債權人遠東商業銀行股份有限公司（下稱遠東銀行）雖主張：鈞院99年度消債抗字第104號裁定中記載，聲請人亦有消債條例第133條所定不免責事由，是聲請人固然同時受本條例第134條第4款而裁定不免責，可再次聲請免責，然聲請人未依本條例第141條之規定清償所有債權人至一定數額時，則法院仍應維持不免責之裁定云云。惟查，本院99年度消債聲字第1號裁定僅以聲請人有消債條例第134條第4款之不免責之情形，而裁定不予免責，經聲請人提起抗告，則經本院以99年度消債抗字第104號裁定駁回抗告確定，然該抗告駁回裁定中，並未明載聲請人亦有消債條例第133條不免責之情形，而依該條文規定予以裁定不免責，有該等裁定在卷可稽。又該抗告駁回裁定理由第三點雖記載：「聲請人前經裁定開始清算程序，並同時終止清算程序，而普通債權人未獲分配，可知普通債權人之分配總額低於抗告人聲請清算前二年間，可處分所得扣除自己及依法應受其撫養者所必要之生活費用」等語，然消債條例第133條之規定，須債務人該當經裁定開始清算程序後，有薪資、執行業務所得或其他固定收入，並扣除自己及應受扶養者所必要之生活費用後，仍有餘額，始有該條之適用（見消債條例第133條修正說明），則本件聲請人經本院於98年12月31日以98年度消債清字第6號裁定開始清算程序後之收入，扣除自己及依法應受扶養者必要之生活費用後，已無餘額，業經該裁定認定在案，則聲請人不合於本條例第133條不免責之規定甚明，是債權人遠東銀行此部分主張，自不足採。

（四）又債權人中國信託商業銀行、富邦銀行、花旗商業銀行股份有限公司（下稱花旗銀行）、匯豐（台灣）商業銀行股份有限公司（下稱匯豐銀行）、台新國際商業銀行股份有限公司（下稱台新銀行）雖分別主張聲請人之負債逾越可支配所得，並就其高風險轉嫁於債權人承擔，不符公平原則，且其消費內容多為預借現金、油料燃料、賣場消費等非必要性之奢侈消費，顯係浪費導致期不可負擔之債務之消費，顯見聲請人係因消費奢侈商品或服務或其他投機行為而生開始清算之原因，應依

消債條例第134條第4款規定應裁定不免責等語，惟按修正前消債條例第134條第4款規定，債務人之浪費行為屬不免責之事由，實務上適用結果，債務人多因有此款事由而不獲免責，為免對債務人過度嚴苛，應予以適度限縮為消費奢侈商品或服務，並參照第20條、第44條、第64條、第82條及第133條等規定，限於債務人於聲請清算前二年內，所為消費奢侈商品或服務等不當行為，始足當之，故101年1月4日修正公布之消債條例第134條第4款即規定須債務人聲請清算前二年內，因消費奢侈商品或服務、賭博或其他投機行為，所支出之總額逾該期間可處分所得扣除自己及依法應受其扶養者所必要生活費用之半數，或所負債務之總額逾聲請清算時無擔保及無優先權債務之半數，而生開始清算之原因，然稽諸異議人中國信託商業銀行、富邦商業銀行所提出之消費明細、信用卡客戶滯納消費款明細資料、匯豐商業銀行信用卡與現金卡消費明細、台新銀行消費明細表所示（見本院卷第74至91、95頁、第151頁反面、第154至156頁），該等消費均係聲請人於94至95年間之消費紀錄，惟聲請人於98年1月21日具狀聲請清算，是前開消費紀錄並非聲請清算前二年內所為之消費，顯與101年1月4日修法通過之消債條例之構成要件不符。又債權人花旗銀行雖提出聲請人94至97年之信用卡月結單影本到院（見本院卷第97至135頁），然觀其中96年1月至97年5月即聲請人聲請清算前二年之信用卡月結單影本（見本院卷第119頁），並無聲請人之消費紀錄，該等月結單所示之繳納總金額，均係自源於96年1月之前聲請人之消費未繳款，是依該等信用卡月結單所示，亦非聲請人聲請清算前二年內所為之消費，則債權人執此主張聲請人應不予免責等語，亦不足採。

（五）債權人華南商業銀行股份有限公司（下稱華南銀行）則主張苟如聲請人所承每月收入扣除必要生活費用後，已無所餘可供支配，卻未尋求其他法律扶助方法，反而自行聘請律師為其進行本件清算程序，實有使原屬清算財產減少致債權人權益受損之虞，應該當本條例第134條第2款不免責事由云云（見本院卷第61頁）。惟聲請清算既為相對人之權利，其因不諳法律而聘請律師以維自己之權益，因而導致需支出此部分費用，尚難遽認此為奢侈、浪費之行為，且聲請人就本院債務清理事件係經財團法人法律扶助基金會台北分會審核准予扶助，此有消費者債務清理案件專用委任狀在卷可稽（見本卷第19頁），另經本院向高額壽險資訊連結作業查詢系統查詢，並無債務人之資料，亦有查詢結果附卷可參，核與債務人於本院101年12月26日訊問時陳稱並無保險等語相符，則異議人未舉證並具體說明聲請人有何隱匿財產之情事，則據此主張聲請人有本條例第134條第2款隱匿清算財團之財產之情事，顯無足採。

（六）另債權人渣打銀行股份有限公司、華南銀行、中國信託商業銀行、土地

銀行股份有限公司雖均主張債務人於受不免責裁定確定後，應依本條例第142條規定向各債權人清償使其受償額均達債權額之20%以上者，法院始得依債務人之聲請裁定免責云云。惟消債條例第142條固規定：「法院為不免責或撤銷免責之裁定確定後，債務人繼續清償債務，而各普通債權人受償額均達其債權額之20%以上者，法院得依債務人之聲請裁定免責。」惟該規定乃另一獨立由法院裁量是否免責之規定，此與同條例第156條第2項規定於債務人聲請時，法院如審酌無同條例第133、134條之不免責事由，即應為免責之裁定不同，二者係各自成為單獨裁定免責之事由，並非應同時具備方可免責，是本件債務人既具得依消費者債務清理條例第156條第2項聲請免責之事由，縱其無繼續清償且金額達各債權人債權額之20%以上之情形，在查無消費者債務清理條例第133條、第134條之不免責事由時，仍應為免責之裁定，故債權人上述主張，顯有誤會。

　　（七）再消債條例關於清算程序係以免責主義為原則，不免責為例外，債權人如主張聲請人有該條例第134條第8款或其他法定不免責之行為，自應就聲請人合於該等規定之要件事實，舉證以實其說，惟債權人富邦銀行、萬泰銀行均主張聲請人前經裁定不免責後，未積極處裡債務，即連繫不上，顯有失誠信而無清償誠意，不應免責云云；又國泰世華商業銀行股份有限公司、匯豐銀行股份有限公司、台新商業銀行股份有限公司雖均表示不同意聲請人免責，惟均並未具體說明或提出相當事證證明聲請人符合本條例之何項不免責之規定，是上開異議人主張聲請人不應免責云云即無足採。

四、綜上所述，本件聲請人經法院為終結清算程序之裁定確定，既無消債條例第133條或第134條各款所定之不應免責情形存在，揆諸首揭說明，應以裁定免除聲請人之債務，是本件聲請人再次聲請免責，自應予准許，爰裁定如主文。

中　華　民　國　102　年　1　月　7　日
民事第二庭　　法官　　林○珊

以上正本係照原本作成。

如對本裁定抗告須於裁定送達後十日內向本院提出抗告狀，並繳納抗告費新臺幣1,000元。

中　華　民　國　102　年　1　月　7　日
書記官　　湯○琪

25. 清算程序不免責之裁定（§133）

臺灣臺北地方法院民事裁定

101年度消債職聲免字第8號

101年度消債聲字第16號

聲請人即債務人	張○芳
代 理 人	鄭○鴻律師
聲請人即債權人	國泰世華商業銀行股份有限公司
法定代理人	汪國華
代 理 人	吳俊鴻
相對人即債權人	台北富邦商業銀行股份有限公司
法定代理人	韓蔚廷
相對人即債權人	國泰世華商業銀行股份有限公司
法定代理人	汪國華
代 理 人	吳俊鴻
相對人即債權人	渣打國際商業銀行股份有限公司
法定代理人	曾璟璇
相對人即債權人	永豐商業銀行股份有限公司
法定代理人	邱正雄
代 理 人	張簡旭文
相對人即債權人	萬泰商業銀行股份有限公司
法定代理人	盧正昕
代 理 人	郭鳳儀
相對人即債權人	中國信託商業銀行股份有限公司
法定代理人	辜濂松
相對人即債權人	劉廖雪香

上列債權人因消費者債務清理事件，聲請不免責，本院裁定如下：

主文

債務人張○芳不予免責。

理由

一、按債務人有下列各款情形之一者，法院應為不免責之裁定，但債務人證明經普通債權人全體同意者，不在此限：（一）於七年內曾依破產法或本條例規定受免責。（二）隱匿、毀損應屬清算財團之財產，或為其他不利於債權人之處分。（三）捏造債務或承認不真實之債務。（四）聲請清算前二年內，因消費者侈商品或服務、賭博或其他投機行為，所支出之總額逾該期間可處分所得扣除自己及依法應受其扶養者所必要生活費用之半數，或所負債務之總額逾聲請清算時無擔保及無優先權債務之半數，而生開始清算之原因。（五）於清算聲請前一年內，已有清算之原因，而隱瞞其事實，使他人與之為交易致生損害。（六）明知已有清算原因之事實，非基於本人之義務，而以特別利於債權人中之一人或數人為目的，提供擔保或消滅債務。（七）隱匿、毀棄、偽造或變造帳簿或其他會計文件之全部或一部，致其財產之狀況不真確。（八）故意於財產及收入狀況說明書為不實之記載，或有其他故意違反本條例所定義務之行為。消費者債務清理條例（下稱消債條例）第134條定有明文。復參諸消債條例之立法目的，在於使陷於經濟上困境之消費者，得分別情形依該條例所定重建型債務清理程序（更生）或清算型債務清理程序（清算）清理債務，藉以妥適調整其與債權人及其他利害關係人之權利義務關係，保障債權人之公平受償，並謀求消費者經濟生活之更生機會，從而健全社會經濟發展，消費者依清算程序清理債務，於程序終止或終結後，為使其在經濟上得以復甦，以保障其生存權，除有上述消債條例第133條、第134條所規定不予免責之情形外，就債務人未清償之債務原則上採免責主義（消債條例第1條、第132條立法目的參照）。

二、本院查：

（一）本件債務人前向本院聲請消費者債務清理條例之清算事件，經本院裁定於民國100年5月3日下午4時起開始清算程序，並命司法事務官進行本件清算程序，分配表分別於100年12月27日、101年3月7日公告並已分配完結，並經本院於101年3月22日以100年度司執消債清字第7號裁定清算程序終結確定，而普通債權人之分配總額為新臺幣（下同）7萬3,509元（計算式：17,224＋56,285＝73,509）等情，業經本院依職權調閱本院100年度消債清字第11號、100年度司執消債清字第7號卷宗核閱無誤，並有上開裁定在卷可參。經本院通知全體債權人就債務人免責與否表示意見，據債權人台北富邦商業銀行股份有限公司、國泰世華商業銀行股份有限公司、渣打國際商業銀行股份有限公司、永豐商業銀行股份有限公司、萬泰商業銀行股份有限公司、中國信託

商業銀行股份有限公司均以書狀或到庭表示債務人係因奢侈、浪費之行為而生開始清算之原因，依消債條例第133條、第134條第4款規定，故應不予免責，有各債權人陳報狀及本院101年8月6日調查筆錄在卷可稽。

（二）債權人等固均主張債務人係因奢侈、浪費之行為而生開始清算之原因，依消債條例第134條第4款規定應裁定不免責云云，惟修正前消債條例第134條第4款規定，債務人之浪費行為屬不免責之事由，實務上適用結果，債務人多因有此款事由而不獲免責，為免對債務人過度嚴苛，應予以適度限縮為消費奢侈商品或服務，並參照第20條、第44條、第64條、第82條及第133條等規定，限於債務人於聲請清算前二年內，所為消費奢侈商品或服務等不當行為，始足當之（消債條例第134條修正理由參照）。又債務人係於100年3月9日向本院聲請清算，經本院裁定於100年5月3日下午4時起開始清算程序後等情，已如前述。而觀諸債權人提出之信用卡消費明細、信用卡帳單所示，債務人之刷卡消費行為，均係於100年3月9日聲請清算前之93至97年間所為，並非債務人聲請清算前二年內之行為，核與消債條例第134條第4款所定「聲請清算前二年內」，因消費奢侈商品或服務、賭博或其他投機行為之要件不符，債權人執此主張債務人應不予免責云云，尚難可採。

（三）債務人自96年10月失業，罹患末期腎病，現右眼更因血拴導致失明，目前僅靠殘障津貼每月6,000元及家人接濟每月8,000至1萬2,000元維生，97年度年給付淨值13萬8,959元，98年度所得為45萬6,000元，99年全年給付淨值6萬元，此有國立臺灣大學附設醫院診斷證明書、本院100年度司執消債清字第7號清算事件執行調查筆錄、債務人財產及收入狀況報告書、財政部臺北市國稅局97、98年度綜合所得稅各類所得資料清單、財產歸屬清單、司法院稅務電子閘門財產所得調件明細表等件附於本院100度消債清字第11號、100年度司執消債清字第7號卷宗可憑。

1.債務人雖提出財產及收支狀況說明書、債務人100年7月1日民事陳報四狀、100年8月26日民事陳報七狀主張其每月交通費用支出為2,000元、膳食費8,000元、醫療費用7,000元、房屋租金9,000元、水費300元、電費2,500元、電信費400元，合計每月必要支出為2萬9,200元。然既然自稱身障無業生活窘困，其中房租、電費等支出顯然過高，故本院認依應臺北市100年度最低生活費標準每月1萬4,794元計算。再者其所謂醫療費用部分，其先於100年3月9日聲請清算時稱每月2,000元，又於100年7月1日改為每月2萬元，100年8月26日復稱為每月6,000元，前後所述不一，已難盡信。衡以其所舉100年5月5日繳費單所列繳費1萬3,780元為支出之證，然以其提出之當日收據實繳4,134元，容有魚目混珠之處，其所稱醫療費用支出已難憑信。是由其所舉醫療收據，100年1月共4,540元、同年2月為758元同年3月為4,416元、同年4月為275元、同

年5月為5,224元、同年6月為580元、同年7月為1,225元、同年8月為907元、同年9月為632元、同年10月為884元平均計算每月未至3,000元，另所稱補給品僅有100年3月之603元發票，且未之實際品項為何，是寬認債務人每月3,000元醫療費用支出為適當。故債務人每月合理必要支出為1萬7,794元（14,794+3,000=17,794）。

2.債務人100年3月9日聲請清算前二年間之所得，98年度全年所得45萬6,000元（見其所提出98年度綜合所得稅各類所得資料清單附於本院100度消債清字第11號），則平均每月為3萬8,000元，再加上每月6,000元殘障補助及其家人至少8,000元（取其所稱8,000至1萬2,000元最低數）之支助，故98年3月至12月每月收入至少5萬2,000元，扣除必要支出1萬7,794元，每月尚餘3萬4,406元，98年之十個月應有剩餘34萬4,060元。另99年每月收入為6,000元殘障補助及其家人至少8,000元資助，99年全年收入獲得6萬元則每月為5,000元，故每月至少有1萬9,000元之收入，扣除必要支出1萬7,794元，每月尚餘1,206元，99年全年應有剩餘1萬4,472元。故債務人98年3月至99年12月扣除必要支出每月餘額共為35萬8,532元（344,060+14,472=358,532），然其竟僅給付普通債權人共7萬3,509元，普通債權人之分配總額低於債務人聲請清算前二年間，可處分所得扣除自己及依法應受其扶養者所必要生活費用之數額，依消債條例第133條規定，債務人應不免責。

（四）按債務人故意於財產及收入狀況說明書為不實之記載，法院應為不免責之裁定，此觀同法第134條第8款規定自明。

1.查債務人對99年4月26日13萬元現金存款、4月30日轉存1萬7,000元、5月14日ATM轉存1萬6,000元、5月31日ATM轉存1萬3,000元、6月15日轉帳存1萬6,000元、7月15日轉帳存1萬5,000元、7月26日轉帳存1萬3,000元、10月15日轉帳存1萬3,000元、12月15日轉帳存3萬5,000元等情，有債務人而債務人100年4月9日提出之華南銀行存摺影本在卷可稽（見本院100年度消債清字第11號卷），債務人卻於101年7月30日因債權人國泰世華銀行質疑後始於101年8月6日本院調查時到庭陳稱因曾於台灣英文雜誌社廣告部門任職三個月，此等款項為之前客戶委請聯絡刊登廣告代為繳交廣告費之用，然並未舉證以明其說，且債務人自承僅任職三個月因健康狀況而遭解聘，以其任職期間不長且工作表現非佳何來能力替客戶刊登廣告，又以何人名義刊登廣告，為何須由債務人代為支付廣告費用，何不由廣告主逕為支付即可，要與廣告界慣例不合，亦難盡信。

2.另債務人之財產歸屬資料清單持有金乙行銷傳播文化事業有限公司股份200萬元，債務人雖稱僅為掛名，然其所舉之綜合所得稅資料97及98年共自該公司領得薪資53萬4,000元，可見其與該公司關係匪淺，卻未交代該筆股金流向，僅以係人頭且公

司99年早已停業等語搪塞，亦啓人疑竇。

3.承前交互以觀，債務人之上開行徑，顯然故意爲財產及收入之不實說明，勢必影響清算程序之進行，自與本法清算程序立法意旨相左，則本件債務人就其上開匯款轉帳收入及公司投資款之事實於財產及收入狀況說明書爲不實之記載，確有消債條例第134條第8款規定之事由，債務人亦因此不應免責。

三、綜上所述，債務人既有消費者債務清理條例第133條及第134條第8款規定之不應免責情形存在，債務人之免責，自不應准許，爰裁定如主文。

中　　華　　民　　國　　101　年　9　月　10　日

民事第二庭　　法官　　吳○亞

以上正本係照原本作成。

如對本裁定抗告須於裁定送達後十日內向本院提出抗告狀，並繳納抗告費新臺幣1,000元。

中　　華　　民　　國　　101　年　9　月　10　日

書記官　　桂○永

26. 清算程序不免責之裁定（§134④）

臺灣臺南地方法院民事裁定

99年度消債聲字第29號

債務人　　　　　　　　甲○○

上列當事人因消費者債務清理條例，終止清算程序確定，本院裁定如下：

主文

債務人甲○○不免責。

理由

一、按法院為終止或終結清算程式之裁定確定後，除別有規定外，應以裁定免除債務人之債務，消費者債務清理條例（下稱消債條例）第132條所明定。次按債務人因浪費、賭博或其他投機行為，致財產顯然減少或負擔過重之債務，而生開始清算之原因者，除證明經普通債權人全體同意，或情節輕微，經法院審酌普通債權人全體受償情形及其他一切情狀，認為適當者外，法院亦應為不免責之裁定，消債條例第134條第1項第4款及第135條亦分別定有明文。蓋免責制度係經濟陷於困境債務人最後之救濟手段，是其雖具有不免責事由，仍須法院審酌普通債權人全體受償情形及其他一切情狀後，如認免責為適當者，始得裁量以裁定免責，以利債務人更生而重新出發。而所謂浪費或投機行為，係指債務人於顯見其經濟狀況不佳之情形下，猶恣意揮霍、投機，生活支出超過個人收入所應支出之程度，或心存僥倖冀以一時之小投資以博取大利益，因致負擔更大債務，核其所為，於清算之原因有可歸責性，自有加以制止之必要，尚不宜使之免責。

二、經查，債務人前因無力清償債權，依消債條例向本院聲請更生，經本院97年消債更字第375號裁定開始更生，嗣因債務人所提之更生方案未獲債權人會議可決，且無財產或工作收入可供清償，本院乃以97年度消債清字第51號裁定，同時為開始清算程序，及終止清算程序之裁定，並確定在案，有本院97年度消債更字第375號、99年度執消債清字第51號裁定附卷可稽，是依前揭消債條例第132條規定，除有不免責事由外，固可裁定免除債務人之債務；然查債務人自92年3月間起迄95年9月28日止任職於震聯工程有限公司，勞保投保薪資為新臺幣

（下同）1萬5,840元（參有債務人之勞工保險被保險人投保資料表），且95年1月至同年7月間，同時任職鉅橡企業股份有限公司及震聯工程有限公司，平均每月薪資也僅各約1萬1,121元、6,000元，合計約為1萬7,121元，亦有卷附該二公司之覆函為憑，足認債務人92年2月至95年7月期間，月薪資約為1萬5,000元至1萬7,000元不等，竟於92年間為3C通訊產品／通訊費（全虹企業、和信電訊）、含酒精飲料類餐飲店、直銷等非生活必需品之消費，甚至購買高價化粧品（五顏六色香水化粧品）9,900元、商業保險（國寶人壽保險）1萬239元並預借現金（參元大商業銀行信用卡客戶消費明細）；93年7月9日至94年12月25日間更持台新銀行信用卡消費高達30萬9,469元，並向該行申貸20萬元，復以該行核發之現金卡於94年1月、3月、5月、6月分別提領非其薪資能力得以清償之金額6萬7,000元、4萬5,000元、9萬2,000元、34萬7,310元；94年11月間且持渣打銀行信用卡於百貨公司、服飾店及金正山銀樓消費2,682元、4,600元及4,690元；95年2月4日迄95年2月5日間相繼持國泰世華商業銀行信用卡於百貨公司、體育用品店及KTV為3,360元、2萬2,300元、2,023元、3,180元及1,879元之高額消費，有上開銀行陳報狀，及債務人信用卡歷史消費明細卷可按，足稽債務人上開消費，不但非屬通常生活之必要支出，其消費金額更逾越債務人可得支配之所得。債務人經濟能力有限，非但未能量入為出，反大量舉債，在未完全清償前所積欠之現金卡、信用卡等債務之情形下，又多次利用預借現金或信用卡消費之方式迅速累積債務，顯係將自身消費、借貸之風險轉嫁由債權人承擔，難謂非投機並有浪費之嫌，若允債務人藉由消債條例之免責制度，以規避其應負擔之償還責任，則有悖於該制度保障誠實勤勉債務人經濟生活重建復甦之立法目的。

三、綜上，<u>債務人顯有因浪費或其他投機行為，致財產顯然減少或負擔過重債務之情；且債務人之普通債權人均未受適度清償，並無消債條例第135條得為免責之適用，此外債務人復未得普通債權人之全體同意免責，參照首揭法條規定及立法意旨，爰裁定債務人不免責。</u>

中　華　民　國　99　年　10　月　28　日

民事第二庭　法官　魏○英

以上正本係照原本作成。

如不服本裁定，應於裁定送達後十日內，以書狀向本院提出抗告，並繳納抗告費新臺幣1,000元。

中　華　民　國　99　年　10　月　28　日

書記官　蔡○卿

27. 清算程序不免責之裁定（§134⑧）

臺灣臺北地方法院民事裁定

101年度消債職聲免字第12號

聲請人

即債務人　　　　　　　游○裕

代理人　　　　　　　　財團法人法律扶助基金會蔡○強律師

上列債務人因消費者債務清理事件，本院裁定如下：

主文

　　債務人游○裕不免責。

理由

一、按法院為終止或終結清算程序之裁定確定後，除別有規定外，應以裁定免除債務人之債務，消費者債務清理條例（下稱本條例）第132條定有明文。又債務人有下列各款情形之一者，法院應為不免責之裁定。但債務人證明經普通債權人全體同意者，不在此限：（一）於七年內曾依破產法或本條例規定受免責。（二）隱匿、毀損應屬清算財團之財產，或為其他不利於債權人之處分。（三）捏造債務或承認不真實之債務。（四）聲請清算前二年內，因消費奢侈商品或服務、賭博或其他投機行為，所支出之總額逾該期間可處分所得扣除自己及依法應受其扶養者所必要生活費用之半數，或所負債務之總額逾聲請清算時無擔保及無優先權債務之半數，而生開始清算之原因。（五）於清算聲請前一年內，已有清算之原因，而隱瞞其事實，使他人與之為交易致生損害。（六）明知已有清算原因之事實，非基於本人之義務，而以特別利於債權人中之一人或數人為目的，提供擔保或消滅債務。（七）隱匿、毀棄、偽造或變造帳簿或其他會計文件之全部或一部，致其財產之狀況不真確。（八）故意於財產及收入狀況說明書為不實之記載，或有其他故意違反本條例所定義務之行為，本條例第134條亦有明文。再按，更生方案之提出，攸關債務人每月應還款之數額、期數及總清償成數等，對清償債務能否實現影響甚重，是以由對自身履債能力知之最詳的債務人提出，較能切中債務人之需要，以合乎其清償能

力之方式達債務履行之目的；因此，本條例中規定，類如第9條第2項之到場義務、第41條出席及答覆義務、第81條第1項提出財產狀況及收入說明書及債權人、債務人清冊義務、第82條第1項之報告義務、第89條生活儉樸及住居限制義務、第101條提出清算財團書面資料義務、第102條第1項移交簿冊、文件及一切財產義務、第103條第1項答覆義務、第136條第2項協力調查義務等，企使債務人於債務清理過程中得協力完成債務清理，使程序得以順利進行、展現債務人清理債務之誠意，俾完成債務人從經濟困境中解免之最終目的，然若債務人一再放任程序獨自進行，固然完成了整個債務清理程序，亦難認與本所欲追求之公平清償、使不幸陷於經濟上困窘之消費者有重建復甦之機會相符，而得予以免責，因此倘債務人未能盡其法定義務，則不宜使債務人免責，本條例第134條第8款後段立法理由參照。

二、經查：

（一）本件債務人前向本院聲請更生，經本院以100年度消債更字第99號裁定自民國100年10月20日下午4時起開始更生程序，並命司法事務官進行本件更生程序，而債務人當時提出以一個月為一期，每期清償新臺幣（下同）8,500元，共96期，清償總金額共為81萬6,000元，清償成數占總金額之20.83%之更生方案（見100年度司執消債更字第46號卷第159至162、165至171頁），而本院司法事務官為審核其主張之收支是否屬實，則分別定於101年2月7日、16日、23日通知債務人攜帶收支相關證明文件到院訊問，惟債務人經合法送達後均未出席，亦未具狀請假及表明不到場之正當理由，僅於101年2月16日，經其代理人到庭表示：無法連絡到債務人，故債務人未到庭等語，是本件債務人於合法收受通知後，未遵守本院命令，於該期日無故未到庭，且未提出相關收支證明文件，已致本件更生程序無法進行；又本院司法事務官復於101年4月23日上午10時依職權召集債權人會議，該通知業已於101年4月11日合法送達於債務人，然於當日債務人亦未出席且未請假，足認其欠缺清理債務之誠意，而合於本條例第56條第1款、第2款所定債務人無正當理由不出席債權人會議且不遵守法院之裁定或命令，致更生程序無法進行，而得裁定開始清算程序之情形，是本院於101年7月3日以101年度消債清字第7號裁定債務人自101年7月3日下午4時開始清算程序，並因債務人之財產不敷清償財團費用及財團債務，復裁定同時終止清算程序確定在案等情，業經本院依職權調閱本院100年度消債更字第9號、100年度司執消債更字第46號、100年度消債清字第7號卷宗查核屬實，而依首揭規定，本院即應裁定是否准許債務人免責。

（二）按法院為調查事實，得命關係人或法定代理人本人到場或以書面陳述意

見；債務人無正當理由不出席債權人會議或不回答詢問、不遵守法院之裁定或命令，致更生程序無法進行者，法院得裁定開始清算程序，本條例第9條第2項、第56條分別定有明文。查債務人於更生程序中經本院司法事務官分別於101年2月7日、同年月16日、同年月23日三次通知債務人攜帶相關收支證明文件到院訊問，詎債務人經合法送達後，均未出席，亦未具狀請假及表明不到場之正當理由，已如上述，是其對收支情形顯未盡其釋明義務，從而，債務顯已違反本條例第9條第2項所規定之協力義務，而符合消債條例第56條規定之情事。又債務人既聲請更生，以清理債務，本應以更生之誠意，協助法院進行更生程序，並應配合提出相關收支之證明文件供本院審酌，然其經合法通知後既未提出，且無任何連繫，致更生程序無法繼續進行，則其違反本條例第9條第2項所規定之協力義務，難認無故意可言，應認債務人已有同條例第134條第8款所規定「故意於財產及收入狀況說明書為不實之記載，或有其他故意違反本條例所定義務之行為」之不免責事由。

　　（三）又於清算程序終止後，本院依職權函詢全體普通債權人之意見，除安泰商業銀行股份有限公司及匯豐（台灣）商業銀行股份有限公司未具狀表示意見外，其餘普通債權人均表示不同意債務人免責，有陳報狀在卷可憑（見本院卷第29至77頁）；又經詢問到庭之債權人國泰世華商業銀行股份有限公司、安泰商業銀行股份有限公司、華南商業銀行股份有限公司、日盛國際商業銀行股份有限公司、良京實業股份有限公司、聯邦商業銀行股份有限公司、台新國際商業銀行股份有限公司、大眾商業銀行股份有限公司、中國信託商業銀行股份有限公司，均經代理人陳明不同意債務人免責（見本院卷第88頁），足見債務人未經普通債權人全體同意其免責，且本件債務人經合法通知，亦未到庭陳明有何應予免責之事由，復未提出經普通債權人全體同意之證明，自無從認定債務人已有本條例第134條但書所規定之情形，而得裁定免責。

三、綜上所述，本件債務人有消債條例第134條第8款不應免責之情形，復未經普通債權人全體同意其免責，揆諸首揭規定，本件債務人不得免責，爰裁定如主文。

中　華　民　國　101　年　10　月　2　日
民事第二庭　　法官　　林○珊

以上正本係照原本作成。

如對本裁定抗告須於裁定送達後十日內向本院提出抗告狀，並繳納抗告費新臺幣1,000元。

中　華　民　國　101　年　10　月　2　日
書記官　　湯○琪

28. 復權之裁定（§144）

臺灣臺北地方法院民事裁定

101年度消債聲字第19號

聲請人即債務人　　　　　施○月

上列當事人間聲請消費者債務清理事件，本院裁定如下：

主文

　　債務人施○月准予復權。

理由

一、按債務人有下列各款情形之一者，得向法院為復權之聲請：（一）依清償或其他方法解免全部債務；（二）受免責之裁定確定；（三）於清算程序終止或終結之翌日起三年內，未因第146條或第147條之規定受刑之宣告確定；（四）自清算程序終止或終結之翌日起滿五年，消費者債務清理條例第144條定有明文。

二、本件聲請意旨略以：債務人施○月前因消費者債務清理事件，經鈞院以100年度消債清字第13號裁定開始清算程序，並同時終止清算程序，茲因債務人嗣經鈞院100年度消債聲字第44號裁定為免責之裁定確定，爰依法向本院為復權之聲請等語。

三、經查債務人施○月主張之上開事實，業據提出與其所述相符之本院100年度消債清字第13號民事裁定及100年度消債聲字第44號免責裁定為證，並經本院調閱本院100年度消債清字第13號清算事件、100年度消債聲字第44號聲請免責事件、101年度消債抗字第14號聲請免責事件等民事卷宗查明屬實，應堪信為真實。是本件既有債務人施○月已受免責裁定確定之事由，債務人施○月據以向本院聲請復權，揆諸首揭法律規定，自屬有據。

四、爰裁定如主文。

中　華　民　國　101　年　7　月　24　日

民事第二庭　　法官　　趙○榮

上為正本係照原本作成。

　　如不服本裁定，應於裁定送達後十日內，以書狀向本院提出抗告，並繳納抗告費新臺幣1,000元。

中　華　民　國　　101　　年　7　月　24　日

書記官　　謝○芝

附錄七　破產法（更名為「債務清理法」）修正草案總說明

壹、前言

　　破產法自二十四年公布施行以來，其間雖經三次修正，惟整體立法及體制均未改動。數十年來，我社會基礎結構及經濟活動已有大幅嬗變，現行法未能充分發揮調整經濟秩序之功能，不足適應現代社會經濟需求及國際潮流。司法院乃自八十二年起，邀集學者、實務專家組成破產法研究修正委員會（小組），參考聯合國破產法立法指南、國際破產模範法、歐洲債務清理規則暨美、英、法、德、日、韓、瑞士等外國之立法例、國內外學說及實務經驗，就現行法進行全面之檢討修正。期冀符合現代經濟生活，使陷入經濟上困境之債務人，得按其債務情形依本法所定之重建型債務清理程序（和解、重整）或清算型債務清理程序（破產）清理債務，妥適調整債務人、債權人及利害關係人間之權利義務關係，保障債權人獲得公平受償，並謀求債務人事業之重建或經濟生活之更生，從而促進社會經濟之健全發展。

貳、修正要點

　　本次修正係從順應當代思潮，廣納多元價值，健全整體經濟秩序，接軌國際社會之面向，重新建構完整之債務清理程序。雖採複數程序，但加強各種債務清理程序間之連結。除擴大使用程序主體，便利使用債務清理程序，充實債務人財產保全制度，強化債務清理成效外，並將公司法上重整程序納入整併，增訂公法人之債務清理程序暨外國債務清理程序之承認，是原「破產法」名稱已無法涵括，爰修正名稱為「債務清理法」。

　　本法在規範密度上，將條文自一百五十九條，擴增為三百三十七條（計修正一百四十七條，刪除十一條，增訂二百零七條），明確區分一般程序適用之共同事項及各別程序之特別規定，依不同債務清理事件之特質而定其處理方式。透過規範密度之提高，有助提升債務清理功能。為期綱領分明、章法有序，易於理解遵循，爰依法體系之通常邏輯，分八章規定，各章章名分別為：第一章「總則」、第二章「和解」、第三章「破產」、第四章「重整」、第五章「公法人之債務清理」、第六章

「外國債務清理程序之承認」、第七章「罰則」、第八章「附則」。茲將修正重點，擇要分述如下：

一、放寬程序開始原因及擴大使用主體

聲請債務清理之原因，修正為不以債務人不能清償債務為限，其有不能清償債務之虞，或因財務困難而暫停業務或有停業之虞或資產不足抵償所負債務者，均得分別依本法所定之和解、破產或重整程序，清理其債務。債務清理對象不以自然人及法人為限，非法人團體亦得依和解、破產程序為債務清理。此外，於法院之和解部分，將原僅債務人始得聲請和解之限制，擴及債權人亦得為和解之聲請。於破產程序，債務人無財產或財產不敷清償破產程序費用時，其為自然人者，仍可依本法規定獲得免責，而有再生重建之機會；非自然人者，亦得依破產程序使之消滅。且破產之開始，並不以多數債權人為限，明定債權人雖僅一人，亦得裁定開始破產程序。（修正條文第二條、第六十九條、第一百三十四條、第一百三十五條、第一百三十六條、第一百三十九條、第一百四十二條、第二百零七條、第二百二十條）

二、債務清理入口單一程序原則

債務清理事件具社會公益性，同一債務人有多數債務清理之聲請者，法院裁定時應斟酌各利害關係人之利益，選擇最合適之債務清理程序。故同一債務人有和解、破產或重整等二種以上之債務清理聲請併存者，除有重整之聲請，應合併由重整事件之該管法院審理外，應由先受理之法院合併審理。法院審理後認應裁定開始債務清理程序，僅能擇一程序進行。如法院所為之裁定，有全部駁回或一部駁回、一部准許之情形，而僅就部分提起抗告，為免抗告後裁判結果分歧，並貫徹入口單一程序原則，視為全部提起抗告。（修正條文第八條、第二十二條）

三、充實債務人財產保全之制度

債務清理聲請後，債務清理程序終止或終結前，為防杜債務人之財產減少或業務狀況更形惡化，維持債權人間之公平受償，使債務人有重建機會，法院認有必要時，得依債權人、債務人或其他利害關係人之聲請或依職權為一定保全處分、選任保全管理人。並於本法明定保全管理人之權限及有礙執行效果行為之效力。又為使債務清理程序迅速進行，避免採取訴訟方式，浪費法院及關係人勞力、時間及費用，將現行法第七十八條、第七十九條關於撤銷債務人所為詐害及偏頗行為之規定，修正為均由監督人或管理人以意思表示為之，並明文規範撤銷爭議處理程序及上開行為經撤銷之法

律效果，以及程序開始時，未完全履行雙務契約之效力及其爭議處理。另爲使債務人財產明確化及保障交易安全，明定債務清理程序開始後，法院應囑託該管機關爲債務清理事由、財產等登記及通知相關主管機關；於破產、重整程序，並應於債務人之業務上財產帳簿記明截止帳目，暨作成節略記明帳簿之狀況。（修正條文第二十七條、第三十六條至第四十七條、第一百四十五條、第一百四十六條、第一百四十九條、第一百五十四條至第一百五十六條、第二百十二條、第二百二十五條、第二百三十七條、第二百四十六條）

四、監督人、管理人及司法事務官

　　債務清理事件常涉公益，或與多數人之利害關係攸關。且和解、破產或重整程序涉及法律、會計或事業經營之專業，爲顧及實際所需，明定除本法別有規定外，法院應選任律師、會計師或其他適當之自然人或法人，擔任和解及重整程序之監督人，或於破產、重整程序擔任管理人，監督、處理債務清理事件事務。監督人或管理人非自然人債務清理事件之必設機關，俾免債務人因程序進行需支付監督人或管理人報酬，增加其負擔。至監督人或管理人選任之辦法及其報酬之標準，由司法院定之。另爲協助法官處理此類事件，明定法院得命司法事務官進行債務清理程序，以兼顧實際。（修正條文第二十五條、第三十一條、第三十四條、第三十五條、第七十五條、第八十二條至第八十四條、第八十六條、第八十七條、第九十七條、第一百零一條、第一百十三條、第一百四十三條、第一百四十五條、第一百四十六條、第一百四十八條、第一百五十四條、第一百五十六條、第一百六十條至第一百六十九條、第一百七十五條、第一百七十七條至第一百八十一條、第一百八十三條、第一百八十九條、第一百九十五條、第二百零三條、第二百零五條至第二百零八條、第二百十條、第二百三十四條、第二百三十五條、第二百三十七條至第二百四十五條、第二百四十九條、第二百五十條、第二百五十三條、第二百五十六條、第二百六十條、第二百六十五條、第二百七十七條、第二百七十八條、第二百八十條、第二百八十一條、第二百八十四條、第二百八十五條、第二百八十八條、第三百十六條、第三百十七條）

五、保全管理人及監查人

　　法院就債務清理之聲請爲裁定前，爲保全債務人財產，得依聲請或依職權，選任保全管理人，以行使職務，並得於程序開始後優先選任其爲監督人或管理人。又爲監督破產程序管理人處理破產事務，債權人會議得選任債權人一人至五人爲監查人，以

行使職務。（修正條文第三十八條、第三十九條、第七十五條、第一百四十三條、第一百八十五條至第一百八十八條、第二百三十四條）

六、健全債權人會議、關係人會議及可決標準之調整

　　債務清理程序雖係由法院督導程序之進行，然和解方案、重整計畫本質上屬債務人與債權人或關係人團體締結之契約，破產程序亦攸關債權人受償權益，應給予表示意見之機會。故於和解及破產程序設債權人會議，重整程序設關係人會議，並明文規範債權人會議、關係人會議之召集程序、出席人員、應報告之義務人及決議之方法，以為程序進行之依據。又依現行法第二十七條、第一百二十三條規定，債權人於和解、破產程序之債權人會議為決議時，應有出席債權人過半數之同意，且其所代表之債權額應分別占無擔保總債權額三分之二以上（和解）、或超過總債權額半數之同意（破產），致和解實不易成立，破產程序因之延宕。故修正上開債權人會議可決條件，取消決議人數限制，並將和解可決標準降低為出席債權人所代表之債權額，逾已申報無擔保及無優先權總債權額之二分之一即可。至重整程序之關係人會議各權利人組決議標準，雖以經各組表決權總額逾二分之一之同意為原則，惟有擔保重整債權者於擔保物之價值範圍內，本可全額受償，管理人所提重整計畫倘對有擔保重整債權未為全額清償，為保障擔保權人權益，特加重該權利人組可決之比例為經其表決權總額三分之二以上之同意。其次，為促進和解程序之進行，明定和解方案之可決得採行書面決議方式為之。債權人於接獲法院通知後未依限確答不同意者，視為同意。(修正條文第六十四條至第六十八條、第九十六條至第九十九條、第一百八十三條至第一百八十五條、第一百八十七條、第一百八十八條、第二百零一條、第二百五十五條至第二百五十九條、第二百六十八條、第二百七十七條、第二百八十條、第二百九十一條、第二百九十六條)

七、債權之行使及限制

　　債務清理程序之設，旨在調整債務人與債權人間權義關係、保障債權人公平受償、協助債務人重建事業、經濟生活。為利債務清理及公平清償債權，規定債權人於法院裁定開始債務清理程序前取得之債權不論有無執行名義，非依債務清理程序，不得行使權利。而為使債務清理程序進行順暢，明定各債務清理程序開始及相關裁定生效時點、債權申報程式、異議程序、債權之行使與限制、請求權消滅時效之中斷、不完成及法定期間停止等，俾便債務人、債權人及利害關係人遵循。又考量債務人基於重建事業、經濟生活之使用目的或取得資金之必要，有將特定財產上擔保權消滅之

需求，允許其得提出現款消滅該標的物上之擔保或優先權，以避免該擔保物因債權人行使權利而散逸，阻礙債務人重生，並兼顧擔保權人之利益。另現行法就和解、重整程序中債權人抵銷權之行使未妥為規範，為避免債權人對於債務人負有債務者，其債權依和解、重整程序僅得受償部分，而債務卻應全部清償之不公平現象，明定於債權申報期間屆滿前，依民法規定得為抵銷者，債權人於該期間屆滿前得行使抵銷權。再者，現行法就和解程序費用之清償，未為規範。為保障因進行和解程序所生之費用或債務人繼續經營業務所生之債務等共益債權，明定上開債權優先於無擔保及無優先權之和解債權而受清償，俾利和解程序順利進行。又現行法於破產程序固規定財團費用及財團債務，應先於破產債權，隨時由破產財團清償之，惟於破產財團不足清償各債權時，應如何清償，則付之闕如。本次修正除將財團費用、財團債務分別更名為共益費用、共益債務，以符合其為破產程序債權人共同利益所生之特質，並調整其範圍外，另明定破產財團之財產不足清償上開債權時，各該費用及債務之清償順序，順序相同者，則按債權額比例清償，以杜爭議。（修正條文第四十九條至第六十三條、第七十四條、第七十九條至第八十一條、第九十條、第九十一條、第一百零六條至第一百十二條、第一百十五條、第一百十七條、第一百三十九條、第一百七十條至第一百七十三條、第一百七十六條至第一百八十二條、第二百零一條、第二百零二條、第二百十一條、第二百十七條、第二百三十二條、第二百四十六條、第二百四十八條至第二百五十條、第二百五十二條至第二百五十四條、第二百六十四條、第二百七十三條至第二百七十六條、第二百七十九條、第二百八十二條、第二百八十三條、第二百八十六條、第二百八十九條、第二百九十條、第二百九十六條）

八、採行非訟化審理並強化裁定之效力

債務清理事件涉及利害關係人實體上之權利，考量利害關係人如須另以訴訟爭執，不僅影響債務清理程序之迅速進行，亦可能因債務清理法院與民事法院裁判歧異，造成程序進行困擾。故採行非訟化審理，債務清理法院就利害關係人之爭執事項應為實體審查，使利害關係人有陳述意見之機會，當事人不服裁定而提起抗告時，抗告法院於裁定前，應行言詞辯論，使各該當事人得充分就該事件之爭執為事實上及法律上陳述，並得聲明證據、提出攻擊或防禦方法，為適當完全之辯論。經此程序之裁定，當事人之程序權已獲充分保障，即賦予確定判決同一之效力。（修正條文第三十七條、第四十二條至第四十四條、第四十六條、第四十七條、第六十一條、第八十一條、第一百五十四條、第一百五十六條、第一百六十四條、第一百七十二

條、第一百七十四條、第一百七十五條、第一百八十一條、第二百四十六條、第二百五十一條、第二百五十二條、第二百九十六條）

九、保障勞工工資債權

為保障勞工基本生存權，雇主受裁定開始債務清理程序而有積欠勞工工資之情形，明定在法院裁定開始債務清理程序前六個月內，債務人因勞動契約所積欠之勞工工資，勞工如不能依其他方法受償（例如未能依勞動基準法第二十八條之積欠工資墊償基金受償），在和解、重整程序屬共益債權；破產程序屬財團債權，不依債務清理程序，隨時優先受償。（修正條文第八十一條、第一百七十一條、第一百七十二條、第二百五十二條）

十、債務人、準債務人及其使用人之協力義務

債務人依債務清理程序清理其債務，除有不誠實或不正當之行為外，最終可獲免責。其於程序之進行，自應負協力義務。而與債務人有一定關係之準債務人及其使用人等利害關係人，亦同。是債務人、準債務人及其使用人即有答覆法院及監督人、管理人等之詢問、報告財產變動狀況，及債務人並有提出財產及收入狀況說明書及其債權人、債務人清冊等文件、提出和解方案、破產財團財產之書面或陳報附屬事業權利行使等義務。（修正條文第三條、第十六條、第六十八條、第八十三條、第八十六條、第八十八條、第一百六十條至第一百六十二條、第二百二十五條、第二百二十九條、第二百三十條、第二百三十九條、第三百條、第三百二十條）

十一、債務清理程序之轉換及銜接

法院裁定開始和解或重整程序後，債務人如有應盡之義務而未履行或其他情形，致法院、監督人或管理人無法進行程序時，足證債務人欠缺重建型債務清理之誠意。為避免債務人藉機拖延，應有使法院依職權或依聲請將和解或重整程序轉換成破產程序之機制。又和解程序進行中，如有符合重整要件且適合債權人一般利益者，亦許法院裁定轉換成重整程序，以促進債務清理成效。另破產程序開始後，債務人為法人或非法人團體者，亦得與管理人共同向法院提出調協方案聲請調協，以避免破產之結果。至程序轉換後，原於前債務清理程序所進行之程序，可為後債務清理程序援用者，並應作為後程序之一部，以符程序經濟。（修正條文第八十六條、第九十四條、第一百條、第一百零一條、第一百零五條、第一百十八條、第一百十九條、第一百二十二條、第一百二十三條、第一百八十九條、第二百條、第二百七十條、第

二百七十一條、第二百八十三條、第二百八十六條）

十二、增訂和解方案履行監督機制

　　和解經法院依現行法第三十二條為認可後，程序即告終結，後續關於債務人就和解條件之履行並無任何監督機制，突顯重建型債務清理程序之和解制度之不完整性。為彌補制度缺漏，明定和解程序依和解方案內容之不同，各異其終結時點；且監督人於和解程序終結前，應監督和解方案之履行；並賦予債權人得以認可之和解方案為執行名義，聲請強制執行之權限。又和解方案經認可後，債務人可能因不可歸責之事由陷於履行困難，現行法並無調整和解條件之機制，致影響和解成效。有鑑於此，爰規定債務人履行和解方案有困難，而有正當理由者，得聲請法院展延其履行期限。（修正條文第一百十三條、第一百十四條、第一百十六條、第一百十七條）

十三、充實工、商業會和解程序並加強法院監督

　　商會之和解為我國特有之裁判外債務清理方式，「商會」現行法制規定於商業團體法，並更名為商業會。為鼓勵裁判外之和解，本法除維持現行商業會和解外，將依工業團體法成立之工業會納入裁判外和解之體系，使工業會及商業會，均得受理所屬會員請求和解，並完備其他相關程序規範。另為確保和解程序及債權人會議可決之和解方案正當適法，明定工、商業會所作載有債權人會議可決和解方案之會議紀錄，應送請工、商業會所在地法院為認可與否之裁定，藉由法院監督程序保障債務人、債權人之權益。（修正條文第一百二十四條至第一百三十一條）

十四、準債務人賠償責任及濫用法人格股東責任之追究

　　修正條文第三條所定之準債務人，依民法、公司法或其他法令對債務人應負損害賠償責任時，為迅速追償及有效保障債務人及債權人權益，明定管理人、監查人得聲請法院裁定命準債務人負賠償責任。又經法院裁定開始破產或重整程序之債務人如為股份有限公司，其股東有濫用公司之法人地位，導致公司負擔特定債務，清償顯有困難，而應依公司法第一百五十四條第二項對全體債權人應負清償責任時，該股東雖非破產、重整債務人，但其責任與公司具同一目的，為避免債權人個別行使權利，致未能公平受償，明定由管理人擔當，統一於公司之破產、重整程序中行使此權利。（修正條文第一百五十六條、第一百六十四條、第二百四十六條）

十五、調整自然人之破產財團範圍

債務人為自然人者，就破產財團之構成如採膨脹主義，破產財團不易確定，影響破產財團財產之分配及破產程序之進行，並易降低債務人取得新財產之意願。為保障債務人之生存權，鼓勵其自力更生，恢復經濟活動，兼採固定主義，明定債務人於破產程序開始後終止或終結前，有償取得之財產，不列入破產財團，法院並得審酌債務人生活狀況、可預見之收入等情事，由法院裁定擴張不屬於破產財團財產之範圍。（修正條文第一百五十七條）

十六、自然人破產程序免責制度之合理化及不免責裁定之羈束力

現行法所定之自然人破產情形，債權人依破產程序已受清償者，其債權未受清償之部分，請求權均視為消滅（破產法第一百四十九條）。惟陷於經濟困境之自然人經由破產程序重建復甦其經濟生活，債權人將蒙受相當之損失，為免債務人濫用破產程序以獲免責，維持程序之公正與誠信，爰修正改善免責之機制，採用裁定免除債務制度，並增訂不免責事由。在破產程序終止或終結後，法院應審酌債務人有無不免責之事由，而為免責或不免責之裁定。又為避免債務人遭受突襲性裁判暨維持不免責裁定之安定性，債務人如有多數應不免責事由，法院為不免責裁定時均應載明。該不免責裁定確定後，債務人復為免責聲請時，法院應受該裁定之羈束，不得再斟酌原不免責裁定所未記載之其他不免責事由。（修正條文第二百十三條、第二百十四條）

十七、增訂法人重整程序

重整程序為集團性調和債務人與債權人、股東、員工、主要交易對象及其他利害關係人權利義務關係之債務清理程序，為建立完整之債務清理制度，謀求債務人事業繼續價值之最大化，將重整程序納入規範。為賦予財務困難法人重建更生之機會，擴大重整程序之適用對象範圍，明定不以公司法第三章第十節公司重整規定之公開發行股票或公司債之股份有限公司為限，亦包括無限公司、有限公司、兩合公司及其他依民商法設立之法人。惟為符程序經濟及費用相當性原則，明定登記之財產總額或資本額達新臺幣一億元以上者，始能進行重整，俾避免程序浮濫。又為使重整程序進行有所依據，乃分別明定重整之聲請、重整之開始及效力、重整債權、社員權及共益債權之行使、關係人會議、重整計畫之可決及認可、執行及其程序之終了等相關事項。（修正條文第二百二十條至第二百八十六條）

十八、增訂公法人債務清理程序

　　爲使公法人之債務得爲集團性債務清理，明定中央或地方機關或依法爲公法人者亦得依本法進行債務清理，惟中央或地方機關或依法爲公法人者，均有其公共機能，其債務清理程序與自然人或私法人不宜完全相同，爰增訂公法人債務清理之和解程序，並明文規範除法律有特別規定外，無破產及重整程序之適用。（修正條文第二百八十七條至第二百九十六條）

十九、增訂外國債務清理程序之承認

　　現行法第四條規定，和解在外國成立或破產在外國宣告者，對於債務人或破產人在我國之財產不生效力，故外國成立之和解或破產宣告裁判，無從在我國主張其效力。惟爲因應經濟活動國際化及兩岸經貿關係密切之需求，平衡保障各國債權人之公平受償，增進跨境貿易及投資，強化及時司法互助與合作，明定對於外國、大陸地區及香港、澳門地區之法院及行政機關所進行債務清理程序得聲請承認，並增訂相關程序、效力及準據法等事項，俾與國際經貿活動順利接軌。（修正條文第二百九十七條至第三百二十條）

二十、其他

（一）事件管轄

　　關於債務清理事件之管轄法院及其轄區，由司法院視事件之性質、數量之多寡及人民便利性等因素以命令規定，且爲妥速處理債務清理事件，債務清理法院應設立專庭或專股處理之。另法院裁定開始債務清理程序後，因關於債務清理事務而涉訟者，其訴訟結果與債務清理程序之進行密切相關，爲便於利用債務清理程序調查所得之事實及證據，增訂得由債務清理法院管轄之特別審判籍規定。又爲迅速、適當處理外國法院債務清理程序之承認事件，並使法官得以累積學識及經驗，明定專屬臺灣臺北地方法院管轄（修正條文第六條、第七條、第九條、第二百九十七條）

（二）費用徵收

　　爲合理徵收債務清理費用，採用分階段徵收費用之立法例，分別規範聲請債務清理、承認外國債務清理程序，及法院裁定開始和解、破產或重整程序者，應徵收或加徵之費用。另爲避免繁瑣，以不另徵收郵務送達費及法院人員差旅費爲原則。（修正條文第十條、第十一條）

（三）聲請程式

　　向法院聲請債務清理，除應具備一般程序要件外，並應符合規定之程式及特別

要件。故應於聲請時提出一定之說明及關係文書,俾便法院得先為書面審查,藉以判斷有無債務清理之原因,避免無益程序之進行。(修正條文第十三條、第七十條、第七十一條、第一百三十七條、第二百二十一條、第二百二十二條、第二百九十六條、第二百九十八條)

(四)簡化審理程序及明定強制執行依據

為使債務清理事件迅速進行,爰規定事件之裁判由獨任法官以裁定行之,抗告則由管轄之債務清理法院以合議裁之。對於抗告法院之裁定,僅得以適用法規顯有錯誤為理由,逕向最高法院再為抗告,且除有確定判決同一效力之裁定外,不得聲請再審,以簡化程序。另債務清理程序中有為強制執行必要者,為使其執行方法之實施有所依循,增列準用強制執行法之規定。(修正條文第五條、第二十條、第二十三條、第二十四條)

(五)資訊公開化

債務清理程序具有集團性清理債務之性質,為使利害關係人得以迅速知悉債務人財產狀況及程序之資訊,明定法院應公告之事項,諸如裁定、債權表、債權人會議、關係人會議期日處所應議事項、債權申報期間、和解及調協方案、分配表、程序終止或終結等項,並就公告之處所、方式及效力為統一規定,以為共同適用之準則。又為簡化文書送達程序,避免增加勞費、延滯程序之進行,增設以公告代送達之制度;惟就影響權益之重要文書,則除公告外,並應送達於關係人,以保障關係人之權益。(修正條文第二十六條、第三十一條、第三十二條、第三十六條、第六十條、第六十四條、第七十四條、第七十六條、第七十七條、第八十五條、第一百零一條、第一百零二條、第一百十四條、第一百十六條、第一百三十九條、第一百四十二條、第一百六十七條、第一百九十一條、第一百九十六條、第一百九十九條、第二百零三條、第二百零六條、第二百零七條、第二百零九條、第二百十五條、第二百三十二條、第二百三十六條、第二百四十二條、第二百五十條、第二百五十一條、第二百五十九條、第二百六十九條、第二百八十一條、第二百八十四條、第二百九十三條、第三百零一條、第三百零二條、第三百零五條、第三百十條、第三百十二條、第三百十五條、第三百二十條)

(六)罰則

為防杜債務人故為導致和解、破產或重整之行為,修正原有詐欺和解、破產之犯罪型態,擴大處罰對象使及於重整程序之債務人。且為遏阻債務人藉由債務清理程序,以不正當方法侵害債權人之權益,妥適調整刑度,並因應犯罪情節輕重,增訂拘

役、罰金之刑。又監督人、管理人、保全管理人或監查人係受託於債務清理程序中行使職權之人，均應公正執行職務，爲防免前揭執行職務之人藉由執行職務之便，要求、期約或收受賄賂、不正利益，或他人對之爲行求、期約或交付賄賂、不正利益，或妨害其等執行職務之行爲，爰均以刑罰規範之；如法人擔任該等程序機關，實際執行職務之人亦適用相同規範，並對法人科以罰金。且爲維護債權人會議、關係人會議可決之公正性，對於有不法圖利行爲，亦以刑罰相繩。又既增訂外國債務清理程序之承認，爲確保本法進行之債務清理程序及經承認之外國債務清理程序之公正性，除對擅移財產出境者爲刑罰制裁外，並明定於中華民國領域外犯本法罰則章之罪者，亦適用本法。（修正條文第三百二十一條至第三百二十九條）

（七）附則

對於本法修正施行前，法院裁定或商業會開始處理之事件及相關程序進行等事項，其法律適用及其效力，均宜明文規定，爰增訂本法修正施行前，法院裁定開始處理之和解、破產及重整事件程序依原規定程序終止或終結。商業會已開始處理之和解事件，視其進行程度，依本次修正後之規定終止或終結，已進行之部分，仍不失其效力。另除有特別規定外，修正施行後之新法，於修正施行前發生之事項亦適用之，且修正施行前破產程序已終止或終結，均得依新法聲請免責、復權，並明定本法修正施行後不再適用之公司法、金融機構合併法相關規定，授權訂定施行細則及本法施行日期。（修正條文第三百三十條至第三百三十七條）

附錄八　破產法與消費者債務清理條例歷年考古題及擬答

壹、105年司法事務官法律事務組

一、甲商人因不能清償債務，乃於民國104年間向當地商會請求和解，並於召開債權人會議後，同年底成立商會和解。嗣乙於105年初，以對甲有103年間已屆清償期之債權新臺幣500萬元為由，對甲向法院提起給付之訴，是否合法？（20分）

【擬答】

破產法第36條「經認可之和解，除本法另有定規外，對於一切債權人其債權在和解聲請許可前成立者，均有效力。」為同法商會和解所準用（破產法§49）故本題之乙對甲向法院提起給付之訴，是否合法，端視甲成立商會和解後，有無依和解約定履行而定：（一）倘甲有履行和解約定，法院對乙所提之給付之訴，應認欠缺保護必要，而裁定駁回其訴；（二）倘甲未履行和解約定，法院應認債權人乙所提給付之訴合法，而應實質審理。

二、A公司之破產管理人甲，對於破產債權人乙、丙之加入及其數額，分別提出異議，法院乃裁定將乙、丙申報債權之一部各予以剔除並告確定。試附理由說明：該裁定發生何種效力？乙、丙如對該剔除數額有所爭執，得否另訴主張權利？（20分）

【擬答】

（一）法院裁定確定之效力，並無既判力（實質確定力），但可產生破產管理人應修正申報債權表之效力（破產法§126）；（二）因法院對於異議之裁定，並無既判力，故乙丙對該剔除數額如有爭執，得另訴提起確認債權額之訴主張其權利。

三、甲於民國100年間向法院聲請更生，經法院於101年間裁定准予認可更生方案並告確定，但甲履行三期後，配偶乙即罹患重病，為全心照護而不得不辭職，致未繼續履行更生方案。乙於104年間逝世，甲隨即謀得新職並有固定收入。試附理由說明：甲於更生方案經法院裁定認可確定後，未依更生條件履行，法律效果為何？甲對已屆期未履行部分有無救濟方法？甲如重新聲請更生，法院應如何處理？（45分）

【擬答】
　　（一）甲未依更生條件履行，其法律效果為：債權人得以之為執行名義，聲請強制執行（消債條例§74 I）；（二）甲對已屆期未履行部分，因未履行係屬不可歸責於甲之事由，故甲得聲請法院裁定延長其履行期限，依消費者債務清理條例（以下均簡稱「消債條例」）第75條之規定處理；（三）法院應依消債條例第8條前段規定，以聲請更生不合程式或不備其他要件者，以裁定駁回其聲請。

　　四、甲因對A、B、C、D銀行負有債務，乃依消費者債務清理條例規定，於民國105年間向法院聲請調解，並提出債權人清冊。法院依甲所提出清冊，訂期通知最大債權人A銀行進行調解。嗣於調解期日，法院發現B銀行已於甲聲請調解後，因受讓C銀行之債權而成最大債權金融機構。試附理由說明：法院是否仍得由A銀行代理其他金融機構而進行調解？（15分）
【擬答】
　　（一）法院應不得由A銀行代理其他金融機構而進行調查，理由如下：本題涉及最大債權金融機構是否應實質判斷，容有不同見解，但本人認為，最大之債權金融機構，應實質判斷，於債務人聲請調解前後，如有債權移轉取得債權之最大債權金融機構始有代理其他金融機構進行調解之權；（二）法院應另定調解日並通知實質上之最大債權銀行B代理其他金融機構進行調解，不得仍由A銀行代理其他金融機構而進行調解，始符合立法意旨。

貳、106年司法事務官法律事務組

　　一、債務人依破產法之規定，向法院聲請破產和解，經法院裁定認可和解。債務人事後並未依和解內容履行，則債權人是否可將該和解內容作為執行名義，聲請法院強制執行？（15分）
【擬答】
　　本題爭點在於：破產法上之和解內容可否為執行名義，在破產法並無明文規定，故在實務及學說見解，容有不同看法，但參照消債條例第74條之規定，宜採肯定說。

　　二、某甲於民國（下同）90年間，將其所有土地出售予乙，已收取全部價金，

將土地交予乙使用，惟因故遲未辦理所有權移轉登記。嗣甲於98年間因財務惡化，經法院裁定宣告破產，乙乃向法院對破產管理人訴請辦理土地所有權移轉登記，是否有理？（25分）

【擬答】

　　（一）本題涉及破產法第96條第2款後段所稱之財團債務範圍，容有不同見解：1.學說認為：財團債務，係指破產管理人因破產宣告後應履行雙務契約而生之債務，且當事人間互負給付義務，他方當事人有對破產財團請求為對待給付之權；2.實務認為：破產宣告時已成立之雙務契，在破產宣前他方當事人已照約定履行者，破產人固負對待給付之義務，惟此種債權，性質上與成立於破產宣告前之一般債權無異，當僅得依破產債權行使權利；（二）本人認為，依破產法第96條之立法意旨以觀，財團債務應以破產宣告後，他方當事人仍依約履行，因而增加破產財團之財產，而應由破產管理人履行之對待給付而言。故本題宜採實務見解，認為乙向法院對破產管理人訴請辦理土地所有權移轉登記，為無理由，較為公允。

　　三、債務人甲戶籍設於屏東市，因工作關係住在臺中市，甲因無力清償債務，遂依消費者債務清理條例之規定，向臺中地方法院聲請清算，臺中地方法院以甲之住所設於屏東市為由，裁定移送於屏東地方法院。惟屏東地方法院則認為甲於戶籍地並無居住事實，應以臺中市為其住所。請附理由說明屏東地方法院得否再裁定移送臺中地方法院。（20分）

【擬答】

　　屏東地方法院得再裁定移送至臺中地方法院，茲分述如下：（一）按消債條例第5條第1項規定，更生及清算事件，專屬債務人住所地或居所地之地方法院管轄。如債務人之生活重心未在其住所地時，自應以其實際居所地即工作地作為專屬管轄法院，以利債務人更生及清算事件之進行；（二）本題債務人甲戶籍雖設於屏東市，但實際居所地即工作地在臺中市，故應認臺中地方法院有本案之專屬管轄權，屏東地方法院得再裁定移送臺中地方法院。

　　四、債務人甲依消費者債務清理條例向法院聲請清算，經法院裁定開始清算程序，並於清算程序終止後，受不免責之裁定確定。甲事後是否可就開始清算前成立之債務，再向法院聲請更生？（40分）

【擬答】

債務人甲依消債條例向法院聲請清算，既經法院裁定開始清算程序，並終止清算程序，顯見其清算財團之財產已不敷清償其費用及債務（§129），另甲又受不免責之裁定確定（§133、134），更可見其在清算程序有違反誠信之可歸責事由，故甲事後自不得就開始清算前成立之債務，再向法院聲請更生，否則，法院應依同條例第8條前段規定，以聲請更生不合程式或不備其他要件者，以裁定駁回其聲請。

參、107年司法事務官法律事務組

一、破產法第96條第2款所稱：「破產管理人為破產財團請求履行雙務契約所生之債務，或因破產宣告後應履行雙務契約而生之債務」均列入財團債務，應先於破產債權，隨時由破產財團清償之。請說明上開規定是否包含破產管理人因履行所有雙務契約衍生之債務？並說明理由。（25分）

【擬答】

破產法第96條第2款後段所稱「破產宣告後應履行雙務契約所生之債務」應如何解釋，學說與實務有不同見解：（一）先前學說見解：本款之適用，專指破產宣告前已成立之雙務契約，對方當事人於破產宣告前已履行對待給付完畢，而破產人尚未履行完畢者而言；（二）實務見解：破產宣告時已成立之雙務契約，在破產宣告前他方當事人已照約履行者，破產人固負有為對待給付之義務，但此種債務，性質上與成立於破產宣告前之一般債權無異，當僅得依破產債權行使權利。如認為此種債務係屬破產法第96條第2款後段所規定之財團債務，得優先於一般破產債權受償，殊欠公允；（三）晚近學說見解：應解為包含下列兩種情形：1.破產宣告時已成立之雙務契約，雙方均尚未履行，而破產管理人未行使契約解除權或終止權，並同意他方當事人仍照約履行，因而增加破產財團之積極財產，此時則應由破產管理人履行原本應為之對待給付；2.針對破產宣告時已成立之繼續性債之契約，於破產管理人未行使契約終止權之前，對破產財團而言為繼續發生之債務；（四）結論：以上三說各有所本，為兼顧破產財團及債權人雙方之權益起見，應使破產管理人得依具體個案彈性裁量為妥，故管見以為應以第三說較為妥適。

二、甲對乙有債務新臺幣（下同）80萬元，於民國105年7月6日簽發以A銀行為付款人，105年10月20日為發票日，面額80萬元之支票一紙交付乙作為清償之用，嗣因甲經商失敗，於105年8月5日向商會請求和解，同年9月30日成立和解，債權人同意

甲僅須償還三成,乙因不知該和解,於同年10月20日向付款銀行提示,經以拒絕往來不獲兌現,乙乃依票據關係訴請甲給付票款,則乙是否應受商會和解之拘束?(15分)

【擬答】

　　乙之票據債權,可主張不受商會和解之拘束,而得全額要求債務人甲清償,理由如下:(一)商會和解之內容,僅對於和解聲請前成立之債權,始有效力;(二)乙之票據債權係成立於該支票所載之發票日即105年10月20日,其日期均在105年8月5日商會和解聲請,105年9月30日成立和解之後,依破產法第49條準用破產法第36條之規定,票據債權人乙自得主張不受商會和解條款之拘束。

　　三、甲有房屋一棟,向銀行抵押借款新臺幣800萬元,嗣因無力清償貸款,經銀行向法院聲請強制執行拍賣房屋。甲因另積欠三筆普通債務無力清償,依消費者債務清理條例向法院聲請更生,並經法院裁定開始更生程序,則法院是否可依聲請或依職權就該房屋予以保全處分限制銀行強制執行?(40分)

【擬答】

　　本題在學說與實務上有不同見解:(一)否定說(學說見解):法院不得依聲請或依職權予以保全處分限制銀行強制執行。蓋銀行之債權為具有擔保物權效力之債權,本得不依更生程序行使權利(§28、48 II但書);(二)肯定說(實務見解):關於普通債權人對於債務人財產強制執行程序之停止,依第19條第1項第3款規定,得為保全處分。至自用住宅借款債權人,係有擔保之債權人,雖得不依更生程序行使權利,且更生不影響其權利(§48 II但書)。惟同條例第54條、第54條之1規定自用住宅借款特別條款制度,係使負有自用住宅借款債務而瀕臨經濟困頓之債務人,不必喪失其賴以居住之自用住宅而重建經濟生活,得於更生方案訂定以自用住宅借款延緩清償為內容之自用住宅借款特別條款。另對債務人之特定財產有擔保權之優先權者,其優先權僅存在於該特定財產之價值範圍,該債權人對優先權或擔保權之標的物聲請強制執行時,債務人如願按標的物之拍定或債權人承受之價額提出清償,以避免強制執行,對該債權人並無不利(§70 II);(三)本人認為:以上兩說各有所本,但在解釋上宜採區分說為妥,即若甲之房屋係屬自用住宅者,宜採實務之肯定說;反之,若該房屋非屬自用住宅者,則依現行法之規定,宜採否定說為妥。

　　四、債務人甲向A銀行借款新臺幣(下同)150萬元,並邀乙為普通保證人,擔保該債務之清償。嗣乙積欠丙20萬元貨款債務未清償,如乙就該債務有不能清償之情

事，向法院依消費者債務清理條例聲請更生，是否仍須依該條例第151條第1項規定，踐行前置協商程序？（20分）

【擬答】

乙仍應踐行消債條例第151條第1項之前置協商程序，理由如下：（一）依101年修正後消債條例第151條第1項之規定觀之，已刪除債務人請求協商時債務類型之限制（不以信用卡債、消費借貸等為限），其立法理由在於擴大債務人與金融機構間前置協商及調解程序之適用範圍，乃刪除債務人請求協商或聲請調解之債務種類限制。茲乙對A銀行所負之普通保證債務，雖屬「補充性之債務」，且對銀行有「先訴抗辯權」，然此等規範僅係債權人A銀行行使權利時之限制事由，該保證債務本質上仍不失為基礎關係已具備，且已成立生效之債權債務關係，故自有101年修正後消債條例第151條第1項規定之適用；（二）保證契約具從屬性，保證債務係以主債務之內容為內容，依「舉重以明輕」之法理，如主債務（即題示情形中甲向A銀行借貸之150萬元債務）為第151條第1項所規定之債務，保證債務之清理程序亦應與之一致，而有消債條例第151條第1項規定之適用。

肆、108年司法事務官法律事務組

一、商人甲不能清償債務，在未向法院聲請破產和解前之民國107年6月1日向當地商會請求和解，嗣經債權人會議可決後，於108年3月1日訂立書面契約，並由商會主席署名，加蓋商會鈐記而成立和解。試附理由解答下列問題：（一）甲因積欠106年度之營業稅，有管轄權之行政執行機關乙可否於107年9月間對甲為行政執行，查封甲名下之財產？（10分）（二）甲之普通債權人丙，可否於107年10月間對甲提起民事訴訟請求給付貨款新臺幣100萬元？（10分）

【擬答】

（一）甲積欠106年度之營業稅屬稅捐債權，優於普通債權（稅捐稽徵法§6）有管轄權之行政機關乙對甲得對債務人開始或繼續民事執行程序；（二）本題之債務人甲已於107年6月1日向商會請求和解並經許可，故甲之普見通債權人丙，不得於107年10月間對甲提起民事訴訟請求給付貨款新臺幣100萬元（破產法§49準用§17）。

二、債務人A邀同B為連帶保證人，向C銀行借款新臺幣（下同）200萬元，A已分期清償該貸款80萬元，嗣因A突遭變故喪失工作能力而無力清償所餘債務，乃向法

院聲請破產，並經法院裁定宣告破產。試附理由解答下列問題：（一）倘C銀行已於破產程序中向破產管理人申報其債權金額120萬元，則B於該破產程序中，得否以將來其對A之求償權總額向破產管理人申報破產債權？（10分）（二）該案破產程序嗣經以破產財團財產變價分配結果，每一破產債權人均僅按其債權額獲償10%，且發生破產免責效果後，C銀行另向B請求未能於破產程序中受償之其餘債權數額，B遭追償後，可否就其遭追償之金額向A求償？（10分）

【擬答】

　　（一）倘C銀行已於破產程序中向破產管理人申報債權金額120萬元，則B於該破產程序中，不得再以將來其對A之求償權總額向破產管理人申報破產債權（破產法§105但書）；（二）B遭C銀行追償後，亦不可就其遭追償之金額向A求償，因B為連帶保證人，對A而言，只是一般債權人，並無別除權，只能在破產程序行使權利，不能在A發生破產免責後，又向A求償（破產法§99、108）。

　　三、單親媽媽甲（戶籍設於臺南市新營區）現受僱於新北市之某私人企業，月薪新臺幣（下同）3萬4,000元，租屋居住在新北市新莊區（每月租金為9,000元），獨力撫養一位就讀小學一年級之幼子（並未再扶養其他人），因負欠現金卡、信用卡等債務共計90萬元無力償還，乃向最大債權銀行提出協商聲請。協商時，債權人共同提出「債務人每月提出6,000元由各債權銀行按債權額比例受償，總計清償一百五十個月」之協商方案，惟甲並不接受該方案，協商遂未能成立，甲乃向臺灣新北地方法院聲請更生。試附理由解答下列問題：（一）債權銀行乙主張：本件應專屬於臺南地方法院管轄，是否有理由？（5分）（二）甲倘經法院調查審理後裁定「自107年12月10日下午4時起開始更生程序」，該裁定並於同年12月10日下午4時公告於司法院網站上，於107年12月11日公告於承辦法院布告欄，於同年12月13日公告於甲住所地之鄉鎮市區公所布告欄，則該開始更生裁定，究自何時發生效力？於107年12月12日所發生之債權，是否屬於更生債權？（30分）（三）承上，倘甲於聲請更生時所提債權人清冊，係列載債權銀行丁之總債權額為8萬5,000元，丁受法院通知後並未於債權申報或補報期間內申報債權，嗣經法院製作債權表送達債務人及已知住居所、事務所之債權人後，丁乃以其債權額應係9萬5,000元為由，於法定期間內對該債權表提出異議，是否有理由？（15分）

【擬答】

　　（一）債權銀行乙主張本件應專屬於臺灣臺南地方法院管轄，為無理由

（§5）；（二）甲之更生裁定於107年12月10日下午4時公告於司法院網站時已發生效力，107年12月12日發生之債權係於更生裁定生效後始發生，應不屬於更生債權（§28）；（三）丁受法院通知後並未於債權申報或補報期間內申報債權，嗣經法院製作債權表送達債務人及已知之債權人後，丁雖於法定期間內該債權表提出異議，為無理由（§33 V）。

四、消費者債務清理條例第151條第7項規定：「協商或調解成立者，債務人不得聲請更生或清算。但因不可歸責於己之事由，致履行有困難者，不在此限。」該項但書規定之事由，是否以協商成立後所發生者為限？是否以債務人不可預見為必要？（10分）

【擬答】

（一）消債條例第151條第7項但書規定之事由，不以協商成立後所發生者為限，因該條但書係為使債務人有喘息之機會，故條文中並未限定以協商成立後所發生之事由為限；（二）該項但書規定之不可歸責於己之事由，應以債務人不可預見者為必要，否則將產生債務人投機心態。

伍、109年司法事務官法律事務組

一、甲向乙借款新臺幣（下同）100萬元，由丙擔任保證人擔保，甲另外分別積欠丁500萬元無擔保貨款債務，戊、庚各100萬元無擔保票據債務。嗣後甲因不能清償，依據破產法向法院聲請和解。在和解程序中，乙、丁、戊皆申報債權並出席債權人會議，庚未申報債權也未出席債權人會議，最後在戊反對和解條件下，債權人會議可決和解方案，減免甲債務30%。請附理由論述：（一）依題示情況，債權人會議可決是否成立？（5分）（二）若債權人會議否決和解方案，法院應否職權宣告甲破產？（5分）（三）若可決經法院裁定認可，甲依和解條件清償乙70萬元後，乙就未受償之30萬元債權，能否向保證人丙請求？又若丙依保證契約清償乙30萬元後，丙能否向甲行使權利？（10分）（四）戊、庚是否受和解條件拘束？（5分）

【擬答】

（一）和解債權人會議可決條件為：出席債權人過半數同意及所代表之債權額應占無擔保總債權額三分之二以上（破產法§27）。又債權人對於債務人之保證人之權利，不因和解而受影響（§38）。題示情形，乙100萬元有擔保債權，丁500萬元、

戊、庚各100萬元無擔保債權（丁及戊已申報之無擔保總額為600萬元）。雖丁、戊皆申報債權並出席債權人會議，但庚未申報債權也未出席債權人會議，戊並不同意，故不符合出席債權人過半數同意要件，可決不成立；（二）和解經債權人會議否決時，僅須報告法院，但法院仍須待當事人聲請，而毋庸依職權宣告破產（§28）；（三）破產法第105條「數人就同一給付各負全部履行責任者，其中一人或數人受破產宣告時，其他共同債務人，得以將來求償權之總額，為破產債權而行使其權利。但債權人已以其債權總額為破產債權行使權利者，不在此限。」故丙依保證契約清償30萬元後，得向債務人甲主張內部求償權作為破產債權，而向甲請求，但若乙已將該30萬元列為破產債權，則丙不得再向甲請求；（四）破產法第36條「經認可之和解，除本法另有規定外，對於一切債權人其債權在和解聲請許可前成立者，均有效力。」本題經認可之和解，對於戊及庚之債權，係在和解聲請許可前成立者，故均有效力，要受和解條件之拘束。

二、甲與乙於民國109年3月1日簽訂買賣契約，約定甲以200萬元購買乙所有的一幅山水名畫。甲於3月6日給付60萬元予乙後，乙於3月16日交付該名畫，隨後甲於4月1日聲請破產，甲並於4月3日再給付50萬元予乙，法院於4月6日宣告甲破產，甲又於4月16日給付70萬元予乙。請附理由論述：（每小題10分，共20分）（一）破產管理人得否撤銷甲上開給付行為？（二）乙得否主張破產管理人對其優先清償？

【擬答】

（一）破產法第78條「債務人在破產宣告前所為之無償或有償行為，有損害於債權人之權利，依民法之規定得撤銷者，破產管理人應聲請法院撤銷之。」破產宣告後之有償或無償行為，均因破產人喪失管理處分權，而自始無效，不在得撤銷之列。本題破產管理人就破產宣告前所為購買名畫並給付110萬元之行為，須以受益人乙於受益時亦知其情事，且有害於債權人之債權，始得撤銷；至於破產宣告後所為給付70萬元之行為，則因破產宣告後甲已無管理處分權，該行為自始無效，不在得撤銷之列；（二）破產法第96條「左列各款為財團債務：二、破產管理人為破產財團請求履行雙務契約所生之債務，或因破產宣告後應履行雙務契約而生之債務。」破產法第97條「財團費用及財團債務，應先於破產債權，隨時由破產財團清償之。」惟第96條第2款後段因破產宣告後應履行雙務契約而生之債務部分，並非含所有因此而衍生之債務，應僅限於破產宣告後，他方當事人仍照約履行，因而增加破產財團之財產，而應由破產管理人履行之對待給付而言。故本題甲於109年4月16日給付70萬元予乙部分，

係於破產宣告後仍照約履行，因而增加破產財團之財產，係屬因破產宣告後應履行雙務契約而生之債務，屬於財團債務，乙得主張破產管理人對其優先清償。

三、甲自民國（下同）105年3月1日起於某高科技產業公司上班，每月固定月薪5萬元（可處分所得），甲全部債務爲數家銀行的信用卡債務共500萬元。甲於109年5月1日依據消費者債務清理條例聲請更生，法院於109年5月7日裁定開始更生程序，其時甲全部財產爲房屋一棟（價值200萬元），甲提出更生方案，其方案主要內容爲甲每月還款金額3萬元（可處分所得減去自己及依法應受其扶養者必要生活費用之數額），還款六年，共還216萬元。請附理由論述：（一）依題示情況，甲所提更生方案是否可以獲得法院依上開條例第64條裁定認可？（25分）（二）又若甲聲請者爲清算，且甲未離職，而甲所負信用卡債務500萬元中，包含200萬元浪費性消費債務以及200萬元奢侈性消費債務，依上開條例清算程序之規定，甲是否可以獲得法院裁定免責？（20分）

【擬答】

（一）消債條例第64條第1項「債務人有薪資、執行業務所得或其他固定收入，依其收入及財產狀況，可認更生方案之條件已盡力清償者，法院應以裁定認可更生方案；債務人無固定收入，更生方案有保證人、提供擔保之人或其他共同負擔債務之人，法院認其條件公允者，亦同。」第64條之1「下列情形，視爲債務人已盡力清償：一、債務人之財產有清算價值者，加計其於更生方案履行期間可處分所得總額，扣除自己及依法應受其扶養者所必要生活費用後之餘額，逾十分之九已用於清償。二、債務人之財產無清算價值者，以其於更生方案履行期間可處分所得總額，扣除自己及依法應受其扶養者所必要生活費用後之餘額，逾五分之四已用於清償。」題示情形，甲有房屋一棟價值200萬元，應加計於可處分所得減去自己及依法應受其扶養者必要生活費用之數額（甲每月還款金額3萬元，還款六年，共還216萬元）內，故更生方案履行期間可處分所得應爲416萬元（216萬元+200萬元=416萬元），更生方案之條件須提出該數額十分之九（即374萬4,000元）以上之數額，始符合上揭盡力清償之標準。題示情形，甲所提更生方案，並無消債條例第64條第2項各款不得爲認可更生情形，因此，縱使甲所提出更生方案清償總額216萬元不符合視爲盡力清償，但法院得考量更生方案清償成數已達43.2%（216萬元÷500萬元=43.2%），而評價爲已盡力清償，裁定准予更生。（二）第134條「債務人有下列各款情形之一者，法院應爲不免責之裁定。但債務人證明經普通債權人全體同意者，不在此限：四、聲請清算前二年內，因消費奢侈商品或服務、賭博或其他投機行爲，所負債務之總額逾聲請清算時

無擔保及無優先權債務之半數，而生開始清算之原因。」題示情形，甲所負信用卡債務500萬元中，包含200萬元浪費性消費債務以及200萬元奢侈性消費債務，已逾聲請清算時無擔保及無優先權債務之半數，如奢侈性消費債務及浪費性消費債務係於聲請清算前二年內而爲者，法院即應爲不免責之裁定。

四、甲現有全部資產爲現金100萬元，積欠A銀行消費性借貸債務300萬元、欠B銀行信用卡債務200萬元、欠C銀行無擔保信用貸款200萬元。現甲依據消費者債務清理條例請求前置協商債務清償方案。請附理由論述：（每小題5分，共10分）（一）在協商過程中，甲及A銀行同意協商方案、B銀行不同意協商方案、C銀行未參與協商。該協商得否進行及成立？（二）假設該協商成立後，B銀行提起民事訴訟請求甲給付債務金額、C銀行聲請強制執行甲的資產，此時甲得否聲請更生或清算？

【擬答】

（一）消債條例第151條第4項「債權人爲金融機構者，於協商或調解時，由最大債權金融機構代理其他金融機構。但其他金融機構以書面向最大債權金融機構爲反對之表示者，不在此限。」題示情形，A銀行爲最大債權金融機構，有法定代理權，除其他金融機構以書面向A銀行爲反對之表示外，A銀行有權代理其他金融機構與甲進行協商，且協商成立；（二）第151條第6項「債務人請求協商或聲請調解後，任一債權金融機構對債務人聲請強制執行，或不同意延緩強制執行程序，視爲協商或調解不成立。」第151條第7項「協商或調解成立者，債務人不得聲請更生或清算。但因不可歸責於己之事由，致履行有困難者，不在此限。」題示情形，協商成立後，B銀行提起民事訴訟請求甲給付債務金額、C銀行聲請強制執行甲的資產，即視爲協商不成立，此時甲自得視需要再聲請更生或清算。

本書主要參考書目

1. 李彥文先生著「消費者債務清理條例概說」，2008年3月20日司法周刊第1381期。
2. 李律師編著「破產法與消費者債務清理條例」，2007年10月初版，高點文化事業有限公司。
3. 華進丁等六人著「卡到債－喬治和瑪莉的生命故事」，2008年3月初版，財團法人法律扶助基金會出版。
4. 張登科先生著「消費者債務清理條例」，2008年11月版，三民書局。
5. 陳計男先生著「消費者債務清理條例釋論」，2008年9月版，三民書局。
6. 陳計男先生著「破產法論」，2007年5月修訂三版四刷，三民書局。
7. 錢國成先生著「破產法要義」，1971年3月修訂版，著作人發行。
8. 李肇偉先生著「破產法」，1971年12月版，著作人發行。
9. 陳榮宗先生著「破產法」，1982年11月初版，三民書局。
10.劉清波先生著「破產法新論」，1974年8月二版，東華書局。
11.陳國樑先生著「破產法新論」，1978年3月初版，大同書局。
12.耿雲卿先生著「破產法釋義」，1984年11月初版，五南圖書公司。

國家圖書館出版品預行編目資料

消費者債務清理條例要義／陳廷献編著. --
六版. -- 臺北市：五南圖書出版股份有限
公司, 2021.10
　　面；　公分
　ISBN 978-626-317-253-1（平裝）

1.債法

584.3　　　　　　　　110016289

1U77

消費者債務清理條例要義

編 著 者 ― 陳廷献(260.5)

發 行 人 ― 楊榮川

總 經 理 ― 楊士清

總 編 輯 ― 楊秀麗

副總編輯 ― 劉靜芬

責任編輯 ― 黃郁婷

封面設計 ― 王麗娟

出 版 者 ― 五南圖書出版股份有限公司

地　　　址：106台北市大安區和平東路二段339號4樓

電　　　話：(02)2705-5066　　傳　　真：(02)2706-6100

網　　　址：https://www.wunan.com.tw

電子郵件：wunan@wunan.com.tw

劃撥帳號：01068953

戶　　　名：五南圖書出版股份有限公司

法律顧問　林勝安律師

出版日期　2008年 9 月初版一刷
　　　　　2010年 6 月二版一刷
　　　　　2013年 9 月三版一刷
　　　　　2016年 4 月四版一刷
　　　　　2019年11月五版一刷
　　　　　2021年10月六版一刷
　　　　　2023年11月六版二刷

定　　　價　新臺幣580元

經典永恆・名著常在

五十週年的獻禮——經典名著文庫

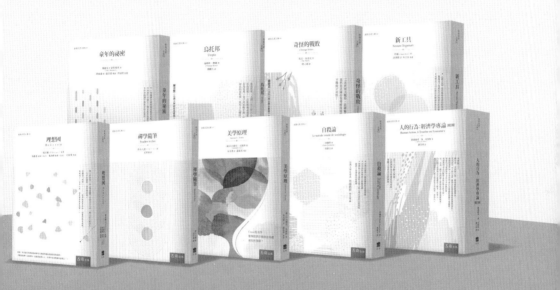

五南，五十年了，半個世紀，人生旅程的一大半，走過來了。

思索著，邁向百年的未來歷程，能為知識界、文化學術界作些什麼？

在速食文化的生態下，有什麼值得讓人雋永品味的？

歷代經典・當今名著，經過時間的洗禮，千錘百鍊，流傳至今，光芒耀人；

不僅使我們能領悟前人的智慧，同時也增深加廣我們思考的深度與視野。

我們決心投入巨資，有計畫的系統梳選，成立「經典名著文庫」，

希望收入古今中外思想性的、充滿睿智與獨見的經典、名著。

這是一項理想性的、永續性的巨大出版工程。

不在意讀者的眾寡，只考慮它的學術價值，力求完整展現先哲思想的軌跡；

為知識界開啟一片智慧之窗，營造一座百花綻放的世界文明公園，

任君遨遊、取菁吸蜜、嘉惠學子！